Tobias Sumpfhütter

THE NEXT LEVEL

MINECRAFTEN FÜR PROFIS

Rheinwerk Computing

Wir hoffen, dass Sie Freude an diesem Buch haben und sich Ihre Erwartungen erfüllen. Falls Sie Anregungen, Wünsche und Kommentare haben, lassen Sie es uns wissen: **service@rheinwerk-verlag.de**.

Informationen zu unserem Verlag und Kontaktmöglichkeiten finden Sie auf unserer Verlagswebsite **www.rheinwerk-verlag.de**. Dort können Sie sich auch umfassend über unser aktuelles Programm informieren und unsere Bücher und E-Books bestellen.

Autor Tobias Sumpfhütter
Lektorat Anne Scheibe
Typografie & Layout Janne Brönner
Satz Denis Schaal, Christine Netzker
Herstellung Vera Brauner
Covergestaltung Mai Loan Nguyen Duy
Druck mediaprint solutions, Paderborn

PEFC
PEFC/04-31-0810

Dieses Buch wurde mit mineralölfreien Farben auf PEFC-zertifiziertem Papier aus nachhaltiger Waldwirtschaft gedruckt. Der Umwelt zuliebe verzichten wir zusätzlich auf die Einschweißfolie. Hergestellt in Deutschland.

Bibliografische Information der Deutschen Nationalbibliothek:
Die Deutsche Nationalbibliothek verzeichnet diese Publikation in der Deutschen Nationalbibliografie; detaillierte bibliografische Daten sind im Internet über *http://dnb.dnb.de* abrufbar.

ISBN 978-3-367-11512-9

6., aktualisierte und überarbeitete Auflage 2026

Rheinwerk Verlag GmbH • Rheinwerkallee 4 • 53227 Bonn
service@rheinwerk-verlag.de

Auf einen Blick

Die Kreativität tausender
Spieler erschafft eine ganze Welt
(Unlimitedworld.de).

Inhalt

ALLES IST ILLUSION – HINTER DEN KULISSEN VON MINECRAFT

Minecraft ist faszinierend, weil es so vielfältig ist. Die bekannte Survival-Welt mit ihren Landschaften, Tieren, Monstern, Bauwerken und sogar anderen Dimensionen hast du allerdings schon ausgiebig erforscht. Das Überleben ist längst keine Herausforderung mehr für dich, und vielleicht spielst du sogar seltener Minecraft als früher.

Nicht verzagen! Dieses Buch zeigt dir eine ganz neue Welt hinter den Kulissen des Spiels. Minecraft bietet eine Vielzahl von Möglichkeiten, das Spiel kreativ zu verändern. Hier erfährst du, wie du mit Texturen, Mods, Shadern und weiteren Zusätzen dein Survivalspiel völlig neu erlebst und wie du im Kreativmodus mit vielen Befehlen eigene Abenteuerwelten erschaffst.

ÜBER DIESES BUCH

Willkommen im nächsten Level! Hier lernst du spannende Dinge kennen, die Minecraft schicker und aufregender machen: Skins tauschen, Ressourcen- und Datenpakete laden, Add-ons aktivieren, Mods und Shader installieren – du erfährst, was das ist und wie du das Spiel damit veränderst. Denn darum geht es in diesem Buch: um das kreative Verändern des Spiels. Mit diesem Buch probierst du alternative **Survival-Welten** aus oder spielst im **Abenteuermodus** ganz andere Spiele mit Minecraft.

Dazu gehört natürlich auch der **Kreativmodus**, der für das Gestalten von Welten gedacht ist. Im Kreativmodus spielt Survival keine Rolle mehr. Du kannst fliegen und ohne Hunger und Schaden Paläste, Skulpturen oder ganze Städte erschaffen.

Ein Motorrad, gebaut von K_San_ auf Unlimitedworld.de

»Echoes from the Deep«, gebaut von der Gruppe EverbloomStudios

»Nova Celes City«, gebaut von der Gruppe QuanticsBuild

Das ist aber noch längst nicht alles: Im Kreativmodus lernst du viele Minecraft-Befehle kennen und zusätzliche Blöcke und Gegenstände, die es im Überlebensmodus nicht gibt. Damit öffnet sich für dich eine ganz neue Art, Minecraft zu spielen: Jetzt baust du deine eigenen Abenteuerszenarien, z. B. eine Spukvilla, ein Kreuzfahrtschiff oder Minigames. Und das Tolle ist: Mit Minecraft bist du immer mittendrin in deinen Bauwerken und kannst sie alleine oder mit Freunden erleben.

Wie war das noch mal mit dem Survival?

Der Vorgänger des »Next Level«-Buches ist der **»Survival-Guide«**, der alle Aspekte des Überlebensspiels abdeckt: Biome entdecken, Nahrung beschaffen, Bergbau betreiben, Blöcke und Gegenstände craften, Färben, Schmieden, Farmen anlegen, Tiere vermehren, Waffen herstellen und verzaubern, gegen Monster kämpfen – auch die schwierigen –, imposante Gebäude errichten, Reiten, Boot fahren, Schienensysteme anlegen, generierte Bauwerke erforschen, mit Dorfbewohnern handeln, Nether und Ende erkunden, Tränke brauen, einfache und komplexe Redstone-Schaltkreise konstruieren und auf Multiplayer-Servern spielen – das und mehr beschreibt der Survival-Guide mit vielen Tipps und Tricks. Und im Anhang gibt es eine Übersicht über sämtliche Blöcke und Gegenstände (*www.rheinwerk-verlag.de/6194*).

Java und Bedrock

Minecraft gibt es für unterschiedliche Geräte. Für den Computer bekommst du automatisch gleich zwei Versionen, die *Java Edition* und die *Bedrock Edition*, die auch »Minecraft für Windows« genannt wird.

© Mojang AB

Beide Versionen kannst du über den Minecraft-Launcher starten. Sie haben beide einen nahezu gleichen Inhalt, unterscheiden sich aber stark im Angebot von Spielzusätzen:

- Die **Bedrock Edition** hat im Spiel einen *Marketplace*, in dem vor allem kostenpflichtige Zusätze verkauft werden.
- Die **Java Edition** ist viel freier, sie hat keinen Shop im Spiel. Stattdessen kannst du eine riesige Auswahl an Spielzusätzen aus dem Internet herunterladen, die von anderen Spielern stammen und kostenlos sind. Du musst sie nur selbst suchen und installieren, wobei dir dieses Buch natürlich hilft. Die beliebten selbst programmierten Spielmodifikationen (*Mods*) sind überhaupt nur mit der Java Edition möglich. Auch bei den Minecraft-Befehlen im Spiel bietet sie mehr Möglichkeiten.

Daher geht dieses Buch vor allem auf die Java Edition ein und beschreibt in den nächsten Kapiteln, wie du damit das Spiel kreativ veränderst. Für die Bedrock Edition gibt es gegen Ende des Buches ein eigenes Kapitel, das deren Möglichkeiten zusammenfasst und beschreibt, wie du auch ohne Marketplace an kostenlose Zusätze herankommst.

Möchtest du sofort loslegen, reicht es, wenn du jeweils nur den Anfang der Kapitel liest. Möchtest du eine Methode genauer kennenlernen und damit experimentieren, liest du in dem entsprechenden Kapitel weiter bis zum Schluss.

Die Kapitel sind aufeinander aufgebaut, d. h., in späteren Kapiteln wird das Wissen aus früheren Kapiteln vorausgesetzt. Du kannst trotzdem einfach mittendrin einsteigen. Stolperst du dabei über unbekannte Begriffe, findest du die Erklärung dazu über den **Index** ganz am Ende des Buches. An manchen Stellen erinnert dich ein kleines i daran, in den Index zu schauen.

Aber noch stehen wir ganz am Anfang. Das allererste Kapitel führt dich hinter die Kulissen des Spiels und erklärt, wie Minecraft die Illusion einer belebten Welt erzeugt. Wenn du die Tricks des Spiels kennst, verstehst du besser, wie es funktioniert und wie du es verändern kannst.

Drücke nun Esc und verlasse die Welt. Viele denken, hier ist das Spiel zu Ende. Doch jetzt wird es erst richtig interessant. Was passiert eigentlich mit der Welt, wenn du sie verlässt?

DIE WELT IST EINE ILLUSION – SIE IST NUR DA, WO DU BIST

Wenn du deine Einzelspielerwelt mit [Esc] verlässt, wird sie *gespeichert*. Alles friert ein: Die Zeit steht still, jeder Block bleibt in seinem augenblicklichen Zustand, und jede Kreatur verharrt in ihrer Position. Selbst Geschosse oder ein fallender Block wie Sand bleiben mitten in der Luft stehen. So kannst du die Welt stunden- oder tagelang verlassen. Wenn du sie wieder betrittst, wird der gespeicherte Zustand geladen, und alles geht weiter, als ob du nie weg gewesen wärst.

Welten können riesig sein, das Speichern würde bei solchen Datenmengen sehr lange dauern. Warum geht es trotzdem immer so schnell? Die Antwort lautet: Die Welt reicht nur bis zum Horizont. Dahinter ist nichts!

Das Spiel wird durch deinen Computer gesteuert. Damit er nicht überlastet wird, kümmert er sich nur um den Teil der Welt, den du siehst – festgelegt durch die **Sichtweite**, die du in den Minecraft-Grafikoptionen einstellst. Als Maßeinheit steht dort »Chunks«. Ein *Chunk* ist ein Ausschnitt der Welt mit einer Grundfläche von 16 × 16 Blöcken. In der Java Edition siehst du die Chunks mit [F3] + [G]. Bei Anzeigeproblemen lädst du mit [F3] + [A] alle Chunks neu, ohne die Welt verlassen zu müssen.

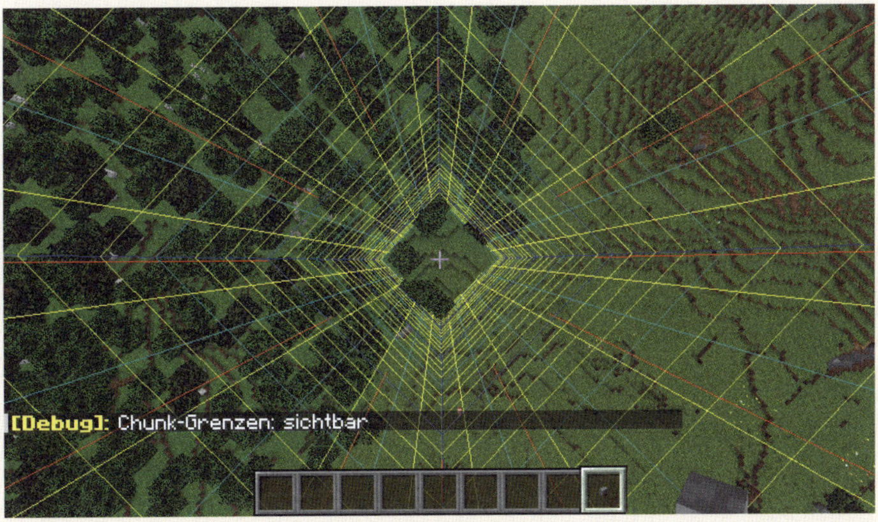

Mit [F3] + [G] machst du die Chunk-Grenzen sichtbar.

Was F3 alles kann

F3 schaltet in der Java Edition den *Debug-Bildschirm* ein (auf Laptops oder Macs Fn + F3). In der Bedrock Edition gibt es den Debug-Bildschirm nicht.

Programmfehler werden englisch *Bug* (»Wanze«) genannt, die Fehlerbeseitigung heißt *Debugging* (»Entwanzen«). Zur Eingrenzung von Fehlern sind zusätzliche Informationen für die Entwicklerinnen und Entwickler hilfreich. Diese liefert ihnen der Debug-Bildschirm.

Den Debug-Bildschirm stellst du dir mit F3 + F6 ein. Wichtig ist vor allem die »player_position«, das sind die Koordinaten der Fußposition deiner Spielfigur. In der Bedrock Edition blendest du die Koordinaten über Esc ▪ »Einstellungen« ▪ »Spiel« ▪ »Weltoptionen« dauerhaft ein.

Für Survival-Spieler gibt es im Debug-Bildschirm nur wenig interessante Informationen. Die wichtigste sind natürlich die Koordinaten. Anders sieht es aus, wenn du dich mit den Themen dieses Buches beschäftigst. Da bietet F3 einige interessante Details, die in den nachfolgenden Kapiteln genauer beschrieben werden.

Dazu gehören auch zusätzliche Tastenkombinationen. Eine Liste erhältst du mit F3 + Q. Für Erklärungen zu allen Tasten schau in den Index am Ende des Buches unter »F3«.

Möchtest du das Spiel mit Esc anhalten, um die F3-Informationen genauer anzusehen, stört das Spielmenü. Drückst du F3 + Esc, hält das Spiel ohne Menü an.

Im Hauptspeicher (*RAM*) deines Computers befindet sich nur der sichtbare Ausschnitt der Welt. Ein Nebel am Horizont verbirgt, dass die Welt dort endet. Der Rest der Welt ruht auf dem Festspeicher, aber das kannst du nicht sehen, weil das Spiel einen Trick anwendet: Bewegst du dich Richtung Horizont, wird der Teil, den du verlässt, automatisch gespeichert und der Teil, auf den du zuläufst, entweder neu generiert (wenn du ihn das erste Mal betrittst) oder wieder in den Hauptspeicher geladen (wenn du schon mal dort warst). Weil das Speichern und Laden stets außerhalb deiner Sichtweite passiert und die Datenmenge relativ klein ist, merkst du es nicht.

Hier ist die Sichtweite auf nur vier Chunks eingestellt. Im unteren Bild ist der Nebel mit der OptiFine-Mod ausgeschaltet, dadurch siehst du die Kanten der Welt. An den Ecken erkennst du, dass die Welt chunkweise geladen wird.

Mit diesem Wissen kannst du auch die Frage beantworten, wie weit eine Lore fährt: Maximal bis zum Horizont, weiter geht es nicht. Probiere das einmal aus:

1. Stelle zuerst deine Sichtweite auf den Minimalwert 2 Chunks (Bedrock 5) und betritt dann eine Einzelspielerwelt.
2. Schalte F3 + G ein, lege aktivierte Antriebsschienen mindestens drei Chunks weit (BE sechs), baue eine Kehrtwende und führe die Strecke zurück zum Start.

3. Setze dich in eine Lore und fahre einmal im Kreis. Das funktioniert problemlos, weil die Welt immer da ist, wo du bist.
4. Schicke die Lore alleine los und warte auf ihre Rückkehr. Sie wird nicht zurückkommen, weil sie am Horizont – am Ende der Welt – festhängt.
5. Gehe hinterher, und sie kommt zurück, weil jetzt der Chunk mit der Kehrtwende geladen wird.

Sitzt du nicht in der Lore, fährt sie nur bis zum Horizont.

Je größer du die Sichtweite einstellst, desto größer ist die Belastung deines Hauptspeichers, denn die Fläche und damit die Anzahl der geladenen Chunks wachsen quadratisch. Die Anzahl der aktuell geladenen Chunks siehst du im Debug-Bildschirm unter »Chunks [C] W«. Dort stehen zwei durch Komma getrennte Zahlen, es ist die zweite Zahl.

Chunks siehst du auch an einer anderen Stelle im Spiel: In der Java Edition erscheint beim Laden einer Welt eine quadratische Pixelgrafik. Tatsächlich ist das eine grafische Darstellung der Chunks, die gerade generiert bzw. geladen werden. Jedes Pixel steht für einen Chunk. Die Farben stellen den Status des Chunks dar, wobei Weiß »fertig generiert« bedeutet.

Welten sichern, Welten kopieren

Nachdem du jetzt weißt, dass die Welt nicht auf einmal, sondern während deiner Bewegungen chunkweise gespeichert wird, wäre noch die Frage, wo diese Daten liegen. Die Chunks und weitere Spieldaten werden pro Welt in einem *Weltordner* gespeichert. Du findest ihn über das Einzelspieler-Menü: Wähle dort die gewünschte Welt (nicht öffnen), und klicke auf **Bearbeiten • Weltordner öffnen**. Ein neues Fenster zeigt den Weltordner.

Gehst du einen Ordner nach oben, siehst du den *saves*-Ordner, in dem alle Weltordner stehen. In der Bedrock Edition gibt es auch einen Weltordner, der aber aus dem Spiel heraus nicht erreichbar ist.

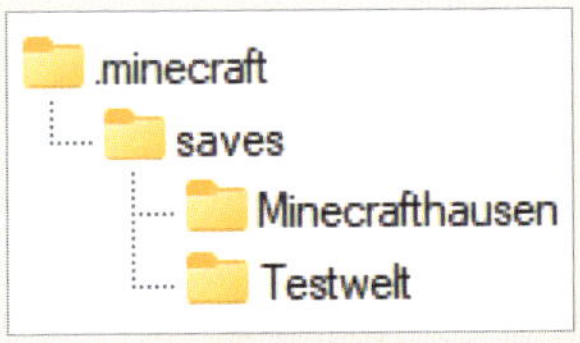

Im »saves«-Ordner stehen alle Weltordner (hier zwei).

Im Bearbeiten-Menü siehst du noch weitere Menüpunkte. Sie drehen sich um einen wichtigen Begriff: die *Sicherheitskopie*, auch *Backup* genannt.

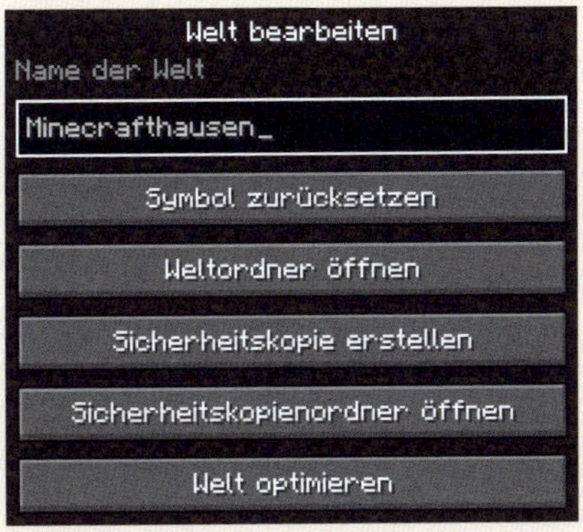

Das Menü zur Bearbeitung einer Welt

Keiner wünscht es sich, aber manchmal passiert es doch: Der Computer stürzt ab oder geht anderweitig kaputt. Dann wäre es sehr schade, wenn du deine Minecraft-Welten nie wieder sehen könntest. Doch es gibt eine einfache Abhilfe: Immer wenn du in einer Welt viel verändert oder erreicht hast, machst du ein Backup.

So geht ein Backup mit der Java Edition:

- **Welt sichern**:
  - Gehe in das Einzelspieler-Menü, wähle die Welt aus (nicht spielen) und klicke auf **Bearbeiten ▪ Sicherheitskopie erstellen**. Eine *zip*-Datei wird erzeugt.
  - Dann klicke im selben Menü auf **Sicherheitskopienordner öffnen** und kopiere die *zip*-Datei auf einen externen Speicher, z. B. auf einen USB-Stick.
- **Welt wiederherstellen**:
  - Starte den Launcher und wähle den Reiter **Installationen**. Fahre mit der Maus über die Liste und klicke bei der gewünschten Installation auf das Ordner-Icon. Ein neues Fenster zeigt den Ordner *.minecraft*.

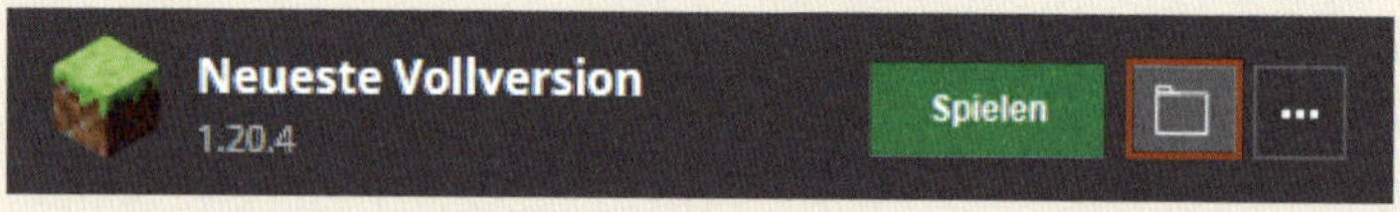

  - Öffne die gesicherte *zip*-Datei. Kopiere den darin enthaltenen Weltordner in den Ordner *.minecraft\saves*.

So geht ein Backup mit der Bedrock Edition:

- **Welt sichern**:
  - Klicke im **Spielen**-Menü auf das Stift-Icon neben der Welt, um die Welt-Einstellungen zu öffnen.
  - Scrolle in den **Spiel**-Einstellungen (sie sind automatisch ausgewählt) ganz nach unten.
  - Klicke auf den Menüpunkt **Welt exportieren**. Jetzt kannst du einen beliebigen Speicherort wählen, z. B. einen USB-Stick. Eine *mcworld*-Datei wird erzeugt.
- **Welt wiederherstellen**:
  - Klicke im **Spielen**-Menü auf das Import-Icon rechts neben dem Menüpunkt **Neu erstellen** . Jetzt kannst du deine gesicherte Welt auswählen.
  - Schneller geht es, wenn du die *mcworld*-Datei doppelt anklickst. Dann startet automatisch die Bedrock Edition mit dieser Welt.

Weitere Menüpunkte beim Bearbeiten einer Welt

Im Menü zur Bearbeitung einer Welt gibt es noch weitere Menüpunkte.

Der Menüpunkt mit dem mysteriösen Namen **Symbol zurücksetzen** ändert das kleine Bild, das in der Liste der Einzelspielerwelten neben der Welt erscheint. Das funktioniert so:

1. Begib dich in der Welt an eine passende Stelle und schaue in die gewünschte Richtung. Schalte mit [F1] die Anzeige deines Armes aus. Verlasse dann die Welt.
2. Setze mit dem Menüpunkt das Bild auf ein graues Standardbild zurück und speichere die Änderung.
3. Betritt die Welt erneut und warte etwa zehn Sekunden. Dadurch entsteht ein neues Bild vom ersten Blick auf die Welt. Jetzt kannst du [F1] wieder einschalten.

Sollte das nicht richtig funktionieren, kannst du auch den Weltordner öffnen und dort die Datei *icon.png* gegen ein quadratisches Bild austauschen.

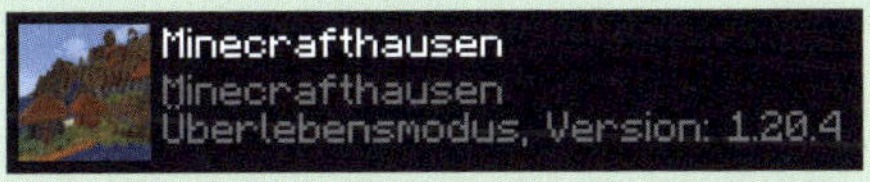

Eine Einzelspielerwelt mit »Symbol« (das kleine Bild)

Ebenso mysteriös ist der Menüpunkt **Welt optimieren**. Wenn die Welt schon älter ist und bereits neue Minecraft-Versionen erschienen sind, bringt dieser Menüpunkt die Weltdaten auf den aktuellen Stand. Normalerweise brauchst du diesen Menüpunkt nicht, weil das Aktualisieren der Daten beim Laden von Chunks während des Spiels geschieht. Aber manchmal führt das zu störenden Rucklern beim Spielen. Daher kannst du mit diesem Menüpunkt die Aktualisierung einmalig für die ganze Welt durchführen. Das kann dann, je nach Größe der Welt, einige Zeit dauern.

Du weißt jetzt, wie du eine Welt sicherst und wieder herstellst. Damit hast du aber nicht nur ein Backup für den Notfall, sondern auch die Möglichkeit, deine Welt an einen anderen Ort zu bringen. Das eröffnet neue Möglichkeiten!

Sichere die Welt z. B. auf einen USB-Stick. Damit gehst du zu deinen Freunden, die ebenfalls Minecraft haben, und stellst die Welt dort wieder her. Nun könnt ihr gemeinsam darin spielen, wenn ihr exakt dieselbe Minecraft-Version habt. Dazu betritt ein Spieler die Welt und stellt sie über das Spielmenü ([Esc]) den anderen zum Mitspielen zur Verfügung. In der Java Edition heißt der Menüpunkt **Im LAN öffnen**, in der Bedrock Edition **Ins Spiel einladen**.

Dann sehen die Mitspieler, die sich über LAN-Kabel oder WLAN mit dem Heimnetzwerk verbunden haben, die Welt in ihrem Mehrspieler-Menü.

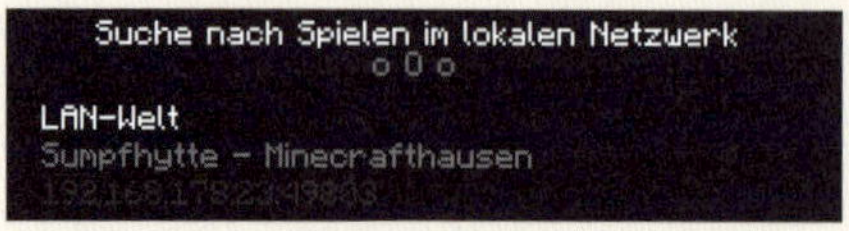

Links: In der Java Edition erscheinen LAN-Welten ganz unten im Mehrspieler-Menü.
Rechts: In der Bedrock Edition sind sie im Menüpunkt »Spielen« unter »Freunde« zu sehen.

Nach dem Ende des Spiels sicherst du den aktuellen Zustand zurück auf deinen USB-Stick, stellst ihn zu Hause auf deinem Computer wieder her und spielst damit weiter. Deine Freunde können natürlich mit ihrer Kopie auch weiterspielen, falls ihr sie nicht gelöscht habt. Dann gibt es zwei Welten, die sich unterschiedlich weiterentwickeln.

RAUM IST EINE ILLUSION – ES GIBT KEINE BLÖCKE

Gerade hast du erfahren, dass die aktive Welt gar nicht so riesig ist, wie du immer dachtest, sondern hinter dem Horizont endet. Und nun soll es auch keine Blöcke geben? Schwer zu glauben, denn du kannst sie sehen und sogar hören und spüren. Besonders wenn du das falsche Werkzeug benutzt, spürst du, dass das Abbauen richtig lange dauert, du hörst Geräusche, und kleine Partikel fallen zu Boden.

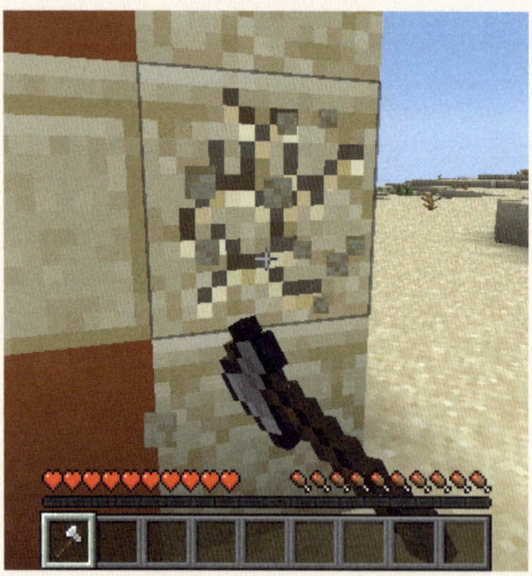

Baust du einen Block mit dem falschen Werkzeug ab, dauert es besonders lange.

Blöcke sehen

Aber für das Spiel besteht die Welt nicht aus Blöcken, sondern nur aus *XYZ-Koordinaten*, die du dir als dreidimensionales Gitter vorstellen kannst. Jeder Kreuzungspunkt in diesem Gitter stellt einen Block dar.

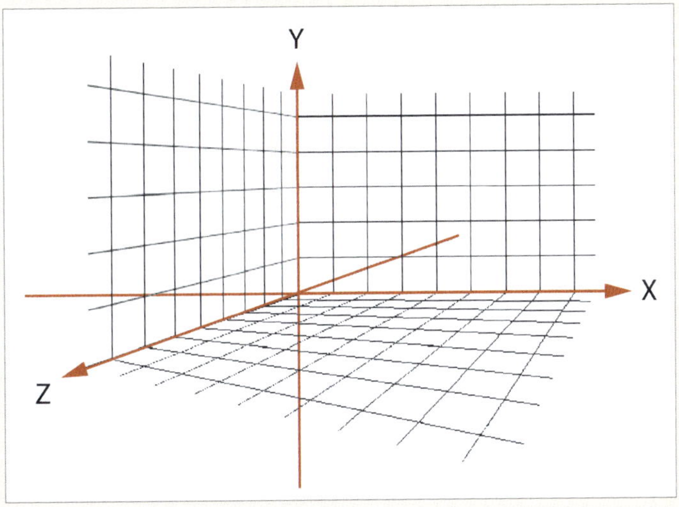

Das Blockgitter: Die X-Koordinate steigt nach Osten, Y nach oben und Z nach Süden.

Um die Blöcke unterscheiden zu können, hat jede Blockart eine *Identifikation* (ID), z. B. `minecraft:stone` für den Stein und `minecraft:torch` für die Fackel. Intern rechnet das Spiel nur mit XYZ-Koordinaten und IDs.

Deine Spielfigur befindet sich irgendwo in diesem Gitter. Die Fußposition wird durch XYZ-Koordinaten bestimmt. Dazu kommen deine *Blickrichtung* und deine *Kopfneigung*, d. h., ob du nach oben oder unten schaust. Außerdem kannst du in den Minecraft-Optionen unter **Sichtfeld** einstellen, wie weit du aus den Augenwinkeln siehst (*field of view*, FOV). Mit diesen Informationen berechnet das Spiel, auf welchen Ausschnitt des Koordinatengitters du gerade schaust und welche Block-IDs dort liegen. Daraus erzeugt das Spiel ein Bild. Dieser Vorgang wird **Rendern** genannt.

Du bist also nur ein Punkt in einem Koordinatengitter. Bewegst du dich in eine Richtung oder drehst deinen Kopf, muss ein neues Bild gerendert werden. Was hinter deinem Rücken liegt, interessiert das Rendern nicht. Mit anderen Worten: Deine Minecraft-Augen sind wie ein Suchscheinwerfer: Nur wo du hinschaust, entsteht ein Bild, überall sonst gibt es nur ein farbloses Gitter aus Block-IDs, das du niemals sehen kannst.

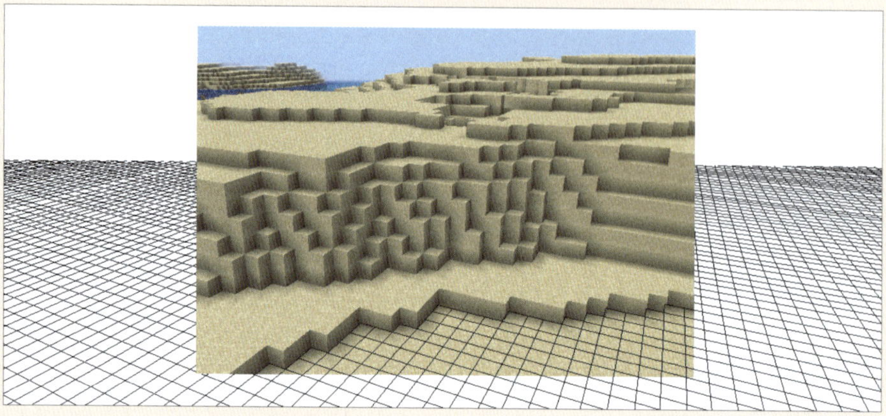

Die Welt ist nur sichtbar, wo du hinschaust.

Aber auch wenn du dich nicht bewegst, muss das Spiel in deinem Sichtfeld ständig viele Bilder rendern, damit du z. B. siehst, wie sich andere Lebewesen bewegen. Doch wie viele Bilder pro Sekunde muss das Spiel eigentlich rendern?

Ab etwa 16 Bildern pro Sekunde nimmt das Auge eine Bewegung wahr, wie bei einem Daumenkino. Kinofilme zeigen 24 Bilder pro Sekunde. Für Computerspiele sind mindestens 60 Bilder pro Sekunde üblich. Das wird *Bildrate* genannt, die in *fps* (*frames per second*) gemessen wird. Sinkt die Bildrate unter 30 fps, erscheinen die Bewegungen im Spiel abgehackt.

Hast du einen leistungsfähigen Computer, kann die Anzahl der gerenderten Bilder pro Sekunde sehr hoch sein. Doch es gibt eine technische Grenze, die *Bildwiederholrate* deines Monitors. Das ist die Anzahl der Bilder, die dein Monitor pro Sekunde anzeigt, sie wird in Hertz (Hz) gemessen. Hast du einen Monitor mit 60 Hz, zeigt er 60 Bilder pro Sekunde, bei 144 Hz sind es 144 Bilder pro Sekunde. Das Rendern kann deutlich mehr Bilder erzeugen, z. B. 250 fps. Die Grafikeinstellung **VSync** (*video synchronisation*) begrenzt das Rendern auf die Bildwiederholrate deines Monitors, denn das Rendern von mehr Bildern pro Sekunde ist überflüssige Rechenarbeit. Manchmal erzeugt diese Begrenzung jedoch störende Bildeffekte. Dann kannst du ausprobieren, ob das Ausschalten von VSync etwas bringt.

Bei Animationsfilmen kann das Rendern eines einzigen Bildes durchaus ziemlich lange dauern, aber das macht nichts, weil der Film erst vorgeführt wird, wenn alles fertig gerendert ist. Minecraft dagegen ist ein Echtzeitspiel, das Rendern muss hier während des laufenden Spiels geschehen und deshalb extrem schnell ablaufen. Daher berechnet das Spiel vor dem eigentlichen Rendern zuerst einmal, welche Blockseiten du überhaupt sehen kannst. Rückseiten (auch bei Glas) und verdeckte Blöcke werden grundsätzlich weggelassen. Das bedeutet, das gerenderte Bild ist nur eine Kulisse! Alle Blöcke sind hinten offen. Rund um dich herum siehst du nur eine Oberfläche aus bunten Blockkulissen, dahinter ist alles leer.

Auch beim durchsichtigen Glas werden die Rückseiten nicht gerendert. Eigentlich müsste der hellblaue Rahmen auf allen sechs Seiten zu sehen sein.

Zusätze wie HD-Texturenpakete oder Shader, die in den nächsten Kapiteln vorgestellt werden, können das Rendern erheblich verlangsamen. Abhilfe schafft eine *Grafikkarte*, die viele Renderaufgaben übernimmt und damit den Computer entlastet. Außerdem solltest du möglichst wenig Programme parallel zu Minecraft laufen lassen. Unter Windows öffnet die Tastenkombination Strg + ⇧ + Esc den *Task-Manager*, der dir anzeigt, welche Prozesse besonders viel Rechenleistung (CPU) und Arbeitsspeicher (RAM) beanspruchen.

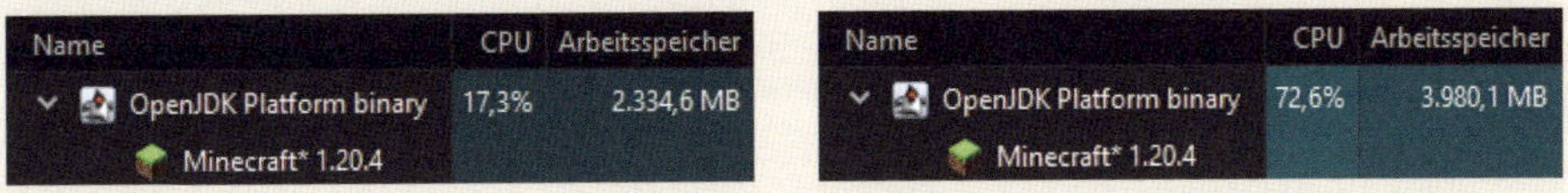

Links: Die Java Edition im Task Manager bei 2 Chunks Sichtweite und keiner Bewegung. Rechts: Ohne Grafikkarte belastet schnelle Bewegung im Spiel die CPU mit Renderaufgaben. Zusätzlich lädt eine hohe Sichtweite mehr Chunks und füllt den Arbeitsspeicher.

Ist dein Spiel langsam, obwohl du schon deine Sichtweite verringert und andere Programme beendet hast, gibt es noch weitere Grafikeinstellungen, die das Rendern entlasten. Da wäre z. B. der **Grafikmodus**, der vor allem die Darstellung von Laub beeinflusst. Normalerweise hat Laub viele kleine Löcher (Einstellung **Schön**), aber die Berechnung der dahinter sichtbaren Blöcke ist besonders aufwendig. Ohne Löcher (Einstellung **Schnell**) wird das Rendern entlastet.

Laub in den Einstellungen »schnell« und »schön«

Das größte Problem fürs Rendern ist jedoch die **Beleuchtung**. Eine realistische Berechnung von Licht, Schatten und Wasserspiegelungen ist sehr aufwendig. Damit das Spiel nicht belastet wird, verzichtet Minecraft darauf und wendet einen Trick an: Jeder Block erhält einen weichen Schatten, egal, woher das Licht kommt. Das ist zwar völlig unrealistisch, reicht aber für einen erstaunlichen Räumlichkeitseffekt. Weil diese Berechnung trotzdem noch einiges an Rechenleistung erfordert, kannst du sie in den Grafikeinstellungen unter **Weiche Beleuchtung** ausschalten.

Links ohne, rechts mit der Einstellung »Weiche Beleuchtung«

Ein aufgemalter Schatten auf den Blöcken reicht aber nicht in Kellern und Höhlen, da soll es richtig dunkel sein. Damit ein realistischer Übergang zwischen Hell und Dunkel entsteht, gibt es 16 *Helligkeitsstufen* von 15 (volle Helligkeit) bis 0 (maximale Dunkelheit). Dazu ermittelt das Spiel für jeden Block, wie weit er von freiem Himmel entfernt ist. Je größer die Entfernung, desto dunkler wird er gerendert, bis er nach 15 Blöcken Entfernung vom Himmel in maximaler Dunkelheit liegt.

Schatten in einer Wüstenhöhle. Du siehst die verschiedenen Helligkeitsstufen besonders deutlich, weil die weiche Beleuchtung ausgeschaltet ist.

Neben dem *Himmelslicht*, das auf der Oberfläche überall mit gleicher Stärke 15 vorhanden ist, gibt es noch künstliche Lichtquellen wie Fackeln, Laternen und Leuchtflechten (*Blocklicht*), die ihre Umgebung nur in einem kleinen Umkreis beleuchten. Jede leuchtende Blockart hat ihre eigene Lichtstärke zwischen 15 (z. B. Feuer, Laterne) und 1 (z. B. brauner Pilz). Die Lichtstärke gibt an, wie weit das Licht des Blocks reicht, wobei sie mit jedem Block Entfernung um 1 abnimmt. Eine Laterne beleuchtet ihren eigenen Block und andere Blöcke 14 Blöcke weit. Eine weitere Vereinfachung des Spiels: Lichtstärken addieren sich nicht, d. h., zwei Fackeln sind genauso hell wie eine.

Das Spiel muss für jeden Block berechnen, wie viel Licht ihn von anderen Blöcken (z. B. Fackeln) trifft. Auch bei diesem Bild ist die weiche Beleuchtung ausgeschaltet.

Im Debug-Bildschirm zeigt die Zeile **Client Light** die Helligkeitsstufe an deiner Position an, wobei **sky** für das Himmelslicht steht und **block** für die hellste künstliche Lichtquelle in deiner Nähe, die dich trifft.

Jetzt verstehst du langsam, warum das Rendern so aufwendig ist: Das Spiel muss den sichtbaren Ausschnitt im Blockgitter berechnen, die darin enthaltenen Block-IDs sammeln, die sichtbaren Seiten der Blöcke ermitteln, die zugehörigen Blocktexturen laden und perspektivisch korrekt verzerren, die weiche Beleuchtung verteilen, die Helligkeitsstufe für jeden sichtbaren Block berechnen und jede Blocktextur entsprechend abdunkeln. Dazu kommen alle möglichen Kreaturen, die durchs Bild laufen, gedroppte Gegenstände, die auf dem Boden liegen, herumfliegende Partikel und einiges mehr. Und all das wird im Idealfall über 100-mal pro Sekunde neu berechnet.

Zusätzlich zu einer möglichst realistischen Darstellung hat das Rendern noch mit **optischen Störungen** zu kämpfen: Durch das Pixelraster des Monitors in Verbindung mit den Pixeln der Blockoberflächen entstehen sogenannte *Moiré-Effekte*. Besonders deutlich wird das beim Betrachten von großen Flächen aus der Entfernung. Um diese Effekte zu verhindern, hat das Spiel jede Blockoberfläche in verschiedenen Verkleinerungen gespeichert. Die Verkleinerungen haben weniger Pixel, wodurch der Moiré-Effekt nicht auftritt. Das wird *Mip-Mapping* genannt. Das bewegte Spiel wird dadurch realistischer, aber Screenshots sehen in der Vergrößerung im Hintergrund verwaschen aus.

Eine große Bretterwand, links ohne, rechts mit Mip-Mapping Stufe 2

Blöcke hören und spüren

Während du dich im Koordinatengitter bewegst, sorgt das Rendern für die Illusion einer blockigen Landschaft. Aber realistisch wird das Ganze erst, wenn du die Blöcke auch hören und spüren kannst. Das verstärkt die sogenannte *Immersion*, den Effekt, dass dein Gehirn die Illusion des Spiels für real hält. Wie gut das funktioniert, weißt du, wenn du dich an die vielen aufregenden Momente in deiner Minecraft-Welt erinnerst.

Die **Blockgeräusche** sind dabei ein wichtiges Element. Unterschiedliche Blöcke machen beim Platzieren, Darüberlaufen und Abbauen unterschiedliche Geräusche.

1. Stelle die Minecraft-Option **Musik & Geräusche • Blöcke** auf 100 %, und stelle deinen Lautsprecher etwas lauter.
2. Setze dann Honigblöcke, Schnee, Laub, Wolle, Sand, Glas und Kies auf den Boden, und achte auf die unterschiedlichen Geräusche. Laufe auf diesen Blöcken, und baue sie wieder ab, um auch diese Geräusche zu hören.

Neben den Geräuschen verstärken physikalische Effekte die Illusion. Zu einer realistischen Physik gehört vor allem **Schwerkraft**, aber die ist aufwendig zu berechnen. In Minecraft gibt es nur wenige Blöcke mit Schwerkraft, vor allem Sand, Kies und Trockenbeton. Die anderen Blöcke schweben einfach in der Luft, wenn du ihren Untergrund entfernst. Das ist besonders kurios beim Fällen von Bäumen. Die Choruspflanze ist eins der wenigen Gewächse, das beim Fällen in sich zusammenbricht – allerdings nur als Partikelwolke.

Entfernung des zweiten Blocks bei einem Baum und einer Choruspflanze.
Der Baum schwebt in der Luft, die Choruspflanze zerfällt in einer Kettenreaktion

Wesentlich einfacher als die Realisierung von Schwerkraft ist die Berechnung von **Kollisionen**. Blöcke, Lebewesen und sonstige Objekte haben eine *Kollisionsbox*. Das ist ein unsichtbarer kastenförmiger Bereich um die Figur. Sobald das Spiel eine Berührung zweier Kollisionsboxen berechnet, stoppt es die Bewegungen, was dir wie ein Anstoßen erscheint.

In den meisten Fällen ist die Kollisionsbox identisch mit der *Hitbox*. Das ist der Bereich, in dem du den Block oder das Lebewesen treffen kannst. Manchmal unterscheiden sich die beiden Boxen, das kannst du leicht mit Pfeil und Bogen feststellen:

- Bei **Blöcken** siehst du die Hitbox, wenn du sie mit dem Fadenkreuz anschaust. Mauern haben eine unsichtbare Kollisionsbox, die ausnahmsweise höher ist: Du kannst einen Pfeil knapp über die Mauer schießen (Hitbox verfehlt), aber du kannst nicht auf sie springen (Kollisionsbox getroffen).
- Bei **Objekten** siehst du die Box mit F3 + B. Das Spiel nennt sie »Hitbox«, aber genau genommen ist es die Kollisionsbox. Beweis: Ein Schwein passt mit seiner würfelförmigen Box genau in ein 1×1-Loch, der große Kopf ragt in die Wand (keine Kollision). Die echte Hitbox ist dagegen größer als die Anzeige, denn ein Pfeil trifft das Tier sehr wohl am Kopf. Das Spiel zeigt mit der Box außerdem einen blauen Strahl für die Blickrichtung. Lebewesen haben zusätzlich einen roten Ring in Augenhöhe.

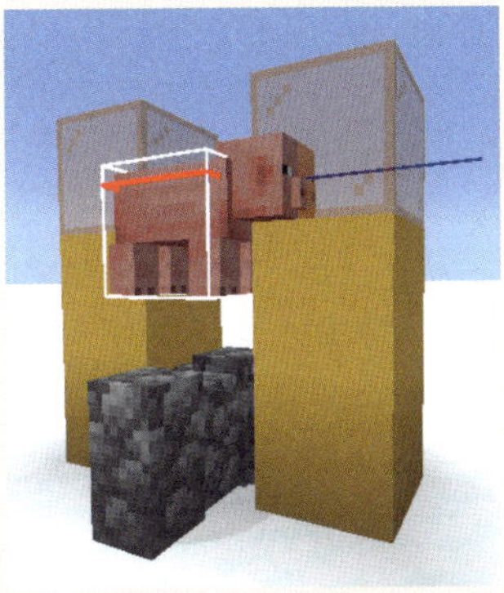

Links: Leitern haben eine größere Box als Ranken, daher kannst du auf Leitern stehen, auf Ranken nicht. Rechts: Das Schwein hat eine würfelförmige Kollisionsbox ohne den Kopf, daher passt es zwischen zwei Blöcke. Das Tier steht auf der unsichtbaren Kollisionsbox der Mauer, die höher ist als ein Block, damit man nicht darüberspringen kann.

In Minecraft gibt es den sogenannten **Zuschauermodus**, der für Minispiele gedacht ist: Zuschauer oder Spieler, die aus einem Minispiel ausgeschieden sind, sollen das weitere Geschehen beobachten können, ohne zu stören. Im Zuschauermodus sind sie unsichtbar und stoßen nirgends an. Sie können keine anderen Spieler und auch sonst keine Lebewesen schubsen und keine Gegenstände aufheben. Erreicht wird das durch das Abschalten der Kollisionsberechnung. Ohne die Kollisionsberechnung kannst du im Zuschauermodus auch durch Wände fliegen und hinter die Kulissen schauen.

Fliegst du im Zuschauermodus unter die Erde, siehst du, dass die Oberfläche nur eine Kulisse ist, denn das Spiel rendert nur die Vorderseiten der Blöcke, und auch nur, wenn sie nicht verdeckt sind. Die anderen Blockseiten werden weggelassen.

In der Java Edition schaltest du den Zuschauermodus mit [F3] + [N] ein und aus. In der Bedrock Edition öffnest du mit der Taste [T] die Befehlseingabe und gibst den Befehl `/gamemode spectator` ein. Zurück kommst du mit dem Befehl `/gamemode survival` oder `/gamemode creative`.

ZEIT IST EINE ILLUSION – ES GIBT WEDER TAG NOCH NACHT

Die Zeit ist in Minecraft allgegenwärtig: Sonne, Mond und Sterne wandern langsam über den Himmel, Ackerpflanzen und Bäume wachsen, Laub zerfällt, fallengelassene Gegenstände verschwinden, Schnee und Eis schmelzen, Jungtiere werden erwachsen etc.

Sonne, Mond und Sterne. Je nach Uhrzeit ist der Himmel unterschiedlich gefärbt. In der Java Edition siehst du die Sterne mit dem Fernrohr besser, wenn du [F1] drückst.

In Wirklichkeit sind Tag und Nacht nur eine Illusion. Hast du schon einmal versucht, bis zum Minecraft-Mond zu fliegen, vielleicht um das Ende zu erreichen? Das kann nicht funktionieren, denn Sonne, Mond und Sterne sind nur kleine Bildchen (*Sprites*), die langsam hinter den gerenderten Blöcken bewegt werden. Eine interne Uhr steuert ihre Bewegung und ändert langsam die Himmelsfarbe, während die Stärke des Himmelslichts immer gleich bleibt. Mit [F3] siehst du in der Java Edition, dass unter freiem Himmel der Wert **Client Light: sky** immer auf 15 steht, egal ob bei Tag oder Nacht. Die Nacht ist nur eine optische Illusion: Der Himmel und die Blöcke werden einfach dunkler gerendert.

Mit der Zeit verhält es sich in Minecraft genauso wie mit der Welt: Sie ist nur da, wo du bist. Hinter dem Horizont gibt es keine Welt und keine Zeit. Deshalb musst du immer in der Nähe bleiben, wenn du auf das Wachsen von Pflanzen, das Schlüpfen von Schildkröten oder das Auswachsen von Jungtieren wartest. Sie können nur im geladenen Bereich der Welt wachsen. Probiere das einmal aus:

1. Stelle deine Sichtweite auf den Minimalwert 2 und gehe in eine Einzelspielerwelt.
2. Platziere dort einige Eisblöcke und stelle Fackeln dazu.
3. Merke dir den Ort und fliege drei Chunks (etwa 50 Blöcke) weit weg. Der Ort mit dem Eis liegt dann außerhalb deiner Sichtweite und wird aus dem Spiel genommen.
4. Platziere am neuen Ort ebenfalls Eis mit Fackeln und warte, bis es geschmolzen ist.
5. Fliege dann zurück. Der erste Ort wird wieder geladen. Das Eis ist noch da, weil die Zeit stillstand, während du woanders warst. Wenn du also Ackerbau oder Viehzucht betreibst oder auf den Ofen wartest, solltest du auf deine eingestellte Sichtweite achten. Gehst du weiter weg, wird der Bereich hinter dem Horizont aus dem Spiel genommen, und die Zeit bleibt dort stehen.

So tickt die Zeit

In Computerspielen, die mit *Spielrunden* funktionieren, ändert sich die Zeit nur, wenn du einen Spielzug machst. Typische Beispiele sind Kartenspiele und Strategiespiele. Solange du in Ruhe überlegst, ändert sich am Spiel nichts. Erst deine Eingabe startet die Berechnungen für eine neue Runde und bewirkt einen Spielfortschritt.

Im Gegensatz dazu ist Minecraft ein *Echtzeitspiel*. Hier läuft die Zeit weiter, auch wenn du nichts tust. Ein internes, rhythmisches Signal sorgt für den Spielfortschritt wie eine tickende Uhr. Dieses Signal wird **Game-Tick** oder kurz *Tick* genannt. Mit jedem Tick bewegt das Spiel alle Lebewesen an eine neue Position. Damit das wie eine flüssige Bewegung aussieht, ist das Zeitintervall sehr kurz. Ein Tick erfolgt alle 50 Millisekunden, d. h. 20-mal pro Sekunde.

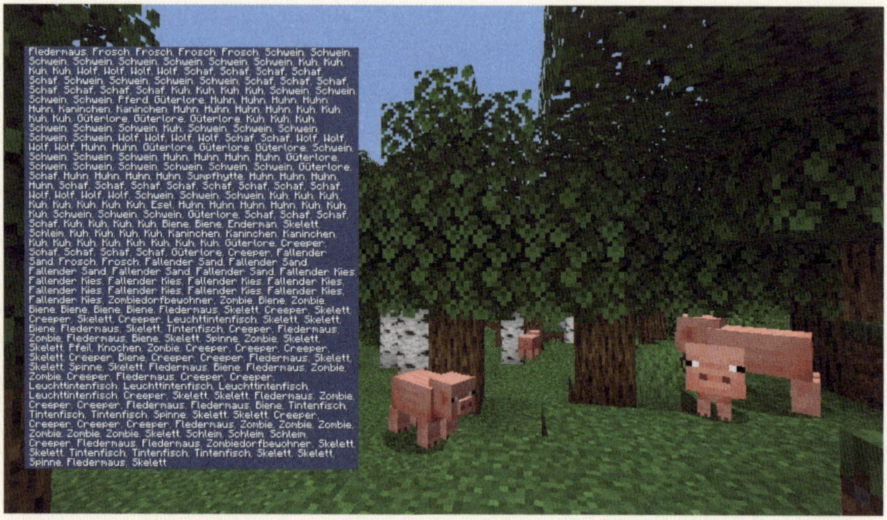

Du siehst nur ein paar Schweine, aber es sind fast 300 bewegliche Objekte in den geladenen Chunks, deren Positionen das Spiel 20-mal pro Sekunde neu berechnet.

Das Berechnen neuer Positionen ist aber nur ein winziger Teil der vielen Aktionen, die bei jedem einzelnen Tick durchgeführt werden. Das Spiel verändert mit jedem Tick z. B. auch sämtliche Redstone-Schaltkreise und fließende Flüssigkeiten und reagiert auf deine Aktionen. Wenn du einen schnellen Computer hast, ist alles erledigt, bevor der nächste Tick kommt. Dann tickt das Spiel mit einer stabilen Rate von 20 Ticks pro Sekunde (*tps*). Bei einem langsamen oder überlasteten Computer kann die Abarbeitung der Aktionen länger als 50 Millisekunden dauern. Dann schafft das Spiel keine 20 tps mehr und überspringt ein oder mehrere Ticks. In diesem Fall bewegen sich Lebewesen und andere Spieler nicht mehr flüssig, sondern ruckartig. Diesen unschönen Effekt nennt man *Lag* (deutsch »Verzögerung«).

Besonders die Betreiber von Multiplayer-Servern möchten Lags vermeiden und beobachten kritisch ihre tps-Rate. Liegt der Wert dauerhaft unter 20 tps, muss ein Serverbetreiber entweder einen leistungsfähigeren Server mieten oder die Belastung des Spiels einschränken, indem er beispielsweise die Anzahl der Tiere begrenzt.

Mit der Java Edition kannst du sogar das schlagende Herz des Spiels sehen! Drücke dazu die Tastenkombination [F3] + [2]. Dann siehst du unten zwei Diagramme:

- Links die **Bildrate** in fps (Bilder pro Sekunde). Sinkt die Bildrate, steigen die Striche und ändern ihre Farbe von Grün zu Rot. Weiße Querstriche markieren die 60- und die 30-fps-Grenze. 60 fps sind okay, ab 30 fps beginnen Lags.
- Rechts die **Tickrate** in tps (Ticks pro Sekunde). 20 tps sind optimal. Sinkt die Tickrate, steigen auch hier die Striche und ändern ihre Farbe.
- Durch erneutes Drücken von [F3] schaltest du die Anzeige wieder aus. Im Mehrspielermodus siehst du dieses Diagramm nicht.

Du erkennst die Diagramme besser, wenn du in den Grafik-Einstellungen die **GUI-Grösse** auf **1** stellst.

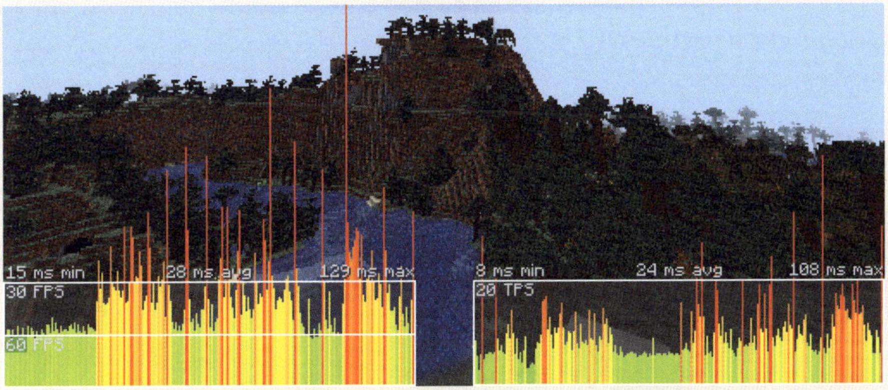

In diesem Beispiel ist die Sichtweite sehr hoch eingestellt, und es gibt keine Grafikkarte. Folge: Das Spiel ist mit Rendern überlastet.

Die Diagramme machen auch deutlich: Das Rendern geschieht unabhängig von den Ticks. Die Ticks bestimmen das Voranschreiten der Zeit im Spiel, das Rendern hat damit nichts zu tun. Während es nie mehr als 20 Ticks pro Sekunde geben kann, muss das Rendern deutlich öfter geschehen – 60 Mal pro Sekunde oder mehr –, damit du bei schnellen Mausbewegungen ein flüssiges Spiel siehst.

Um einen Eindruck zu bekommen, wie Lags wirken, mache folgendes Experiment:

1. Schalte die Diagramme mit [F3] + [2] ein.
2. Stelle deine Sichtweite auf 2 Chunks und fliege durch die Welt. Die Diagramme sollten grün bleiben, du hast über 60 fps.

3. Erhöhe deine Sichtweite stark. Ohne dass du dich bewegst, siehst du schon gelbe, orange und rote Striche in den Diagrammen.
4. Nach einiger Zeit sind alle Chunks generiert bzw. geladen und die Diagramme normalisieren sich wieder.
5. Sobald du durch die Welt fliegst, geraten sie aber wieder in den roten Bereich, und die fps-Anzeige sinkt unter 60 – besonders wenn du gleichzeitig schnell die Maus hin und her bewegst und damit ständig den Renderausschnitt änderst.
6. Schaue zum Himmel, wo es nichts zu rendern gibt, die fps-Werte verbessern sich deutlich.

Falls bei diesem Experiment alles im grünen Bereich bleibt, kann man dir gratulieren, dann hast du eine gute Grafikkarte oder einen besonders leistungsfähigen Computer.

Bei der Umstellung auf eine sehr große Sichtweite zeigen nicht nur die Diagramme die beginnende Belastung an, du kannst auch das verlangsamte Rendern der Chunks am Horizont beobachten.

Spielst du im Mehrspielermodus auf einem Minecraft-Server, interessiert dich die Verbindungsqualität (*Ping*). Mit [F3] + [3] siehst du dazu zwei Diagramme, links die Datenmenge, die pro Sekunde vom Server zu dir übertragen wird, rechts den Ping (je kleiner, desto besser).

Für Spiel-Entwickler und Mod-Entwickler ist das fps-Diagramm noch zu ungenau. Sie möchten wissen, *welche Aktionen* innerhalb eines Ticks am meisten

Rechenzeit kosten, damit sie dort eingreifen und die Programmierung optimieren können. Dafür gibt es in der Java Edition eine weitere Anzeige, den *Profiler*, den du mit F3 + 1 öffnest.

Unter dem Tortendiagramm siehst du die internen Funktionen des Spiels, die aktuell am meisten Rechenzeit kosten. Tippst du die zugehörige Zahl ein, wechselt das Diagramm in eine Detailansicht. Mit 0 kommst du wieder zurück. Die Bezeichnung »unspecified« ist der Rest zu 100 %, dort gibt es keine weiteren Funktionen, daher steht dort auch keine Zahl.

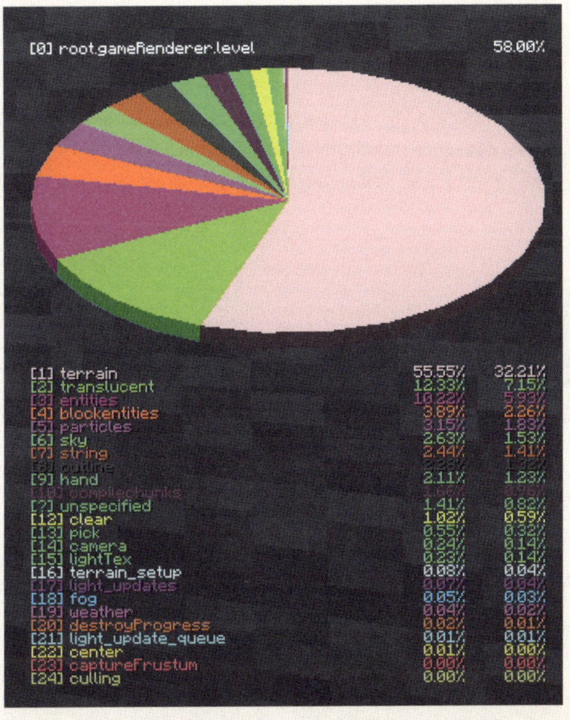

Dieses Profiler-Beispiel zeigt das Rendern (»root.gameRenderer.level«). Du erkennst: Am meisten Rechenzeit kostet das Rendern der Oberfläche (55,55 % der Renderzeit bzw. 32,21 % der Gesamtzeit). Auf Platz zwei und drei folgen durchsichtige Blöcke und bewegliche Objekte.

Besonders deutlich wird die Existenz des Ticks bei Redstone-Schaltungen. Redstone-Signale fließen nicht auf einen Schlag durch eine komplette Schaltung, sondern schrittweise. Jedes Redstone-Bauteil verzögert die Weiterleitung des Signals um 2 Ticks oder 0,1 Sekunden. Diese Einheit nennen Spieler **Redstone-Tick** und berechnen, wie viele Redstone-Ticks ein Signal bis zum Erreichen des Ziels braucht.

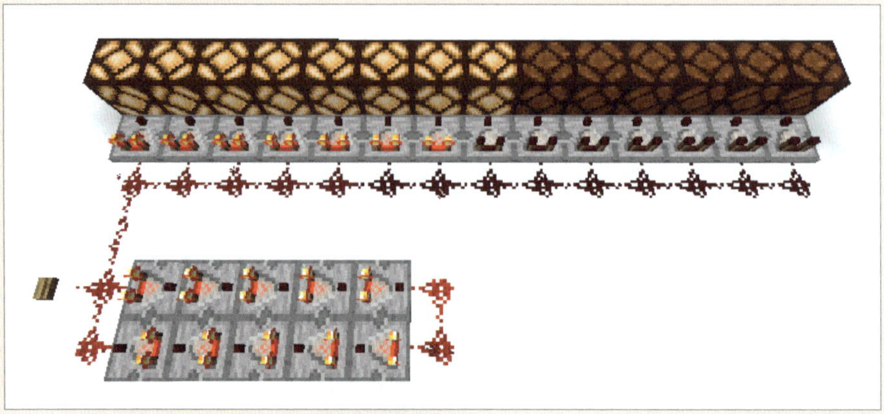

Das Signal durchläuft unten zehn Redstone-Komparatoren und braucht dafür zehn Redstone-Ticks oder eine Sekunde. Bei jedem Durchlauf wird das Signal zwei Stufen schwächer. Nach sieben Sekunden ist es so schwach, dass es die Redstone-Lampen nicht mehr erreicht.

Der Beobachter erzeugt ein sehr kurzes Signal, es dauert nur ein Redstone-Tick. In der Java Edition kann der klebrige Kolben einen Block so schnell nicht wieder zurückziehen, er reißt ab.

Das Zeitgewitter

Trotz der rasend schnell tickenden internen Uhr gibt es in Minecraft viele Vorgänge, die nur langsam voranschreiten, sie brauchen Zeit. Das kennst du z. B. vom Erzschmelzen in einem Ofen oder vom Brauen. Auch die Ausbreitung von Wasser oder – noch deutlicher – Lava braucht eine bestimmte Zeit. Startet ein Block eine Aktion mit **fester Zeitdauer**, trägt er das Ende in eine interne *Zeittabelle* ein. Mit jedem Tick prüft das Spiel alle Zeiten in dieser Tabelle. Ist eine Zeit erreicht, ändert es den Zustand des entsprechenden Blocks. So erlischt beispielsweise ein brennender Ofen nach einer ganz bestimmten Zeit.

Neben den wenigen Blöcken mit regelmäßigem Zeitablauf gibt es jedoch sehr viel mehr Blöcke mit **zufälliger Veränderung**. Dazu gehört besonders das Pflanzenwachstum (Ackerpflanzen, Ranken, Bäume), aber auch zerfallendes Laub (wenn du den Stamm entfernst) und schmelzendes Eis neben einer Fackel. Das Spiel wäre völlig überlastet, wenn sich jeder einzelne Pflanzen-, Laub- und Eisblock in die Zeittabelle eintragen würde. Stattdessen erzeugt das Spiel ein ständiges, unsichtbares Zeitgewitter um dich herum, das auf alle Blöcke einprasselt: Pro Tick, also 20-mal pro Sekunde, werden in jedem Chunk, der in deiner Sichtweite liegt, über die gesamte Welthöhe 72 zufällig ausgewählte Blöcke angestoßen. Das wird *Block-Tick* genannt. 72 Blöcke klingt wenig, aber weil das gleichzeitig in vielen Chunks um dich herum passiert, ergibt das ein Gewitter von über 280.000 Block-Ticks pro Sekunde!

Die meisten Blöcke (z. B. Stein) reagieren nicht auf den Block-Tick. Aber wenn zufällig ein Block getroffen wird, der sich verändern kann (z. B. ein Pflanzenblock), erhält er ein **Block-Update**. So nennt man die Änderung eines Blocks durch das Spiel: Eis wird zu Wasser, Setzling wird zu Baum etc.

An einem Weizenfeld kannst du besonders gut die zufällig ausgeführten Block-Updates erkennen.

Weil die meisten Blöcke aus Stein sind, gibt es trotz vieler Tausend Block-Ticks nur wenige zufällige Block-Updates. Dadurch entsteht die Illusion, dass um dich herum alle Pflanzen ein individuelles Eigenleben führen und sich langsam und unregelmäßig verändern. Zusätzlich haben die verschiedenen Blöcke ihre eigene Wahrscheinlichkeit, mit der sie auf ein Block-Update reagieren, wodurch sich z. B. Grasboden schneller ausbreitet als Pilze.

Die meisten Pflanzen wachsen dabei nicht wirklich, die Blöcke ändern nur ihr Aussehen. Bei Weizen siehst du das besonders deutlich: Diesen Block gibt es in acht Zuständen, die in ihrer Abfolge das Wachstum simulieren. Auch bei den Bäumen gibt es kein Wachstum. Sobald ein Setzling sein zufälliges Block-Update erhält, wird sofort der fertige Baum generiert, falls genug Platz da ist. Es gibt keine Übergangsstufen, Bäume sind schlagartig einfach da. Du kannst das selbst erleben, wenn du einen Setzling mit Knochenmehl düngst. Mehr kann das Spiel nicht. Ein fertiger Baum wächst nicht weiter.

Daneben gibt es auch einige Gewächse, die tatsächlich blockweise größer werden: Kakteen, Zuckerrohr, Bambus, Seetang, diverse Ranken und die Choruspflanze, die sich eindrucksvoll verzweigt. Hier muss das Spiel dafür sorgen, dass die Pflanzen nicht zu groß werden. Kakteen und Zuckerrohr können nur maximal drei Blöcke hoch werden. Bei den anderen Pflanzen hat die Spitze eine Stopp-Eigenschaft. Sobald diese per Block-Update gesetzt wird, wächst die Pflanze nicht weiter. Nur normale Ranken wachsen immer weiter und weiter, sofern sie Platz haben.

Seetang wächst blockweise nach oben, hat aber eine zufällige Stopp-Eigenschaft, damit die Pflanzen unterschiedlich hoch werden.

Zufällige Block-Updates sorgen aber nicht nur für ein langsames Pflanzenwachstum, sondern insgesamt für eine sich langsam verändernde Natur, wie diese Beispiele zeigen:

- Ackerboden wird in Wassernähe nass oder ohne Bepflanzung zu Erde.
- Grasblöcke und Myzel breiten sich auf Erde aus oder werden bei Bedeckung wieder zu Erde.
- Pilze breiten sich auf andere Blöcke aus.
- Generiertes Laub ohne Stamm zerfällt (von dir selbst gesetztes Laub zerfällt nicht, daher kannst du aus Laub problemlos Hecken bauen).
- Schildkröten- und Schnüfflereier verändern sich oder erzeugen ein Jungtier.
- Feuer breitet sich aus oder erlischt.
- Lava erzeugt ein Feuer in seiner Nähe. Es sind tatsächlich Block-Updates, die für das Feuer sorgen, und nicht die wegspringenden Funkenpartikel, die sind nur Dekoration.
- Eis und Schnee schmilzt, wenn Lichtquellen in der Nähe sind.
- Kupfer oxidiert.
- Aktiviertes Redstone-Erz wird wieder dunkel.
- Amethystknospen entstehen und wachsen.
- In kalten Biomen gefriert Wasser zu Eis.
- Bei Schneefall bleibt Schnee liegen.
- Kessel füllen sich mit Wasser, Lava oder Pulverschnee, wenn die Bedingungen stimmen.
- Bei Gewitter schlägt der Blitz ein.
- Netherportalblöcke generieren einen zombifizierten Piglin. Es sieht so aus, als wäre er durch den Nether gekommen, aber er wird tatsächlich durch ein Block-Update im Portal generiert.

Das Konzept der zufälligen Block-Updates erklärt auch ein anderes Phänomen: Wenn du im Bett schlafend die Nacht überspringst, beschleunigst du damit weder das Pflanzenwachstum noch andere Vorgänge. Das liegt daran, dass sich durch das Aufwachen nur der Sonnenstand ändert. Der Game-Tick und damit die interne Zeit laufen kontinuierlich weiter, ein Überspringen der Zeit ist nicht möglich.

LEBEN IST EINE ILLUSION – ES GIBT KEINE KREATUREN

Die Welt erscheint nicht nur durch die zufälligen Block-Updates lebendig, es gibt noch viele andere Bewegungen, die eine Illusion von Leben erzeugen. Allen voran die herumlaufenden Monster und Tiere – die besonders schnell laufen, wenn du ihnen einen Klaps gibst.

Die Lebewesen gehören zu den **Objekten** (*Entities*). Sie sind im Gegensatz zu den Blöcken, die in ihrem starren Blockgitter sitzen, frei in der Welt beweglich. Auch Fahrzeuge, fallengelassene Gegenstände, Geschosse und natürlich die Spielerfiguren gehören zu den Objekten. Jedes Objekt hat seine eigene Bewegungsrichtung und Geschwindigkeit. Daraus berechnet das Spiel mit jedem Tick für jedes Objekt die neue Position.

Objekte: Enderkristall, Gemälde, Boot, Lebewesen, fallengelassene Gegenstände, Rahmen, Pfeil in der Wand, Rüstungsständer.

Es gibt auch einige unbewegliche Objekte, z. B. Rahmen, Gemälde und Rüstungsständer. Du erkennst Objekte an ihrer Hitbox, die du mit F3 + B ein- und ausschaltest.

Lebewesen haben darüber hinaus eine sogenannte *künstliche Intelligenz* (KI), was aber nichts weiter ist als ein fest programmiertes Verhalten: Monster verfolgen dich, geschlagene Tiere fliehen, mit Futter angelockte Tiere folgen dir, Wölfe jagen Schafe, Ziegen springen, Dorfbewohner suchen ihr Bett oder ihren Arbeitsblock, Hilfsgeister suchen Gegenstände, Schafe grasen, Papageien tanzen zu Musik etc. Mit jedem Tick muss das Spiel bei jedem Objekt das aktuelle Verhalten abarbeiten, was ziemlich viel Rechenzeit kostet. Daher laufen die meisten Tiere einfach nur zufällig herum und schlafen nicht. Und damit die Anzahl der insgesamt zu prüfenden Lebewesen nicht zu groß wird, verschwinden Monster, Wassertiere und einige rein dekorative Wildtiere wieder, sobald du dich weit genug entfernst (*Despawnen* genannt).

KI: Dorfbewohner haben einen Tagesablauf (und schlafen mit offenen Augen und Hut), Wölfe jagen Schafe.

Auch das Alter von Jungtieren und abgeschossenen Pfeilen wird mit jedem Tick geprüft. Hat ein Jungtier eine bestimmte Anzahl von Ticks erreicht, wird es durch ein erwachsenes Tier ersetzt. Abgeschossene Pfeile verschwinden nach einer gewissen Anzahl von Ticks.

Neben den Lebewesen gibt es noch weitere bewegliche Objekte, die für eine lebendige Welt sorgen. Dazu gehören auch die fallengelassenen Gegenstände. Ein **Gegenstand** (*Item*) ist etwas, das in einem Behälter- oder Lebewesen-Inventar liegt. Lässt du einen Gegenstand fallen (*Droppen*), erzeugt das Spiel an dieser Stelle ein bewegliches Objekt, das sich langsam dreht. Hebst du das Objekt auf, wird es wieder zu einem Gegenstand.

Fallengelassene Gegenstände unterliegen der Schwerkraft, können Treppen hinunterrutschen oder von Wasser weggespült werden. Auch hier berechnet das Spiel mit jedem Tick die Position und das Alter. Liegt ein fallengelassener Gegenstand 6.000 Ticks (5 Minuten) auf dem Boden, wird er gelöscht. Das Spiel muss das tun, sonst gäbe es zu viele Gegenstände auf dem Boden, deren Position berechnet werden müsste.

Für ein realistisches Aussehen haben Objekte einen **Objektschatten** unter sich, den du über die Minecraft-Grafikoptionen ein- und ausschalten kannst. Auch hier spart das Spiel Rechenzeit mit einem Trick: Der Schatten wird immer kreisrund dargestellt, egal wie das Objekt aussieht und woher das Licht kommt.

Objektschatten sind immer kreisrund.

Auch die simulierte *Schwerkraft* wird durch Objekte dargestellt. Das geschieht ähnlich wie bei den fallengelassenen Gegenständen durch Umwandlung: Sobald ein schwerkraftabhängiger Block wie Sand, Kies, Trockenbeton oder Amboss unter sich keinen Boden mehr hat, wird er in ein gleich aussehendes, fallendes Objekt verwandelt. Das Objekt kann sich im Gegensatz zum Block frei durch das Blockgitter nach unten bewegen (und durch Explosionen sogar zur Seite). Erst wenn das fallende Objekt sicher landet, wird es wieder zum Block.

Links und Mitte: Fallende Blöcke sind Objekte, die sich durch das Blockgitter bewegen.
Rechts: Lässt du Kies oder Sand von oben auf eine Blasensäule fallen (mit Seelensand auf dem Grund), tanzen sie auf dem Wasser.

Klar, dass diese vielen Berechnungen, die eine lebendige Welt simulieren, Rechenzeit kosten und deinen Computer belasten. Vor allem, weil sämtliche Berechnungen innerhalb eines einzigen Ticks erfolgen müssen. Um Lags zu vermeiden, gibt es verschiedene Grafikeinstellungen, mit denen du die Grenze zwischen realistischer Darstellung und Computerentlastung nach deinen persönlichen Anforderungen selbst festlegst.

Dazu gehört auch die **Simulationsweite**. Du kennst bereits die **Sichtweite** für die Größe der geladenen Welt. Im Gegensatz dazu bestimmt die Simulationsweite, wie weit das Leben in der Welt simuliert wird. Möchtest du eine größere Sichtweite, aber dein Computer schafft das nicht, dann verringerst du die Simulationsweite. Damit kannst du Tiere, Monster, Ackerpflanzen und Setzlinge immer noch bis zum Horizont sehen, aber außerhalb der Simulationsweite verändern sie sich nicht. Du siehst mehr Landschaft, ohne deinen Computer großartig zu belasten.

Um noch mehr Rechenpower zu sparen, nutzt du die **Objektentfernung**. Damit stellst du die Sichtbarkeit von Objekten (z. B. Tiere und Monster) prozentual zur Simulationsweite ein.

Sanfte Brisen und Schneeschauer

Ein weiteres Element für die Illusion einer belebten Natur ist das **Wetter**. Wolken ziehen in endloser Wiederholung langsam von Ost nach West über den Himmel, wodurch der Eindruck eines sachten *Windes* entsteht. Auch Banner wehen leicht in einem nicht vorhandenen Wind. Mit dem Einsatz von Shadern, die du in einem späteren Kapitel kennenlernst, bewegen sich auch Laub und Gras im Wind hin und her, aber das Originalspiel verzichtet auf diesen rechenintensiven Effekt. Zur weiteren Entlastung kannst du die Wolken in den Grafikeinstellungen einfacher machen oder ganz abschalten.

Auch der *Niederschlag* (Regen und Schnee) ist nur eine Illusion. Es regnet nicht wirklich bis zum Horizont. Stattdessen werden vor deinen Augen, und nur zehn Blöcke weit, kleine Grafikelemente eingeblendet. Der Niederschlag ist nur da, wo du hinschaust, hinter dir regnet es nie (genau über und unter dir übrigens auch nicht). Je nach Biom sieht das aus wie Wassertropfen oder Schneeflocken.

Flussbiome gehören zum »gemäßigten Klima«. Deshalb regnet es dort, auch wenn sie durch eine heiße Wüste verlaufen. Für kalte Regionen gibt es ein eigenes Fluss-Biom, den »gefrorenen Fluss«, über dem es schneit.

Für die perfekte Illusion erzeugt das Spiel zusätzlich Regengeräusche und Wasserspritz-Partikel auf dem Boden – diese allerdings auch nur ein paar Blöcke weit, das reicht fürs Auge.

Eine Biomgrenze zwischen Regen und Schnee. Der Himmel wird bei Niederschlag verdunkelt (auch in der Wüste).

Solange sich das Spiel im Regen-Zustand befindet, gibt es außerdem spezielle Block-Updates: Kessel füllen sich langsam mit Wasser, Ackerboden wird nass, Weizen wächst schneller, Feuer geht aus. In »kalten« Biomen (und ab einer gewissen Höhe) lassen Block-Updates Schnee auf dem Boden entstehen und verwandeln Wasser in Eis, während es in »heißen« Biomen nie regnet und nur der Himmel verdunkelt wird. Dadurch bekommst du den Eindruck von Nässe, Hitze und Kälte nur durch optische Effekte.

Ein Gewitter im Eismeer

Besonders eindrucksvoll sind Gewitter, die eigentlich nur eine Mischung aus sehr dunklem Himmel, lauten Geräuschen und Blitzeffekten sind. Wobei der Blitz nicht aus dem Himmel auf die Erde trifft, sondern wieder durch ein Block-Update auf der Erde erzeugt wird. Der zufällig ausgewählte Block sorgt für einen kurzen Lichtstrahl über sich, einige Feuer um sich herum und Schaden bei Kreaturen in seiner Nähe.

Eben war von »Wasserspritz-Partikeln« die Rede. **Partikel** sind kleine Grafikelemente, die auf berechneten Bahnen herumfliegen und nach kurzer Zeit verschwinden. Auch sie sorgen durch ihre Bewegung für eine lebendige Umwelt. Doch je mehr Partikel herumfliegen, desto mehr wird das Rendern belastet. Daher kannst du in den Grafikeinstellungen die Anzahl der Partikel verringern.

Einige Partikel: tropfender und liegender Honig, Endstabtropfen, Fackelrauch, Wassertropfen, Wasserspritzer auf dem Boden, Lagerfeuerrauch, wegfliegende Funken

Gratulation, du hast das 1. Experten-Level erreicht

Jetzt weißt du, was **Chunks** sind, wie du ein **Backup** machst, wie F3 deine Koordinaten anzeigt, was eine **Block-ID** ist, wie das **Rendern** funktioniert, was die **Hitboxen** bewirken, wie du den **Zuschauermodus** aktivierst, wie lange ein **Tick** dauert und was der Unterschied zwischen Blöcken, Gegenständen, Objekten und Partikeln ist.

Du hast einen ausgiebigen Blick hinter die Kulissen geworfen und kennst die Tricks, mit denen das Spiel arbeitet:

- **Nebel** verbirgt die Tatsache, dass die geladene Welt direkt hinter dem Horizont endet,
- durch das **Rendern** hast du überall, wo du hinschaust, ein schnell ablaufendes Daumenkino aus Bildern vor dir, obwohl die Welt in Wirklichkeit nur ein farbloses Blockgitter ist,
- eine **interne Uhr** tickt mit rasender Geschwindigkeit, berechnet ständig neue Positionen von beweglichen Objekten und erzeugt um dich herum ein Gewitter von zufälligen Block-Updates, die mit ihren seltenen Treffern für langsame Veränderungen sorgen,
- und schließlich wirkt alles zusammen und gaukelt dir durch zahlreiche Bewegungen von Kreaturen, Partikeln und Wettersimulationen eine riesige, **lebendige Welt** vor.

Und obwohl du eigentlich nur unrealistische, bunte Blöcke und seltsame Kreaturen siehst, bist du nach kurzer Zeit völlig versunken und glaubst, in einer realen Welt zu sein. It's magic.

In den nächsten Kapiteln erfährst du, wie du diese magische Welt für dein Survivalspiel noch weiter verschönerst. Als Erstes verpasst du dir und der Welt ein neues Aussehen.

Benutzbare

NEUES OUTFIT – SKINS UND TEXTUREN ÄNDERN

Du hast deinen Jedi-Skin angelegt und bist wieder auf Entdeckertour. Du kennst diese Welt, doch so hast du sie noch nie gesehen: wunderbar realistische Texturen, die du mit dem neuen Ressourcenpaket geladen hast. Die Blumen, das Laub, die Baumrinde – alles wirkt wie echt.

Allerdings: Zwei, drei Kleinigkeiten am Aussehen stören dich. Wenn du das doch nur ändern könntest. Und diese Laterne in deinem Haus: Sie flackert, aber wie ist das möglich? Das musst du dir genauer anschauen. Du öffnest das Ressourcenpaket und schaust hinein. Dabei stößt du auch auf neue Sounds. Genial! Du hast sofort eine Idee, welche Sounds du ändern willst. Und dieser eine merkwürdige Blockname, den du dir nicht merken kannst, muss jetzt auch dran glauben. Du hast ein viel besseres Wort gefunden.

MIT SKINS DAS EIGENE AUSSEHEN ÄNDERN

Anfangs ist dein Aussehen nicht so wichtig, denn im Einzelspielermodus siehst du nur deinen Arm. Doch sobald du im Mehrspielermodus auf andere Spieler triffst, fallen dir viele unterschiedliche Outfits auf, die *Skin* genannt werden. Mit einem Skin betonst du deine Persönlichkeit oder kleidest dich zu einem bestimmten Anlass, denn du kannst deinen Skin jederzeit wechseln.

Skin wechseln

Schließe dazu das Spiel und starte den Minecraft-Launcher. Klicke bei der **Java Edition** auf den Reiter **Skins**. Dir stehen neun Standard-Skins zur Auswahl, der bekannteste ist »Steve«. Mit der Maus wählst du einen Skin aus. Zusätzlich kannst du festlegen, ob du schlanke oder kräftige Arme haben möchtest (das ist der einzige Unterschied zwischen »schlanker Skin« und »breiter Skin«).

Nach dem Skinwechsel kannst du dein neues Aussehen im Launcher bewundern – mit gedrückter Maustaste auf dem Skin auch von allen Seiten. Um deinen Skin im Spiel zu sehen, startest du die Java Edition, gehst in eine Welt und drückst mehrfach F5.

Größere Auswahl

Im Internet findest du viele Tausend Skins. Suche nach »minecraft skins« oder gehe direkt auf eine Skin-Website wie *The Skindex* (*https://www.minecraft-skins.com*) oder *MinecraftSkins.net* (*https://www.minecraftskins.net*).

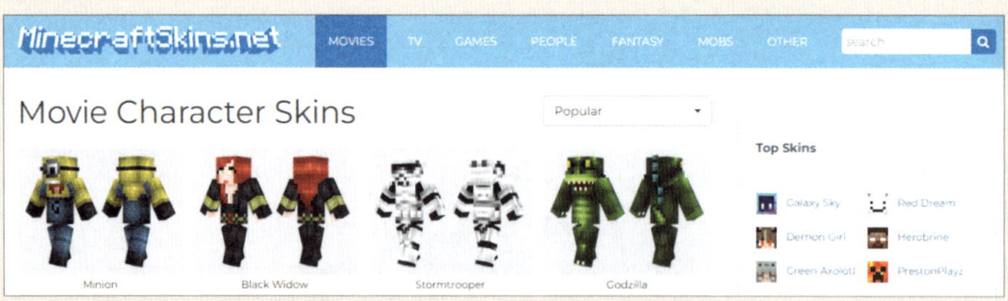

Einige Skins bei MinecraftSkins.net

Hast du den Skin deiner Wahl gefunden, klicke ihn an, um auf die Detailseite zu kommen. Dort siehst du Vorder- und Rückseite. Manchmal kannst du den Skin auch anklicken und mit der Maus drehen. Möchtest du den Skin haben, wähle immer **DOWNLOAD** oder **HERUNTERLADEN**. Damit speicherst du die Skin-Datei (*png*) direkt auf deinem Computer. Du kannst ihr dann einen eigenen Namen geben, sie nachträglich verändern (z. B. den Kopf austauschen, weil er bei einem anderen Skin besser aussieht) und für die Java und Bedrock Edition benutzen.

Augen auf beim Download

Sei vorsichtig, wenn du im Internet Webseiten aufsuchst und Dateien herunterlädst. Oft finanzieren sich solche Seiten durch teilweise aufdringliche Werbung. Es gibt auch unseriöse Seiten, die deine Daten stehlen oder dich verleiten wollen, unerwünschte Programme auf deinen Rechner zu laden. Hier ein paar Tipps:

- Benutze einen *Adblocker* in deinem Browser, der Werbung ausblendet.
- Sei misstrauisch und schaue *vor* dem Klick auf einen Button oder Link ganz genau, ob es *wirklich* das ist, was du willst.
- Gib niemals dein Passwort oder persönliche Informationen preis.
- Achte beim Download genau auf den Dateinamen. Ist die Datei nicht vom erwarteten Typ (*png* bei Skins), besteht das Risiko, sich mit einem Virus zu infizieren. Abbrechen, Browser schließen und woanders weitersuchen!

Hast du einen Skin auf deinem Computer gespeichert, gehst du im Minecraft-Launcher wieder unter **Java Edition** auf den Reiter **Skins**. Dort klickst du auf **Neuer Skin** und dann auf **Durchsuchen**, um die Skin-Datei der Auswahl hinzuzufügen. Möchtest du einen Skin wieder aus der Auswahl entfernen, machst du das über das Drei-Punkte-Menü.

Skin ändern

Viele Skins sind gut, so wie sie sind. Aber manchmal möchtest du eine Kleinigkeit ändern, vielleicht die Haarfarbe oder die Augenfarbe. Es gibt *Skin-Editoren* im Internet (*https://www.minecraftskins.net/skineditor*), aber am besten benutzt du das kostenlose Grafikprogramm *Blockbench* von Jannis Petersen, weil du es später noch für andere Dinge in diesem Kapitel brauchen kannst.

So änderst du einen Skin mit Blockbench:

1. Lade Blockbench von der offiziellen Website herunter (*https://www.blockbench.net*), installiere das Programm, und starte es. Ist die Sprache Englisch, änderst du das über **File · Preferences · Settings** und startest das Programm neu.
2. Nach dem Start zeigt dir Blockbench eine Liste der Möglichkeiten. Wähle **Minecraft Skin** und klicke auf **Neues Modell erstellen**.
3. Ein kleines Fenster mit Einstellungen öffnet sich. Stelle unter **Modell** die Armdicke deines Skins ein (»Player – Wide« oder »Player – Slim«). Die Größe der Skin-Datei gibst du unter **Auflösung** an. Klicke ins Feld **Textur**, um deinen Skin zu laden. Bestätige dann die Eingabe.
4. Jetzt siehst du den Arbeitsbereich:

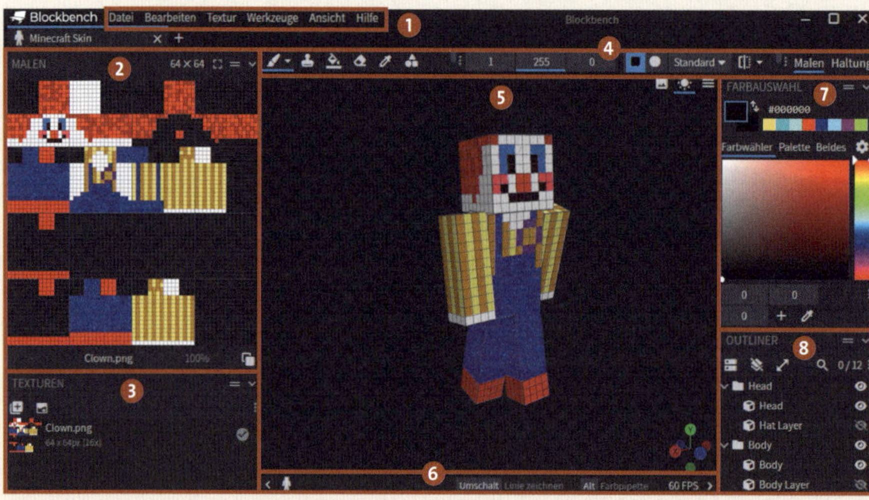

Clown von thatfreshfather

Skin-Bearbeitung mit Blockbench: ❶ Hauptmenü, ❷ aktuelle Textur, ❸ Liste der Texturen, falls du mehrere geladen hast, ❹ Werkzeugleiste, ❺ Modell mit Skin, ❻ Tipps zur Bedienung des ausgewählten Werkzeugs, ❼ Farbauswahl, ❽ Outliner, um einzelne Körperteile im Modell ein- und auszuschalten.

5. Klicke mit der linken Maustaste neben das Modell, um es zu drehen und mit der rechten, um es zu bewegen. Mit dem Mausrad änderst du die Modellgröße (Zoom). Schiebe die Trennung zwischen der Textur und dem Modell nach rechts, um die Textur zu vergrößern.

6. Schaltest du im Outliner den Rumpf (*Body*) aus, kannst du die Innenseiten der anderen Quader gut sehen. Das Ausschalten ändert nur die Ansicht, im Skin selbst bleibt alles sichtbar.

Der Unterschied zwischen Modell, Skin und Textur

Das *Modell* beschreibt die reine Form, wie ein leeres Drahtmodell. Das Modell der Spielfigur ist aus sechs Quadern zusammengesetzt: Kopf, Rumpf, zwei Arme und zwei Beine.

Der *Skin* ist die Gesamtbemalung. Der Skin wird vom Spiel wie eine Haut oder ein Anzug über das Modell gezogen. Skins sind austauschbar.

Die *Textur* ist eine Bilddatei. Der Skin der Spielfigur besteht aus einer zusammenhängenden Textur, während bei manchen Blöcken der Skin aus mehreren Einzeltexturen zusammengesetzt wird.

Schau dir die Textur in Blockbench genauer an. Die Anordnung der Körperteile und Flächen pro Körperteil ist genau festgelegt und muss immer gleich sein: Bei jedem Körperteil zuerst *Oberseite* und *Unterseite*, darunter *rechts*, *vorne*, *links* und *hinten*. Am einfachsten erkennst du das am Kopf mit dem Gesicht.

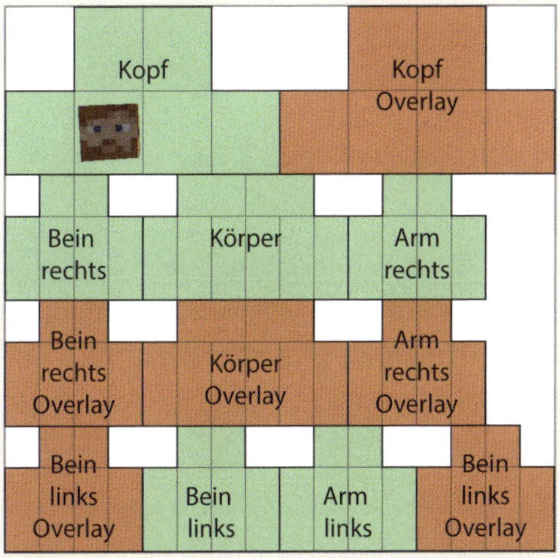

Textur der Spielfigur: Die Anordnung der Körperteile und der Flächen pro Körperteil ist immer gleich.

Die leeren Bereiche zwischen den Körperteilen werden vom Spiel nicht beachtet. Es ist egal, welche Farbe oder ob dort überhaupt eine Farbe ist. Die Texturen des schlanken und des kräftigen Modells unterscheiden sich bei den Armen: Beim schlanken Modell sind die Arme nur drei statt vier Pixel breit.

In manchen Texturen scheinen Körperteile doppelt vorhanden zu sein. Das ist das **Overlay**, eine optionale Hülle, die über dem normalen Skin liegt. Das Overlay dient zur Darstellung zusätzlicher Details wie einer Brille oder Handschuhen, wird aber oft auch zur Modellierung von mehr Tiefe benutzt, wie Gürtelschnallen, Schuhspitzen, füllige Frisuren etc.

Agent Smith von Unknown

Im Blockbench-Outliner heißen die Overlay-Körperteile »Layer«. Mit dem Outliner-Button »Zweite Skin-Schicht umschalten« schaltest du das ganze Overlay auf einmal ein und aus. Deaktiviere dazu auch das Malgitter mit dem Button in der Werkzeugleiste (oder mit G), dann ist das Overlay besser erkennbar.

Im laufenden Spiel kannst du das Overlay im Spielmenü über **Optionen ▪ Skin-Anpassung** für jedes Körperteil einzeln ein- und ausschalten, ohne den Skin ändern zu müssen. Brille auf- und absetzen geht damit ganz einfach (sofern die Textur ein Overlay mit Brille enthält).

Das Ändern deines Skins mit Blockbench ist einfach:

- Wähle den **Farbpinsel**, wähle eine **Farbe** und klicke ins Modell. Die Textur auf der linken Seite ändert sich automatisch mit. Strg + Z macht einen Fehler rückgängig. Hast du Strg + Z zu oft gedrückt, benutzt du Strg + Y (oder du gehst über den Hauptmenüpunkt **Bearbeiten**).
- Den **Radiergummi** benutzt du nur im Overlay. Im normalen Skin bringt er nichts, denn durchsichtige Bereiche im normalen Skin werden vom Spiel schwarz dargestellt. Du kannst dich also nicht in einen schwebenden Kopf verwandeln oder per Skin ganz unsichtbar machen.
- Der **Farbeimer** füllt eine ganze Fläche. So stellst du eine Grundfarbe her, auf die du Details malen kannst.
- Mit der **Farbpipette** kopierst du eine vorhandene Farbe, um sie mit dem Farbpinsel zu verwenden.
- Kreise und Rechtecke bringst du mit **Form zeichnen** auf deinen Skin.
- Das **Verlaufswerkzeug** ermöglicht Farbverläufe statt harter Kanten.
- Der **Kopierstempel** (nicht das Kopier*werkzeug*) ist eher für hochauflösende Texturen gedacht. Damit übermalst du eine Stelle mit einer Kopie aus einem anderen Bereich. Würde z. B. in einem Foto ein Papierkorb im Hin-

tergrund stören, könntest du ihn mit dem Gras der Wiese, auf der er steht, übermalen. Möchtest du den Kopierstempel bei einem Skin in der Standardauflösung von 64 × 64 Pixeln ausprobieren, stelle den **Radius** z. B. auf 2 Pixel. Klicke dann auf den Bereich, den du kopieren möchtest, und drücke gleichzeitig die `Strg`-Taste (das steht auch in der Tipp-Zeile ganz unten). In der Textur erscheint dann eine Markierung. Malst du jetzt *woanders*, kopierst du den markierten Bereich, während du den Pinsel weiterbewegst.

Du weißt jetzt, wie du deinen Skin ändern kannst. Aber manchmal möchtest du verschiedene Skins bzw. Overlays **kombinieren**, z. B. wenn dir bei einem Skin die Kleidung gefällt, aber nicht der Kopf, oder wenn du eine Brille aus einem anderen Skin haben möchtest.

Pirat von Ryza9909

Piraten-Skin mit Clownskopf. Dazu hast du zwei Möglichkeiten: a) Du kopierst den Clownskopf in den Piraten-Skin, b) du kopierst den Piratenanzug stückweise ohne Kopf in das Clown-Skin-Overlay. Dann bist du ein Clown und kannst nach Belieben im Spiel den Piratenanzug per Overlay ein- und ausschalten.

Mit Blockbench kombinierst du Skins so:

1. Klicke in der Liste der Texturen auf den Plus-Button (oder drücke die Tasten `Strg` + `T`), um die zweite Textur zu importieren. Hat sie eine andere Auflösung als die erste Textur, musst du sie in einem zweiten Tab importieren.
2. Wähle in der Werkzeugleiste das **Kopierwerkzeug** (nicht den Kopier*stempel*), klicke in der ersten Textur auf ein Pixel in der Ecke des gewünschten

Körperteils und ziehe die Markierung mit gedrückter Maustaste bis in die gegenüberliegende Ecke dieses Körperteils. So kannst du z. B. einen Kopf mit allen sechs Flächen markieren. Hast du dich bei der Markierung vertan, drücke Esc. Solange die Markierung sichtbar ist, erscheinen unter der Textur Werkzeuge zum Ausschneiden, Spiegeln und Drehen.

3. Mit Strg + C kopierst du den markierten Bereich in die Zwischenablage. Dann wechselst du zur zweiten Textur und fügst die Kopie mit Strg + V ein. Du kannst die Kopie noch mit der Maus verschieben. Erst wenn du auf das grüne Häkchen unter der Textur klickst, wird die Kopie fest platziert.
4. Bist du fertig, speicherst du den Skin mit Rechtsklick auf den Dateinamen. Sinnvollerweise gibst du dem veränderten Skin einen neuen Namen (**Speichern unter**). Der Dateityp muss *png* sein.

MIT RESSOURCENPAKETEN DAS AUSSEHEN DER WELT ÄNDERN

Die Welt besteht vor allem aus Blöcken, von denen jeder sein eigenes Aussehen hat. Um der Welt ein anderes Aussehen zu geben, musst du lediglich die Texturen der Blöcke ändern. Damit tauchst du deine Minecraft-Welt in ein Fantasy-/Mittelalter-Flair, lässt sie modern-futuristisch oder comichaft aussehen oder stellst – mit entsprechender Hardware – realistische, hochauflösende Texturen ein.

Ein Korallenriff mit dem Ressourcenpaket »Tooniverse«

Doch die Möglichkeiten gehen viel weiter: Änderbare Texturen gibt es auch für die Gegenstände, die Lebewesen und sogar die Spielmenüs. Darüber hinaus sind auch sämtliche Geräusche (*Sounds*), die Hintergrundmusik, die Texte und Schriftarten (*Fonts*) sowie die Modelle für Blöcke und Gegenstände änderbar. Alle diese Daten zusammen werden *Ressourcen* genannt. Ressourcen sind austauschbare Dekorationen für das Erscheinungsbild des Spiels, es sieht anders aus und klingt anders. Aber es bleibt dasselbe Spiel. Neue Spielelemente (Blöcke, Gegenstände, Kreaturen, Menüs) gehören nicht dazu, das ist nur mit Mods möglich.

Ressourcen änderst du mit *Ressourcenpaketen*. Enthält ein Ressourcenpaket nur Texturen, heißt es oft einfach *Texturenpaket*, technisch ist es aber dasselbe.

Ressourcenpakete finden und anwenden

Um ein passendes Ressourcenpaket für die Java Edition zu finden, suchst du im Internet nach »minecraft resource pack«.

Du findest Websites wie *Minecraft Texture Packs* (*https://texture-packs.com/de*) und *Minecraft Resource Packs* (*https://resourcepack.net*). Achte darauf, dass du dort nach Minecraft-Versionen suchen oder sortieren kannst, denn mit jeder neuen Minecraft-Version kommen neue Blöcke und Gegenstände hinzu, deren Texturen in älteren Ressourcenpaketen nicht enthalten sind. Achte auch auf die *Downloadtipps* ⓘ am Anfang dieses Kapitels.

Lade das Texturen- bzw. Ressourcenpaket herunter. Es muss eine *zip*-Datei sein. Gehe dann in der Java Edition in den Menüpunkt **Optionen • Ressourcenpakete** und ziehe die *zip*-Datei in das Spielfenster auf die linke **Verfügbar**-Seite.

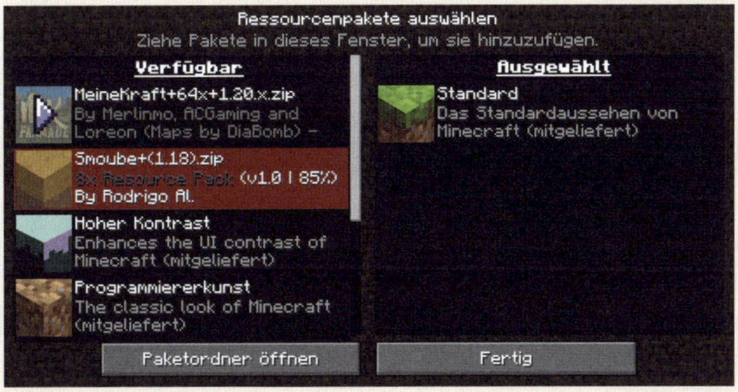

In diesem Ressourcenpaket-Menü siehst du links ein aktuelles Paket (1.20), ein etwas älteres (rot, 1.18) und die beiden mitgelieferten Pakete »Hoher Kontrast« und »Programmiererkunst«.

Fahre mit der Maus in der **Verfügbar**-Liste auf das gewünschte Paket und bewege es mit einem Klick auf den großen Pfeil, der dabei erscheint, auf die rechte **Ausgewählt**-Seite.

Rot markierte Ressourcenpakete sind veraltet. Du kannst sie trotzdem ausprobieren. Oft funktionieren sie, lediglich neue Blöcke und Gegenstände bekommen von ihnen keine angepassten Texturen.

Zu große Ressourcenpakete können Probleme bereiten

Auf älteren oder leistungsschwachen Computern laufen nicht alle Ressourcenpakete. Dann ruckelt das Spiel, weil die Grafik zu lange fürs Rendern braucht. Manchmal stürzt Minecraft sogar ab. Das ist nicht weiter schlimm: Starte das Spiel erneut, und schiebe das Ressourcenpaket über die **Optionen** zurück auf die **Verfügbar**-Seite, bevor du weiterspielst.

Drei Hinweise in der Beschreibung des Ressourcenpakets verraten dir, wie anspruchsvoll es ist:

- »HD« im Namen steht für *High Definition*, sehr hochauflösende Texturen.
- Oft ist die Pixelgröße der Blocktexturen angegeben – »64x« bedeutet einen geringeren Speicherverbrauch als »256x«. In der Regel genügen 32x-Ressourcenpakete für eine ansprechende Darstellung. Standard sind 16x.
- Ausschlaggebend ist auch die *zip*-Dateigröße an sich – einfache Ressourcenpakete sind nur wenige MByte groß, große können über 200 MByte haben.

Automatisch immer verfügbar sind die Pakete »Hoher Kontrast« für eine andere Darstellung der Menüs und »Programmiererkunst« für Freunde der alten Texturen vor Minecraft-Version 1.14.

Das Paket »Standard« bleibt immer auf der **Ausgewählt**-Seite. Es enthält sämtliche Original-Ressourcen und füllt damit eventuelle Lücken, falls ein anderes Paket nicht vollständig ist. Das muss es auch gar nicht sein. Es gibt Tausende Ressourcen, aber manche Ressourcenpakete ändern nur ganz bestimmte Texturen oder Geräusche. Im Minimalfall kann das auch nur eine einzige Ressource sein. Solche Pakete sortierst du auf der rechten **Ausgewählt**-Seite mit den kleinen Pfeilen nach oben. Denn das Spiel lädt zuerst alle Ressourcen aus dem *untersten* Paket (dort sollte »Standard« stehen) und dann nacheinander die Ressourcen aus den Paketen *darüber*. Befindet sich eine bestimmte Ressource, z. B. die Grasblocktextur, in mehreren Paketen, wird sie mehrfach überschrieben, nur die oberste Grasblockversion bleibt. Würde »Standard« ganz oben stehen, hätte kein anderes Ressourcenpaket eine Wirkung, weil »Standard« sämtliche Ressourcen enthält und damit alles andere überschreibt.

In diesem Beispiel enthält das »Next Level«-Paket eine geänderte Grasblocktextur. Sortiere das Paket mit dem kleinen Pfeil nach oben, damit es wirkt.

Wo kommen die Texturen her?

Mit Ressourcenpaketen sieht das Spiel aufregend neu aus und hört sich anders an. Das gibt dir viele Möglichkeiten der kreativen Veränderung.

Um ein eigenes Ressourcenpaket zu erstellen, musst du den Aufbau der *Standardressourcen* kennen. Im Menü hast du bereits das Paket »Standard« gesehen, das du nicht entfernen kannst. Dieses Paket enthält sämtliche Ressourcen für das Spiel: Texturen, Geräusche, Musik, Texte, Schriftarten, Blockmodelle etc. Jede Ressource ist eine **Datei** – insgesamt gibt es viele Tausend. Sie sind an zwei Orten gespeichert:

- Die **kleinen Ressourcendateien** (Texturen, Texte und Blockmodelle) sind in einem komprimierten Dateiarchiv verpackt (*jar*-Datei). Dieses Archiv wird mit jeder neuen Minecraft-Version vom Launcher komplett neu heruntergeladen.
- Die **großen Ressourcendateien** (Geräusche, Musik, Schriftarten und die Übersetzungen in sämtliche Sprachen) stehen außerhalb des Archivs in einem speziellen Ordner. Diese Ressourcen werden einzeln heruntergeladen und nur, wenn sie sich ändern. Das spart Zeit.

Der erste Schritt, um dich mit den Standardressourcen vertraut zu machen, ist ein Blick in die *jar*-Datei, das Dateiarchiv mit den **kleinen Ressourcendateien**. Das geht so:

1. Starte den Minecraft-Launcher und gehe in der **Java Edition** auf den Reiter **Installationen**.
2. Fahre mit der Maus über die Liste und klicke bei der gewünschten Installation auf das Ordner-Icon. Ein neues Fenster geht auf, das den Ordner *.minecraft* zeigt.

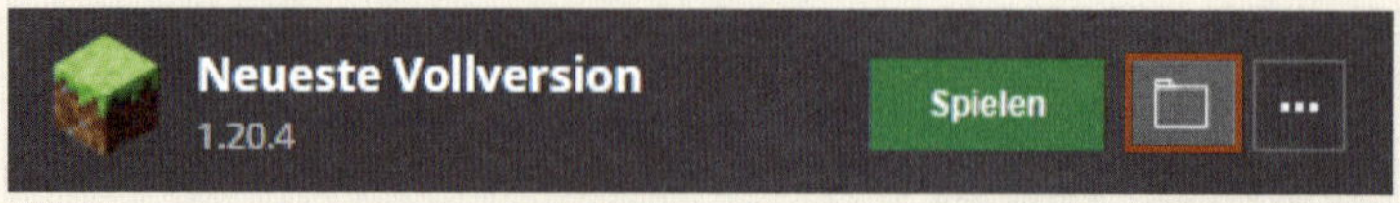

3. Gehe dort in den Unterordner *versions*, der alle Minecraft-Versionen enthält, die du heruntergeladen hast, und dann in den Ordner mit der gewünschten Version.
4. Dort siehst du die *jar*-Datei. Der Dateityp steht für »Java-Archiv«. Das Java-Archiv enthält hauptsächlich die Programmdateien des Spiels (in der Programmiersprache Java), zusätzlich aber auch einen Teil der Standardressourcen.
5. Um die Standardressourcen zu sehen, darfst du die *jar*-Datei nicht starten (nicht doppelt anklicken, das funktioniert auch nicht), sondern du *öffnest* sie mit einem geeigneten Programm, z. B. mit dem kostenlosen Programm *7-zip* (*www.7-zip.de/download.html*).
6. In der *jar*-Datei siehst du einige Ordner und sehr viele *class*-Dateien (das sind die Java-Programmdateien). Die gesuchten Ressourcendateien stehen im Ordner *assets\minecraft*.

Der wichtigste Ordner in den Standardressourcen ist *textures*. Er enthält sehr viele *png*-Dateien. Diese Bilddateien legen das Aussehen des Spiels fest, d. h. die bunten Oberflächen von Blöcken, Gegenständen und Kreaturen, das Aussehen der Umgebung (Laub- und Grasfarben, Sonne, Mond, Wolken), Schriften, Interaktionsfenster (Werkbank, Amboss, Zaubertisch etc.), Gemälde, Partikel, Rüstungsverzierungen und weiteres.

Interessant ist auch der Ordner *texts*. Dort findest du die Geschichte, die beim ersten Verlassen des Endes erscheint (*end.txt*), die gelben Sprüche aus dem Hauptmenü (*splashes.txt*) und die Namen aller Mitwirkenden (*credits.json*). *json*-Dateien sind ganz normale Textdateien, die du mit einem Texteditor öffnen kannst.

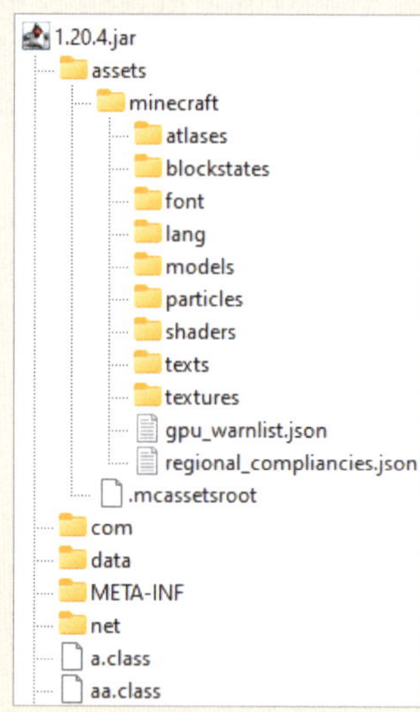

Die jar-Datei enthält unter assets\minecraft einen Teil der Standardressourcen und ansonsten Tausende Java-Programmdateien (class-Dateien).

Im Ordner *lang* stehen die englischen Texte des Spiels (*en_us.json*). Die zahlreichen Übersetzungen gehören zu den großen Ressourcendateien und sind woanders gespeichert (dazu später mehr).

Interessant sind vor allem die Texturen. Da du jetzt weißt, wo du sie findest, wirst du sie im nächsten Abschnitt mit einem eigenen Ressourcenpaket ändern.

Ressourcen ändern

Die *jar*-Datei enthält insgesamt etwa 7.600 Ressourcen, davon etwa 2.500 Texturen. Das ist eine Menge, aber der Trick bei einem eigenen Ressourcenpaket ist: Es muss nur die Ressourcen enthalten, die du ändern möchtest. Dadurch bleibt es klein und übersichtlich. Ein Paket kann auch nur eine einzige Ressource enthalten. Warum das reicht, weißt du, wenn du dich an das Menü erinnerst: Die Standardressourcen sollten ganz unten stehen und werden zuerst geladen, Änderungen stehen darüber und können ganz klein sein.

Beispiel: So legst du ein neues Ressourcenpaket an, das die Creeper-Textur ändert:

1. Gehe über **Optionen · Ressourcenpakete** ins Ressourcenpaket-Menü und klicke auf **Paketordner öffnen**.
2. Ein Fenster öffnet sich und zeigt den Ordner *.minecraft\resourcepacks*. In diesem Ordner sind die Ressourcenpakete als normale Unterordner oder als *zip*-Dateien abgelegt. Für ein neues Ressourcenpaket erzeugst du dort einen Ordner und nennst ihn z. B. *meinResPak*.
3. Gehe in den neuen Ordner und erzeuge eine neue Textdatei mit diesem Inhalt:

```
{
  "pack": {
    "pack_format": 63,
    "description": "Next Level Test"
  }
}
```

Die `description` ist eine beliebige Kurzbezeichnung, die im Ressourcenpaket-Menü erscheint.

Wichtig ist das passende `pack_format`. Du findest die richtige Zahl in der *jar*-Datei, die du aus dem vorherigen Abschnitt kennst. Suche dort zwischen den alpha-

```
"pack_version": {
  "resource": 63,
  "data": 80
},
```

betisch sortierten Java-Klassen nach der Datei *versions.json* und öffne die Datei mit einem Texteditor. Dort steht unter `pack_version` und `resource` die richtige Zahl.

4. Hast du die Textdatei fertig geschrieben, nenne sie *pack.mcmeta*. Sie muss diesen Namen haben, auch wenn es eine normale Textdatei ist. Achte darauf, dass nicht *pack.mcmeta.txt* daraus geworden ist.
5. Wenn dein Paket im Ressourcenpaket-Menü ein eigenes Icon haben soll, erstellst du mit einem Grafikprogramm ein quadratisches Bildchen und speicherst es in deinen Paketordner als *pack.png*.
6. Nach diesen Vorbereitungen kommt jetzt das Wesentliche: Um eine Ressource zu ändern, muss sie im *selben Ordnerpfad* liegen, den sie in den Standardressourcen hat. Möchtest du z. B. die Creeper-Textur ändern, lautet der Pfad *assets\minecraft\textures\entity\creeper*. Wichtig ist die exakte Schreibweise! Jeder Schreibfehler führt dazu, dass das Ressourcenpaket nicht funktioniert.

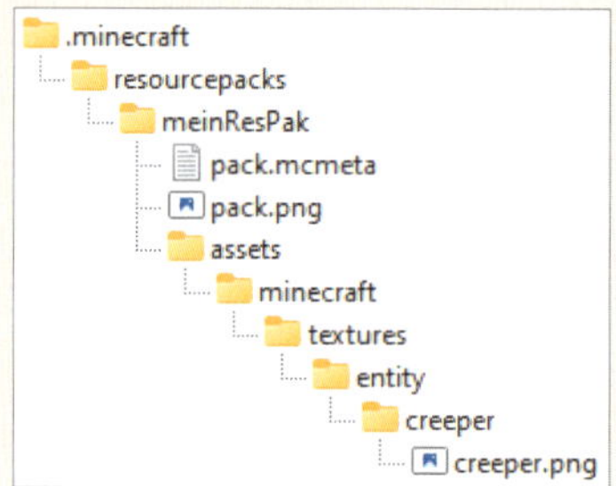

7. Um dein Ressourcenpaket zu füllen, holst du dir eine Kopie der entsprechenden Standardressource aus der *jar*-Datei und veränderst sie. Für die Creeper-Textur kopierst du die Datei *creeper.png* in dein Ressourcenpaket.

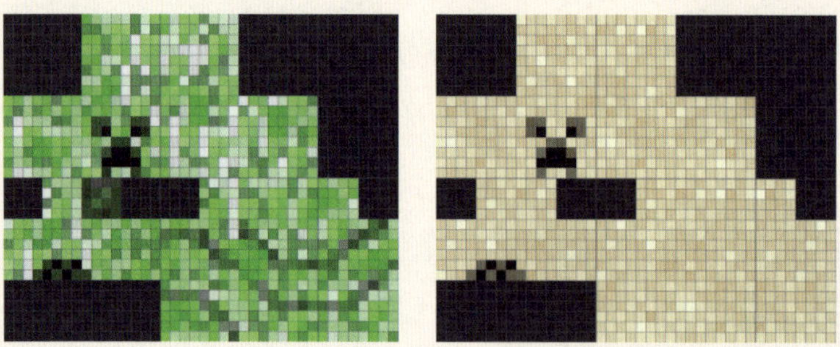

Originale und veränderte Creeper-Textur in Blockbench

8. Die Textur änderst du mit einem Grafikprogramm wie dem kostenlosen *GIMP* (*https://www.gimp.org/downloads*) oder *Blockbench* (*https://www.blockbench.net*). Blockbench bietet einen großen Vorteil für Kreaturen-Skins: Es zeigt das Modell der Kreatur. Mit Blockbench geht das so:

– Wähle im Hauptmenü **Datei • Neu • Minecraft Skin**.

– Ein kleines Fenster mit Einstellungen öffnet sich. Stelle das passende **Modell** ein: **Texture** für eine beliebige Textur, **Block** für einen würfelförmigen Block oder die passende Kreatur wie z B **Creeper**. Klicke ins Feld **Textur**, um die Textur aus deinem Ressourcenpaket zu laden, und bestätige die Eingabe. Je nach gewähltem Modell wird die Textur flach angezeigt, um einen Würfel oder um die Kreatur gewickelt.

– Bearbeite die Textur. Die Funktionen von Blockbench sind am Anfang dieses Kapitels im Abschnitt »Skin ändern« beschrieben. **Speichere** deine Änderungen durch Rechtsklick auf den Dateinamen. Die Datei in deinem Ressourcenpaket ist nun geändert.

9. Ist dein Ressourcenpaket fertig, fügst du es dem Spiel hinzu, wie unter *Ressourcenpaket* ⓘ beschrieben.

10. Du wirst dein Ressourcenpaket sicherlich mehrfach testen und ändern. Dazu musst du nicht jedes Mal ins Menü gehen, sondern lädst es einfach neu im laufenden Spiel mit [F3] + [T] (was einen kleinen Moment dauert).

Spielst du in einer Wüstenwelt, ist ein Sand-Creeper ideal getarnt. In allen anderen Biomen fällt er natürlich auf, denn es gibt nur eine einzige Creeper-Art im Spiel.

Auf diese Weise kannst du alle Texturen ändern. Nicht nur Blöcke (aus dem Standardordner *\textures\block*), Gegenstände (*\textures\item*) und Lebewesen (*textures\entity*), auch z. B. die grauen Flächen der Interaktionsfenster von Werkbank und Co. (*textures\gui*, Abkürzung für *graphical user interface*) oder die Gemälde (*textures\painting*).

Neben den Texturen sind auch die gelben **Splash-Texte** leicht änderbar (*texts\splashes.txt*), die im Hauptmenü unter dem Minecraft-Logo stehen: Lösche unverständliche Texte aus der Datei, füge eigene hinzu oder ersetze sämtliche

Texte durch deine eigenen. Die Anzahl der Texte ist egal, ein einziger reicht schon (dann wird immer derselbe Text angezeigt).

Das Ressourcenpaket »MeineKraft« ändert auch das Aussehen der Menüs, das Hintergrundbild und die gelben Splash-Texte.

Ressourcenpakete mischen

Angenommen, dir gefällt ein Ressourcenpaket, aber einige Dinge sehen in einem anderen Paket besser aus. Egal, in welcher Reihenfolge du die Pakete anordnest, sie überschreiben sich immer gegenseitig.

Zum Mischen von Paketen gibt es zwei Möglichkeiten:

1. Du **kopierst** die wenigen Ressourcen, die dir besser gefallen, von dem zweiten in das erste Paket und lässt das zweite Paket weg.
2. Wenn du kein Paket weglassen möchtest, sortierst du das Paket mit den meisten guten Ressourcen nach oben und **deaktivierst** dort die wenigen nicht so schönen Ressourcen. Dadurch wirken sie im unteren Paket. Zum Deaktivieren nennst du den entsprechenden Ressourcen-Ordner oder die Ressourcen selbst um, indem du z. B. ein Doppelkreuz »#« vor den Namen setzt. Änderst du beispielsweise den Ordner *assets\minecraft\textures\entity\villager* zu *assets\minecraft\textures\entity\#villager*, erkennt das Spiel den villager-Ordner in diesem Paket nicht mehr und ignoriert ihn.

Ressourcenpakete sind üblicherweise komprimierte *zip*-Dateien. Extrahiere das Paket, damit du es verändern kannst. Ein extrahiertes Paket funktioniert genauso gut. Beachte aber, dass du Änderungen an fremden Ressourcenpaketen nur für den Privatgebrauch machen und nicht im Internet als neues Paket anbieten darfst.

Gemischte Ressourcenpakete: Die glatten Texturen von »Smoube« mit den markanten Dorfbewohnern von »LBPR«.

Was sind Atlasse?

Schaust du in der *jar*-Datei in die Standardressourcen, heißt der erste Ordner »atlases«. Den großen Erdkunde-Atlas kennst du vielleicht noch aus der Schulzeit. Das war eine Sammlung von Landkarten mit einem umfangreichen Index zur schnellen Auffindung von Orten.

Minecraft hat so etwas Ähnliches, aber für Texturen: Beim Start sammelt das Spiel die Texturen einer bestimmten Kategorie und erzeugt daraus eine einzige zusammenhängende Bilddatei. So wird z. B. aus über 30 Einzeltexturen für die Gemälde ein Gemälde-Atlas, der sämtliche Gemäldetexturen in einer einzigen Datei enthält. Der Vorteil ist die Zugriffsgeschwindigkeit: Im laufenden Spiel muss Minecraft extrem schnell sehr viele Texturen anzeigen. Der Zugriff auf wenige Atlasse ist dabei deutlich schneller als das Laden von unzähligen Einzeltexturen.

Die Standardressourcen enthalten nicht die Textur-Atlasse selbst, sondern nur deren Beschreibung. Die tatsächlichen Atlasse werden bei jedem Spielstart anhand der Beschreibung dynamisch erzeugt (mit ein Grund, warum du beim Start einen Ladebalken siehst). Du kannst sie trotzdem ansehen: Mit F3 + S schreibt das Spiel alle dynamisch erzeugten Texturen in den Ordner *.minecraft\screenshots\debug*. Dort findest du zu jedem Atlas auch eine Textdatei, die den Index bildet: Die Namen aller enthaltenen Texturen, ihre Pixel-Position (x, y) und ihre Größe (w für die Breite *width* und h für die Höhe *height*).

Atlas mit allen Gemälden. Es sind auch vier Gemälde dabei, die du nur über das Kreativ-Inventar bekommst sowie die Bretter-Rückseite aller Gemälde und die pink-schwarze Standardtextur für fehlerhafte Daten.

```
minecraft:burning_skull x=0 y=0 w=64    h=64
minecraft:bust  x=128   y=80    w=32    h=32
minecraft:courbet   x=64    y=112   w=32    h=16
minecraft:creebet   x=96    y=112   w=32    h=16
minecraft:donkey_kong   x=64    y=64    w=64    h=48
```

Ausschnitt aus dem Index zum Gemälde-Atlas

Wabernde Blocktexturen

Flüsse, Wasserfälle und Ozeane haben eine bewegte Oberfläche, aber damit sind sie nicht alleine: Feuer und Lagerfeuer flackern, die Stiele von Riesennetherpilzen wabern, Magmablöcke glimmen, Sculk funkelt, das Netherportal wirbelt etc.

Blöcke mit bewegten Texturen

Diese Effekte werden durch eine **Animation der Texturen** erzeugt. Der Clou dabei: Über ein Ressourcenpaket kannst du jedem Block eine bewegte Textur geben. Damit bekommst du z. B. wabernden Sand, flimmernden Leuchtstein, rollende Kürbisaugen und vieles mehr.

Eine Animation besteht aus Einzelbildern, die nacheinander angezeigt werden und dadurch eine Bewegung ergeben. Wenige, unterschiedliche Einzelbilder wirken wie ein Blinken, viele ähnliche Einzelbilder wirken wie ein fließender Übergang. Die Einzelbilder müssen in der Texturdatei untereinander in einem senkrechten Streifen stehen. Die Ablaufgeschwindigkeit legst du über eine *mcmeta*-Datei für jede Textur getrennt fest. Das ist eine normale Textdatei mit der Dateiendung *.mcmeta*.

Schau mit 7-zip in den Standardressourcenordner *assets\minecraft\textures\blocks*. Die Blocktextur des Prismarins *prismarine.png* besteht aus vier untereinanderliegenden Einzelbildern oder Frames. Die zugehörige Datei *prismarine.png.mcmeta* hat diesen Inhalt:

```
{
  "animation": {
    "frametime": 300,
    "interpolate": true,
    "frames": [
      0, 1, 0, 2, 0, 3, 0, 1, 2, 1, 3,
      1, 0, 2, 1, 2, 3, 2, 0, 3, 1, 3
    ]
  }
}
```

Die Eigenschaften in dieser Datei haben folgende Bedeutung:

- `frametime`: Die Anzeigezeit eines Frames in Ticks. 300 Ticks sind 15 Sekunden. Ohne Angabe ist der Wert 1 Tick, also meist zu schnell. Die Gesamtdauer der Prismarin-Animation mit 22 Frames beträgt 5:30 Minuten, dann wiederholt sie sich.
- `interpolate`: Bei `true` berechnet das Spiel einen fließenden Übergang zwischen zwei Frames. Die Textur des Prismarins hat nur vier Einzelbilder, die Übergänge werden automatisch berechnet.
- `frames`: Die eigentliche Animation. In dieser Liste legst du die Reihenfolge der Einzelbilder fest. Die Nummer ist der Index, wobei das oberste Einzel-

bild der Textur den Index 0 hat. Die vier Einzelbilder des Prismarins haben daher den Index 0 bis 3.

In der originalen *mcmeta*-Datei steht jeder Index in einer eigenen Zeile, aber du kannst sie genauso gut nebeneinander schreiben. Im Beispiel sind es zwei Zeilen.

Soll ein bestimmtes Bild länger oder kürzer zu sehen sein als andere, gibst du den Index zusammen mit einer Zeit an. Wenn z. B. Frame 1 an einer Stelle im Ablauf 20 Ticks lang gezeigt werden soll, sieht das so aus:

```
"frames": [3, 2, 1, 0, {index:1,time:20}, 2]
```

- `width` und `height`: Wenn die Textur nicht quadratisch ist, gibst du damit die Breite und Höhe in Pixeln an.

Die Textur des Prismarinblocks bewegt sich sehr langsam, daher erkennst du den hier gegenüber gestellten Farbunterschied erst nach einigen Sekunden.

Auch die Texturen von Gegenständen (aus dem Ordner *textures\item*), Partikeln (*textures\particle*), Statuseffekten (*textures\mob_effect*) und Gemälden (*textures\painting*) kannst du animieren. Damit steht einem Ressourcenpaket, das deinen eigenen Skin als Gemälde mit beweglichen Augen enthält, nichts mehr im Wege.

Die Welt der Blockzustände

Schaust du dir den Ordner der Blocktexturen genauer an, merkst du schnell, dass manche Blöcke nur eine einzige Textur haben, die auf allen Seiten gleich ist, während andere Blöcke verschiedene Texturen haben und manche sogar unterschiedliche Blockzustände. Der Ofen ist ein gutes Beispiel:

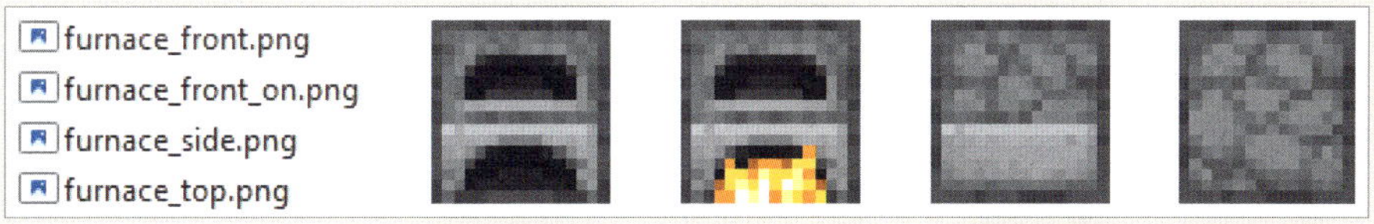

Der Ofen hat drei Texturen (vorne, seitlich, oben) und einen zweiten Zustand (brennend).

Die meisten Blöcke haben nur einen einzigen Zustand: Ein Stein sieht immer gleich aus. Andere Blöcke haben eine oder sogar mehrere *Eigenschaften*, die in ihrer Kombination viele Blockzustände ergeben. Der Ofen hat z. B. zwei Eigenschaften: Die Vorderseite kann nach Norden, Süden, Osten oder Westen gerichtet sein, und sie kann brennen oder nicht. In Kombination ergibt das acht verschiedene **Blockzustände**.

Blöcke mit unterschiedlicher Ausrichtung sind z. B. Schleifstein, Amboss, Treppen, Stämme und viele mehr. Andere Blöcke haben Eigenschaften wie Wachstumsstufen (Weizen), Verbindung mit Nachbarn (Zaun, Eisengitter), Öffnung (Tür, Zauntor) etc. Alle Blöcke und ihre Zustände sind fest programmiert, mit einem Ressourcenpaket kannst du daran nichts ändern.

Viele kleinere Blöcke haben auch die Eigenschaft »wassergesättigt« (englisch *waterlogged*). Wasser ist ein ganzer Block, er kann seinen Platz nicht mit einem anderen Block teilen. Der Trick des Spiels: Ein wassergesättigter Zaunpfosten sieht aus, als ob zwei Blöcke an derselben Stelle wären, aber es ist weiterhin nur ein einziger Block, nämlich der Zaunpfosten in einem anderen Zustand.

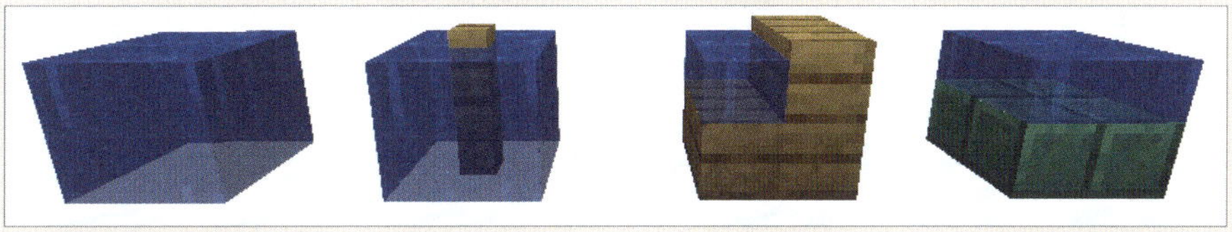

Ein Wasserblock sowie Zaun, Treppe und Stufe mit aktivierter Eigenschaft »waterlogged«

Um den aktuellen Blockzustand zu sehen, drückst du F3 und schaust den Block mit dem Fadenkreuz an. Rechts bei **Targeted Block** erscheinen die Koordinaten, die Block-ID (z. B. `minecraft:furnace`) und der aktuelle Zustand des Blocks. Darunter folgen weitere Angaben, die mit einem »#« beginnen und jetzt nicht von Bedeutung sind.

Der Ofen hat die Eigenschaften »facing« und »lit«. Sein aktueller Zustand ist »facing: south« und »lit: true«.

Wer ein komplettes Texturenpaket erstellen möchte, das sämtliche Blocktexturen ändert, braucht eine Testwelt, um alle Blöcke in all ihren Zuständen sehen zu können. Diese Welt wird vom Spiel bereitgestellt, sie heißt *Debug-Modus*. So generierst du diese Welt:

1. Gehe in **Einzelspieler** ▪ **Neue Welt erstellen** ▪ Reiter **Welt**.
2. Klicke mehrfach auf den Welttyp und halte dabei die `Alt`-Taste gedrückt. Dann erscheint nach dem Welttyp **Einzelnes Biom** der Welttyp **Debug-Modus**.
3. Klicke auf **Neue Welt erstellen**, fertig.

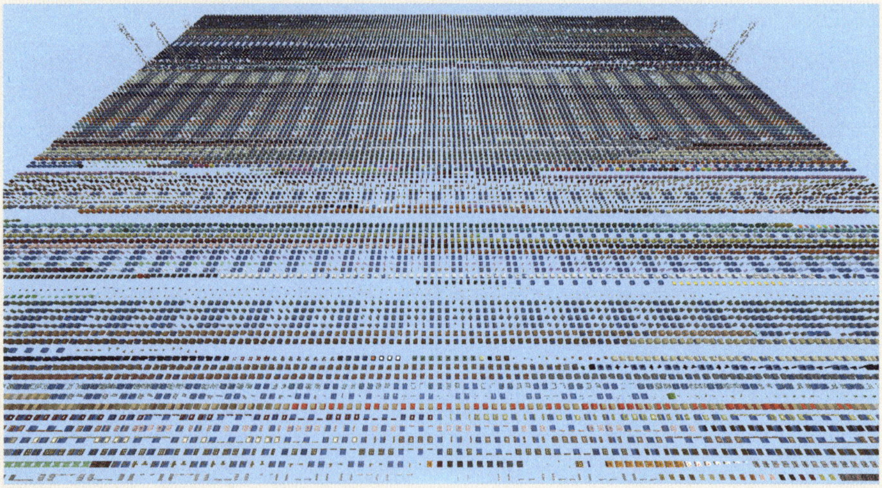

Der Debug-Modus ist die Welt der Blockzustände.

In der Debug-Modus-Welt siehst du sämtliche Blöcke in sämtlichen Zuständen, sonst nichts. Die Welt ist nur zum Prüfen der Blöcke gedacht. Du befindest dich im Zuschauermodus und kannst nichts verändern oder zerstören.

Schau dich dort um. Beeindruckend sind die zahlreichen Zustände des Feuers. Noch mehr unterschiedliche Kombinationen gibt es für das Redstone-Kabel: Jede Kombination von Kabelverbindungen ist ein eigener Zustand.

Insgesamt gibt es in Minecraft 1.20.4 über 24.000 verschiedene Blockzustände. Doch wenn du in die Standardressourcen schaust, findest du nur knapp 1.000 Blocktexturen. Wie schafft es das Spiel, diese Texturen so zu kombinieren, dass 24.000 Blockzustände zu sehen sind?

Der Trick: Das Spiel kombiniert drei Standardressourcen – die *Blockzustände*, die *Blockmodelle* und die *Blocktexturen*. Das geht so:

1. **Blockzustände**: Das Spiel kennt zu jeder Zeit die ID und den aktuellen Zustand eines Blocks, z. B. »brennender Ofen nach Osten« (das siehst du mit [F3]). Mit diesen Informationen schaut es in den Ordner *assets\minecraft\blockstates*. Dort hat jeder Block seine eigene *Blockzustandsdatei*. Insgesamt liegen dort etwa 1.000 Dateien, d. h., es gibt etwa 1.000 unterschiedliche Blöcke. Für den Ofen findet das Spiel die Datei *furnace.json*.

   json-Dateien kannst du mit einem Texteditor öffnen. Darin stehen alle Kombinationen der Blockeigenschaften. Das Spiel findet im Abschnitt, der zum aktuellen Blockzustand passt, die zugehörige *Modelldatei*. Jede Kombination kann theoretisch ein eigenes Blockmodell haben, aber oft haben einige Kombinationen dasselbe Modell. Für den Ofen gibt es die Modelldateien *furnace_json* und *furnace_on.json*.

   Außerdem steht in der Ofen-Zustandsdatei die Drehung. Da der Block nach Osten ausgerichtet ist, muss das Spiel sein Modell auf der Y-Achse um 90° drehen (ohne Drehung zeigt er nach Norden).

```
"facing=east,lit=true": {
  "model": "minecraft:block/furnace_on",
  "y": 90
},
```

2. **Blockmodelle**: Mit der ermittelten Modelldatei schaut das Spiel in den Ordner *assets\minecraft\models\block*. Dort stehen sämtliche Blockmodelle. Auch diese Dateien kannst du mit einem Texteditor öffnen. Allerdings sind viele Blockmodelle gleich (z. B. der typische Würfel). Deshalb wird in solchen Fällen das Grundmodell nur einmal beschrieben und von allen

Blöcken, die genauso aussehen, über die `parent`-Eigenschaft benutzt. Das wird *Vererbung* genannt. Über die Blockmodelldatei und die Vererbung findet das Spiel die *Texturdateien* der Blockseiten.

```
{
  "parent": "minecraft:block/orientable",
  "textures": {
    "front": "minecraft:block/furnace_front_on",
    "side": "minecraft:block/furnace_side",
    "top": "minecraft:block/furnace_top"
  }
}
```

Der brennende Ofen hat die Modelldatei *furnace_on.json*. Obwohl der Ofen sechs Seiten hat, benutzt das Modell nur drei Texturen. Über die Vererbung erfährt das Spiel, dass drei Seiten sowie oben und unten gleich sind. Zusammen mit der Vorderseite sind damit die Texturen für alle sechs Seiten bekannt.

3. **Blocktexturen**: Um die Texturen zu finden, schaut das Spiel in den Ordner *assets\minecraft\textures\block*. Hier holt es sich die Texturen, die im Blockmodell genannt wurden – wobei das Spiel in Wirklichkeit einen Atlas aller Blocktexturen benutzt, weil das schneller geht.

Um einen Block korrekt darstellen zu können, hangelt sich das Spiel also von der Zustandsdatei über die Modelldatei bis zu den Texturen. Das Modell gibt die Form vor (beim Ofen über die Vererbung aus *cube.json*). Die Form wird mit den Texturen bekleidet und zum Schluss so gedreht, wie es dem Zustand entspricht.

Alle sechs Seiten des brennenden Ofens im Spiel. Flammen und Rauch sind Partikel, die das Spiel zusätzlich generiert, wenn etwas brennt.

Wenn du es genau wissen willst

Mit diesem Buch bekommst du einen Überblick über die Möglichkeiten, Minecraft kreativ zu verändern. Anhand von Beispielen lernst du Zusammenhänge und Fachbegriffe kennen. Aber ein Buch hat auch seine Grenzen: Für seitenlange Listen, z. B. sämtliche Eigenschaften der Blockzustände und Blockmodelle, reicht der Platz nicht. Wobei das nur ein Beispiel ist. Minecraft hat so viele Einstellungsmöglichkeiten, dass man mit ihrer Auflistung mehrere Bücher füllen könnte – das wäre nicht bezahlbar.

Wenn du genau wissen willst, was eine bestimmte Eigenschaft bewirkt, schaust du am besten in das **Minecraft-Wiki** (*https://minecraft.wiki*). Es gibt auch eine deutsche Version, wobei das englische Wiki in manchen Einzelheiten aktueller ist, weil die Anzahl der englischsprachigen Autoren größer ist. Achtung: Unter anderen Adressen gibt es sehr ähnliche englische und deutsche Minecraft-Wikis, die aber veraltet und voller falscher Einträge sind.

Die Eigenschaften aus den Blockzustandsdateien (z. B. `uvlock`) und den Modelldateien (z. B. `rotation`) findest du hier:

- Englisch: *https://minecraft.wiki/Tutorials/Models*
- Deutsch: *https://de.minecraft.wiki/Modelldaten*

Vom Klotz zum Supermodel – die Blockmodelle

Auch wenn die meisten Blöcke nur ein Würfel sind: Das Spiel muss zu jedem Block ein **Modell** haben, damit es die Form korrekt darstellen kann. Und das nicht nur beim Platzieren in der Welt, sondern auch im Inventar oder wenn du den Block in der Hand hältst.

Modelle und Texturen von Grasblock, Schleifstein, Wirrtreppe, Lesepult, niedrigem Gras und Kette

Da die Blockmodelle zu den Standardressourcen gehören, kannst du sie mit einem Ressourcenpaket ändern. Allerdings derzeit noch mit Einschränkungen:

Die Transparenz und die Hitbox eines Blocks sind fest programmiert. Änderst du z. B. das Diamanterz zu einer Stufe, bleibt die Hitbox weiterhin ein voller Würfel. Dadurch stehen Kreaturen in der Luft. Und setzt du einen Block oben drauf, geht das Spiel von einem vollen Würfel ohne Transparenz aus und rendert nicht die Oberseite, weil diese normalerweise verdeckt wäre.

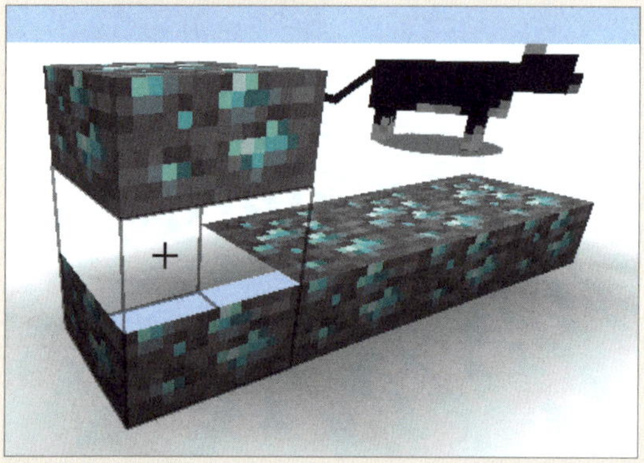

Verkleinerst du das Modell des Diamanterzes, bekommt es trotzdem keine Transparenz und behält auch seine würfelförmige Hitbox. Dadurch schwebt die Katze, die auf dem Block steht, in der Luft.

Trotzdem bietet das Ändern von Blockmodellen viele kreative Möglichkeiten.

Das Ressourcenpaket »Thylarus II« ändert unter anderem die Blockmodelle von Schleifstein, Laterne und Leuchtfeuer.

Schaust du dir verschiedene Blockmodelle in den Standardressourcen an und folgst der Vererbung über die `parent`-Eigenschaft, stößt du auf einige Grundmodelle. Die Vererbung der Modelleigenschaften vereinfacht das Ändern ganzer Blockfamilien.

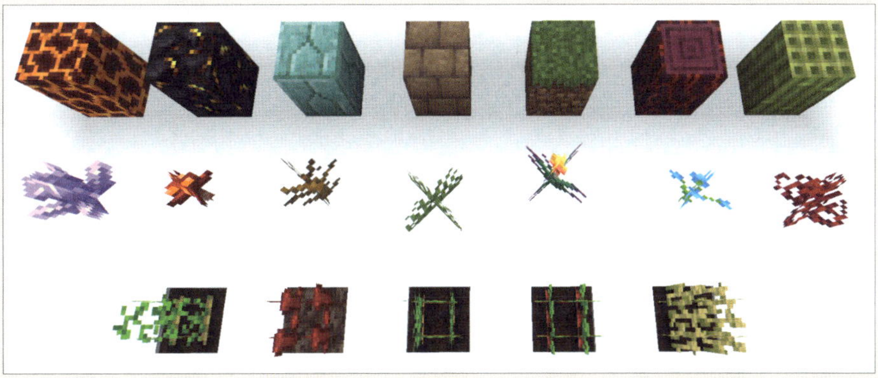

Grundmodelle der Blöcke: Würfel (cube.json), kreuzförmig (cross.json), Ackerpflanze (crop.json)

Zum Ändern von Blockmodellen ist das kostenlose Programm *Blockbench* sehr gut geeignet, das du in diesem Kapitel schon mehrfach kennengelernt hast.

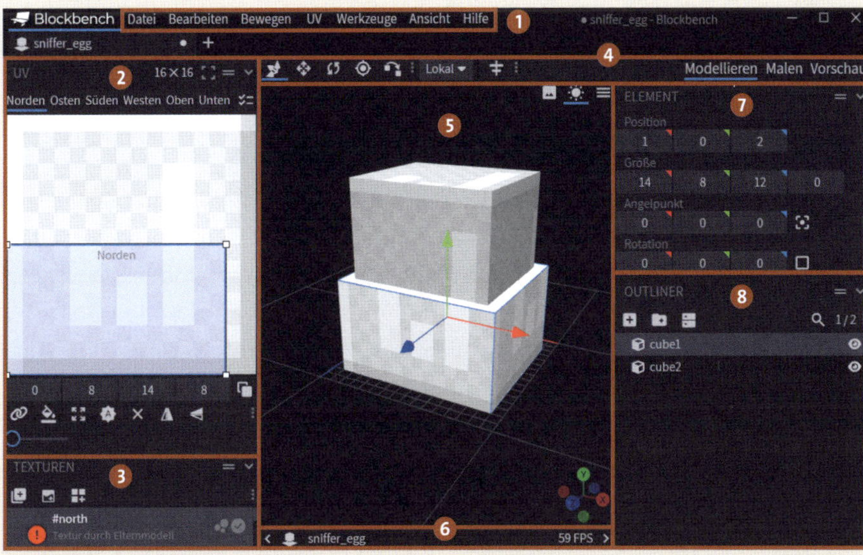

Ein Blockmodell in Blockbench: ❶ Hauptmenü, ❷ UV-Editor für die Texturen, ❸ Liste der Texturen, ❹ Werkzeugleiste, ❺ Blockmodell, ❻ Tipps zur Bedienung des ausgewählten Werkzeugs, ❼ aktuelles Element im Blockmodell, ❽ Outliner, um einzelne Elemente im Modell ein- und auszuschalten.

Beispiel: Möchtest du das klotzige Schnüffler-Ei mit Blockbench umgestalten, geht das so:

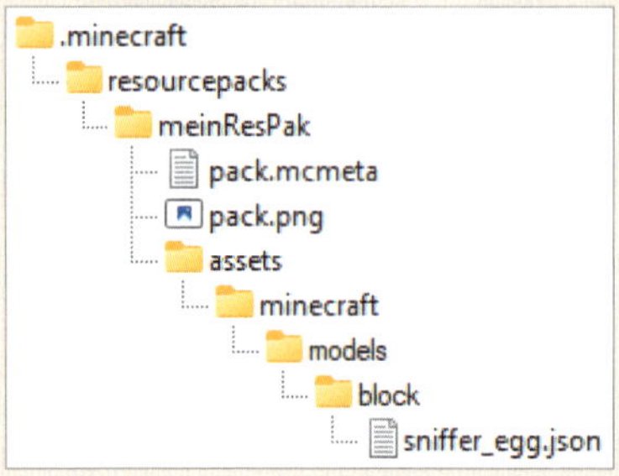

1. Lege ein Ressourcenpaket an, wie unter *Ressourcenpaket anlegen* ⓘ beschrieben. Für Blockmodelle muss es den Ordnerpfad *assets\minecraft\models\block* haben.
2. Schaue in die Standardressourcen (*jar*-Datei) und suche in den Blockmodellen nach dem Schnüffler-Ei. Du findest drei Varianten (*not_cracked*, *slightly_cracked* und *very_cracked*), die ihre Form von *sniffer_egg.json* erben. Da du nur die Form und nicht die Texturen änderst, kopierst du nur *sniffer_egg.json* in dein Ressourcenpaket.
3. Lade *sniffer_egg.json* mit Blockbench über **Datei • Modell öffnen** oder Strg + 0. Das Modell wird ohne Texturen angezeigt, was in diesem Fall okay ist.
4. Klicke mit der linken Maustaste neben das Modell, um es zu drehen, und mit der rechten, um es zu bewegen. Mit dem Mausrad änderst du die Größe des Modells (Zoom).
5. Schaue von oben auf das Modell, drehe es, und achte auf das Gitter, auf dem es steht. Dort sind die drei Achsen X, Y und Z in den Farben Rot, Grün und Blau markiert. Diese Farben begegnen dir an verschiedenen Stellen und helfen bei der Orientierung. Außerdem ist auf dem Boden über der roten X-Achse ein Nordpfeil zu sehen. Der ist wichtig, weil in Minecraft Blöcke ohne Drehung grundsätzlich nach Norden zeigen (z. B. die Öffnung des Ofens).
6. Verkleinere nun das Modell auf halbe Höhe. Wähle dazu das Werkzeug **Grösse ändern**, und klicke auf den Quader. Es erscheint ein Kreuz mit sechs Kontaktpunkten an den Spitzen. Ziehe den oberen, grünen Kontaktpunkt nach unten.

   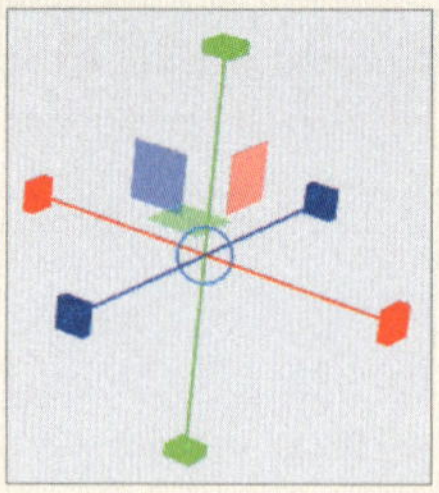

   Gleichzeitig ändert sich auf der rechten Seite, in der Anzeige des aktuellen **Elementes**, die Y-Größe von 16 auf 8. Du kannst die Größe auch an dieser Stelle ändern.
7. Erzeuge einen zweiten Quader. Rechtsklicke dazu im **Outliner** auf den »cube« und **Dupliziere** ihn. Du hast

jetzt zwei Elemente im Outliner. Klicke doppelt auf die beiden Namen, um sie zu ändern, damit du sie unterscheiden kannst. Nenne sie z. B. »cube1« und »cube2«.

8. Verschiebe »cube2« nach oben. Wähle dazu das Werkzeug **Verschieben** und klicke im Outliner auf »cube2«. Auf dem Quader erscheint ein Kreuz mit drei Pfeilen. Ziehe die grüne Pfeilspitze nach oben. In der Anzeige des aktuellen Elementes ändert sich gleichzeitig die Y-Position von 0 auf 8.

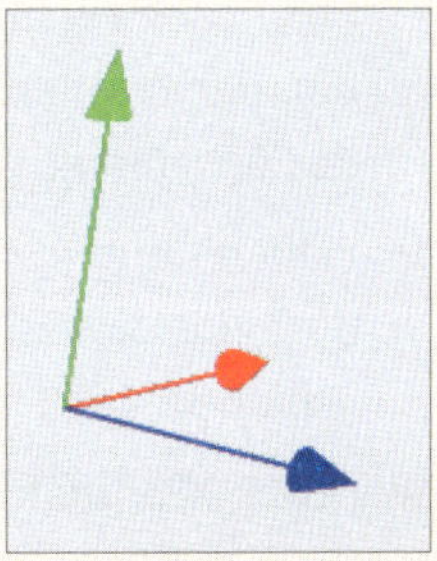

9. Verkleinere die Seiten von »cube2« um 1 Pixel. Wähle wieder das Werkzeug **Grösse ändern**, klicke auf den oberen Quader und ziehe die vier blauen und roten Kontaktpunkte um jeweils einen Schritt nach innen.

10. Damit ist die Form fertig. Jetzt fehlen noch die Anweisungen für die Texturen. Bis auf die Bodenfläche hast du alle Flächen verkleinert. Daher musst du für jede Fläche angeben, *welcher Ausschnitt* der unverändert großen Texturen dort angewendet werden soll. Das machst du mit dem **UV-Editor**. Die Bezeichnung »UV« wird in 3D-Grafiken für die Koordinaten der Flächen verwendet, im Gegensatz zu »XYZ« für die Koordinaten der Körper.

    Um den gesamten UV-Editor zu vergrößern oder zu verkleinern, verschiebst du die Trennlinie zwischen ihm und dem Modell-Editor.

11. Jeder Quader hat sechs Flächen. Im UV-Editor gibt es dafür die Reiter »Norden« bis »Unten«. Klicke im Outliner auf »cube1« (den unteren Quader) und wähle im UV-Editor »Norden«. Klickst du dann im UV-Editor auf das Werkzeug **Auto UV**, wird der Ausschnitt auf die Größe der Fläche im Modell angepasst. Das ist richtig so, aber da der Quader unten liegt, musst du den Ausschnitt nach unten verschieben. Die UV-Koordinaten lauten dann 0, 8, 14, 8. Du kannst auch die Koordinaten direkt eingeben. Das wiederholst du für »Osten«, »Süden« und »Westen«. »Oben« und »Unten« bleiben unverändert.

    Klicke im Modell oben rechts auf **Anzeigemodus** und ändere ihn auf **UV Vorschau**. Dann siehst du, dass der untere Quader jetzt auf allen Seiten die *untere Hälfte* der doppelt so großen Textur zeigt, während der obere Quader noch die *gesamte Textur* auf seine Flächen quetscht.

12. Also klickst du im Outliner auf »cube2« und gehst in den UV-Editor. Beginne wieder mit »Norden«. **Auto UV** passt die Größe des Ausschnitts richtig an. Dass er oben liegt, ist diesmal auch richtig. Aber du musst ihn um ein Pixel nach rechts verschieben, weil der obere Quader um ein Pixel nach innen verschoben ist. Die UV-Koordinaten lauten dann 1, 0, 12, 8. Wiederhole das für »Osten«, »Süden« und »Westen«.
13. »Oben« und »Unten« veränderst du ebenfalls mit **Auto UV**. Danach musst du beide Ausschnitte noch um ein Pixel nach rechts und nach unten verschieben. Die UV-Koordinaten lauten dann 1, 1, 12, 10.
14. Fertig. Du hast das Modell in der Form verändert und dafür gesorgt, dass die richtigen Ausschnitte der unveränderten Texturen auf den Flächen angezeigt werden. Nun speicherst du deine Arbeit über **Datei ▪ Export ▪ Block-/Itemmodell exportieren** als *sniffer_egg.json* in den Modellordner deines Ressourcenpakets.
15. Starte das Spiel, lade dein Resourcenpaket und platziere im Kreativmodus ein Schnüffler-Ei. Jetzt sieht es schon viel besser aus als vorher. Und dank der Vererbung der Modelldaten behält es in allen Wachstumsstufen (mit feinen und starken Rissen) seine neue Form.

Das neue Blockmodell für das Schnüffler-Ei in allen drei Varianten. Mit etwas mehr Aufwand kannst du die Form noch weiter verbessern.

WO KOMMEN DIE GERÄUSCHE HER?

Die Texturen machen einen beträchtlichen Teil der Standardressourcen aus. Aber es gibt noch eine weitere große Gruppe: die Geräusche. Sie stehen nicht in der *jar*-Datei – die würde mit den Geräuschen viel zu groß werden (die Datei *1.20.4.jar* ist ca. 24 MB groß, während die Geräusche ca. 550 MB Speicherplatz beanspruchen).

Stattdessen sammelt das Spiel die Geräusche und weitere speicherplatzintensive Standardressourcen im Ordner *.minecraft\assets\objects*. Mit jeder neuen Minecraft-Version landen dort weitere Ressourcen – nicht nach Versionen getrennt, sondern über alle Versionen hinweg bunt gemischt.

Das Spiel steht nun vor dem Problem, wie es bei einer Menge von vielen Tausend Ressourcen aus verschiedenen Versionen schnell auf eine ganz bestimmte Datei zugreifen kann. Der Trick: Das Spiel benutzt ein Inhaltsverzeichnis in Form einer *Indexliste*.

Die Indexliste schaust du dir so an:

1. Gehe in den Ordner, der die *jar*-Datei ⓘ zu deiner Minecraft-Version enthält. Dort siehst du eine *json*-Datei mit Informationen zu dieser Version.
2. Öffne die *json*-Datei mit einem Texteditor und suche nach `"assetIndex"` (mit den Anführungszeichen). Direkt danach siehst du die `id` der Indexliste. Für Version 1.20.4 lautet die `id` z. B. 12. Schaust du etwas weiter, siehst du unter `totalSize` die Größe dieses Teils der Standardressourcen. Bei Version 1.20.4 sind das 625 MB.

```
"assetIndex": {"id": "12", "sha1": "1a3...842",
              "size": 432505, "totalSize": 625183584,
              "url": "https://..."},
```

3. Navigiere zurück in den *.minecraft*-Ordner und dort in den Unterordner *assets/indexes*. Hier stehen die Indexlisten deiner installierten Minecraft-Versionen. Bis Version 1.19 sind die Dateinamen eindeutig, danach beginnen sie bei 1 aufsteigend. Hier benötigst du die ermittelte `id`. Für Version 1.20.4 wäre *12.json* die richtige Indexliste.
4. Öffne die Indexliste mit einem Texteditor. Jetzt hast du das Inhaltsverzeichnis für den restlichen Teil der Standardressourcen.

Mit dem Standard-Editor von Windows ist der Inhalt der Indexliste ziemlich unübersichtlich, weil alles in einer einzigen Zeile steht. Der kostenlose *Notepad++* (*https://notepad-plus-plus.org/downloads*) von Don Ho nutzt zur Darstellung von *json*-Dateien unterschiedliche Farben, damit ist der Inhalt der Indexliste besser zu erkennen.

Die Indexliste enthält am Anfang einige Icons (*png*-Dateien), Informationen zur Schrift und die Übersetzungen in sämtliche Sprachen (*json*-Dateien). Dann folgen die beiden Ressourcenpakete »Hoher Kontrast« und »Programmierkunst« (*minecraft/resourcepacks/high_contrast.zip* und *minecraft/resource-*

packs/programmer_art.zip), die du aus dem Ressourcenpaket-Menü kennst. Danach kommt die Datei *sounds.json*, gefolgt von fast 3.600 *ogg*-Dateien: Das sind die Geräusche. Zum Schluss der Indexliste sind einige Bilddateien aufgeführt, die für die Standardressourcen in der *jar*-Datei zu groß wären – darunter auch die Panoramabilder, aus denen das Hintergrundbild im Minecraft-Hauptmenü zusammengesetzt ist.

```
{"objects": {
  "icons/icon_128x128.png": ...
  "minecraft/font/include/unifont.json": ...
  "minecraft/font/unifont.zip": ...
  "minecraft/lang/de_de.json": ...
  "minecraft/resourcepacks/high_contrast.zip": ...
  "minecraft/resourcepacks/programmer_art.zip": ...
  "minecraft/sounds.json": ...
  "minecraft/sounds/dig/gravel1.ogg": ...
  "minecraft/textures/gui/title/background/panorama_0.png": ...
}
```

Auszüge aus der Indexliste: Icons, zip-Dateien, alle Übersetzungen, alle Geräusche, Hintergrundbild

Sämtliche Ressourcen aus der Indexliste kannst du mit einem Ressourcenpaket ändern. Stört dich z.B. die Übersetzung eines Blocks, änderst du einfach dieses eine Wort in der deutschen Sprachendatei. Jede Beschriftung, auch die Untertitel der Geräusche, kannst du auf diese Weise anpassen – natürlich auch die Geräusche selbst. Falls dir ein häufiges Geräusch zu langweilig ist, fügst du zur Abwechslung Alternativen hinzu. Lasse dein Minecraft-Haus als Hintergrundbild im Hauptmenü erscheinen und wirf einen Blick in die beiden Ressourcenpakete des Spiels, um dort kontrastreiche Menüs oder alte Texturen zu finden (und zu ändern).

Ressourcen aus der Indexliste ändern

Die Indexliste ist nur ein Inhaltsverzeichnis, die eigentlichen Ressourcen stehen im Ordner *.minecraft\assets\objects*. Um dort eine Ressource zu finden, musst du einen Trick des Spiels kennen.

Beispiel: So änderst du mit einem Ressourcenpaket eine Übersetzung:

1. Falls du noch kein eigenes Ressourcenpakte hast, erstellst du es, wie unter *Ressourcenpaket erstellen* ⓘ beschrieben.
2. Suche dann in der Indexliste deine Ressource. Für die deutsche Sprachendatei suchst du nach »de_de« und findest *minecraft/lang/de_de.json*. Lege in deinem Ressourcenpaket genau diese Ordnerstruktur an. Beachte wieder die exakte Schreibweise. Du weißt, dass jeder Schreibfehler dazu führt, dass das Ressourcenpaket nicht funktioniert.

3. Um die eigentlichen Ressourcen zu finden, musst du ihren Hash-Wert kennen. Das sogenannte *Hash-Verfahren* ist ein Software-Trick, um bei einer großen Datenmenge direkt auf eine bestimmte Datei zuzugreifen, ohne eine lange Liste durchsuchen zu müssen. Im Hash-Verfahren wird der Dateiname in eine 40-stellige alphanumerische Zahl verwandelt. Du musst dir nur die ersten fünf Zeichen merken, das reicht in den meisten Fällen.

   Schaue also in die Indexliste. In der Indexliste für die Version 1.20.4 beginnt der Hash-Wert für die Datei *minecraft/lang/de_de.json* mit »cd6de«.

```
"minecraft/lang/de_de.json": {
  "hash": "cd6def03b484b0a1fd6980627e909d154e7d51c1",
  "size": 455616
},
```

4. Jetzt navigierst du in den Ordner *.minecraft\assets\objects*. Dort findest du zahlreiche Ordner, die für die ersten beiden Zeichen der Hash-Werte stehen. Für das Beispiel navigierst du in den Ordner *cd* und findest dort die Datei *cd6def03b484b0a1fd6980627e909d154e7d51c1*. Diese Datei ohne Dateityp ist deine gesuchte Ressource.
5. Kopiere die Datei an die richtige Stelle in deinem Ressourcenpaket, und nenne sie exakt so wie in der Indexliste. Im Beispiel kopierst du die Datei in dein Ressourcenpaket in den Ordner *assets\minecraft\lang* und nennst sie *de_de.json*.

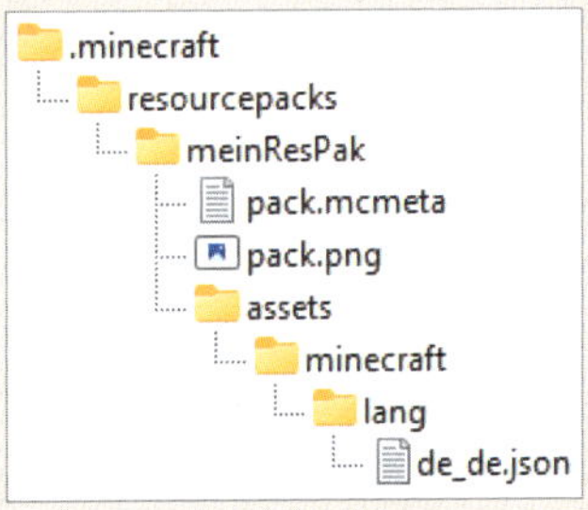

6. Jetzt kommt der kreative Teil: Ändere eine Übersetzung! Öffne *de_de.json* mit einem Texteditor, suche z. B. nach »Keks« und ändere das Wort in »Leckerer Keks«.
7. Bist du fertig, fügst du dein Ressourcenpaket dem Spiel hinzu, wie unter *Ressourcenpaket* ⓘ beschrieben. Änderungen an deinem Ressourcenpaket testest du im laufenden Spiel mit [F3] + [T].

Kreative Übersetzung mit einem Ressourcenpaket

»Whoosh« – eigene Geräusche

Das Spiel hat Tausende Geräusche, die es lebendig machen. Viele Geräusche gibt es in verschiedenen Alternativen. Beispielsweise hört sich das Miauen einer Katze immer wieder unterschiedlich an.

Das Spiel erkennt unterschiedliche Zustände einer Katze und nennt sie *Geräuschereignisse*: Nichtstun, Betteln nach Futter, Phantome anfauchen, Schaden erleiden, Sterben, Fressen, Schnurren und Herumstreunen. Für jedes Geräuschereignis kann es ein einziges oder auch mehrere Geräusche geben, von denen das Spiel dann eines zufällig auswählt. Die Geräuschereignisse sind fest programmiert, mit einem Ressourcenpaket kannst du sie nicht ändern. Aber die Geräusche selbst, und auch ihre Anzahl, kannst du ändern. Falls dir die Alternativen nicht reichen, fügst du neue hinzu.

Dazu änderst du die Geräuscheliste *sounds.json*, in der sämtliche Geräuschereignisse stehen. Du findest diese Datei über die Indexliste, wie im vorherigen Abschnitt beschrieben: Suche in der Indexliste nach »sounds.json«, merke dir die ersten Zeichen des Hash-Wertes und kopiere die entsprechende Datei aus dem Ordner *.minecraft\assets\objects* in dein Ressourcenpaket an die Stelle *assets\minecraft\sounds.json*.

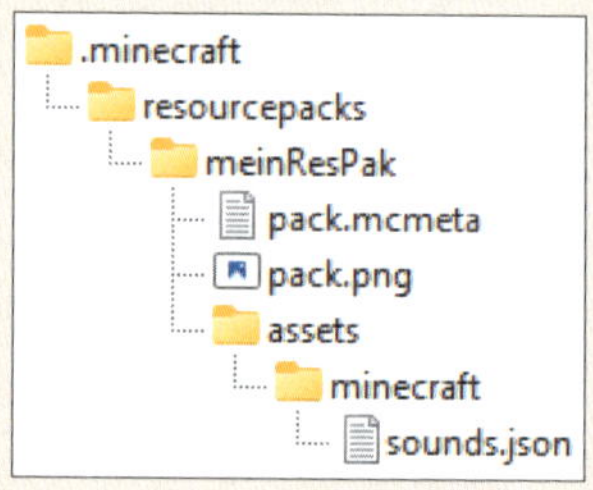

Ein Blick in die Geräuscheliste zeigt, dass jedes Geräuschereignis vom Aufbau her ähnlich beschrieben ist.

Beispiel: Das Geräuschereignis »Benutzung des Zaubertisches«:

```
"block.enchantment_table.use": {
  "sounds": [
    "block/enchantment_table/enchant1",
    "block/enchantment_table/enchant2",
    "block/enchantment_table/enchant3"
  ],
  "subtitle": "subtitles.block.enchantment_table.use"
},
```

Für das Geräuschereignis `block.enchantment_table.use` sind in der Geräuscheliste drei verschiedene Geräusche angegeben, `enchant1` bis `enchant3`. Die zugehörigen *ogg*-Dateien findest du mit diesen Namen über die Indexliste wie im vorherigen Abschnitt beschrieben.

```
"minecraft/sounds/block/enchantment_table/enchant1.ogg": {"hash": "f05f5...
"minecraft/sounds/block/enchantment_table/enchant2.ogg": {"hash": "2568a...
"minecraft/sounds/block/enchantment_table/enchant3.ogg": {"hash": "ca7a7...
```

In der Geräuscheliste *sounds.json* steht auch bei jedem Geräuschereignis der Name des Untertitels (`subtitle`). Mit diesem Namen findest du den Text in der Sprachendatei, was es dir erlaubt, den Text zu ändern:

```
"subtitles.block.enchantment_table.use": "Zaubertisch benutzt",
```

In der Geräuscheliste stößt du manchmal auf die Anweisungen `pitch` und `volume`. Sie schreiben für das zugehörige Geräusch beim Abspielen eine andere Tonhöhe (`pitch` kleiner oder größer als 1.0) und Lautstärke (`volume` zwischen 0.0 und 1.0) vor.

Beispiel: Mit `pitch` und `volume` wird das Drücken eines Bambusknopfs höher und leiser abgespielt:

```
"block.bamboo_wood_button.click_on": {
  "sounds": [
    {
      "name": "block/bamboo_wood_button/bamboo_wood_button",
      "pitch": 0.6,
      "volume": 0.3
    }
```

Weitere Eigenschaften aus der Geräuscheliste findest du im Minecraft-Wiki:

- Englisch: *https://minecraft.wiki/Sounds.json*
- Deutsch: *https://de.minecraft.wiki/Sounddaten*

Jetzt kannst du mit deinem Handy auf die Jagd nach neuen Geräuschen gehen, um dein Ressourcenpaket zu füllen! Aber kurz sollten sie sein, orientiere dich bei der Dauer an den Originalen. Dazu holst du dir über die Indexliste aus dem Ordner *.minecraft\assets\objects* das jeweilige Originalgeräusch (eine *ogg*-Datei) und spielst es ab. Falls du kein Programm für das Abspielen von *ogg*-Dateien hast, hilft z. B. der kostenlose *VLC media player* (*https://www.videolan.org/vlc/index.de.html*), der unter vielen Betriebssystemen läuft. Tipp: Kreaturengeräusche kannst du auch über das Minecraft-Wiki abspielen. Möchtest du z. B. die Katzengeräusche hören, suche im englischen Minecraft-Wiki nach »cat« und schaue in den Abschnitt »Sounds«. Dort sind fast 30 Geräusche aufgeführt, klicke auf die Lautsprechersymbole.

Zur Konvertierung deiner selbst aufgenommenen Geräusche von z. B. *mp3* zu *ogg* kannst du den Online-Konverter *Convertio* benutzen (*https://convertio.co/de/mp3-ogg*), der für kleine Dateien kostenlos ist.

Beispiel: Mit einem Ressourcenpaket gibst du der Endertruhe neue Geräusche.

1. Kopiere die Datei *sounds.json* in dein Ressourcenpaket und suche in der Datei nach »enderchest«. Du findest die Geräuschereignisse `block.ender_chest.close` und `block.ender_chest.open`.
2. Ersetze bei `open` den Originalsound durch mehrere Sounds deiner Wahl. Achte auf das Eintragen der Kommas:

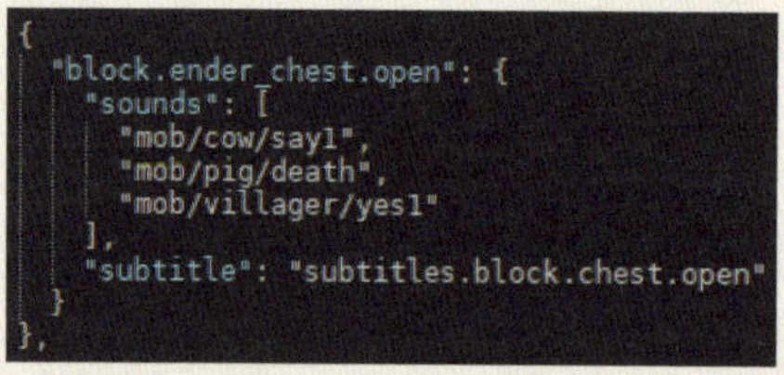

```
{
  "block.ender_chest.open": {
    "sounds": [
      "mob/cow/say1",
      "mob/pig/death",
      "mob/villager/yes1"
    ],
    "subtitle": "subtitles.block.chest.open"
  }
},
```

3. Speichere *sounds.json* mit deinen Änderungen und füge dein Ressourcenpaket dem Spiel hinzu, wie unter *Ressourcenpaket* ⓘ beschrieben.
4. Stelle dann eine Endertruhe auf und öffne sie mehrmals, um deine Änderungen zu bewundern. Falls es nicht funktioniert, prüfe, ob das Ressourcenpaket wirklich geladen ist und ob du kein Komma übersehen hast. Korrigiere dein Ressourcenpaket, und lade es neu mit [F3] + [T].

Verpasse der Endertruhe neue Geräusche.

Beim Ausprobieren der Endertruhe wirst du feststellen, dass das Originalgeräusch immer noch da ist, obwohl du es entfernt hast. Es kommt aus dem Standardressourcenpaket, dein Ressourcenpaket enthält nur *zusätzliche* Geräusche. Um das Originalgeräusch zu entfernen, musst du es mit deinem Paket in den darunter liegenden Paketen blockieren bzw. ausfiltern. Auch wenn dich z. B. das ständige Gackern deiner Hühner stört, musst du kein Ressourcenpaket mit leeren Geräuschdateien erstellen, sondern kannst diese Geräusche einfach blockieren.

Die **Blockierung** von Ressourcen geschieht in der Datei *pack.mcmeta* über die Eigenschaften `filter` und `block` (das steht für »Blockierung«). Sie gilt für alle Ressourcenpakete, die *unter* diesem Ressourcenpaket liegen.

So blockierst du das Originalgeräusch der öffnenden Endertruhe und alle Hühnergeräusche:

```
{
  "pack": {
    "pack_format": 22,
    "description": "Next Level Test"
  },
  "filter": {
    "block": [
      { "path": "block/enderchest/open"},
      { "path": "mob/chicken/.*"}
    ]
  }
}
```

Bei `path` gibst du die Ressource an, nicht das Geräuschereignis. Die Namen der Ressourcen findest du in der Geräuscheliste *sounds.json*. Für mehrere ähnliche Namen, wie die Hühnergeräusche, kannst du einen sogenannten *regulären Ausdruck* (*regular expression*, kurz *regex*) benutzen. Der reguläre Ausdruck `.*` bedeutet »beliebige Zeichenfolge«.

DEM AUGE SCHMEICHELN MIT NEUEN SCHRIFTARTEN

Einige Ressourcenpakete ändern die *Schriftart*, damit sie besser zum Thema des Pakets passt.

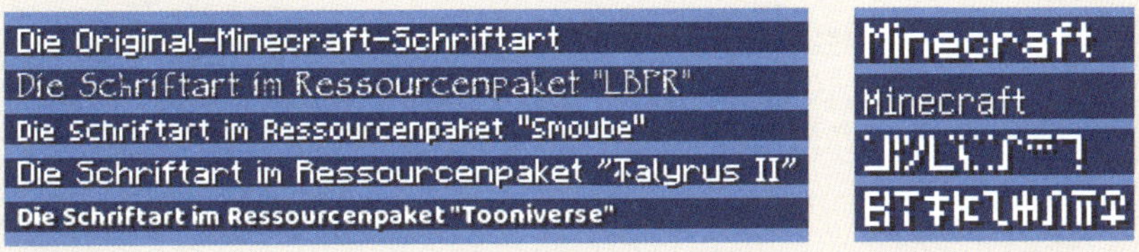

Links: Verschiede Schriftarten. Rechts: Das Wort »Minecraft« in den vier Schriftarten des Spiels.

Minecraft hat vier Schriftarten. Die Definitionen findest du in den Standardressourcen in der *jar*-Datei ⓘ unter *assets\minecraft\font*:

- *default.json* definiert die Minecraft-Schriftart. Sie enthält europäische Alphabete und viele Sonderzeichen.
- *uniform.json* definiert eine Unicode-Schriftart, die die häufigsten Alphabete der Welt enthält. Diese Schriftart wird verwendet, wenn du in den Minecraft-Optionen bei der Sprache **Unicode erzwingen** einschaltest. Die zugehörigen Ressourcen sind so groß, dass sie nicht in der *jar*-Datei, sondern im Ordner *.minecraft\assets\objects* stehen.
- *alt.json* definiert eine alternative Schriftart nur für den Zaubertisch.
- *illageralt.json* ist eine Schriftart aus dem Spiel *Minecraft Dungeons* und wird zurzeit nicht benutzt.

Eine Schriftart-Definition enthält (direkt oder über eine Referenz) mindestens diese Eigenschaften:

- `type`: Pixelfont (`bitmap`), Vektorfont (`ttf`) oder Leerzeichen (`space`). Die Minecraft-Schriftarten sind alle Pixelfonts, d. h., die Zeichen sind aus Pixeln zusammengesetzt. Das Ressourcenpaket »Tooniverse« enthält dagegen einen Vektorfont, d. h., die Zeichen haben bei beliebiger Vergrößerung immer klare Kanten, auch in den Rundungen.
- `file`: Die Schriftzeichen-Ressource. Bei Pixelfonts ist das eine Bilddatei, die im Ordner *assets\minecraft\textures\font* steht. Die weiß gepixelten Schriftzeichen werden vom Spiel passend eingefärbt. Bei Vektorfonts ist das eine *ttf*- oder *otf*-Datei, die im Ordner *assets\minecraft\font* steht.
- `chars`: Bei Pixelfonts die Liste aller Schriftzeichen, die diese Schriftart darstellen kann. Die Liste enthält international standardisierte *Unicodes*. Das große »A« hat z. B. den Unicode U+0041 bzw. \u0041. Die Position in der Liste ist identisch mit der Position in der Bilddatei. Beispielsweise steht der Unicode \u0041 in der Datei *assets\minecraft\font\include\default.json* in der fünften Zeile an zweiter Stelle. In der zugehörigen Bilddatei *assets\minecraft\textures\font\ascii.png* ist genau an dieser Stelle das gepixelte »A« zu finden (Achtung: Die Bilddatei beginnt mit zwei Leerzeilen).

Die Eigenschaften der Schriftarten-Definition findest du im Minecraft-Wiki:

- Englisch: *https://minecraft.wiki/Font*
- Deutsch: *https://de.minecraft.wiki/Schriftdaten* (veraltet)

Zum Schluss entzauberst du noch den Zaubertisch, indem du die zugehörige Schriftzeichen-Ressource gegen normale Schriftzeichen tauschst: Kopiere in dein Ressourcenpaket die Datei *assets\minecraft\font\alt.json*, und ändere darin die Eigenschaft `file` von *ascii_sga.png* zu *ascii.png*.

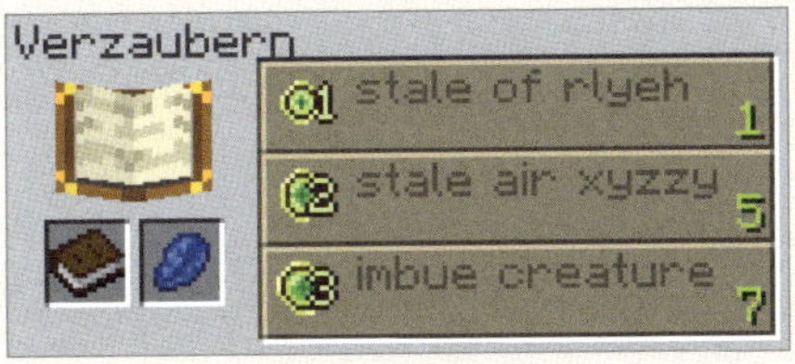

Auch wenn die Zaubersprüche lesbar sind, bleiben sie doch geheimnisvoll.

Gratulation, du hast das 2. Experten-Level erreicht

Du kennst jetzt zwei großartige Möglichkeiten, die äußere Erscheinung deines Spiels zu ändern:

- Du weißt, was ein **Skin** ist, wie du im Internet viele neue Skins findest und wie du sie wechselst. Mit dem Skin-Overlay schaltest du während des Spiels Skin-Zusätze ein und aus.
- Du hast verstanden, was **Ressourcenpakete** sind und weißt, wie du sie im Internet findest und installierst.

Hast du weitergelesen und experimentiert, kannst du Skins auch ändern und neu kombinieren. Du hast die **Standardressourcen** in der *jar*-Datei und im *.minecraft\assets*-Ordner gefunden und untersucht.

Schließlich hast du dein eigenes Ressourcenpaket erstellt. Du kannst Ressourcenpakete mischen und Ressourcen blockieren und weißt, wie **Blockzustände**, **Blockmodelle** und **Blocktexturen** zusammenhängen. Aber vor allem bist du in der Lage, Texturen (auch animierte), Splash-Texte, Blockmodelle, Geräusche, Übersetzungen und Schriftarten nach Belieben zu ändern.

Nun liegt es an dir: Stöbere in den Standardressourcen und lass dich inspirieren, welche du kreativ anpassen möchtest. Dann probiere es aus!

Vielleicht verspürst du dabei auch den Wunsch, völlig neue Blöcke, Gegenstände und Kreaturen ins Spiel zu bringen. Wie das funktioniert, steht im nächsten Kapitel, da geht es um Spiel-Modifikationen.

DAS SPIEL VERÄNDERN – MODS MACHEN'S MÖGLICH!

Seit Tagen durchstreifst du die Welt auf der Suche nach den sagenhaften mythologischen Reittieren, die deine neue Mod ins Spiel bringen soll. Endlich, am Rande der Taiga, an den Ufern des Nordmeeres, entdeckst du einen großen Schneeleoparden. Er scheint friedlich zu sein, du kannst dich vorsichtig nähern. Doch plötzlich kommt das große Tier neugierig auf dich zu. Jetzt schnell ein Foto machen! Du aktivierst den Shader, der schöne Wolken ins Bild zaubert. Die Eisberge spiegeln sich auf dem Eis und im Wasser. Das Foto wird perfekt. Dann ziehst du den Sattel hervor, den du die ganze Zeit mitgeschleppt hast, und beginnst die Raubkatze zu zähmen. Auf einem Schneeleoparden geschwind durch die Taiga zu reiten, das wird ein Fest!

NEUE SPIELFUNKTIONEN MIT MODS

Jedes Spiel hat seine Bestandteile und Regeln. In Minecraft gibt es genau festgelegte Blöcke, Gegenstände und Kreaturen, die zusammen eine belebte Landschaft bilden. Bei einem Spiel im echten Leben kannst du neue Bestandteile und neue Regeln hinzuerfinden, bei einem Computerspiel geht das normalerweise nicht, alles ist fest programmiert. Bei Minecraft geht es doch.

Um neue Elemente ins Spiel zu bringen, muss das *Programm* geändert werden. Das ist nur mit der Java Edition möglich und wird *Modifikation* oder kurz *Mod* genannt. Mods erweitern das Originalspiel um neue Funktionen, die nicht vom Spielhersteller kommen.

Die Möglichkeiten von Java-Mods sind so grenzenlos wie der Einfallsreichtum der Minecrafter. Da gibt es Mods, die dem Spiel neue Tiere, neue Biome oder neue Dimensionen hinzufügen, es gibt Möbel-Mods, Auto-Mods und Waffen-Mods, viele Minispiele und natürlich auch zahlreiche Helferlein wie Rucksäcke und Inventar-Sortierungen. Werden mehrere Mods zu Paketen zusammengefasst, nennt man das *Modpack*.

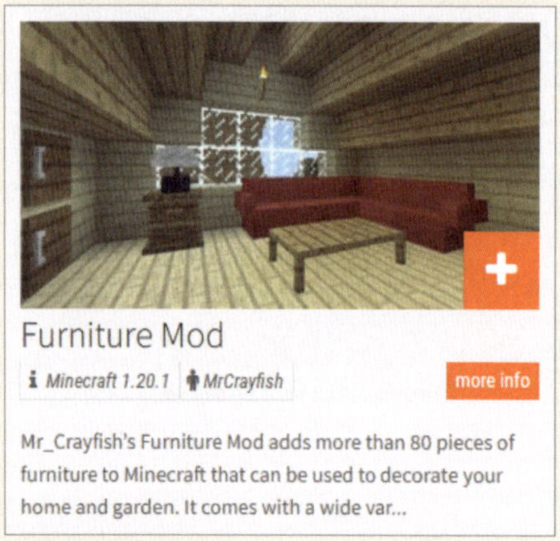

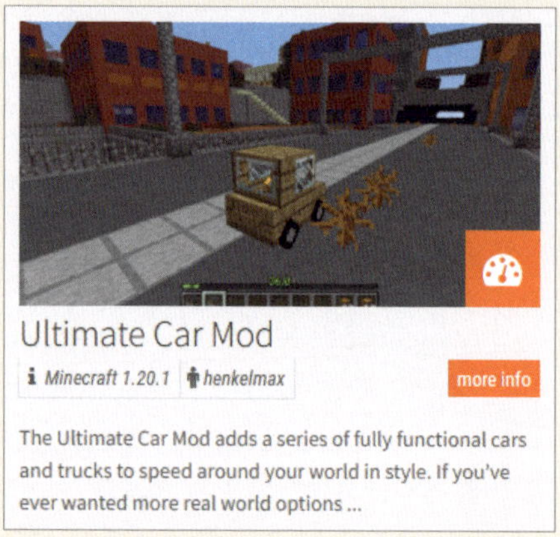

Mods fügen dem Spiel neue Funktionen hinzu, die das Originalspiel nicht hat.

Eine umfangreiche Übersicht über die Möglichkeiten von Minecraft-Mods mit vielen Beispielen findest du im **»Mods-Buch«** aus dem Rheinwerk Verlag (*www.rheinwerk-verlag.de/5608*).

Mehr Grafik mit OptiFine

Bei Mods denkt man an neue Monster, Waffen oder Biome. Doch es gibt auch hervorragende Technik-Mods. So etwas ist *OptiFine* von sp614x. Ursprünglich hat diese Mod Spielern geholfen, auf deren Computer das Spiel sehr langsam lief und geruckelt hat. Aus dem Kapitel »Alles ist Illusion – hinter den Kulissen von Minecraft« weißt du, dass das *Rendern* ⓘ sehr rechenintensiv ist. OptiFine hat das erkannt und den Rendervorgang des Originalspiels durch eine eigene, hochoptimierte Version ersetzt. Dadurch kann die Bildrate auf schwächeren Computern deutlich steigen, das Spiel wird flüssiger (*fps-Boost*).

Das ist aber noch längst nicht alles. Weil das Rendern nun komplett in der Hand der Mod liegt, kann sie zahlreiche **Grafikeinstellungen** bieten, die das Originalspiel nicht hat:

- Unterstützung von **hochauflösenden** HD-Texturenpaketen und HD-Schriften.
- Unterstützung von **Shadern**, die eine realistische Beleuchtung und Spiegelungen erzeugen (ausführlich im nächsten Abschnitt beschrieben).
- **Dynamisches Licht**: Laufe mit einer Fackel oder anderen Lichtquelle in der Hand (oder Zweithand) herum, und beleuchte deine Umgebung während des Laufens. Sehr nützlich in Höhlen.
- **Zoom**: Nur per Tastendruck und ganz ohne Fernrohr liest du weit oben hängende Schilder und erkennst entfernte Details.
- Stört dich der **Nebel** am Horizont, kannst du ihn ausschalten.
- Viele einstellbare **Grafikdetails** (*https://optifine.net/home*).

Besseres Gras: OptiFine macht die Seiten von Grasblöcken vollständig grün – Landschaften bekommen mehr Wiese statt Erde. Besserer Schnee: Schnee und niedriges Gras sind zwei unterschiedliche Blöcke, die nicht an derselben Position sein können. OptiFine trickst beim Rendern.

Verbundene Texturen: OptiFine rendert große Glasfenster mit einer durchgehenden Glasfläche. Der Glasrand außen herum bleibt.

OptiFine und andere Mods sind wie die Java Edition von Minecraft *Java-Archive* (*jar*-Dateien), d. h., sie enthalten Programmcode in der Programmiersprache *Java*. Die Installation solcher Mods funktioniert mit wenigen Klicks, sofern du die *Java-Laufzeitumgebung* (*Java Runtime Environment*, kurz *JRE*) installiert hast. Das ist ein Programm zur Ausführung von *jar*-Dateien.

So installierst du OptiFine:

1. Lade OptiFine von der offiziellen Download-Seite herunter (*https://optifine.net/downloads*). Achte darauf, dass die Mod *exakt* zu deiner Minecraft-Version passt. Das ist wichtig, sonst funktioniert sie nicht.
2. Klicke doppelt auf die OptiFine-Installationsdatei (es muss eine *jar*-Datei sein). Wenn das klappt, gehe zu Schritt 3. Wenn Windows fragt »Wie soll diese Datei geöffnet werden?«, brauchst du zuerst Java:
   - Gehe auf die Download-Seite für die kostenlose Java-Laufzeitumgebung *Eclipse Temurin* von *Adoptium* (*https://adoptium.net/de/temurin/releases*), und gib deine Auswahl ein, z. B. »Windows, x64, JRE«. Lade die Datei herunter, und installiere sie.
   - Nachdem du Java installiert hast, klicke nochmals doppelt auf die OptiFine-Installationsdatei. Jetzt sollte es funktionieren.
3. Installiere OptiFine.

4. Ist die OptiFine-Installation fertig, starte den Minecraft-Launcher. OptiFine erscheint jetzt als zusätzliche Spiel-Installation zusammen mit dem Hinweis, dass es sich um eine Modifikation handelt. Das ist okay, OptiFine ist unbedenklich.

5. Starte das OptiFine-Spiel. Du erhältst sicherheitshalber noch mal eine Warnung, falls du die erste nicht gesehen hast.

Auf den ersten Blick scheint sich an Minecraft nichts geändert zu haben. Der entscheidende Unterschied steckt in den Grafikeinstellungen. Dort siehst du neue Untermenüs: **Shader**, **Qualität**, **Details**, **Leistung**, **Animationen** und **Sonstiges**. Das Shader-Menü wird im nächsten Abschnitt erklärt. Die anderen Menüpunkte sind selbsterklärend, weil OptiFine zu jedem Menüpunkt einen Hilfetext einblendet, wenn du mit der Maus darübergehst.

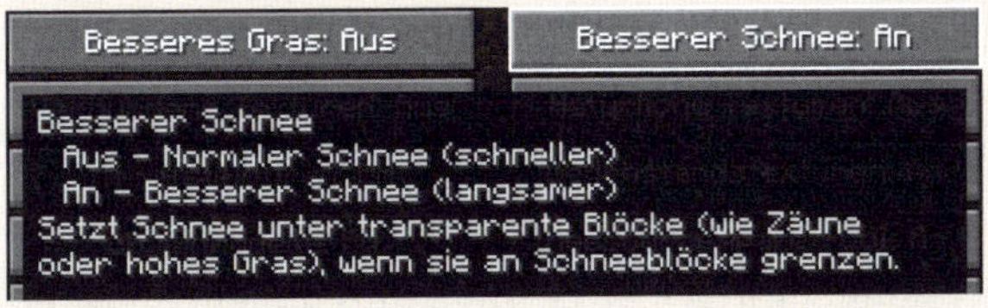

OptiFine blendet zu jedem Menüpunkt einen Hilfetext ein.

Auch wenn du kein Interesse an den vielen Grafikeinstellungen hast, ist OptiFine eine großartige Erweiterung für dein Spielerlebnis. Denn die Mod ermöglicht **alternative Texturen**. Viele Ressourcenpakete nutzen diese Funktion und machen dein Minecraft abwechslungsreicher und bunter.

Das Ressourcenpaket »NewDefault+« von seaofpixels hat mit OptiFine für jede Verzauberung eine andere Buchtextur.

NewDefault+ gibt dem Creeper mit OptiFine eine biomabhängige Textur (im Sumpf mit schlammigen Füßen).

Der Knaller: NewDefault+ hat mit OptiFine fast 300 unterschiedliche Schwerter! Die Textur ändert sich mit dem Namen, den du dem Schwert auf dem Amboss gibst. Andere Waffen in diesem Ressourcenpaket haben ähnlich viele namensabhängige Texturen (alle Namen mit Bildern siehe »https://powerups4u.wixsite.com/seaofpixels/anvil-item-names«).

Ressourcenpakete mit alternativen Texturen funktionieren auch ohne OptiFine, aber dann zeigen sie nur eine einzige Textur. Die alternativen Texturen siehst du nur mit OptiFine. Spezielle OptiFine-Ressourcenpakete findest du z.B. bei *texture-packs.com* (*https://texture-packs.com/optifine-texture-packs*) und *planetminecraft* (*https://www.planetminecraft.com/texture-packs/tag/optifine*).

Hast du dich schon mit eigenen *Ressourcenpaketen* ⓘ beschäftigt und möchtest OptiFine-Erweiterungen in dein Paket einbauen, schau in die Dokumentation *OptiDocs* (*https://optifine.readthedocs.io/about.html*) von whoatemybutter. Damit kannst du z.B. alternative Texturen für Kühe in allen Farben in dein Ressourcenpaket bringen.

Mit einem Shader wird das Spiel fotorealistisch

Ein weiterer Riesenvorteil der OptiFine-Mod ist die Unterstützung von Shadern. Ein *Shader* ist ein optischer Zusatz, der die Darstellung der Welt kräftig aufmotzt: Sonne und andere Lichtquellen erzeugen eine realistische Beleuchtung mit Schatten (daher der Name) und Spiegelungen auf dem Wasser. Viele Shader können auch bewegte Texturen darstellen. Wasseroberflächen, Grasbüschel und Laub wehen dann sachte im Wind. Damit sieht deine Minecraft-Welt unglaublich realistisch aus. Allerdings brauchen Shader für die komplexe Berechnung viel Rechenleistung und sind für schwächere Computer nicht geeignet.

Die Bäume werfen Schatten und spiegeln sich im Wasser – Minecraft mit dem Shader »Sildurs Vibrant«.

Für die Java Edition gibt es zahlreiche Shader im Internet. Ein Shader greift in die Programmierung – genauer gesagt in den Rendervorgang – ein und ist damit eigentlich eine Programm-Modifikation, aber die Community hat die Sache vereinfacht: Es gibt *Shader-Loader*, die du nur einmal installieren musst. Dann kannst du beliebige Shader einfach durch Verschieben in einen bestimmten Ordner hinzufügen (*Plug-and-play-Prinzip*). Der bekannteste Shader-Loader ist *OptiFine*, das du aus dem vorherigen Abschnitt kennst.

Hast du OptiFine installiert, ist das Hinzufügen von Shadern ganz einfach:

1. Starte die OptiFine-Version deines Spiels, und gehe ins Menü **Optionen • Grafikeinstellungen • Shader**. Anfangs hast du noch keine Shader zur Auswahl. Unten links siehst du den Menüpunkt **Shader-Ordner** und daneben ein Downloadsymbol. Fährst du mit der Maus darüber, erhältst du eine Anleitung. Klicke auf das Symbol, das im Browser eine Liste mit aktuellen Shadern öffnet (*https://wiki.shaderlabs.org/wiki/Shaderpacks*).

2. Stöbere in der Liste, indem du die Internetlinks in der Spalte **Style** mit der rechten Maustaste in einem neuen Browser-Tab öffnest. Sortiere die Liste nach der letzten Spalte **Designed for MC Version** und schau dir nur Shader an, die zu deiner Minecraft-Version passen oder nur wenig abweichen.

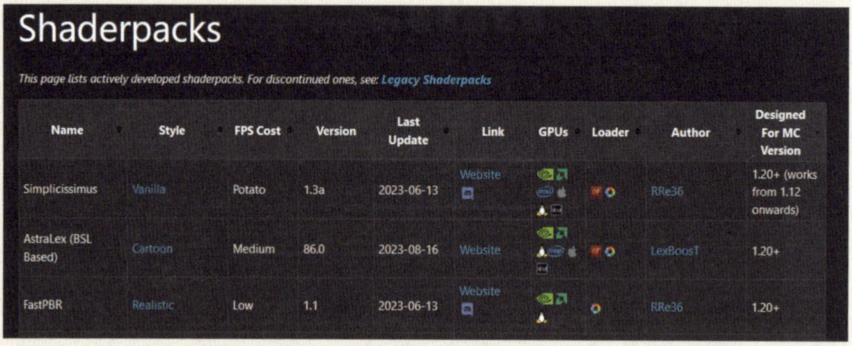

Shaderpacks

This page lists actively developed shaderpacks. For discontinued ones, see: *Legacy Shaderpacks*

Name	Style	FPS Cost	Version	Last Update	Link	GPUs	Loader	Author	Designed For MC Version
Simplicissimus	Vanilla	Potato	1.3a	2023-06-13	Website			RRe36	1.20+ (works from 1.12 onwards)
AstraLex (BSL Based)	Cartoon	Medium	86.0	2023-08-16	Website			LexBoosT	1.20+
FastPBR	Realistic	Low	1.1	2023-06-13	Website			RRe36	1.20+

Diese Shader-Liste ist über den OptiFine-Menüpunkt erreichbar.

Alternativ findest du Shader auch über eine Internetsuche nach »minecraft shader« z. B. in *https://minecraftshader.com/* oder auf den Websites, die du bereits von den *Ressourcenpaketen* ⓘ kennst.

3. Hast du einen Shader gefunden, lade das Shader-Paket herunter. Achte auf die richtige Version und dass die Datei auf *.zip* endet.
4. Klicke im OptiFine-Shader-Menü auf den Menüpunkt **Shader-Ordner**, und ziehe die heruntergeladene *zip*-Datei dort hinein.
5. Der Shader erscheint dann im Shader-Menü. Wähle ihn aus, um ihn zu aktivieren.

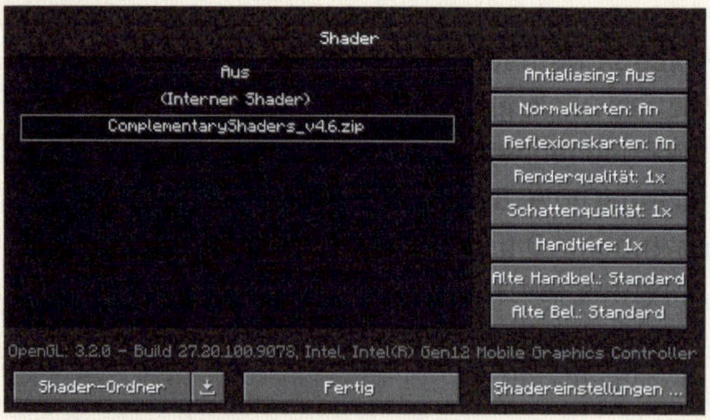

»ComplementaryShaders« im Shader-Menü von OptiFine. Rechts sind jetzt OptiFine- und ganz unten auch Shader-Einstellungen möglich. Probiere den Shader aber erst mal ohne Veränderungen aus.

Hast du einen älteren Computer, kannst du dich nach der Aktivierung eines Shaders möglicherweise nicht mehr im Spiel bewegen. Dann versuche Folgendes:

1. Verringere die Sichtweite.
2. Schalte in den OptiFine-Grafikeinstellungen alle Verschönerungen aus, die du nicht unbedingt brauchst.
3. Gehe in die Shader-Einstellungen, und schalte bewegte Texturen (Gras, Laub, Wasser) aus.

Sollte der Shader auf deinem Computer gar nicht funktionieren, probiere einen anderen. Manche Shader gibt es auch in verschiedenen Versionen. Achte darauf, dass deine Grafikkarte unterstützt wird. OptiFine zeigt im Shader-Menü unten rechts die Bezeichnung deines Grafikchips bzw. deiner Grafikkarte.

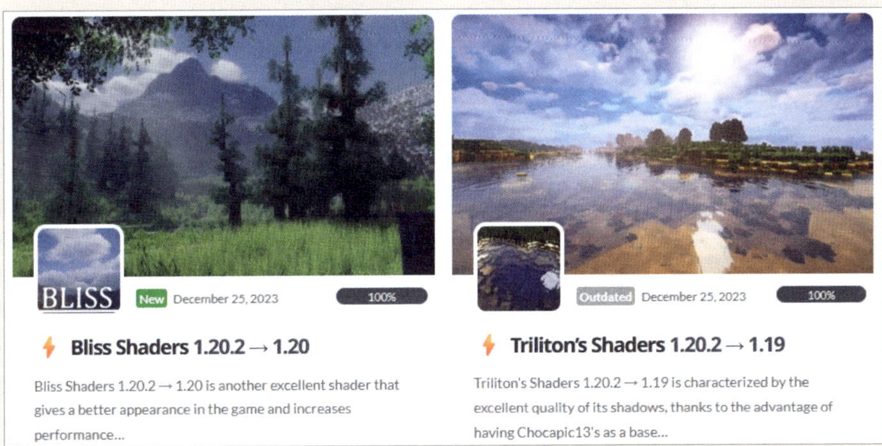

Beispiele auf »minecraftshader.com«

Minecraft im Klemmbaustein-Look: Das Ressourcenpaket »Brixel« ändert die Blockmodelle, benötigt aber OptiFine und den BSL-Shader.

Mod-Loader machen die Modbenutzung einfacher

Das *Plug-and-play-Prinzip* ⓘ gibt es auch für Mods. Statt jede Mod einzeln zu installieren, installierst du einmal einen *Mod-Loader*. Dann ziehst du die gewünschten Mods einfach nur in einen bestimmten Ordner. Die bekanntesten Mod-Loader heißen *Forge* und *Fabric*. Das sind die Unterschiede:

- **Forge** ist der älteste Mod-Loader. Forge-Mods können Minecraft stark verändern. Aufgrund der Komplexität der Programmierung dauert es aber manchmal etwas länger, bis Forge-Mods an eine neue Minecraft-Version angepasst sind. So lange musst du sie mit einer *alten Minecraft-Version* ⓘ spielen. *NeoForge* ist eine Alternative zu Forge.
- **Fabric**-Mods können schneller an neue Minecraft-Versionen angepasst werden. Durch die geringere Komplexität der Programmierung sind sie auch für schwächere Computer geeignet, können aber Minecraft nicht so stark verändern. In Fällen, bei denen das keine Rolle spielt, gibt es die Mods für beide Mod-Loader. *Quilt* ist eine Alternative zu Fabric.

Das Angebot an Mods für die aktuelle Minecraft-Version ist für Forge und Fabric ungefähr gleich.

Die Installation eines Mod-Loaders wird hier am Beispiel Fabric gezeigt:

1. Lade Fabric von der offiziellen Download-Seite herunter (*https://fabricmc.net/use/installer*). Nach dem Download klickst du doppelt auf die *exe*-Datei, um die Installation zu starten. Im Normalfall lässt du die Einstellungen unverändert.

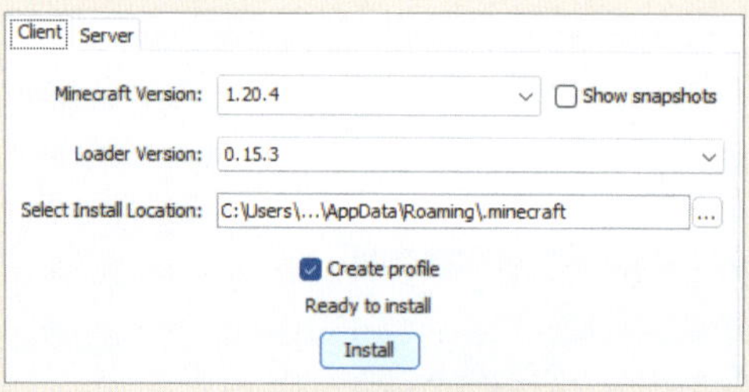

2. Nach der Installation kommt ein Hinweis, dass viele Mods die *Fabric-API* benötigen.

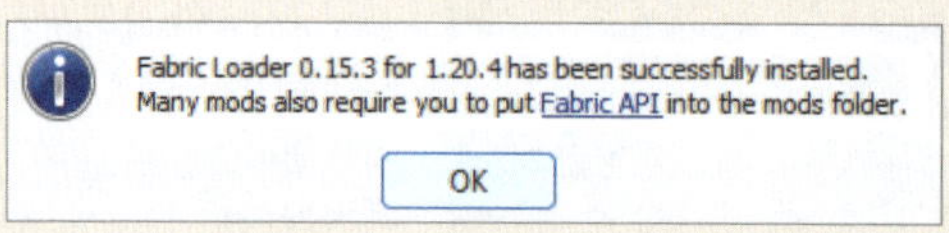

Der Link führt zu einer Website mit Werbung, daher schließt du diesen Hinweis und holst die Fabric-API später (Schritt 5) auf anderem Weg. Schließe auch das Installer-Fenster (dort steht »Done«).

3. Starte den Minecraft-Launcher. Der Fabric-Loader erscheint als zusätzliche Spiel-Installation zusammen mit dem Hinweis, dass es sich um eine Modifikation handelt. Das ist okay, Fabric ist unbedenklich.

4. Gehe im Minecraft-Launcher auf den Reiter **Installationen**. Fahre mit der Maus auf die Fabric-Installation und klicke auf das Ordner-Icon.

Ein neues Fenster geht auf, das den Ordner *.minecraft* zeigt. Dort ist ein neuer Unterordner *.minecraft\mods* entstanden. Erstelle eine Desktop-Verknüpfung für diesen Ordner, damit du ihn immer schnell erreichen kannst (unter Windows: Rechtsklick auf den *mods*-Ordner und **Senden an ▪ Desktop**).

5. Jetzt holst du die Fabric-API von der werbefreien Website *https://modrinth.com/mod/fabric-api*. Die API (*application programming interface*) ist eine Programmierschnittstelle, die den Mods Zugriff auf Funktionen des Originalspiels ermöglicht. Nimm die Version, die *exakt* zu deiner Minecraft-Version passt. Es muss eine *jar*-Datei sein. Speichere die *jar*-Datei in dem *mods*-Ordner.

Damit ist der Mod-Loader Fabric installiert. Wenn du das Fabric-Spiel startest, siehst du im Minecraft-Hauptmenü unten links den Hinweis, dass du eine modifizierte Version spielst. Mehr ist nicht zu sehen.

Je nachdem, welche Mods du spielen möchtest, installierst du Fabric mehrfach für verschiedene ältere Minecraft-Versionen. Natürlich kannst du zusätzlich auch Forge mehrfach installieren. Du hast dann entsprechend viele Installationen im Launcher zur Auswahl.

Mods finden und ausprobieren

Nach der erfolgreichen Installation eines Mod-Loaders schaust du dich im Internet nach Mods um. Wie für andere Minecraft-Zusätze gibt es auch dafür Tausende Angebote. Suche nach »minecraft mods«, oder gehe z. B. auf die Website *Modrinth* (*https://modrinth.com*) oder *MinecraftMods* (*https://www.minecraftmods.com*).

Hier ein paar Tipps, worauf du bei der Suche nach Mods achten solltest:

- **Minecraft-Version**: Oft werden Mods für mehrere Minecraft-Versionen angeboten. Achte *genau* darauf, dass du die Mod-Version herunterlädst, die zu deiner Minecraft-Version passt, sonst funktioniert sie nicht.

  Gibt es von der Mod nur ältere Versionen, ist das Spielen trotzdem möglich, du kannst *alte Minecraft-Versionen* nachinstallieren.
- **Mod-Loader**: Mods werden meist für mehrere Mod-Loader angeboten, z. B. für Forge und Fabric. Achte *genau* darauf, dass du die Mod-Version passend zu deinem Mod-Loader herunterlädst.
- **Häppchenweise**: Installierst du mehrere Mods gleichzeitig, kann es passieren, dass Minecraft abstürzt. Probiere Mods beim ersten Mal einzeln aus. Wenn sie einzeln funktionieren, kannst du sie kombinieren. Durch Verschieben aus dem *mods*-Ordner deaktivierst du eine Mod. Du kannst dir dafür z. B. einen Unterordner *mods\deaktiv* anlegen.
- **Fertigstellungsgrad**: Mods werden von Minecraft-Spielern in ihrer Freizeit erstellt und sind kostenlos. Der Nachteil dieses riesigen Angebotes ist die unterschiedliche Qualität. Nicht alles, was schön klingt, ist auch fertig programmiert. Wenn deine Minecraft-Installation abstürzt, obwohl du nur eine einzelne Mod ausprobierst, entfernst du sie wieder und schaust in ein paar Wochen noch einmal, ob eine neue Mod-Version erschienen ist.
- **Werbefallen**: Beachte die *Downloadtipps*. Lade nur Dateien herunter, die auf *.jar* enden.

Modrinth listet über 13.000 Mods (679 Seiten à 20 Mods). Unter »Categories« grenzt du deine Suche nach Kategorie, Mod-Loader und Spielversion ein.

Client und Server

Bei der Suche nach Mods stößt du manchmal auf den Begriff »Bukkit-Plugin«. Ein *Plugin* ist eine Mod speziell für Server, nicht für Clients. Minecraft funktioniert nach dem *Client-Server-Prinzip*:

- Jede Minecraft-Welt ist auf einem bestimmten Computer gespeichert. Das **Speicherprogramm** ist der *Server*. Damit man die Welt betreten kann, muss der Server laufen. Er zeigt die Welt aber nicht an, sondern stellt nur die Daten zur Verfügung. Spielen kann man mit einem Server nicht.
- Zum Spielen braucht man ein **Anzeigeprogramm**, das die digitalen Weltdaten, die der Server liefert, als Berge, Seen und Gebäude darstellt. Dieses Anzeigeprogramm ist der *Client*. Auch ein Serverbetreiber braucht einen Client, um seine eigene Welt zu sehen.

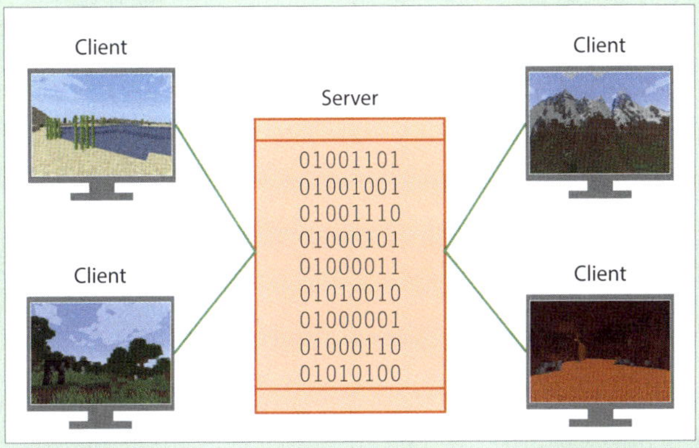

Im *Einzelspielermodus* ist deine Minecraft-Installation Client und Server zugleich. Das Programm speichert die Welt und zeigt sie an.

Im *Mehrspielermodus* gibt es einen Server und getrennt davon mehrere Clients, die auf den Server zugreifen. Zur Verbindung brauchen sie ein lokales Netzwerk (LAN) oder das Internet. Dann sind alle Spieler gemeinsam in derselben Serverwelt. Jeder sieht den Teil der Welt, in dem er sich gerade befindet, und jeder kann die Darstellung der Welt in seinem Client nach seinen Wünschen einstellen, z. B. mit einem Ressourcenpaket (andere Texturen, andere Geräusche).

Client-Mods modifizieren nur den Client, d. h., im Mehrspielermodus siehst *nur du* die Änderung, die anderen Spieler nicht. Dazu gehören z. B. Inventar-Mods oder Minimaps.

Client-Server-Mods bringen neue Elemente ins Spiel. Der Server muss diese Dinge zur Verfügung stellen, und alle Clients müssen sie sehen können. Ein typisches Beispiel sind Kreaturen-Mods. Setzt ein Server solche Mods ein, müssen alle Spieler diese Mod ebenfalls haben.

»Cobblemon« ist eine Mod für Client und Server.

Dann gibt es noch reine *Server-Mods*. Sie verändern die Welt ohne neue Spielelemente. Dann können die Spieler ihren unmodifizierten Original-Client nutzen. Beispiele sind veränderte Weltgenerierungen, Plot-Systeme für Bauserver, Minispiele (sehr beliebt) und zahlreiche Zusatzbefehle. Zu den Server-Mods gehören vor allem die *Plugin-Loader*, die das Hinzufügen von Funktionserweiterungen als sogenanntes *Plugin* ermöglichen. Ein Plugin kann also nur von einem modifizierten Server benutzt werden. Die bekanntesten Plugin-Loader heißen *Bukkit*, *SpigotMC* und *PaperMC*.

Mythologische Reittiere in Minecraft

Feuervogel, Leopard, Meeresschildkröte, Marienkäfer, Kuriervogel, Urzeit-Wolf, Drache, Greif, Eidechse, Motte, Fledermaus, Nachtmahr, Nacktkiemer und Saurier – die Mod *Mythic Mounts* bevölkert deine Welt mit einem guten Dutzend fantastischer Tiere, die so groß sind, dass du sie reiten kannst. Diese Mod soll als Beispiel dienen, wie du eine Fabric-Mod installierst.

Reite einen Riesen-Marienkäfer mit »Mythic Mounts«.

1. Um eine Fabric-Mod zu finden, die neue Kreaturen (englisch *Mob*) ins Spiel bringt, stellst du auf der Modrinth-Website den Suchfilter auf **Mobs**, **Fabric** und auf deine Minecraft-Version ein.
2. Hast du eine interessante Mod gefunden, achte auf hohe Downloadzahlen und Update-Aktualität. Klicke dann auf den Eintrag, um die Detailseite zu sehen.

3. Überfliege die Detailseite, ob der Inhalt für dich passt. **Wichtig**: Suche nach Abhängigkeiten! Bei Mythic Mounts steht: »*Important: This mod requires Geckolib and Patchouli for Fabric*«. Gib die Anfangsbuchstaben dieser beiden Mods auf Modrinth ein, um die Seiten zu finden.

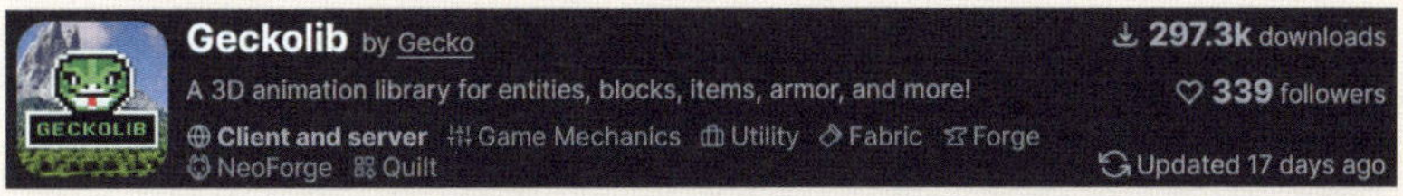

4. Bei allen drei Mods siehst du auf der jeweiligen Detailseite links eine Liste mit **Featured versions**. Dort suchst du die Datei, die *exakt* zu deinem Mod-Loader (Fabric) und deiner Minecraft-Version passt. Klicke darauf, um die Download-Seite zu öffnen. Dann starte den Download. Es muss immer eine *jar*-Datei sein. Speichere sie auf deinem Computer im *mods*-Ordner.

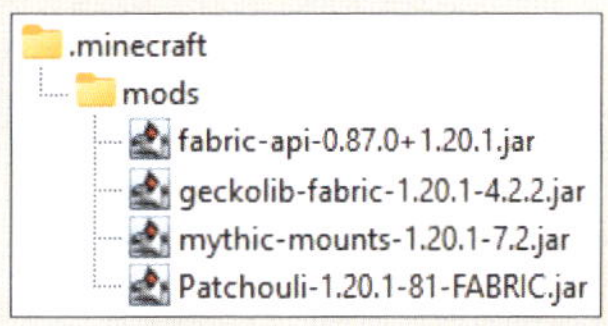

   Das machst du für alle drei Mods (Mythic Mounts, GeckoLib und Patchouli). Damit ist die Installation abgeschlossen. Zusammen mit der Fabric-API hast du nun vier Mods im *mods*-Ordner.

Um die Mods anzuwenden, startest du im Minecraft-Launcher die Fabric-Installation und erstellst eine neue Welt. Die neuen Tiere spawnen in ihrer passenden Umgebung – allerdings nur sehr selten. Jetzt geht das Abenteuer los!

Reise durch die Welt, und suche die mythologischen Reittiere in der Taiga, in Höhlen, im Meer, im Dschungel und anderswo.

Das Kompendium hat bebilderte Hinweise zu allen Tieren, zu ihrem speziellen Verhalten und zu besonderen Ausrüstungsgegenständen.

Lies die Mod-Beschreibung (*https://modrinth.com/mod/mythic-mounts-fabric*). Dort steht, wo du die Tiere findest, wie du sie zähmst, reitest, zum Sitzen bringst, paarst (falls du ein zweites Exemplar findest), ihre Packtaschen benutzt, sie mit einer Rüstung ausstattest und sie teleportierst. Eine große Hilfe ist das *Kompendium*, ein Buch mit Hinweisen zu allen Tieren. Rechtsklicke mit einem normalen Buch auf das erste mythologische Tier, das du findest, um das Kompendium zu erhalten.

Der Drache ist in großen Höhlen zu finden. Es wird schwierig, ihn daraus zu befreien. Der »Summoning Staff«, mit dem du ihn teleportieren kannst, wird zur wertvollen Hilfe. Das Crafting-Rezept steht im Kompendium.

Die Tiere sind wirklich selten. Es kann lange dauern, bis du eins findest. Hast du die Mod nachträglich installiert, können existierende normale Tiere das Spawnen verhindern. Du kannst auch die Konfigurationsdatei *.minecraft\config\MythicMountsConfig.json* anpassen: Erhöhe `spawnWeight` (normale Tiere haben etwa 10, Maximalwert ist 100) und `spawnRandomChance` (Maximalwert ist 100). Oder benutze im Kreativmodus die Spawn-Eier.

Mods und Multiplayer

Spielst du auf einem Multiplayer-Server, musst du darauf achten, welche Mods du aktivierst, denn nicht alle sind erlaubt. Vor allem Mods, die dir einen unfairen Vorteil verschaffen, sind auf Servern streng verboten. Informiere dich vorher in den Regeln oder FAQ des Servers. Benutzt du auf einem Server eine Mod, um zu betrügen, wirst du vom Server gebannt und kannst ihn nicht mehr betreten.

Shader mit Mod-Loadern

OptiFine und Mod-Loader wie Forge und Fabric sind normalerweise getrennte Minecraft-Installationen. Um Shader zusammen mit Mods benutzen zu können, gibt es verschiedene Möglichkeiten:

- OptiFine und **Forge** lassen sich sehr einfach kombinieren: Kopiere die *jar*-Datei von OptiFine in den *mods*-Ordner von Forge. Dann hast du die erweiterten Grafikeinstellungen im Forge-Spiel, inklusive Shader-Menü.
- Um OptiFine mit **Fabric** zu kombinieren, brauchst du die Zusatz-Mod *Optifabric* (z. B. hier: *https://www.9minecraft.net/optifabric-mod*). Kopiere die *jar*-Dateien von beiden Mods (OptiFine und Optifabric) in den *mods*-Ordner von Fabric. Das Zusammenspiel funktioniert allerdings nicht auf jedem Computer.
- Als **Alternative** zu OptiFine gibt es für **Fabric** einige Modpacks, z. B. *Additive* (*https://modrinth.com/modpack/additive*). Dieses Modpack enthält etwa 40 Mods und Ressourcenpakete, die in ihrer Gesamtheit die vielen OptiFine-Funktionen abbilden. Details dazu stehen in einem eigenen Wiki (*https://github.com/skywardmc/additive/wiki*).

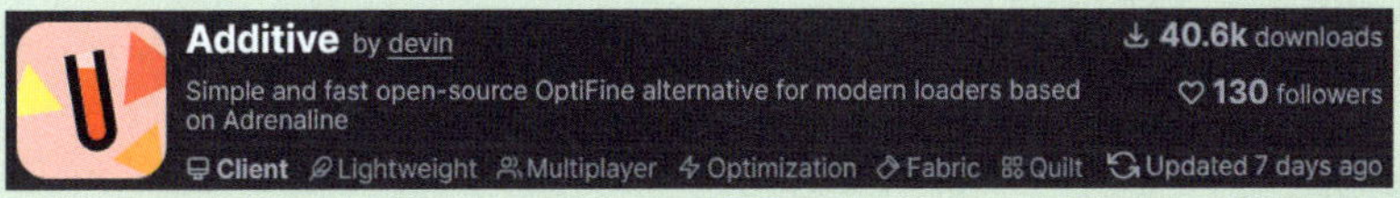

Besonders genial in Mythic Mounts sind die fliegenden Reittiere, wie diese Motte, die man im Dichten Wald finden kann. Mit dem Additive-Modpack und einem Shader spiegelt sich die Motte sogar im Wasser.

ALTERNATIVE LAUNCHER

Sobald du mehrere Mods und Modpacks installieren möchtest, womöglich noch für unterschiedliche Minecraft-Versionen, wird der Original-Launcher schnell unhandlich und unübersichtlich. Du musst alles manuell installieren und kannst deine Installationen nur als Liste sehen.

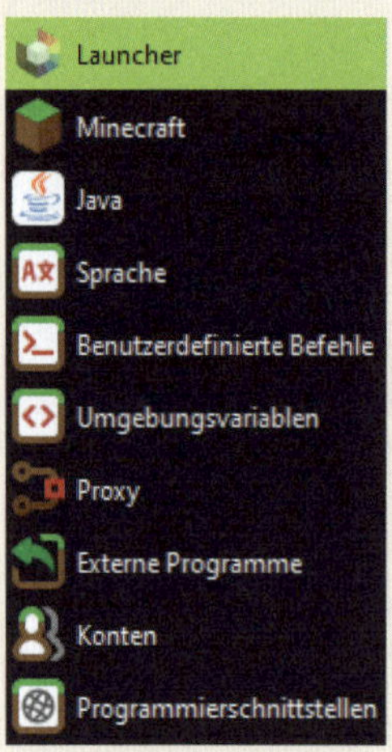

Alternative Launcher sind in diesem Fall besser geeignet. Sie konzentrieren sich auf die Java Edition und ihre Mods und bieten mehr Übersicht und Komfort bei der Installation von Mods und Modpacks. Suche im Internet nach »minecraft modpack launcher«.

Die Gefahr bei einem alternativen Launcher ist die Anmeldung, denn zum Starten des Spiels musst du mindestens einmal dein Microsoft-Passwort eingeben. Schwarze Schafe können an dieser Stelle deine

Das Menü »Einstellungen«

Daten stehlen. Daher solltest du im Internet nach Meinungen zu einem alternativen Launcher suchen, bevor du ihn herunterlädst.

Ein positives Beispiel ist der *Prism Launcher*, denn sein Programmcode ist öffentlich einsehbar (*Open Source*). Möchtest du ihn installieren, lädst du ihn von der offiziellen Download-Seite herunter (*https://prismlauncher.org/download*). Nach der Installation wirst du beim ersten Start nach der Sprache, deiner Java-Installation und dem Farbschema gefragt. Hast du keine Java-Laufzeitumgebung (JRE), gehe auf die Download-Seite für das kostenlose *Eclipse Temurin* von *Adoptium* (*https://adoptium.net/de/temurin/releases*) und gib deine Auswahl ein, z. B. »Windows, x64, JRE«. Lade die Datei herunter, und installiere sie.

Hast du die Prism-Launcher-Grundeinstellungen festgelegt, öffnet sich ein vorerst leerer Launcher. Über den Menüpunkt **Einstellungen** kannst du alle Grundeinstellungen nachträglich noch ändern, sie stehen in verschiedenen Untermenüs.

Damit der Launcher das Spiel starten kann, muss er deine Spiel-Identität kennen. Dazu meldest du dich über **Konten ▪ Microsoft-Konto hinzufügen** bei Microsoft an. Weil die Eingabe nicht im Launcher, sondern im Webbrowser auf der offiziellen Microsoft-Website erfolgt, bleibt dein Passwort bei Microsoft. Im Rahmen der Anmeldung erlaubst du Microsoft, deine Minecraft-Daten an den Prism Launcher zu geben. Dadurch bekommt der Launcher deinen Spielernamen und Skin, aber nicht dein Passwort. Möchtest du den Prism Launcher irgendwann nicht mehr benutzen, kannst du die Erlaubnis unter *https://microsoft.com/consent* wieder löschen.

Nach der Anmeldung wird dein Minecraft-Konto angezeigt.

Im Prism Launcher ist das Wechseln deines **Skins** weniger komfortabel als im Original-Launcher, aber auch möglich: Wähle unter **Einstellungen ▪ Konten** dein Konto und dann den Menüpunkt **Skin hochladen**. Klicke danach auf den Menüpunkt **Aktualisieren**. Zurück im Hauptmenü ist immer noch der Kopf des alten Skins zu sehen, aber ein Klick darauf ermöglicht den Wechsel zum neuen Skin.

Die Hauptsache beim Prism Launcher sind die **Instanzen**, die im Original-Launcher »Installationen« genannt werden. Jede originale und jede modifizierte Spielversion ist eine eigene Instanz. Das ist wie im Original-Launcher, aber vorbei sind die Zeiten, als du die Mods noch manuell im *mods*-Ordner verwalten musstest. Vorbei auch die Zeiten, als du für andere Erweiterungen, wie Ressourcenpakete und Shader, den *.minecraft*-Ordner aufsuchen musstest. Ein häufiges Problem bei Mods waren auch die Minecraft-Updates: Damit sich alte und neue Mods nicht gegenseitig stören, musstest du für ältere Minecraft-Versionen unterschiedliche *.minecraft*-Ordner anlegen und für all deine Mods und Modpacks im Internet nach den neuen Versionen suchen und sie manuell herunterladen. Mit dem Prism Launcher hat all das ein Ende. Du siehst auf einen Blick, was fehlt, und kannst es automatisch herunterladen.

Beginne mit einem ganz normalen **Original-Minecraft**. Dazu wählst du den Hauptmenüpunkt **Instanz erstellen**. Im neuen Fenster wählst du links **Individuell**, klickst die gewünschte Version an und nimmst »keine Mod Lader«.

Nach einem Klick auf **OK** erscheint die Instanz im Launcher. Über Rechtsklick oder die **Instanz-Werkzeugleiste** auf der rechten Seite startest du das Spiel für diese Instanz. Das kann beim ersten Mal einen Moment dauern, denn der Prism Launcher lädt alles erneut herunter, weil er seine eigene Ordnerstruktur, unabhängig von *.minecraft*, hat.

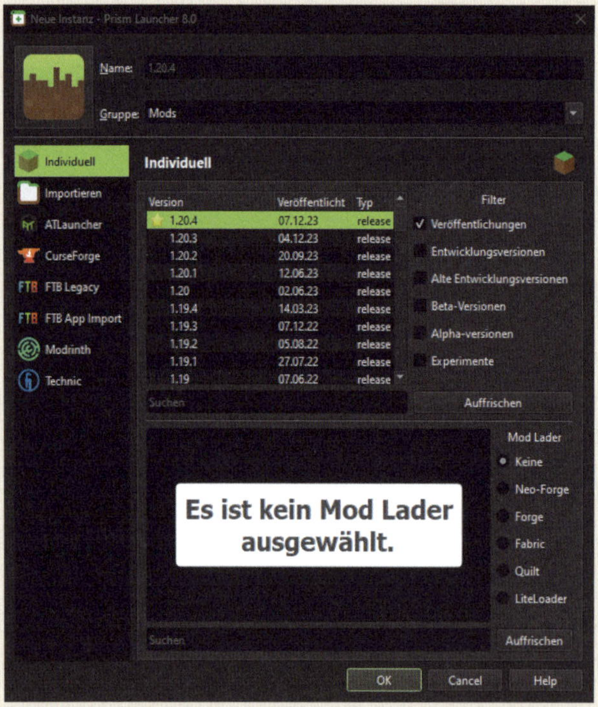

Das Fenster zum Anlegen einer Instanz für ein normales Original-Minecraft

Der letzte Punkt in der Instanz-Werkzeugleiste ist besonders interessant. Mit **Verknüpfung erstellen** erstellst du eine Desktop-Verknüpfung, um das Spiel für diese Instanz direkt vom Desktop zu starten. Und es geht noch bequemer: Bearbeitest du die Instanz, öffnet sich das *Konsolenfenster*. Dort kannst du unter **Einstellungen** im Reiter **Sonstiges** eine Server-Adresse eingeben, um beim Start des Spiels diesem Server automatisch beizutreten.

Im **Konsolenfenster** siehst du Menüpunkte für alle wichtigen Ordner, die du sonst über *.minecraft* manuell aufsuchen musstest: Mods, Ressourcenpakete, Shader, Welten und Screenshots. Das Hinzufügen, Entfernen, Aktivieren und Deaktivieren geschieht ganz bequem über den Prism Launcher. Und falls du an einem eigenen Ressourcenpaket bastelst, findest du die Standardressourcen über den Hauptmenüpunkt **Ordner ▪ View Launcher Root Folder**. Gehe von dort in folgende Ordner:

- *jar*-Dateien: *libraries\com\mojang\minecraft*
- Indexlisten: *assets\indexes*

Links: Die Instanz-Werkzeugleiste, rechts: das Menü im Konsolenfenster einer Instanz

Beispiel: Installation einer Mod mit dem Prism Launcher. Dazu wird wieder die Mod *Mythic Mounts* aus dem vorherigen Abschnitt genommen, damit du die Schritte vergleichen kannst:

1. Erstelle eine neue Instanz namens »Mythic Mounts«, wähle unter **Individuell** die Minecraft-Version, und klicke bei **Mod Lader** auf **Fabric**. Speichere die Instanz mit **OK**, und starte sie. Automatisch werden die erforderlichen

Dateien heruntergeladen und installiert. Du hast soeben mit wenigen Klicks den Mod-Loader Fabric installiert. Im Konsolenfenster siehst du das unter **Version**.

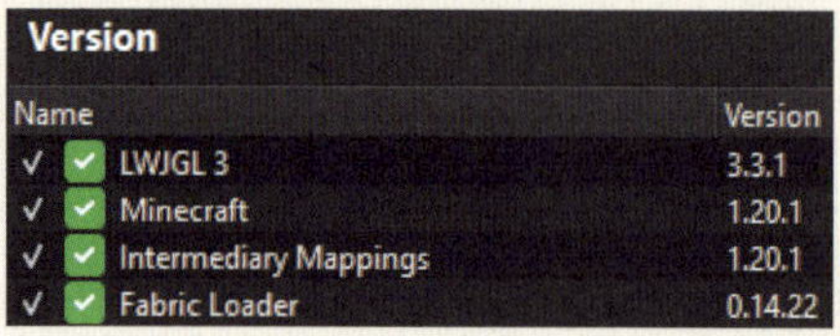

2. Nachdem du die Instanz einmal gestartet hast, fügst du Mods hinzu. Wähle im Konsolenfenster **Mods**, klicke auf den Menüpunkt **Mods herunterladen**, und suche die vier Mods, die du brauchst: *Fabric API*, *Mythic Mounts*, *Geckolib* und *Patchouli*. Markiere jede Mod mit **Mod zum Herunterladen auswählen**. Klicke dann auf **Überprüfen und bestätigen**. Das sieht so aus:

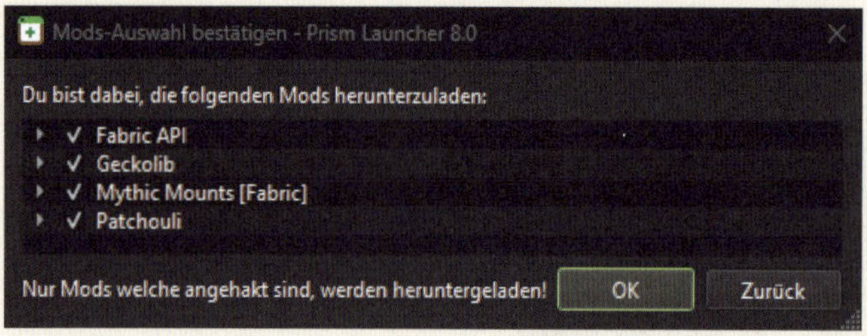

Klickst du auf **OK**, werden die Mods automatisch heruntergeladen. Ohne Suche im Internet, ohne Werbefallen, ohne Verschieben in einen Ordner.

OptiFine mit dem Prism Launcher

OptiFine ist auf den Original-Launcher zugeschnitten. Die Benutzung mit dem Prism Launcher erfordert einige Verrenkungen. Details dazu stehen im Prism-Laucher-Wiki: *https://prismlauncher.org/wiki/getting-started/installing-optifine/*. Die OptiFine-Alternative, das Modpack *Additive*, ist dagegen sehr einfach im Prism Launcher zu installieren.

Mit dem Prism Launcher läuft die **Installation eines Modpacks** so ab:

1. Erstelle eine neue Instanz ohne Namen, wähle links einen Anbieter, z.B. **Modrinth** und suche nach dem Modpack, z.B. »Additive«. Klicke auf **OK**.
2. Das Modpack wird automatisch heruntergeladen und installiert. Beim Starten wird geprüft, ob du die Minecraft-Version und den Mod-Loader

schon hast, und falls nicht, werden sie automatisch heruntergeladen und installiert. Einfacher geht es nicht.

Beim Starten des Spiels für eine Instanz werden aufgetretene Probleme erkannt und gemeldet. Das können bei individuell zusammengestellten Mods fehlende Abhängigkeiten sein oder auch eine andere Java-Version (JRE 8 statt JRE 17). In diesem Fall gehst du auf die Adoptium-Website (*https://adoptium.net/de/temurin/releases*), gibst deine Auswahl ein, z. B. »Windows, x64, JRE, Version 8«, lädst die Datei herunter und installierst sie. Abweichend von den allgemeinen Launcher-Einstellungen gibst du dann diese JRE-Version gezielt für eine bestimmte Instanz in den Instanz-Einstellungen ein.

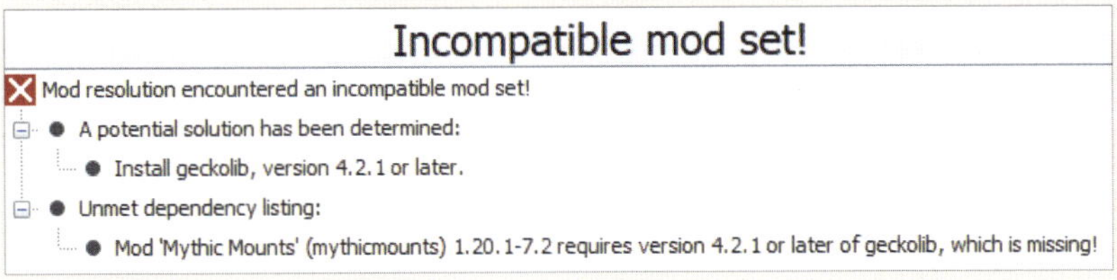

Der Prism Launcher meldet Fehler.

Zum Schluss noch ein weiterer Vorteil des Prism Launchers: Hast du viele Instanzen, kannst du sie über **Gruppe ändern** in verschiedenen Gruppen ordnen. Die Sortierung nach Name oder letzter Benutzung legst du über **Einstellungen • Launcher • Benutzeroberfläche** fest.

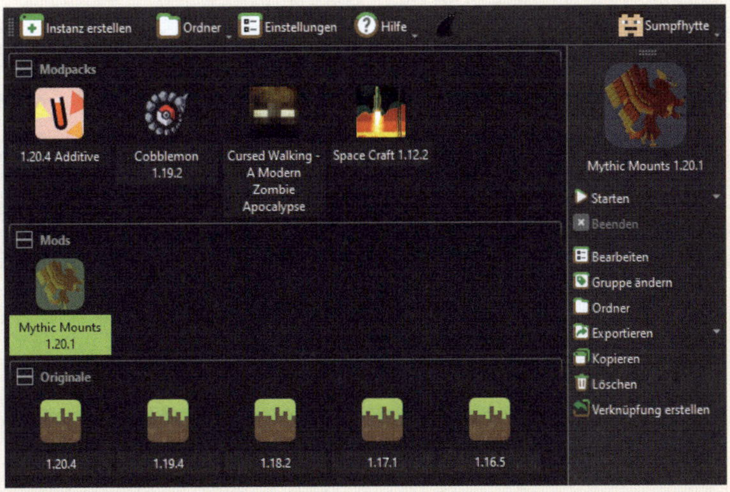

Gruppierte Instanzen im Prism Launcher

MODS SELBER PROGRAMMIEREN

Ein Computerprogramm besteht aus vielen Einzelanweisungen, den Befehlen. Sie geben in kleinsten Schritten vor, was zu tun ist. Läuft das Programm, prüft es ständig, was der Benutzer gerade macht und reagiert auf die festgelegte Weise. Schlägt der Spieler z. B. in Minecraft auf einen Stein, beginnt dieser Risse zu zeigen und droppt. Mods verändern das Programm, d. h., sie ändern die Befehle oder fügen neue hinzu. Skins und Ressourcenpakete sind Daten ohne Anweisung. Sie funktionieren nur, wenn es ein Programm gibt, das bestimmt, wann und wo diese Daten verwendet werden. Das Programm ist das Spiel. Die Mods verändern das Spiel.

Vier unabhängige Minecraft-Tutorials bringen dir das Thema »Programmierung« näher.

Ein Beispiel aus der Hour of Code

Wenn du mit dem Thema Programmierung noch nichts zu tun hattest, gibt es auf der Website *Hour of Code* (*https://code.org/minecraft*) großartige Tutorials im Minecraft-Design mit einer spielerischen Einführung auf Deutsch. Du lernst in etwa einer Stunde (daher der Name), wie du Befehle zu Abläufen zusammenfügst, Bedingungen abfragst und Wiederholungsschleifen verwendest. Die vier Tutorials zeigen mit unterschiedlichen Geschichten immer dieselben Grundlagen, es reicht also, nur ein Tutorial zu spielen. Aber das macht so viel Spaß, dass du bestimmt auch die anderen ausprobierst.

Mods programmieren mit MCreator

In der Hour of Code hast du *Blockly* kennengelernt, bunte Befehlsbausteine, die du zu sinnvollen Abläufen zusammenfügst. Dieses Grundwissen reicht aus, um ohne Kenntnis einer Programmiersprache eigene Mods zu programmieren: Mit dem kostenlosen Baukastensystem *MCreator* wählst du über verschiedene Menüs, was du an Minecraft ändern möchtest, und setzt zur Feineinstellung vorbereitete Befehlsbausteine zusammen, wie in der Hour of Code.

Der Einstieg in MCreator ist leicht. Hast du nach einiger Zeit etwas Erfahrung gesammelt, kannst du mit MCreator auch umfangreichere Anweisungen programmieren.

Beispiel: Zum Kennenlernen programmierst du eine Mod, die ein neues Werkzeug ins Spiel bringt, um das normalerweise unzerstörbare Grundgestein zu zerstören.

1. Lade MCreator von der offiziellen Website herunter (*https://mcreator.net*), installiere und starte es.
2. Klicke unten rechts auf **Preferences**, und wähle unter **User interface** die deutsche Sprache. Klicke auf **Save**, und starte das Programm neu.
3. Klicke nach dem Neustart auf das grüne Plus **Neue Arbeitsumgebung**. In einem neuen Fenster entscheidest du dich auf der linken Seite für einen Mod-Loader. Da Forge mehr Möglichkeiten als Fabric bietet, bleibst du bei **Minecraft Forge mod**. Die notwendigen Werkzeuge dafür hat MCreator schon an Bord. Gib als **Mod-Anzeigename** »Bedrock Breaker« ein, und klicke auf **Neue Arbeitsumgebung erstellen**.
4. Beim ersten Mal dauert es fünf bis zehn Minuten, bis die Arbeitsumgebung erstellt ist. Beim nächsten Mal geht es dann ganz schnell. Zur Überbrü-

ckung der Wartezeit öffnet sich eine MCreator-Webseite. Dort erfährst du im Abschnitt »Learn MCreator«, dass es viele Tutorials und ein Wiki gibt, in denen du stöbern kannst (*https://mcreator.net/wiki*).

Wenn es eine Fabric-Mod sein soll

Wählst du Fabric, bekommst du von MCreator einen Hinweis zum Durchsuchen der Plug-in-Bibliothek. Klicke auf **Ja**, und suche in der Webseite, die sich öffnet, nach »fabric generator«. Achte auf die unterstützte MCreator-Version! Möglicherweise musst du eine ältere MCreator-Version installieren, um den Fabric-Generator benutzen zu können. Passen die Versionen, scrollst du nach unten zu **Plugin downloads** und lädst die *zip*-Datei herunter. Wähle in MCreator den Hauptmenüpunkt **Datei** ▪ **Einstellungen** ▪ **Erweiterungen verwalten** ▪ **Plugin laden**. Wähle die *zip*-Datei aus, speichere und starte MCreator neu.

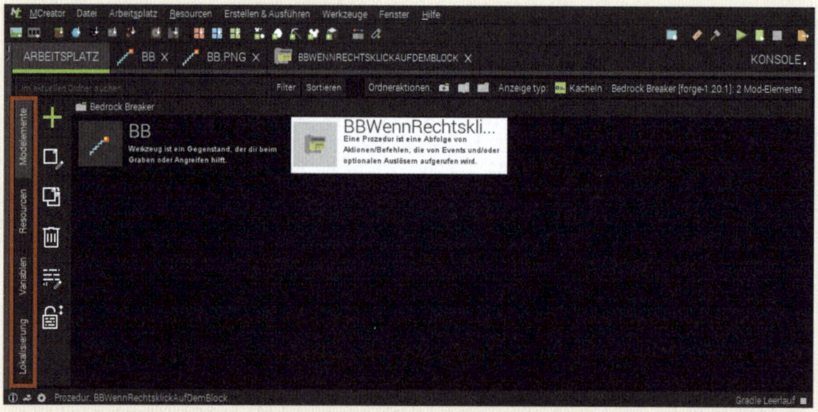

Die Arbeitsumgebung im MCreator mit Arbeitsplatz, Mod-Element, Bild-Ressource und Prozedur. Am linken Rand siehst du Reiter für die Mod-Elemente, Ressourcen, Variablen und Übersetzungen (»Lokalisierung«) deiner Mod.

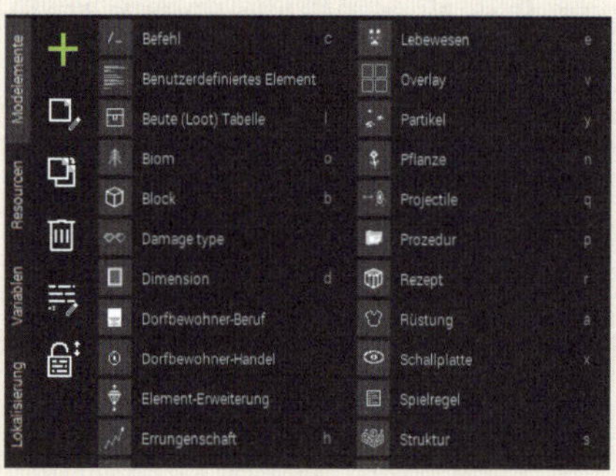

Diese Spielelemente kannst du mit deiner Mod modifizieren. Für eine Erklärung fährst du mit der Maus über die Texte.

5. Die Arbeitsumgebung ist ein großes Fenster mit dem Reiter **Arbeitsplatz**. Dort fügst du mit dem grünen Plus ein Mod-Element hinzu. Wähle **Werkzeug** und nenne es kurz »BB«.
6. Es öffnet sich ein zweiter Reiter für das **Mod-Element** (in diesem Fall »BB«). Klicke in das Textur-Quadrat und dann auf **Erstelle Textur**. Bleibe bei »Transparenz« und einer Größe von 16 × 16 Pixel und klicke auf **Erstellen**. Ein dritter Reiter namens **Bildmacher** öffnet sich.

Die Reiter zeigen verschiedene Bereiche deiner Arbeit: den Arbeitsplatz, ein Mod-Element und die Bildbearbeitung.

7. Zeichne im Bildmacher einen Bedrock-Breaker deiner Wahl. Natürlich kannst du das später noch ändern. Speichere die Textur über den Menüpunkt oben rechts. Gib als **Name** »bb« und als **Art der Textur** »Gegenstand« ein. Das ist wichtig, die Art der Textur muss zu deinem Mod-Element passen.
8. Wähle wieder den Mod-Element-Reiter (»BB«) und klicke doppelt in das Textur-Quadrat. Jetzt siehst du deine neue Textur und kannst sie auswählen.
9. Nachdem du mit der Textur die optischen Dinge für dein Mod-Element festgelegt hast, wechselst du am unteren Bildschirmrand zur nächsten Kategorie namens »Eigenschaften«.

Die drei Kategorien für die Definition eines Werkzeugs

10. In den **Eigenschaften** trägst du als **Name** »Bedrock Breaker« ein und legst als **Typ** »Special« fest. Klicke dann bei **Betroffene Blöcke** auf das grüne Plus, und gib im **Anzeigefilter** »bedrock« ein. Klicke doppelt auf den Block, um ihn auszuwählen. Das war's bei den Eigenschaften. Wechsle zur Kategorie **Auslöser**.
11. Als **Auslöser** wählst du **Wenn rechtsklick auf dem Block** (siehe Bild). Da dort noch kein Verfahren steht, klickst du auf das grüne Plus. Akzeptiere den Namen, und klicke auf **Prozedur erstellen**.

Einer von mehreren möglichen Auslösern für dein Werkzeug

12. Es öffnet sich der vierte und vorerst letzte Reiter, die eigentliche **Prozedur**. In diesem Fenster legst du mit Blockly-Bausteinen fest, was genau bei Rechtsklick auf den Block passieren soll.

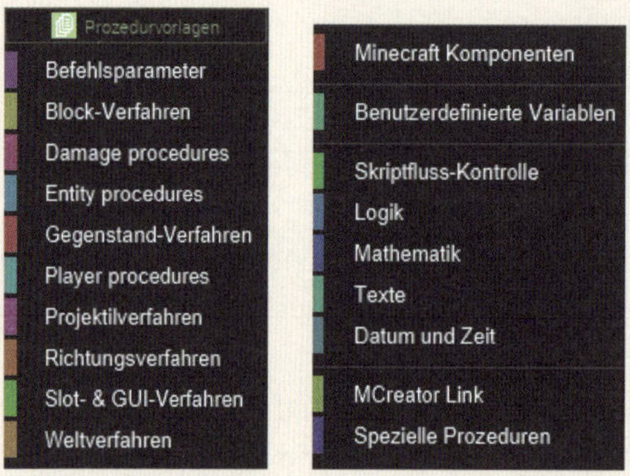

Die Befehlsgruppen. Klicke auf eine Gruppe, um die Befehle zu sehen. Die Farbe ist wichtig, weil du nicht alle Befehle miteinander kombinieren kannst. Oberhalb der Gruppen findest du eine Auswahl von Prozedurvorlagen und daneben ein Suchfeld.

Für das Beispiel sammelst du folgende Bausteine aus den Gruppen **Skriptfluss-Kontrolle**, **Logik**, **Minecraft Komponenten**, **Block-Verfahren ▪ Data** und **Block-Verfahren ▪ Aktionen**:

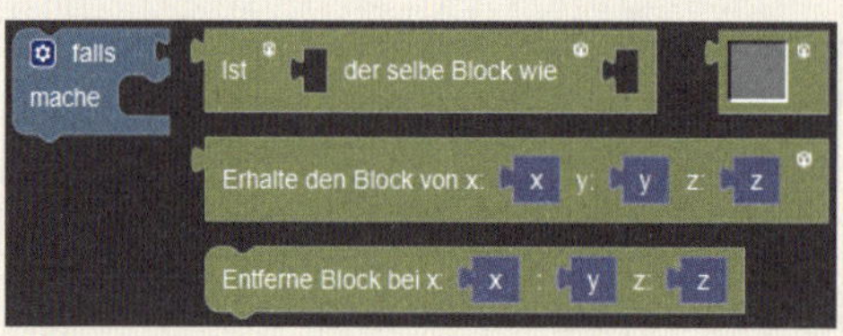

Füge die Bausteine so zusammen. Klicke doppelt in den leeren Blockbaustein, um einen Block einzusetzen. Gib dazu im Anzeigefilter »bedrock« ein.

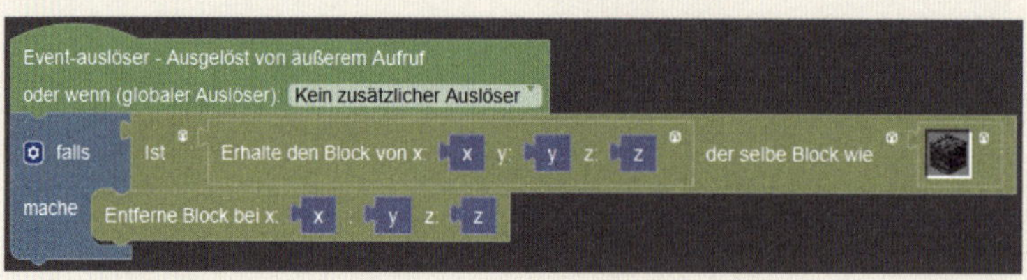

Speichere die Prozedur *und* speichere dein Mod-Element. Die zwei Reiter schließen sich. Den Bildmacher-Reiter (**BB.PNG**) kannst du auch schließen. Fertig. Du hast soeben eine Mod programmiert.

Im Reiter **Arbeitsplatz** siehst du jetzt zwei Mod-Elemente: ein Werkzeug und eine Prozedur. Klickst du am linken Rand auf den Reiter **Ressourcen**, siehst du die Textur.

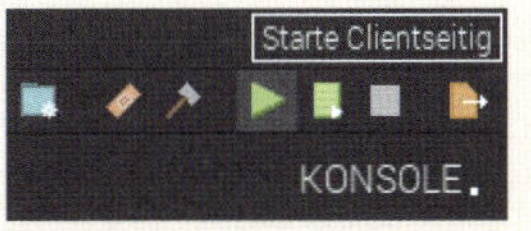

Um deine Mod zu **testen**, klicke oben rechts auf den grünen Pfeil **Starte clientseitig**.

Das löst nacheinander mehrere Schritte aus und startet schließlich einen mit Forge modifizierten Minecraft-Client. Stelle die deutsche Sprache ein und schaue in den Menüpunkt **Mods**, der durch Forge ins Spiel gekommen ist. Dort siehst du deine Mod. Autor und Beschreibung änderst du nach dem Schließen des Clients in MCreator über den blauen Button **Arbeitsumgebungs-Einstellungen** neben dem grünen Pfeil (oder über das Hauptmenü, dort ist jede Button-Funktion ebenfalls vorhanden).

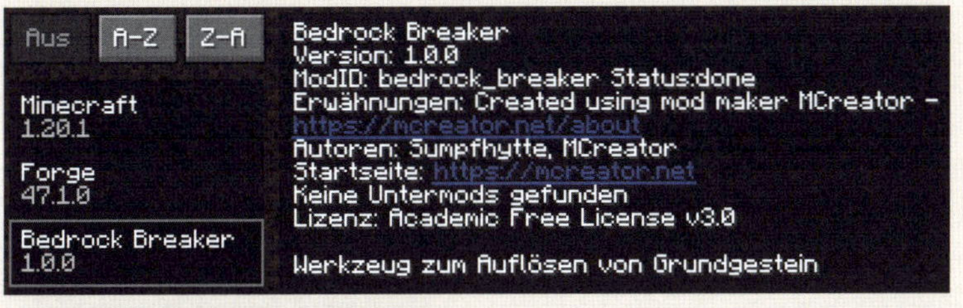

Oben: Deine Mod im Forge-Client. Links: Der »Bedrock Breaker« in einer Flachlandwelt in Aktion: Im Survival-Modus zerstörst du mit Rechtsklick das Grundgestein. MCreator kennt deine Minecraft-Daten nicht, daher hast du in der Testumgebung den Spielernamen »Dev« und einen zufälligen Skin.

Wie geht es weiter? Als Nächstes kannst du deine Mod ergänzen und dabei MCreator näher kennenlernen. Füge optische Effekte und einen Sound für den Bedrock-Breaker hinzu, erfinde ein Crafting-Rezept und einen passenden Fortschritt (im MCreator: »Errungenschaft«).

Ist deine Mod schließlich fertig, möchtest du sie natürlich auch außerhalb des MCreators mit Minecraft benutzen. Klicke oben rechts auf **Exportiere den Mod zum Teilen**, und speichere die *jar*-Datei in einem Ordner. Mit dem Mod-Loader Forge kannst du deine Mod dann benutzen. Achte auf die Übereinstimmung der Forge-Version deines Clients mit der Forge-Version deiner Mod! Die findest du im Hauptmenü unter **Arbeitsplatz ▪ Arbeitsumgebungs-Einstellungen ▪ Allgemeine Einstellungen ▪ Minecraft Version (Generator)**.

Zum Veröffentlichen deiner Mod im Internet wäre es allerdings noch etwas früh, auch wenn du auf deine ersten Erfolge stolz sein kannst. Für öffentliche Mods sind einige Dinge zu beachten. Lies die Hinweise im MCreator-Wiki (*https://mcreator.net/wiki/modification-publishing-guidelines*) und schau die Mods der MCreator-Community an (*https://mcreator.net/community*).

Tipps zum MCreator

Damit du nicht lange suchen musst, sind hier einige nützliche Menüpunkte:

- Um **Texturen** außerhalb von MCreator zu bearbeiten: Reiter **Arbeitsplatz ▪ Ressourcen**, Bilddatei auswählen, Menüpunkt **Ausgewähltes exportieren**, dann z. B. mit GIMP bearbeiten. Danach im MCreator in den Arbeitsplatz-Ressourcen die bisherige Textur löschen und importieren. MCreator neu starten.
- Um **3D-Modelle** von Blockbench zu importieren: Reiter **Arbeitsplatz ▪ Ressourcen ▪ 3D-Modelle und Texturzuordnungen ▪ Importiere JSON 3D-Modell**.
- Um die Minecraft-**Standardressourcen** schnell zu finden: Hauptmenü **Werkzeuge ▪ Java Edition Installationsverzeichnis öffnen**.
- Um deine **Screenshots** aus der Testumgebung zu finden: Reiter **Arbeitsplatz ▪ Ressourcen ▪ Bildschirmfotos**.
- Um den **Programmcode** deiner Mod zu sehen: Reiter **Arbeitsplatz ▪ Mod-Elemente** ▪ Prozedur doppelt anklicken ▪ Menüpunkt links oberhalb der Prozedur: **Codebetrachter für generierte Codes**.
- Um den **Programmcode bearbeiten** zu können: Reiter **Arbeitsplatz ▪ Mod-Elemente** ▪ Rechtsklick auf Mod-Element ▪ **Mod-Element im Code-Editor öffnen**.
- Um den Ordner zu finden, in dem MCreator die **Arbeitsplatzdaten** speichert: Hauptmenü **Arbeitsplatz ▪ Öffne den Ordner der Arbeitsumgebung**.
- MCreator zeigt beim Start die zuletzt bearbeiteten Projekte. Möchtest du **alle Projekte** sehen, klicke nach dem Start auf **Öffne Arbeitsumgebung**, und gehe in den Ordner *MCreatorWorkspaces*. Um ein Projekt zu öffnen, gehe in den gewünschten Projektordner, und klicke doppelt auf die *mcreator*-Datei.

Zum Schluss noch einige Informationen zum **technischen Hintergrund**, wie das Modifizieren (oder kurz *Modden*) des Spielprogramms eigentlich funktioniert.

Obwohl Mods so beliebt sind, enthält das Spiel selbst *keine* direkte Möglichkeit zur Modifikation. Schlimmer noch: Damit Minecraft nicht kinderleicht kopiert und unter neuem Namen verbreitet wird, wird der Programmcode vom Spielhersteller absichtlich *verschleiert* (*obfuscated*), d. h., alle Kommentare werden entfernt, und sämtliche Prozedurnamen werden durch nichtssagende Buchstabenkombinationen ersetzt. Ein verschleierter Code lässt sich immer noch einwandfrei von der JRE ausführen, aber inhaltlich verstehen kann man ihn nicht.

Damit ist die Programmierung von Mods eigentlich nicht möglich. Doch die Minecraft-Community, die sich durch unermüdliche Neugier und Kreativität auszeichnet, hat in mühsamer Kleinarbeit ein Entschleierungs-Mapping (*obfuscation mapping*) zusammengestellt, was nur mit der Java Edition machbar ist.

Mittlerweile hat der Spielhersteller erkannt, dass Mods ein wichtiger Teil des Erfolges der Java Edition sind, und unterstützt die Mod-Entwickler indirekt, indem er für jede Minecraft-Version ein offizielles Entschleierungs-Mapping bereitstellt. Wer sich damit auskennt, kann aus den nichtssagenden Buchstabenkombinationen wieder einen verständlichen Programmcode erzeugen, wenn auch nicht den originalen. Natürlich unterliegt auch dieser Code weiterhin den Lizenzbedingungen. (Für Interessierte: Die URLs zu den Client- und Server-Mappings findest du zu jeder Version ab 1.14 im *.minecraft\versions*-Ordner in der *json*-Datei unter »mappings«.)

Aber ein entschleierter und veränderter Code alleine reicht nicht. Um ein lauffähiges Programm zu erzeugen, sind zahlreiche Zusatzschritte nötig: Du musst den Code mit verschiedenen Funktionsbibliotheken verbinden, daraus ein Java-Archiv (*jar*-Datei) erzeugen, deine neuen Ressourcen in das Java-Archiv integrieren, Minecraft mit dem Forge-Loader modifizieren, Forge-Minecraft starten und deine Mod laden. Zum Glück kann man diese Schritte automatisieren. Dafür wird ein sogenanntes *Build-System* eingesetzt. MCreator benutzt im Hintergrund das kostenlose Build-System *Gradle*.

Du kannst dir den Build-Prozess von Gradle, der normalerweise im Hintergrund abläuft, anschauen, indem du auf den Reiter **Konsole** klickst, der sich unter dem grünen Pfeil befindet. Und möchtest du nur die *jar*-Datei deiner

Mod erzeugen, ohne den Client zu starten, geht auch das: Dafür ist der Hammer-Button links neben dem grünen Pfeil gedacht.

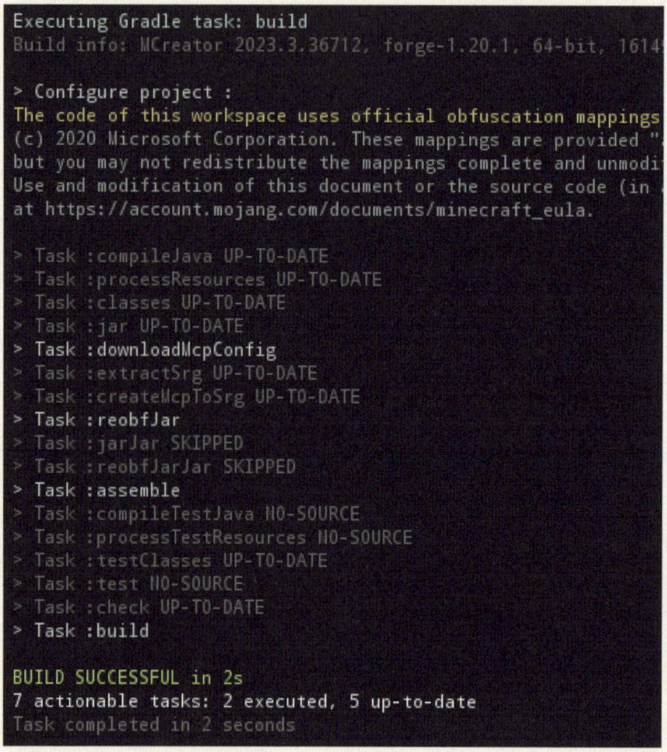

Meldungen des Build-Systems Gradle in der Konsole

WENN MINECRAFT NICHT ALLEINE IST – DER NAMENSRAUM

Wenn du eine Mod programmierst, die z. B. einen neuen Gegenstand oder eine neue Kreatur ins Spiel bringt, brauchst du natürlich auch entsprechende Ressourcen, d. h. mindestens eine Textur und Geräusche. Deine Ressourcen mit den Minecraft-Ressourcen zu vermischen, könnte aber zu Problemen führen:

- **Unübersichtlichkeit**: Es wird schwierig, die Ressourcen auseinanderzuhalten: Was gehört zu Minecraft, was gehört zu deiner Mod?

- **Überschreibbarkeit**: Andere Mods könnten ein völlig anderes Spielelement unter gleichem Namen ins Spiel bringen. Dessen Ressourcen würden dann deine Ressourcen überschreiben.

Zur eindeutigen Identifikation verwendet das Spiel für alle Spielelemente den *Namensraum* `minecraft`. Der Namensraum ist eine Art Familienname und wird mit Doppelpunkt vor die ID geschrieben. Benutzt du ein Original-Spielelement ohne Namensraum, ergänzt das Spiel automatisch `minecraft`. Verwendest du also irgendwo `cow`, dann ist das immer `minecraft:cow`. Auch Mods haben einen Namensraum, jede Mod hat ihren eigenen. Eine Mod, die dem Spiel neue Kühe hinzufügt, könnte z. B. den Namensraum `kuhmod` haben. Mit dem Namensraum ist es ganz einfach, die Minecraft-Kühe von den Mod-Kühen zu unterscheiden: `minecraft:cow` und `kuhmod:cow` sind zwei verschiedene Objekte und klar unterscheidbar. Für Beispiele in diesem Buch wird der Namensraum `nl` verwendet, der für »Next Level« steht.

Schreibregel: Namen dürfen in Minecraft nur aus den Kleinbuchstaben a bis z, den Ziffern 0 bis 9 und den Sonderzeichen Punkt, Minus und Unterstrich bestehen. Keine Großbuchstaben, keine Umlaute. Diese Regel gilt für *Namensräume* und für *alle sonstigen Namen*, die du in diesem Buch noch kennenlernst:

`0123456789abcdefghijklmnopqrstuvwxyz.-_`

Mit MCreator gibst du deiner Mod einen eigenen Namensraum, wenn du die Arbeitsumgebung erstellst.

Um den Namensraum einer fremden Mod zu finden, schaust du z. B. mit 7-zip in die *jar*-Datei und gehst in den Ordner *assets*. Der Ordner, den du dort findest, ist der Namensraum.

Erstellst du ein **Ressourcenpaket** für eine Mod (z. B. eine neue Textur für `kuhmod:cow`), gibst du den Namensraum an, indem du einen Ordner parallel zum *assets\minecraft*-Ordner anlegst. Die Unterordner entsprechen dann wieder dem Standard. Beispiel:

- *MeinResPak\assets\minecraft\textures\entity\cow\cold_cow.png*
- *MeinResPak\assets\kuhmod\textures\entity\cow\cold_cow.png*

WENN ETWAS SCHIEFGEHT, SCHAU IN DIE LOGS

Viele Mods lassen sich leicht installieren und bedienen. Das sollte aber nicht darüber hinwegtäuschen, dass sie immer einen Eingriff in das Originalspiel bedeuten. Auch das Spiel selbst kann Fehler enthalten, die in den meisten Fällen nur unter ganz bestimmten Bedingungen auftreten.

Als Erstes solltest du alle Programme beenden, den Computer neu starten und dann nur Minecraft starten, nichts weiter. Stürzt das Spiel immer noch ab, nimm nach und nach Mods und andere Zusätze (z. B. Ressourcenpakete) heraus, bis du ganz zum Schluss nur noch den Original-Launcher mit dem unveränderten Originalspiel benutzt. Wenn selbst das Originalspiel nicht funktioniert, kann ein Blick auf die Website *MinecraftHopper* helfen (*https://minecrafthopper.net*), in der die Minecraft-Community einige Probleme und ihre Lösungen beschreibt (nur für die Java Edition).

Hilfreich bei einem Absturz sind auch möglichst genaue Informationen zur Ursache. Das Spiel produziert einige Protokolle (*Log-Dateien* oder *Logs*), um die Fehlersuche zu unterstützen.

1. **Launcher-Update-Log**: Bevor der Minecraft-Launcher startet, überprüft er, ob es eine neue Version von sich selbst gibt. Diese lädt er herunter und installiert sie automatisch. Das Protokoll dazu steht in der Datei *.minecraft\updateLog.txt*. Zum Vergleich werden einige ältere Logs aufgehoben und durchnummeriert.
2. **Launcher-Log**: Sobald der Minecraft-Launcher läuft, protokolliert er bestimmte Aktionen in der Datei *.minecraft\launcher_log*. Auch hier werden einige ältere Logs aufgehoben und durchnummeriert.
3. **Game-Log**: Sobald die Java Edition startet, erzeugt sie ihr eigenes Protokoll. Das findest du in der Datei *.minecraft\logs\latest.txt*. Ältere Logs werden hier nicht überschrieben, sondern komprimiert. Du kannst sie z. B. mit dem kostenlosen 7-zip öffnen. Das Besondere dieses Protokolls: Es protokolliert auch den gesamten Chat, solange du dich auf einem Multiplayer-Server befindest. Falls nötig, kannst du also im Nachhinein noch den Chatverlauf sehen.

```
[Server thread/INFO]: Sumpfhytte hat das Spiel betreten
[Render thread/INFO]: [System] [CHAT] LAN-Spiel unter Port [58642] erreichbar
[Render thread/INFO]: [System] [CHAT] Latubius hat das Spiel betreten
[Render thread/INFO]: [CHAT] <Sumpfhytte> Wie geht's da oben?
[Render thread/INFO]: [CHAT] <Latubius> Schöne Aussicht hier
[Render thread/INFO]: [System] [CHAT] Latubius hat das Spiel verlassen
[Server thread/INFO]: Sumpfhytte hat das Spiel verlassen
[Server thread/INFO]: Stopping singleplayer server as player logged out
[Server thread/INFO]: Stopping server
[Server thread/INFO]: Saving players
[Server thread/INFO]: Saving worlds
```

Auszug aus dem Game-Log, das auch den Chat enthält

Du kannst das Game-Log auch während des Spiels sehen. Gehe dazu im Minecraft-Launcher links auf **Einstellungen**, und setze ein Häkchen bei **Ausgabeprotokoll öffnen, sobald Minecraft:Java Edition gestartet wird**. Das Protokoll erscheint dann in einem eigenen Fenster. Im Multiplayer-Spiel siehst du damit nicht nur die letzten 100 Chat-Zeilen, sondern den kompletten Chat-Verlauf, solange du dich auf dem Server befindest.

Auch als Mod-Programmierer ist dieses Protokoll für die Fehlersuche interessant. Durch Anhaken verschiedener Levels kannst du die Anzeige einschränken, damit du nur relevante Meldungen siehst.

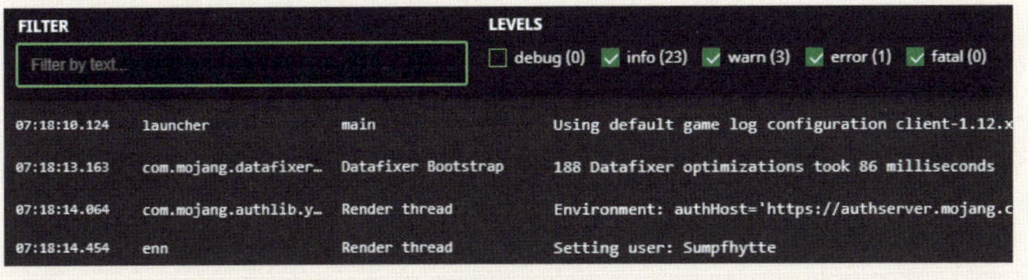

Im Game-Log-Fenster kannst du verschiedene Levels setzen, um mehr oder weniger Informationen zu sehen.

Es ist sogar möglich, die Konfiguration für dieses Protokoll zu ändern. Sie steht als *xml*-Datei im Ordner *.minecraft\assets\log_configs*. Details dazu findest du im *Minecraft-Wiki* (*https://minecraft.wiki/Minecraft_Wiki:Projects/wiki.vg_merge/Debugging*).

4. **JRE-Crash-Report**: Die Minecraft Java Edition läuft – wie ihr Name schon sagt – in einem *Java Runtime Environment* (JRE). Die JRE stellt die Verbindung zum Betriebssystem deines Computers her und führt den Programmcode des Spiels aus. Sollte Java dabei abstürzen, wird auch das protokolliert. Die Datei steht im Ordner *.minecraft* und beginnt mit *hs_err_pid*, gefolgt von einer Zahl.

Mit der Tastenkombination F3 + Strg + C erzeugst du einen Test-Crash für Java, wobei du die Tasten mehrere Sekunden lang gedrückt halten musst.

5. **Crash-Report**: Wenn das Spiel abstürzt, erzeugt es ein spezielles Protokoll, das du im Ordner *.minecraft\crash-reports* findest. Datum und Uhrzeit des Crashs sind Teil des Dateinamens.

   Schaust du in einen Crash-Report, dann wundere dich nicht über die zweite Zeile: Sie enthält einen zufälligen Text, ähnlich wie die gelben Splash-Texte im Hauptmenü. Liegt die Ursache des Crashs bei Java, findest du auch einen Hinweis auf den zugehörigen JRE-Crash-Report.

   Normalerweise wird der Crash-Report automatisch an die Spielentwickler bei Mojang Studios gesendet, damit sie bei häufigen Fehlern Abhilfe schaffen können. In den Launcher-Einstellungen kannst du die automatische Versendung von Absturzberichten abschalten.

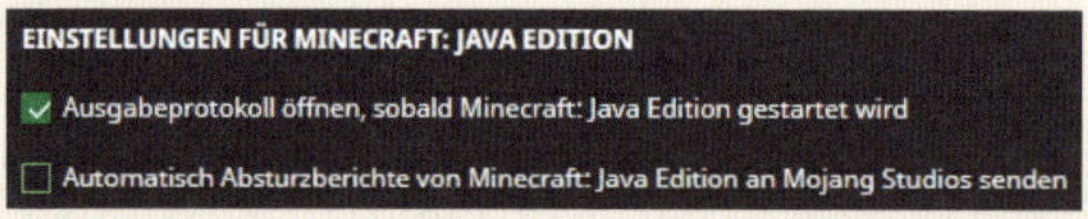

Entferne das zweite Häkchen, um den Absturzbericht nicht automatisch zu versenden.

   Mit der Tastenkombination F3 + C erzeugst du einen Test-Crash des Spiels, wobei du die Tasten mehrere Sekunden lang gedrückt halten musst.

6. **Profiling**: Spiel- und Mod-Programmierer möchten ihren Programmcode auch ohne Absturz testen können. Die Tastenkombination F3 + L startet eine 10-sekündige Aufzeichnung, die sämtliche Daten des Spiels festhält. Das Ergebnis wird in vielen Einzeldateien gespeichert, die als *zip*-Ordner komprimiert im Ordner *.minecraft\debug\profiling* stehen.

7. **Java Flight Recorder**: Dieses Diagnose-Werkzeug für Java-Anwendungen ist für Mod-Programmierer interessant. Im Spiel startest du eine Aufzeichnung mit dem Minecraft-Befehl `/jfr start` und beendest sie wieder mit `/jfr stop`. Das Ergebnis wird im Ordner *.minecraft\debug* in zwei Dateien gespeichert. Eine *jfr*-Datei analysierst du in der Windows-Eingabeaufforderung mit dem Befehl `jfr`, z. B. `jfr summary <Dateiname>`.

Gratulation, du hast das 3. Experten-Level erreicht

Es ist immer noch Minecraft, aber so viel besser! Mit **Modifikationen** erweiterst du das Spiel um völlig neue Funktionen. Alleine die **Shader** sind schon eine tolle Sache, sie geben dem Spiel Tiefe und machen es realistischer. Und mit den alternativen Texturen von OptiFine genießt du mehr Abwechslung mit Ressourcenpaketen.

Du hast **Mod-Loader** und **alternative Launcher** ausprobiert und viele Mods und Modpacks angeschaut, um deine Lieblings-Mods zu finden.

Um in die Welt der Programmierung hineinzuschnuppern, hast du die *Hour of Code* gestartet und spielerisch einige Grundlagen gelernt. Damit war es relativ leicht, erste Schritte mit *MCreator* zu machen und eine eigene Mod zu programmieren. Auch als erfahrene Programmiererin oder erfahrener Programmierer kannst du MCreator nutzen, um die Grundzüge deiner Mod schnell zusammenzustellen und dann im Java-Code zu verfeinern. Und falls du Spielelemente von Mods mit Minecraft-Befehlen ansprechen oder mit einem Ressourcenpaket ändern möchtest, kannst du auch mit anderen **Namensräumen** umgehen.

Wer programmiert, macht manchmal Fehler. Egal ob mit oder ohne eigenes Zutun: Wenn Minecraft abstürzt, weißt du jetzt, wo welche **Logs** stehen und was du darin findest.

Mit den vielen neuen Möglichkeiten, die du mit den Mods bekommen hast, wird das Spiel wieder frisch und interessant – wenn da nicht die ewig gleichen Survival-Welten wären. Daher lernst du im nächsten Kapitel, wie du ganz andere Survival-Welten erzeugst.

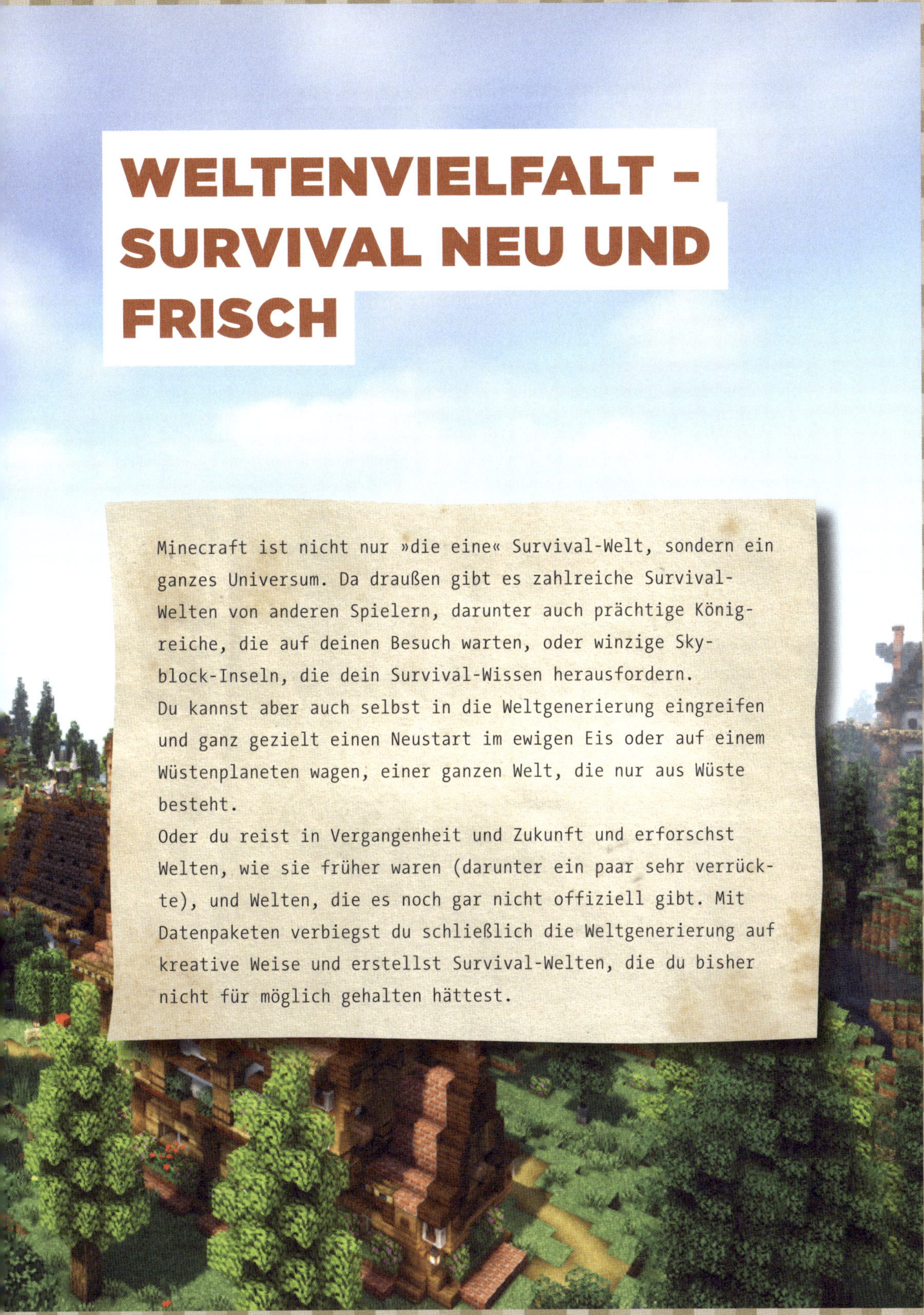

WELTENVIELFALT – SURVIVAL NEU UND FRISCH

Minecraft ist nicht nur »die eine« Survival-Welt, sondern ein ganzes Universum. Da draußen gibt es zahlreiche Survival-Welten von anderen Spielern, darunter auch prächtige Königreiche, die auf deinen Besuch warten, oder winzige Skyblock-Inseln, die dein Survival-Wissen herausfordern.
Du kannst aber auch selbst in die Weltgenerierung eingreifen und ganz gezielt einen Neustart im ewigen Eis oder auf einem Wüstenplaneten wagen, einer ganzen Welt, die nur aus Wüste besteht.
Oder du reist in Vergangenheit und Zukunft und erforschst Welten, wie sie früher waren (darunter ein paar sehr verrückte), und Welten, die es noch gar nicht offiziell gibt. Mit Datenpaketen verbiegst du schließlich die Weltgenerierung auf kreative Weise und erstellst Survival-Welten, die du bisher nicht für möglich gehalten hättest.

SEED: DER URSPRUNG DER WELT IST EINE ZAHL

Aus dem Kapitel »Alles ist Illusion – hinter den Kulissen von Minecraft« weißt du, dass eine Minecraft-Welt nur bis zum Horizont reicht. Erst beim Weiterlaufen generiert das Spiel neue Landschaftsteile (*Chunks*). Damit diese nahtlos zur bisherigen Welt passen, verwendet das Spiel beim Generieren den sogenannten *Startwert* der Welt, englisch *Seed*. Das ist eine – meist sehr große – positive oder negative Zahl. Selbst wenn du dich mit einem Befehl weit weg teleportierst und in einem völlig neuen Bereich der Welt landest, der keine Verbindung zum Ausgangspunkt hat: Läufst du zurück, passen alle nachträglich generierten Chunks lückenlos zusammen, weil sie denselben Startwert verwenden.

Der Startwert bestimmt das Aussehen der ganzen Welt. Üblicherweise überlässt du diese Zahl dem Zufall. Dann landest du jedes Mal, wenn du eine neue Welt generierst, in einem anderen Startbereich (*Spawn-Punkt*). Mal ist es ein Wald, mal ist es Wüste, mal sind es Berge.

Du kannst aber auch vor dem Generieren einer neuen Welt den Startwert gezielt eingeben. In der Java Edition machst du das unter **Neue Welt erstellen** im Reiter **Welt ▪ Startwert für den Weltengenerator**. Bei der Eingabe sind auch Buchstaben möglich (z. B. dein Name), aber letztlich macht das Spiel aus jeder Eingabe eine Zahl.

Eingabe des Startwertes in der Java Edition

Der Clou: Generierst du eine zweite Welt mit *demselben* Startwert, sieht sie *genauso* aus wie die erste! Natürlich nur die ursprüngliche Welt ohne deine Veränderungen. Das funktioniert auch zwischen der Java und Bedrock Edition (mit kleinen Unterschieden).

```
/seed
```

Mit diesem Befehl findest du den Startwert nachträglich heraus. Öffnest du danach den Chat mit [T] und klickst die Zahl an, wird sie in die Zwischenablage kopiert, sodass du sie mit Strg + V für eine Kopie der Welt verwenden kannst. Genaueres zu den Minecraft-Befehlen findest du am Anfang des Kapitels »›Tu es!‹ – mit Befehlen bauen«.

Gibst du deinen Startwert an andere Spieler, können auch sie dieselbe Welt generieren. Da liegt es nahe, Startwerte mit besonders aufregenden Spawn-Punkten zu sammeln. Du findest solche Sammlungen im Internet. Bei deiner Suche solltest du die Minecraft-Version angeben, z. B. »minecraft seeds 1.20«, weil mit Minecraft-Updates oft neue Biome hinzukommen und sogar die Weltgenerierung ein paar Mal geändert wurde (mit den Versionen 1.7 und 1.18).

Hast du einen interessanten Startwert im Internet gefunden, kopierst du ihn über die Zwischenablage in das Eingabefeld der Weltgenerierung.

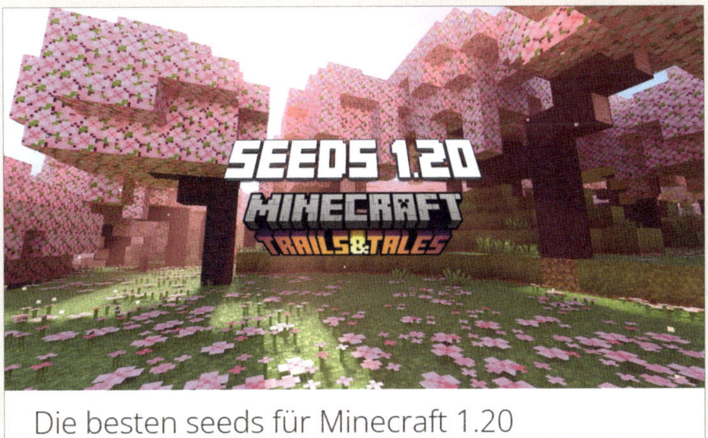

Eine Seed-Sammlung auf »Minecraft Tutos« (»https://minecraft-tutos.com/de/die-besten-seeds-fuer-minecraft-1-20/«)

MINECRAFT-WELTEN AUS DEM INTERNET

Im Internet kannst du nicht nur Startwerte finden, sondern auch von Spielern gebaute Survival-Welten. Suche nach »minecraft survival maps«, oder gehe direkt zu *9minecraft* (*https://www.9minecraft.net/tag/survival-maps*) oder *curseforge* (*https://www.curseforge.com/minecraft/search?class=worlds&categories=survival*).

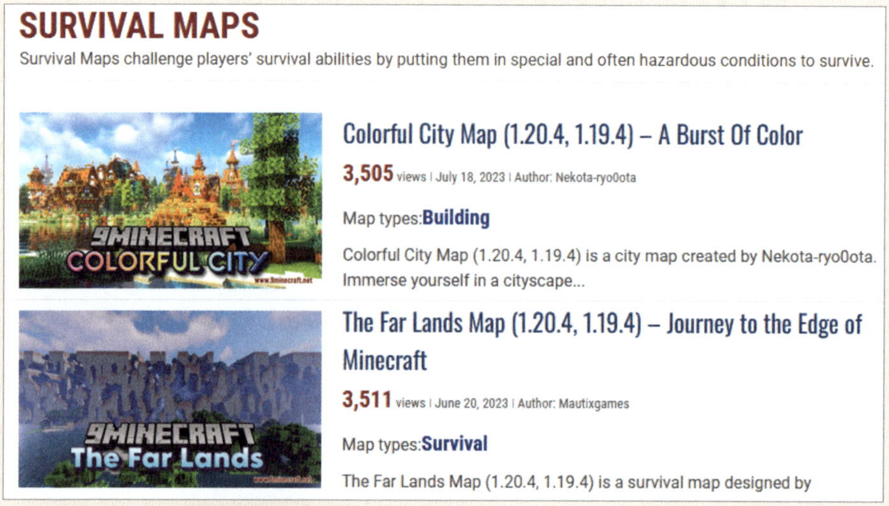

Herunterladbare Survival-Welten auf 9minecraft

Neben Survival-Welten wirst du im Internet auch andere Welttypen finden, die im nächsten Kapitel behandelt werden. In diesem Kapitel bleiben wir bei Welten, die du im Überlebensmodus spielst, z. B. indem du die vorhandenen Bauwerke nach deinen Vorstellungen umbaust und erweiterst oder indem du in den Landschaften eigene Bauten errichtest. Beachte *vor* dem Herunterladen folgende Punkte:

- **Version**: Die Version der Welt sollte zu deiner aktuellen Minecraft-Version passen. Falls nicht, kannst du es trotzdem versuchen, denn Minecraft aktualisiert die Welt während des Spielens. Du kannst die komplette Aktualisierung auch vorab durchführen (*Welt optimieren* ℹ). Wenn das nicht zum Erfolg führt, installiere die passende *alte Minecraft-Version* ℹ.
- **Werbefallen**: Beachte beim Download wie immer die *Downloadtipps* ℹ.
- **Kostenpflichtig**: Manche besonders spektakulären Survival-Welten, in deren Bau viel Zeit geflossen ist, kosten etwas Geld. Du merkst das, wenn du sie nicht direkt herunterladen kannst, sondern auf eine andere Website weitergeleitet wirst.

So installierst du eine heruntergeladene Welt:

1. Starte den Minecraft-Launcher, und gehe in der **Java Edition** auf den Reiter **Installationen**.

2. Fahre mit der Maus über die Liste, und klicke bei der gewünschten Installation auf das Ordner-Icon.

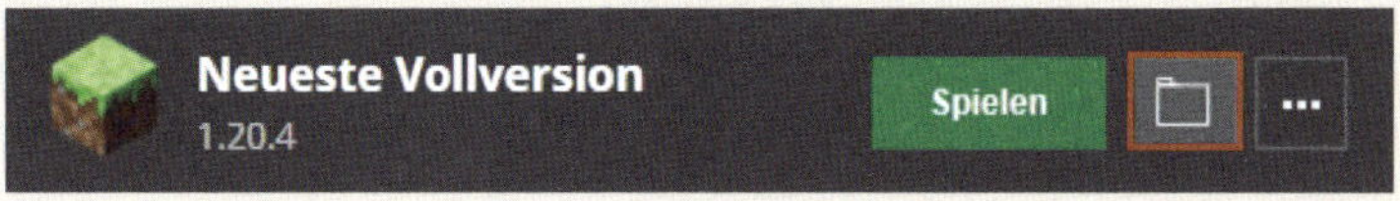

3. Ein neues Fenster geht auf, das den Ordner *.minecraft* zeigt. Gehe in den *saves*-Ordner, der alle Welten enthält.

4. Schau in die heruntergeladene *zip*-Datei. Es gibt zwei Möglichkeiten:
   - Beginnt die *zip*-Datei mit einem einzelnen Ordner (mit Inhalt), ziehst du diesen Ordner aus der *zip*-Datei in den *saves*-Ordner.
   - Beginnt die *zip*-Datei mit mehreren Ordnern und Dateien, darunter eine Datei *level.dat*, ziehst du die ganze *zip*-Datei in den *saves*-Ordner und extrahierst sie dort.
5. Starte das Spiel, und gehe in den Einzelspielermodus. Dort erscheint deine neue Welt. Du kannst sie beliebig umbenennen.

Die Survival-Welt »Colorful City Map« von Nekota-ryoOota

Es gibt auch Survival-Welten, die besonders herausfordernd sind. Die bekannteste ist *Skyblock*, eine schwebende Mini-Insel nur mit einem Baum und einer Truhe. Du musst Minecraft wirklich gut kennen, um aus diesen wenigen Blöcken und Gegenständen mehr zu machen. Wenn du z. B. nicht weißt, was du mit einem Lavaeimer und einem Wassereimer anfangen sollst, kommst du nicht weiter.

Die Welt »Simple Skyblock Map« von SlothZMaps

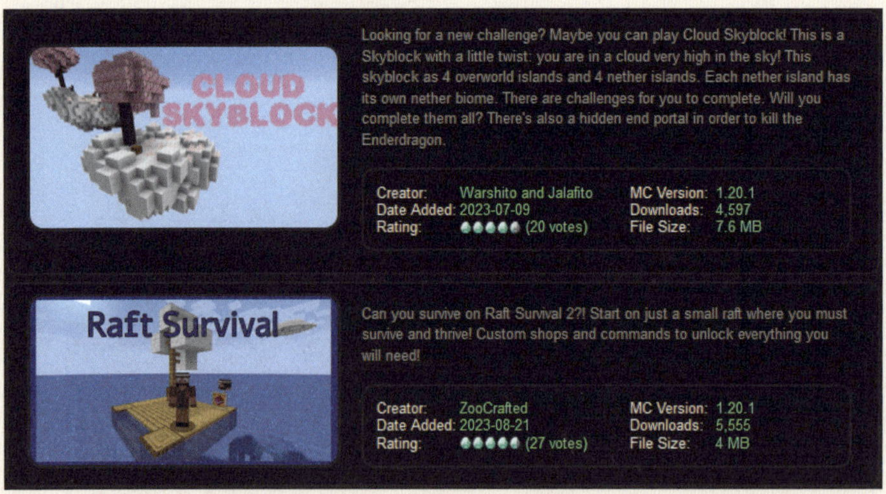

Von Skyblock gibt es zahlreiche Varianten (hier auf »minecraftmaps.com«), und es gibt andere Survival-Welten mit ähnlich extremen Herausforderungen. Das reicht für viele abwechslungsreiche Stunden.

EIGENE SPEZIALWELTEN ERSTELLEN

Eine neue Survival-Welt ist superschnell erstellt, du musst noch nicht einmal einen Namen festlegen (sie heißt dann »Neue Welt«). Aber in den Einstellungen gibt es auch interessante Alternativen zum üblichen Standard.

Gehe in der Java Edition im Einzelspielermodus auf **Neue Welt erstellen**. Als Erstes siehst du den Reiter **Spiel**.

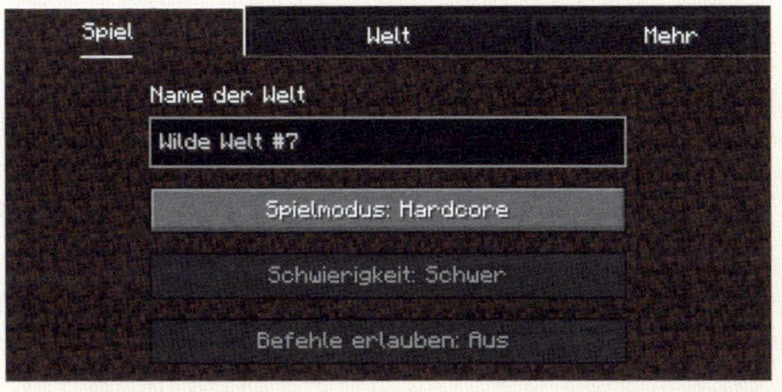

Der Reiter »Spiel« beim Erstellen einer neuen Welt

Der Spielmodus »Kreativ« und die Befehle werden in späteren Kapiteln beschrieben, hier geht um Survival-Welten. Um dein Survival-Spiel wahlweise aufregender oder entspannter zu machen, hast du im Reiter **Spiel** zwei Möglichkeiten:

- **Spielmodus: Hardcore**. In dieser Welt hast du nur ein einziges Leben. Da gerätst du superschnell ins Schwitzen – selbst wenn du als Survival-Profi die vielen heiklen Situationen, in die du geraten kannst, schon kennst. Doch wenn du nur eine einzige Überlebenschance hast, sieht das ganz anders aus.
- **Schwierigkeit: Friedlich**. Das genaue Gegenteil: Keine Monster und kein Hunger. In dieser Welt kannst du ganz gemütlich und ungestört deine Traumvilla am Meer bauen – herrlich. Aber auch ohne Monsterdrops.

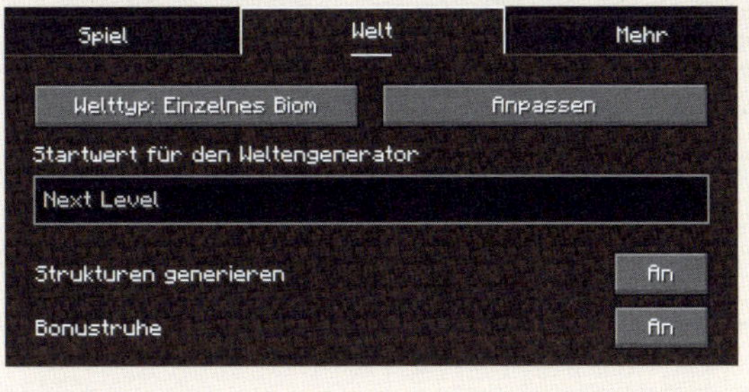

Der Reiter »Welt« beim Erstellen einer neuen Welt

Im Reiter **Welt** findest du weitere Einstellungen für die Weltgenerierung, allen voran den **Welttyp**:

- **Standard**: So wie immer, hier also uninteressant.
- **Flachland**: Ideal für Kreativwelten. Das wird im nächsten Kapitel genau beschrieben.
- **Grosse Biome**: Sind dir die Biome in einer normalen Welt zu klein, erzeugst du mit diesem Welttyp Biome mit vierfacher Ausdehnung (außer Berggipfel und Flüsse). Da wird die Suche nach dem nächsten Wald schwerer als gedacht.
- **ZERKLÜFTET**: Bei diesem Welttyp sind die Höhenunterschiede extrem übersteigert. Du siehst fast nur zerrissene, steile Berge und schwebende Inseln. Das macht das Reisen zur Herausforderung.
- **Einzelnes Biom**: Die ultimative Aufgabe für den Überlebens-Profi: Die ganze Welt besteht nur aus einem einzigen Biom. Über **Anpassen** steht dir jedes Biom zur Auswahl. Hier stellst du z. B. einen Wüstenplaneten, das ewige Eis oder eine Ozeanwelt ein.

Im Welttyp »Zerklüftet« ist die Durchquerung eines dicht bewachsenen Dschungels eine besondere Survival-Herausforderung.

Eine Welt, die nur aus dem Biom »End-Hochland« besteht, mit Bauwerken und Bonustruhe. Über dem Ozean schweben Endtransitportale (die alle zum selben Ort führen).

Nach dem Welttyp folgt das Eingabefeld für den **Startwert** ❶, das du aus dem vorherigen Abschnitt kennst. Dann gibt es noch diese zwei Einstellungen:

- **Strukturen generieren**: Damit sind Bauwerke gemeint, die das Spiel in die Landschaft einfügt, wie Wüstentempel, Waldanwesen, Minen und Ozeanmonumente. Bei **Aus** hast du keine Bauwerke in der Welt, also auch keine Dörfer und keine Festungen. Damit fehlen dann auch Dorfbewohner und Endportale.
- **Bonustruhe**: Für den besonders leichten Einstieg wird bei **An** eine Truhe mit vier Fackeln in der Nähe deines Spawn-Punktes generiert, die allerlei nützliche Kleinigkeiten enthält.

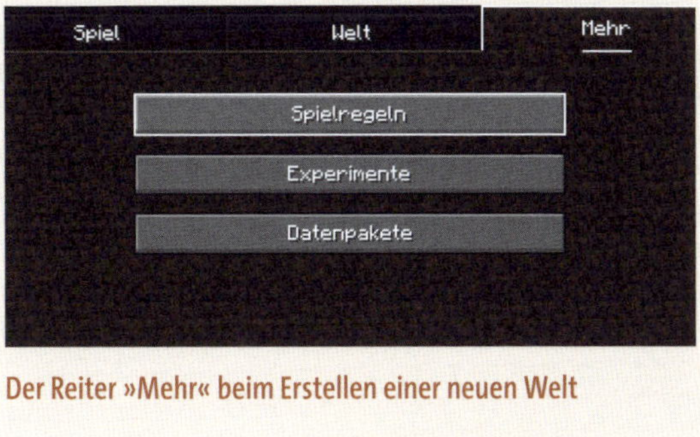

Der Reiter »Mehr« beim Erstellen einer neuen Welt

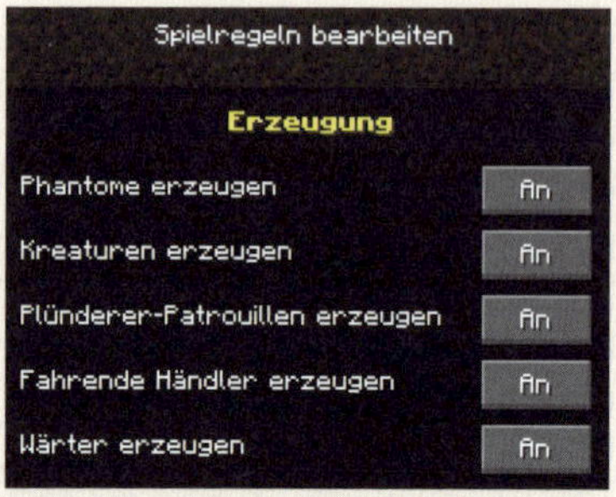

Der dritte Reiter bei der Welterstellung heißt **Mehr**. Dort findest du die **Spielregeln** der Welt. Normalerweise generiert Minecraft die Welt mit Standardregeln. Hier hast du die Möglichkeit, vor dem Generieren die Spielregeln zu ändern. Beispielsweise kannst du den immer wieder auftauchenden fahrenden Händler deaktivieren, falls er dich stört. Soll das Spiel leichter sein? Bitte sehr: **Inventar nach dem Tod behalten: An**. Oder schwerer? **Kreaturenausbeute fallen lassen: Aus** (keine Monsterdrops). Über 40 Spielregeln stehen dir zum Ändern zur Verfügung. Fährst du mit der Maus über eine Spielregel, erhältst zu zusätzliche Informationen.

Die Menüpunkte **Experimente** und **Datenpakete** werden in den nächsten Abschnitten dieses Kapitels erklärt.

EXPERIMENTE MIT VERGANGENHEIT UND ZUKUNFT

Minecraft wird ständig weiterentwickelt – eine weitere tolle Eigenschaft dieses Spiels. In der Regel gibt es jedes Jahr ein umfangreiches Update, das du automatisch kostenlos erhältst. So kommen ständig neue Blöcke, Gegenstände, Kreaturen, Biome und weitere Spielfunktionen dazu. Das macht den Survival-Modus interessanter, aber auch leichter. Wie wäre es, wenn du zur Abwechslung einmal alte oder sogar sehr alte Minecraft-Versionen ausprobierst, als es viele Dinge noch nicht gab?

Alte Minecraft-Versionen spielen

Mit der Java Edition kannst du beliebige *alte Versionen installieren*. Starte dazu den Minecraft-Launcher, wähle den Reiter **Installationen** und klicke auf **Neue Installation**. Fülle dann die Felder aus:

1. Das **Icon** (den Block oben) kannst du über den kleinen Pfeil ändern.
2. Der **Name** ist frei wählbar. Trage am besten die gewünschte Versionsnummer ein.
3. Wichtig ist die Auswahl der **Version**. Klicke dazu auf den kleinen weißen Pfeil. Die Version muss mit dem Wort »release« anfangen.
4. Für jede Installation solltest du ein eigenes **Spielverzeichnis** anlegen, damit das Spiel mit unterschiedlichen Einstellungen nicht durcheinanderkommt. Klicke auf **Durchsuchen** und gleich auf **OK**, dann wird das Standardverzeichnis *.minecraft* ins Eingabefeld eingetragen. Ergänze das mit der Versionsnummer, z. B. zu *.minecraft-1.14*. Sobald du das Spiel startest, wird dieses Verzeichnis unter *Roaming* angelegt.

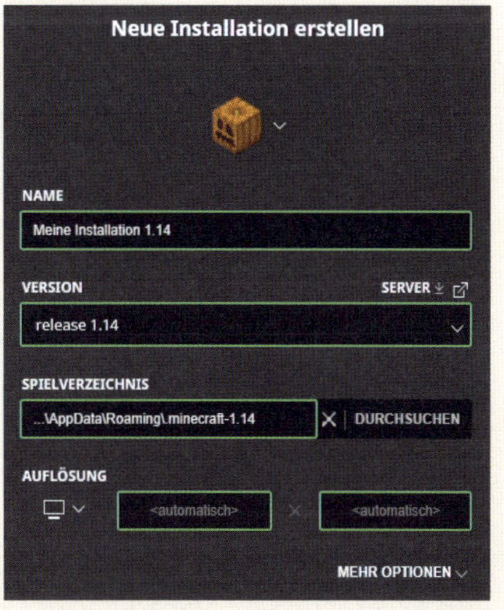

5. Klicke auf **Erstellen**. Dann steht deine Installation im **Spielen**-Reiter des Launchers zur Auswahl. Der erste Start einer neuen Installation dauert etwas länger, da Minecraft noch die erforderlichen Dateien aus dem Internet lädt.

Nach dem Generieren der Welt sehen die alten Minecraft-Versionen ziemlich ähnlich zur aktuellen Version aus – es ist ja auch dasselbe Spiel. Die Unterschiede merkst du erst, wenn du eine Zeit lang in der Welt spielst und erkennst, welche Blöcke und Gegenstände es *nicht* gibt.

Zwei alte Versionen sind besonders beliebt:

- **Version 1.12** ist die letzte Version mit der alten Begrenzung auf 256 Blockarten. Version 1.13 hat diese Begrenzung aufgehoben, aber dafür hat sich die gesamte Programmierung derart umfangreich geändert, dass viele Multiplayer-Server und Mod-Entwickler diesen Schritt nicht mitgemacht haben und bei 1.12 geblieben sind.
- **Version 1.8** ist die letzte Version mit dem alten Kampfsystem. Version 1.9 hat einen Cooldown eingeführt, weswegen viele PvP-Fans (*Player versus Player*, Spielerkämpfe) bei Version 1.8 geblieben sind.

Möchtest du weiter in die Vergangenheit als Version 1.0 reisen, setze in den Launcher-Einstellungen ein Häkchen bei **Historische Versionen**.

Vor Version 1.0 durchlief die Entwicklung des Spiels eine Beta-Phase und davor eine experimentelle Alpha-Phase. Aus dieser Zeit ist eine Version online spielbar (*https://classic.minecraft.net*). Die allerältesten Versionen von 2009 sind nicht wirklich spielbar. Im Minecraft-Wiki findest du zu diesen Versionen ausführliche Informationen, beginnend bei »Pre-Classic« (*https://de.minecraft.wiki/Versionen/Pre-Classic*).

Links: In Version 1.0 gab es nur sehr wenige Blöcke und Gegenstände und noch keine deutsche Übersetzung. Rechts: Minecraft Alpha 1.2.6 von 2010 lässt sich spielen. Das Inventar öffnest du mit [I]. Schaffst du es, hier zu überleben?

Zukünftige Minecraft-Versionen antesten

Auch ein Blick in die Zukunft ist möglich! Während der mehrmonatigen Entwicklung eines neuen Minecraft-Updates kannst du wöchentlich einen Zwischenstand der Java Edition anschauen, der *Entwicklungsversion* oder

Snapshot genannt wird. Die Versionsnummer enthält die Jahreszahl und die Wochennummer, gefolgt von einem Buchstaben, falls es in derselben Woche mehrere Versionen gibt. Beispiel: »23w18a«. Sind die geplanten neuen Spielfunktionen irgendwann alle programmiert, werden nur noch Fehler behoben, und die Versionsnummern bekommen den Zusatz »pre« (Vorabversion). Die allerletzten Snapshot-Versionen haben den Zusatz »rc« (*release candidate*, Freigabekandidat).

Auszug aus der Versionsliste im Launcher

Manche Spieler möchten sich von neuen Versionen überraschen lassen und warten, bis alles fertig ist. Möchtest du vorab schon einen Blick auf die zukünftigen Inhalte werfen, schaue im Minecraft-Launcher in den Reiter **Änderungslisten**, und setze ein Häkchen bei **Entwicklungsversionen**.

Lange vor einer fertigen neuen Minecraft-Version werden wöchentliche Entwicklungsversionen mit den neuen Inhalten veröffentlicht. Die zugehörigen Änderungslisten stehen im Launcher.

Um die Entwicklungsversionen auch zu spielen, gehe im Minecraft-Launcher in den Reiter **Installationen**, und setze oben rechts das entsprechende Häkchen. Dann erscheint die **Neueste Entwicklungsversion** als Installation.

Stellst du im Launcher »Entwicklungsversionen« ein, bekommst du eine spezielle Installation. Sie enthält automatisch immer die neueste Entwicklungsversion, ohne dass du selbst die Version ändern musst.

Doch bevor du diese Installation das erste Mal ausprobierst, solltest du dafür ein eigenes *Spielverzeichnis* anlegen, denn Entwicklungsversionen haben oft andere Optionen, die deine Einstellungen im normalen Spiel stören können. In einem neuen Spielverzeichnis kannst du die Entwicklungsversionen spielen und die Optionen beliebig verstellen, ohne dass dein normales Spiel gestört wird.

Minecraft spielt verrückt

Hast du die Entwicklungsversionen im Launcher aktiviert, kannst du nicht nur die neueste Entwicklungsversion spielen, sondern jede, die jemals erschienen ist. Eigentlich ist das nur für Minecraft-Wiki-Autoren interessant. Es gibt aber einige höchst spannende Ausnahmen: **alte Aprilscherze**!

Der Spielhersteller macht auf seiner Website (*https://www.minecraft.net/de-de/articles*) jedes Jahr zum 1. April einen Minecraft-Scherz. Manchmal gibt es dazu auch eine veränderte Minecraft-Version, die nur für einen einzigen Tag verfügbar ist. Aber über die alten Entwicklungsversionen kannst du fast alle Aprilscherzversionen noch nachträglich installieren und spielen. Auf den ersten Blick sehen sie ziemlich normal aus, haben aber zahlreiche versteckte Änderungen. Um das volle Potenzial dieser genial-absurden Minecraft-Versionen auszuschöpfen, solltest du einen Blick ins Minecraft-Wiki werfen.

- Englisch: *https://minecraft.wiki/List_of_April_Fools%27_jokes*
- Deutsch: *https://de.minecraft.wiki/Easter_Eggs#Aprilscherze*

Stunden des Spaßes sind garantiert!

- **15w14a**: Das angebliche Update »Liebe und Umarmungen« entfernt das Schlagen und Sterben aus dem Spiel. Lava ist »flüssiger Käse«, und rosa Wölkchen ziehen über den Himmel.
- **1.RV-Pre1** (vor 16w14a): Das angebliche »Trendy Update« bringt die virtuelle Realität mit einer gepixelten »Reality-Vision-Brille« und anderen seltsamen Gegenständen ins Spiel.

- **3D Shareware v1.34** (vor 19w14a): Das angeblich uralte »Minecraft 3D« ahmt Retro-Spiele aus den 1990er-Jahren nach. Die Grafik ist schrecklich altbacken.
- **20w14infinite**: Das angebliche Update »Ultimativer Inhalt« generiert über zwei Milliarden unterschiedliche, zufällige Dimensionen, wenn du ein spezielles Buch in ein Netherportal wirfst.
- **22w13oneBlockAtATime**: Das angebliche Update »Immer nur ein Block« ersetzt gedroppte Gegenstände durch flache Blöcke und entfernt das komplette Inventar. Du kannst nur noch einen einzigen Block in den Händen halten. Zum Craften musst du verschiedene Blöcke in der richtigen Anordnung auf den Boden setzen und eine Werkbank darauf werfen.

In der Version »22w13oneBlockAtATime« kannst du immer nur einen einzigen Block abbauen und platzieren. Crafting-Rezepte legst du auf dem Boden aus, stellst dich in das Rezept, wirfst eine Werkbank genau senkrecht in die Höhe und läufst schnell zur Seite.

Nach dem Craften schwebt die Werkbank in der Luft über den gecrafteten Gegenständen. Deine erste Werkbank musst du in Sumpfhütten, Plünderer-Außenposten oder bestimmten Dorfhäusern finden, denn ohne Werkbank kannst du auch keine Werkbank craften.

- **23w13a_or_b**: Das angebliche »Abstimmungsupdate« stellt dich immer wieder vor Entscheidungen, die das weitere Spiel beeinflussen.
- **25w14craftmine**: Ein ganz anderes Minecraft als gewohnt. Du bekommst einen Minen-Crafter, mit dem du eine zufällig generierte Mine herstellst, in der du den Ausgang finden musst. Schaffst du das, werden neue Fähigkeiten freigeschaltet.

Experimente

Mit den Entwicklungsversionen oder Snapshots kannst du das Entstehen des nächsten Minecraft-Updates hautnah mitverfolgen. Aber manchmal braucht eine bestimmte Änderung eine deutlich längere Entwicklungszeit als normal. Dann wird sie dem Spiel als *Experiment* hinzugefügt.

In den Änderungslisten im Minecraft-Launcher oder im Minecraft-Wiki erfährst du mehr über den Inhalt der Experimente:

- Lorenverbesserungen: *https://de.minecraft.wiki/1.21.2#Experimentell:_Lorenverbesserungen*
- Redstone-Experimente: *https://de.minecraft.wiki/1.21.2#Experimentell:_Redstone-Experimente*

- Neugewichtung des Dorfbewohnerhandels: *https://de.minecraft.wiki/23w31a#Experimentell*

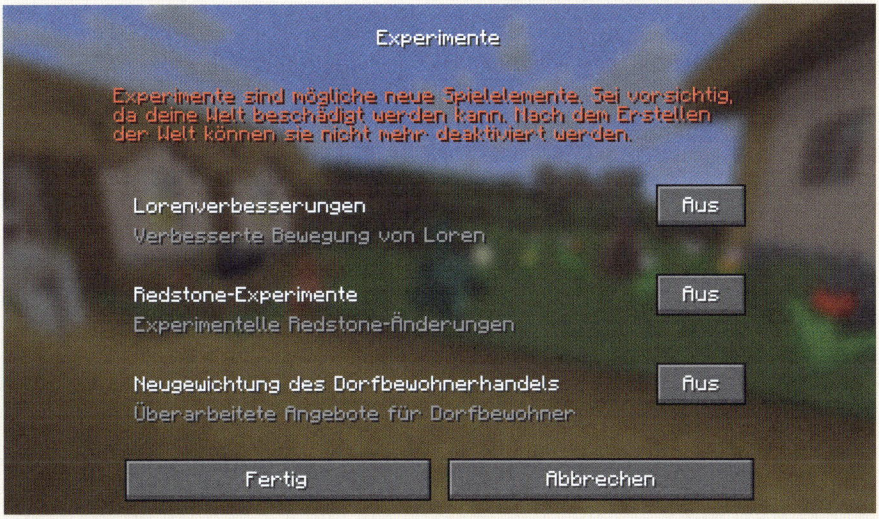

Klicke bei »Neue Welt erstellen« im Reiter »Mehr« auf »Experimente«, um zu entscheiden, ob du eine neue Welt mit diesen Spielelementen erstellen möchtest.

Wählst du bei **Neue Welt erstellen** im Reiter **Mehr** ein oder mehrere Experimente aus, wird eine neue Welt mit diesen Spielelementen erstellt. Wie du solche Experimente nachträglich in eine bereits bestehende Welt aufnimmst, erfährst du im nächsten Abschnitt, in dem es um Datenpakete geht.

DATENPAKETE VERÄNDERN DIE WELT

In den vorherigen Kapiteln hast du schon *Ressourcenpakete* ⓘ kennengelernt. Diese Zusätze wirken in deinem *Client* und ändern Äußerlichkeiten (Texturen, Geräusche, Beschriftungen). Dann gibt es noch *Mods* ⓘ, die das *Programm* ändern – entweder den Server, der die Weltdaten liefert, oder den Client, der die gelieferten Daten als Bild darstellt.

Datenpakete wirken auf den *Server*. Das Programm bleibt gleich, aber es arbeitet mit geänderten Weltdaten.

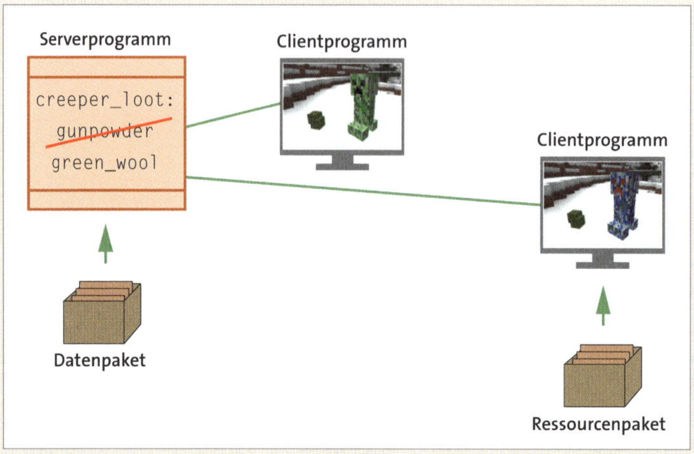

Datenpakete wirken auf den Server und ändern die Weltdaten (hier die Beute des Creepers).

Beispiel:

- **Normalerweise** schleichen grüne Creeper durch die Welt und droppen Schwarzpulver.
- Mit einem **Ressourcenpaket** färbst du die Creeper-Textur in deinem Client blau. Andere Spieler sehen mit ihren Clients den Creeper weiterhin grün.
- Mit einem **Datenpaket** änderst du die Beute des Creepers von Schwarzpulver zu grüner Wolle. Der Server liefert die geänderten Weltdaten an alle Clients.

Datenpakete können sowohl das Verhalten der Welt als auch die Generierung der Landschaft ändern: Andere Monsterbeute, alternative Crafting-Rezepte, neue Biome, neue generierte Bauwerke, sogar neue Dimensionen – all das steckt in den Datenpaketen. Von kleinen, nützlichen Zusätzen bis zu überraschend anders aussehenden Welten bekommst du mit Datenpaketen völlig neue Survival-Erlebnisse.

Datenpakete finden und anwenden

Datenpakete gibt es nur für die Java Edition. Im Internet suchst du nach »minecraft data packs«, oder du gehst direkt auf Websites wie *Modrinth* (*https://modrinth.com/datapacks*) oder *Vanilla Tweaks* (*https://vanillatweaks.net/picker/datapacks*).

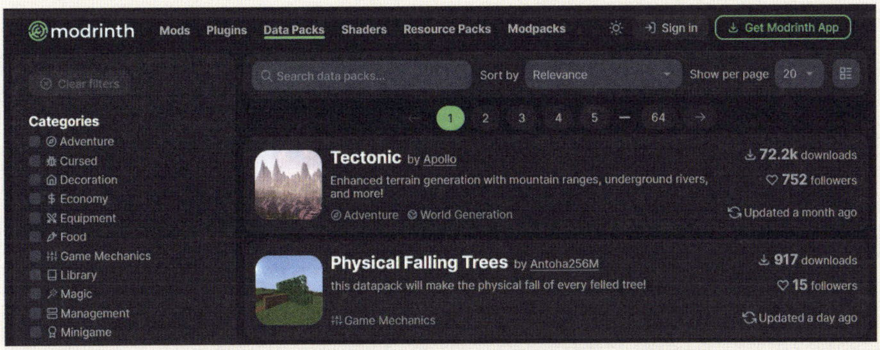

Datenpakete auf »Modrinth«

Datenpakete, die die **Weltgenerierung beeinflussen**, solltest du aktivieren, *bevor* du die Welt erstellst. Das funktioniert so:

1. Schau vor dem Herunterladen in die Anleitung des Datenpakets. Achte auf die Version und auf Abhängigkeiten. Manche Datenpakete sind eine spezielle Ergänzung für eine Mod, die du dann auch benötigst.
2. Gehe in den Menüpunkt **Einzelspieler ▪ Neue Welt erstellen ▪ Mehr ▪ Datenpakete**, und ziehe die *zip*-Datei in das Spielfenster auf die linke **Verfügbar**-Seite.
3. Fahre mit der Maus auf das gewünschte Paket, und bewege es mit einem Klick auf den großen Pfeil, der dabei erscheint, auf die rechte **Ausgewählt**-Seite.
4. Erstellst du jetzt die neue Welt, wird sie auf die Weise generiert, die im Datenpaket hinterlegt ist.

Im Datenpaket-Menü ist das Paket »Standard« automatisch ausgewählt. Das experimentelle Bündel ⓘ kennst du aus dem vorherigen Abschnitt. Mehr dazu im Kasten.

Das Datenpaket »Physical Falling Trees« von Antoha256M lässt Bäume realistisch umfallen, wenn du im Survival-Modus einen Stammblock weghaust. Das ist keine Mod, sondern funktioniert mit originalen Spielelementen (Blockdarstellern) und sehr vielen Berechnungen.

Experimente im Paket

Im Datenpaket-Menü entdeckst du die *Experimente* ⓘ aus dem vorherigen Abschnitt. Sie sind also rein technisch gesehen Datenpakete, die das Spiel mitliefert und die du auf Wunsch aktivieren kannst – entweder über den Menüpunkt **Experimente** oder über den Menüpunkt **Datenpakete**.

Die Experimente bringen neue Elemente ins Spiel. Aber wie kann das sein? Datenpakete enthalten doch nur Daten, keinen Programmcode, wie die Mods. Des Rätsels Lösung: Die Elemente sind schon versteckt im Originalspiel enthalten, das Datenpaket schaltet sie nur frei.

Möchtest du ein solches Datenpaket einmal anschauen, dann öffne die *jar*-Datei ⓘ, die du schon von den Standardressourcen kennst, mit 7-zip, und gehe in den Ordner *data\minecraft\datapacks*. Dort findest du die Experimente. Die Aktivierung des Programmcodes (`enabled`) steckt jeweils in der Datei *pack.mcmeta*.

```
{
  "features": {
    "enabled": [
      "minecraft:trade_rebalance"
    ]
  },
  "pack": {
    "description": {
      "translate": "dataPack.trade_rebalance.description"
    },
    "max_format": 88,
    "min_format": 88
  }
}
```

Du kannst Datenpakete auch **nachträglich einer Welt hinzufügen**. Aber Achtung: Neue Landschaftselemente oder Bauwerke erscheinen dann nur in Bereichen, die nach dem Hinzufügen des Datenpakets *neu generiert* werden, also Chunks, die hinter dem Horizont liegen und die du noch nie betreten hast.

So fügst du ein Datenpaket nachträglich einer Welt hinzu:

1. Wähle im Einzelspielermenü die Welt aus (nicht spielen), und klicke auf **Bearbeiten**.
2. Sicherheitshalber solltest du mit dem entsprechenden Menüpunkt eine **Sicherheitskopie** der Welt erstellen.
3. Wähle danach den Menüpunkt **Weltordner öffnen**.
4. Ein Fenster mit dem Weltordner öffnet sich. Darin gibt es den Unterordner *datapacks*, in den du das Datenpaket (eine *zip*-Datei) verschiebst.
5. Beim nächsten Betreten der Welt wird das Datenpaket automatisch mit geladen.

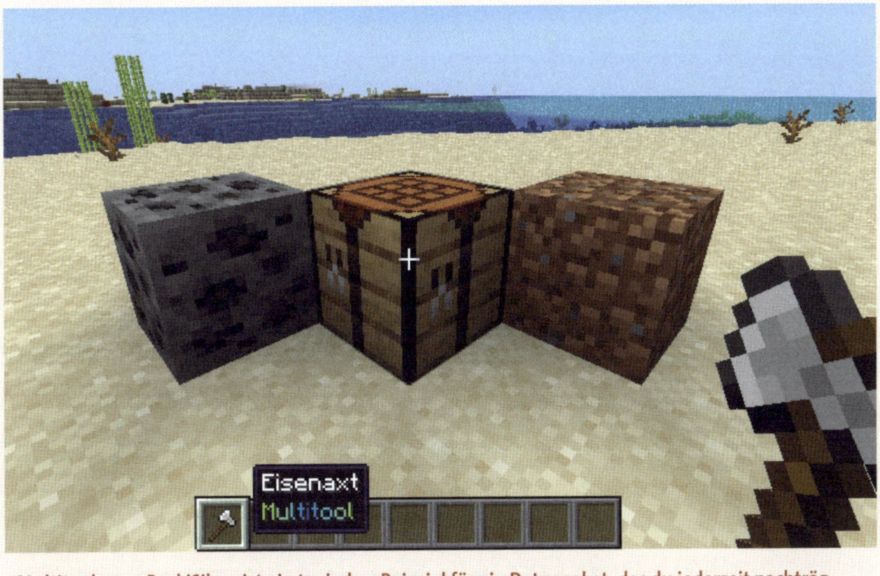

»Multitool« von PuckiSilver ist ein typisches Beispiel für ein Datenpaket, das du jederzeit nachträglich hinzufügen kannst, weil es die Weltgenerierung nicht beeinflusst. Mit diesem Paket craftest du ein spezielles Werkzeug, das sich automatisch ändert, wenn du einen Block anschaust: Je nach Block wird es zu Spitzhacke, Axt, Schaufel oder Hacke. Sehr praktisch.

Datenpakete sortieren, mischen und blockieren

Das Datenpaket-Menü sieht genauso aus wie das Menü der *Ressourcenpakete* (i). Mit den kleinen Pfeilen kannst du Datenpakete genauso sortieren wie Ressourcenpakete. Auch das Mischen und das Blockieren funktionieren genauso wie bei Ressourcenpaketen.

Aber es gibt einen entscheidenden Unterschied: Sobald du die Welt einmal erstellt hast, gibt es das Datenpaket-Menü nicht mehr. Die Frage ist nun, wie du nachträglich hinzugefügte Datenpakete richtig einsortieren kannst. Die Lösung: Das funktioniert mit einem Befehl (Genaueres zu Minecraft-Befehlen findest du am Anfang des Kapitels »›Tu es!‹ – mit Befehlen bauen«).

```
/datapack list
```

Dieser Befehl zeigt alle Datenpakete deiner Welt in aufsteigender Reihenfolge. Fahre mit der Maus über die Namen in der Liste, um die Beschreibungen zu sehen.

```
/datapack (disable|enable) "<Paketname>"
```

Damit deaktivierst bzw. aktivierst du ein Paket. Der Paketname muss in Anführungszeichen stehen.

```
/datapack enable "<Paketname1>" (before|after) "<Paketname2>"
```

Um die Reihenfolge zu ändern, musst du zuerst das Paket deaktivieren und dann in der gewünschten Reihenfolge aktivieren. Beispiel: `/datapack enable "file/Multitool-v4.1.2.zip" before "file/meinDatPak"`

```
/reload
```

Mit diesem Befehl lädst du alle Datenpakete neu. Das ist sehr praktisch nach einer Änderung an den Datenpaketen, denn du musst die Welt nicht extra verlassen und neu betreten.

Datenpakete selbst erstellen

Der erste Schritt zu deinem eigenen Datenpaket, mit dem du das Verhalten der Welt änderst, ist ein Blick in das **Standarddatenpaket** von Minecraft. Das ist zusammen mit den Standardressourcen in der *jar*-Datei ⓘ enthalten.

Hast du die *jar*-Datei geöffnet, schaue in den Ordner *data\minecraft*. Das ist das Standarddatenpaket.

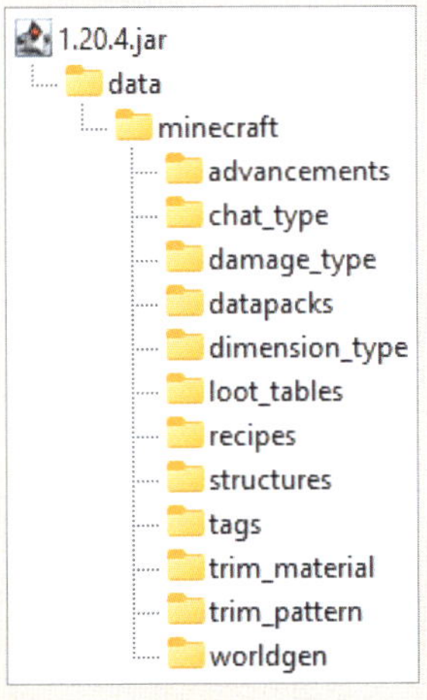

Die jar-Datei enthält unter »data\minecraft« das Standarddatenpaket. Der Ordner »datapacks« gehört nicht dazu. Er enthält die experimentellen Datenpakete des Spiels, wie das Bündel.

Ein eigenes Datenpaket stellst du so ähnlich zusammen, wie ein eigenes Ressourcenpaket, d. h., es muss nur die Daten enthalten, die du ändern möchtest. Dadurch bleibt es klein und übersichtlich. Es kann auch nur eine einzige Datei enthalten, der Rest wird automatisch durch die Standarddaten ergänzt.

Am leichtesten zu ändern sind die sogenannten *Beutetabellen* des Spiels (*data\minecraft\loot_table*). Diese Daten entscheiden unter anderem, was Tiere und Monster droppen.

Beispiel: Das Huhn soll statt 0 bis 2 Federn und rohes Hühnchenfleisch nur genau einen Goldklumpen droppen. Dazu änderst du die Beutetabelle des Huhns:

1. Wenn du dein Datenpaket nachträglich einer Welt hinzufügst, gehst du in den *Weltordner* ⓘ, dort in den Unterordner *datapacks* und legst dort einen neuen Paketordner an. Nenne ihn z. B. *meinDatPak*.

   Für ein Datenpaket, das du bei der Weltgenerierung einsetzen willst, hast du noch keinen Weltordner. Dann richtest du dir irgendwo einen Arbeitsordner ein, in dem du den Paketordner *meinDatPak* anlegst.

2. In dem Paketordner muss die Datei *pack.mcmeta* stehen. Das ist eine ganz normale Textdatei mit folgendem Inhalt:

```
{
  "pack": {
    "pack_format": 63,
    "description": "Next Level Test"
  }
}
```

Die `description` ist eine beliebige Kurzbezeichnung, sie erscheint im Datenpaket-Menü und bei `/datapack list`.

Wichtig ist das passende `pack_format`. Du findest die richtige Zahl in der Datei *versions.json*, die in der *jar*-Datei zwischen den alphabetisch sortierten Java-Klassen steht. Öffne die Datei mit einem Texteditor. Dort steht unter `pack_version` und `data` die richtige Zahl.

```
"pack_version": {
  "resource": 63,
  "data": 80
},
```

3. Wenn dein Paket im Datenpaket-Menü ein eigenes Icon haben soll, erstellst du mit einem Grafikprogramm ein quadratisches Bildchen und speicherst es in deinen Paketordner als *pack.png*.
4. Jetzt kommt das Wesentliche: Um eine Einstellung zu ändern, musst du *denselben Ordnerpfad* anlegen, den diese Einstellung im Standarddatenpaket hat, das mit *data* beginnt. Für die Beutetabelle des Huhns lautet der Ordnerpfad: *data\minecraft\loot_table\entities*. Wichtig ist die exakte Schreibweise! Jeder Schreibfehler führt dazu, dass das Datenpaket nicht funktioniert.
5. Um dein Datenpaket zu füllen, holst du dir Kopien der entsprechenden Standarddaten aus der *jar*-Datei und veränderst sie. Für die Beutetabelle des Huhns ist das die Datei *chicken.json*.

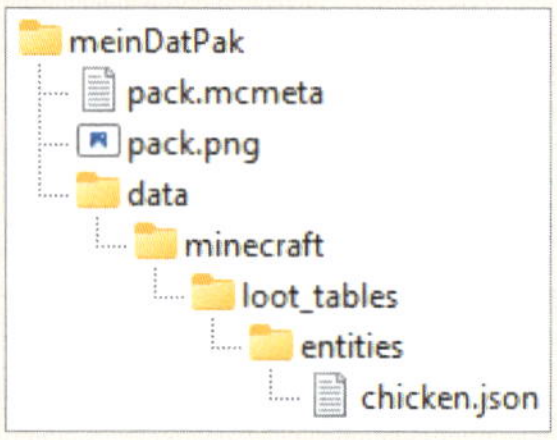

6. *json*-Dateien sind normale Textdateien, die du mit jedem Texteditor ändern kannst. Für das Huhn-Beispiel änderst du die Anzahlen bei `"max"` und `"min"` zu `1.0`, löschst den Verzauberungsabschnitt (`minecraft:looting_enchant`), änderst `"minecraft:feather"` zu `"minecraft:gold_`

nugget" und löschst die zweite Hälfte der Datei, die das Droppen des Hühnerfleisches beschreibt (minecraft:chicken). Vergleiche dazu das folgende Bild. Achte besonders auf das Löschen der Kommas an den eingekreisten Stellen.

```
{
  "type": "minecraft:entity",
  "pools": [
    {
      "bonus_rolls": 0.0,
      "entries": [
        {
          "type": "minecraft:item",
          "functions": [
            {
              "add": false,
              "count": {
                "type": "minecraft:uniform",
                "max": 1.0,
                "min": 1.0
              },
              "function": "minecraft:set_count"
            }
          ],
          "name": "minecraft:gold_nugget"
        }
      ],
      "rolls": 1.0
    }
  ],
  "random_sequence": "minecraft:entities/chicken"
}
```

Links: Die geänderte Datei »chicken.json«. Rechts: Das Huhn droppt keine Federn und kein Fleisch, aber dafür einen Goldklumpen.

7. Hast du dein Datenpaket für eine existierende Welt fertiggestellt, betrittst du die Welt (oder, wenn du schon drin bist, lädst du alle Pakete mit `/reload`) und prüfst mit `/datapack list`, ob das Paket geladen wurde.

   Möchtest du das Datenpaket bei der Weltgenerierung einsetzen, ziehst du den Datenpaket-Ordner im Menüpunkt **Mehr • Datenpakete** ins Datenpaket-Menü und wählst es aus. Dann komprimiert das Spiel dein Datenpaket und legt es beim Generieren der Welt im Weltordner-Unterordner *datapacks* ab.

So geht JSON

Minecraft speichert viele Informationen über das Spiel im sogenannten JSON-Format (*JavaScript Object Notation*). Es dient zur Beschreibung von Eigenschaften und kann von Menschen und Programmen gleichermaßen gelesen werden. Wenn du dich mit diesem Format vertraut machst, fällt es dir leichter, *json*-Dateien zu ändern oder neue zu erstellen. Der kostenlose Texteditor *Notepad++* (*https://notepad-plus-plus.org/downloads*) von Don Ho stellt das JSON-Format farbig dar, was es übersichtlicher macht. Tipp: Stelle im Notepad++ unter **Einstellungen • Einstellungen • Sprache** die Tabulatorbreite auf 2 und schalte den Button **Einrückung anzeigen** ein oder aus.

So liest du eine *json*-Datei:

- In *json*-Dateien geht es um **Eigenschaften**. Jede Eigenschaft hat einen **Namen** und einen **Wert**. Zwischen Name und Wert steht immer ein Doppelpunkt:
  `"Höhe":27`
- **Texte** müssen immer in Anführungszeichen stehen. Dazu gehört auch der Name einer Eigenschaft. **Kommazahlen** werden mit einem Punkt geschrieben:
  `"Bezeichnung":"Großes Bauwerk"`
  `"Durchmesser":17.25`
- Die **Wahrheitswerte** `true` und `false` (wahr und falsch) werden intern als Zahlen 1 und 0 abgebildet. Du kannst sie daher mit oder ohne Anführungszeichen schreiben, das ist egal:
  `"MitDach":"true"`
  `"MitKeller":false`
- **Aufzählungen** enthalten mehrere Eigenschaften, die durch **Kommas** getrennt werden müssen. Es gibt zwei Arten:
  - **Listen** enthalten nur Elemente vom selben Datentyp (z. B. nur Zahlen), und die Reihenfolge hat eine Bedeutung, d. h., du darfst die Elemente nicht vertauschen. Listen stehen in eckigen Klammern:
    `"Liste":[100,0.75,12]`
  - **Objekte** dürfen Elemente von unterschiedlichen Datentypen enthalten (z. B. Texte und Zahlen), und die Reihenfolge ist egal, d. h., die Elemente sind vertauschbar. Objekte stehen in geschweiften Klammern:
    `"Objekt":{"Typ":"Möbel","Anzahl":3}`
- In *json*-Dateien kann alles in einer Zeile stehen, aber das wird schnell unübersichtlich. Aufzählungen werden daher in mehreren Zeilen geschrieben. Einrückungen und zusätzliche Leerzeichen erhöhen die **Lesbarkeit**:

```
"Liste": [100, 0.75, 12]
"Objekt": {
  "Typ": "Möbel",
  "Anzahl": 3
}
```

- Es gibt keine Kommentarzeichen. **Kommentare** werden als normale Eigenschaft mit Name und Wert unter die anderen Eigenschaften gemischt. Üblicherweise wird dazu der Name `__comment` verwendet:
  `"__comment":"Das ist ein Kommentar"`

Schneller, schicker, leichter – mit dem Datenpaketgenerator

Ein häufiger Fehler beim Ändern von *json*-Dateien sind fehlende oder zu viele Kommas. Dann funktioniert das Datenpaket nicht. Abhilfe schafft der *Onlinedatenpaketgenerator* von Misode (*https://misode.github.io*).

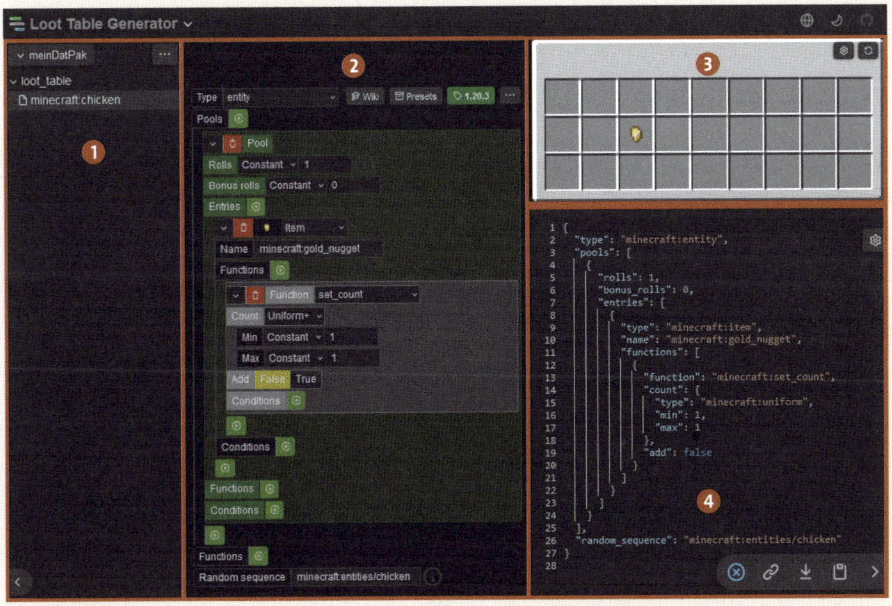

Misode bietet einen Datenpaketgenerator für alle Arten von Minecraft-Eigenschaften, hier für Beutetabellen: ❶ Projektbereich, ❷ Eingabefelder, ❸ Inventar, ❹ JSON.

Beispiel: Das Huhn-Beispiel löst du mit dem Onlinedatenpaketgenerator so:

1. Auf der Startseite wählst du **Loot Table** für die Beutetabellen. Der **Loot Table Generator** erscheint.
2. Klicke im Projektbereich auf das Dreipunkte-Menü, und wähle **New project**. Gib den Namen deines Datenpakets ein, z. B. »meinDatPak«. Den Namensraum lässt du bei **Default namespace**, weil du eine Beutetabelle von Minecraft ändern möchtest. Nach dem Speichern erscheint das leere Projekt »meinDatPak«.
3. Im Bereich der Eingabefelder klickst du auf **Presets** und gibst im Suchfeld »chicken« ein, um die Beutetabelle des Huhns aus dem Standarddatenpaket zu holen.
4. Ändere den **Namen** des **Items** auf »minecraft:gold_nugget«. Der Gegenstand im Inventar ändert sich automatisch.

5. Ändere in der Funktion »set_count« die Werte bei **Min** und **Max** auf 1.
6. Klicke auf den roten Papierkorb bei der **Function** »looting_enchant«.
7. Klicke auf den roten Papierkorb beim zweiten **Pool**, um das Droppen des Hühnerfleischs zu löschen.
8. Das war's mit den Änderungen. Klicke auf das Dreipunkte-Menü über den Eingabefeldern, und wähle **Save as**. Gib als **Resource location** »chicken« ein, damit die Datei *chicken.json* generiert wird, und klicke auf **Save as**. Die Beutetabelle erscheint auf der linken Seite im Projektbereich.
9. Um deinem Datenpaket eine Beschreibung hinzuzufügen, klickst du links oben auf das Hauptmenü-Icon . Dort wählst du **All generators • Pack.mcmeta**.
10. Im Pack.mcmeta-Generator siehst du rechts oben die Minecraft-Version. Klicke daneben auf das Drei-Punkte-Menü, und wähle **New empty file**. Das **pack_format** wird passend zur Minecraft-Version eingestellt (für Version 1.20.3-1.20.4 wäre es 18). Bei **description** trägst du deine Beschreibung ein. Über das Dreipunkte-Menü speicherst du die Datei im Projekt »pack«, sie landet dann in deinem Projekt.
11. Zum Schluss klickst du im Projektbereich auf das Dreipunkte-Menü und wählst **Download data pack**. Der Dateiname lautet dann *meinDatPak.zip*.
12. Du hast jetzt ein komplettes Datenpaket mit *pack.mcmeta*-Datei und dem korrekten Ordnerpfad, die fertig komprimiert ist. Ziehe die *zip*-Datei entweder bei der Weltgenerierung in das Datenpaket-Menü oder nachträglich in den Weltordner-Unterordner *datapacks*.

Survival-Welten verbiegen

Möchtest du tiefer in die Welt der Datenpakete einsteigen, sind einfache Änderungen am Standarddatenpaket der nächste Schritt. Hast du dich etwas eingewöhnt, lädst du Datenpakete aus dem Internet herunter und vergleichst sie mit dem Standarddatenpaket.

Das Standarddatenpaket enthält verschiedene Datenbereiche, die du an den Ordnernamen erkennst. Passend zum Survival-Thema dieses Kapitels werden nachfolgend zwei Datenbereiche vorgestellt, die Survival-Welten verbiegen. Dem großen Bereich der Weltgenerierung ist der nächste Abschnitt gewidmet. Weitere Datenbereiche folgen in späteren Kapiteln (du findest sie über den Index am Ende des Buches).

- **Beutetabellen** (Ordner *loot_table*) bestimmen, welche Gegenstände du mit dem Pinsel aus seltsamem Sand und Kies holst (Unterordner *archaeology*), was jeder einzelne Block beim Abbauen droppt (*blocks*), was die Truhen in generierten Bauwerken enthalten (*chests*), was Tiere und Monster droppen (*entities*) und was du beim Angeln, als Held des Dorfes, von deinen Katzen, von Piglins und vom Schnüffler bekommst (*gameplay*). Lasse deiner Fantasie beim Ändern freien Lauf.

Geänderte Beutetabelle: Kühe droppen Fleisch und Milcheimer.

Im Datenpaket haben Beutetabellen drei wesentliche Eigenschaften:

– Ein `pool` ist eine bestimmte Gruppe von Gegenständen, quasi ein Beutetopf, der ein- bis mehrfach nacheinander ausgeschüttet wird.

– `rolls` bestimmt die Anzahl der Ausschüttungen eines Pools. `bonus_rolls` sind zusätzliche Ausschüttungen, die durch den *Glückstrank* erzeugt werden, den es im normalen Survival-Spiel nicht gibt.

– `entries` sind die Gegenstände, also die Beute selbst. Bei jeder Ausschüttung wählt das Spiel per Zufall einen Gegenstand aus dieser Aufzählung. Die Menge und weitere Eigenschaften wie eine Verzauberung kannst du einzeln festlegen.

Details stehen im Minecraft-Wiki:

– Englisch: *https://minecraft.wiki/Loot_table*

– Deutsch: *https://de.minecraft.wiki/Beutetabellen*

- **Rezepte** (Ordner *recipe*) bestimmen das Craften und Erhitzen von Blöcken und Gegenständen. Du kannst beliebige neue Rezepte für Werkbank, Steinsäge, Schmiedetisch, alle Öfen und das Lagerfeuer hinzufügen, aber nur mit existierenden Blöcken und Gegenständen. Beispielsweise könntest du Zucker zu Glas schmelzen, aber es bleibt das normale Glas. Neue Blöcke und Gegenstände sind mit Datenpaketen nicht möglich.

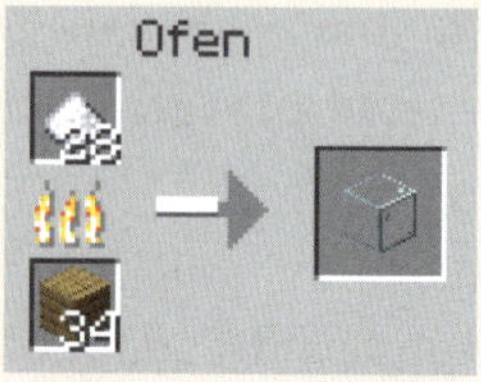

Neues Rezept für Glas

Im Datenpaket bestimmt die Eigenschaft `category`, in welchem Rezeptbuch-Reiter das Rezept erscheint. Die Eigenschaft `type` legt fest, für welchen Arbeitsblock das Rezept gedacht ist, z. B. `stonecutting` für ein Steinsäge-Rezept. Für Werkbank-Rezepte gibt es zwei Typen:

– Bei `crafting_shapeless` dürfen die Gegenstände in beliebiger Anordnung auf die Werkbank gelegt werden.
– Bei `crafting_shaped` müssen die Gegenstände in einem bestimmten Muster auf die Werkbank gelegt werden. Das Muster (`pattern`) besteht aus ein bis drei Zeilen mit Zeichen, wobei jedes Zeichen (`key`) für einen bestimmten Gegenstand steht.

Details stehen im Minecraft-Wiki:

– Englisch: *https://minecraft.wiki/Recipe*
– Deutsch: *https://de.minecraft.wiki/Rezeptdefinition*

Das große Rauschen – wie Minecraft eine Welt generiert

Ein wesentlicher Aspekt der Datenpakete ist ihr Einfluss auf die *Weltgenerierung*. Dabei ist zunächst bedeutsam, dass die Welt überhaupt generiert wird. In vielen Computerspielen sind die Szenen, durch die du läufst, nicht generiert, sondern von Künstlern *gestaltet*. Das können zweidimensionale oder dreidimensionale Innenräume von Palästen, Fabriken oder Raumschiffen sein, Kulissen von Innenstädten oder detailliert gestaltete Landschaften.

In gestalteten Welten ist die Bewegungsfreiheit oft eingeschränkt, d. h., du kannst nur bestimmte Bereiche betreten – grandiose Ausblicke auf die Welt um dich herum sind nur gemalte Kulisse. In *Open-World*-Spielen hast du volle Bewegungsfreiheit und kannst gehen, wohin du willst. Das heißt aber nicht, dass diese Welten endlos sind. Auch Open Worlds sind mit allen Details oft gestaltet und haben ihre Grenzen. Das erkennst du daran, dass sie für jeden Spieler gleich aussehen.

Im Gegensatz dazu stehen *generierte* Welten. Bei generierten Welten sieht jede Welt anders aus. Das können Landschaften wie in Minecraft sein, oder generierte Planetensysteme oder generierte Gebäude. Minecraft generiert z. B. auch das Innere von Waldanwesen und Ozeanmonumenten, indem es verschiedene Räume zufällig miteinander verbindet.

Die Landschaft in Minecraft wird jedoch nicht aus Fertigteilen zusammengesetzt, sondern *prozedural* generiert: Sobald ein neuer Teil der Landschaft (ein *Chunk*) benötigt wird, startet das Spiel Prozeduren, die aus mathematischen Funktionen den genau passenden Ausschnitt erzeugen. Prozedural generierte Landschaften können theoretisch endlos groß werden, gäbe es nicht technische Randbedingungen, wie Speicherplatz und Maximalwerte von Variablen.

Eine wesentliche Funktion, die mehrfach im Spiel eingesetzt wird, ist die sogenannte *Rauschfunktion*. Normalerweise erzeugt eine Rauschfunktion rein zufällige Werte (*Random Noise*), aber das ist für die Weltgenerierung nicht zu gebrauchen, eine solche Welt wäre unspielbar. Hingegen erzeugt die spezielle *Perlin-Noise-Funktion* eine erkennbare Struktur aus Höhen und Tiefen.

Eine einzige Perlin-Noise-Funktion könnte schon eine wunderbare Hügellandschaft erzeugen, aber so eine Welt würde trotz aller Zufälligkeit bald eintönig wirken. Daher geht Minecraft raffinierter vor: Verschiedene Perlin-Noise-Funktionen erzeugen große und kleine Blasen, die überlagert werden, um in ihrer Kombination ganz unterschiedliche Biome zu bilden.

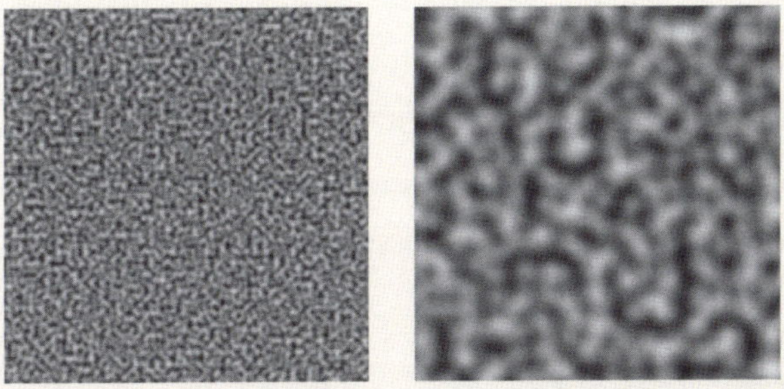

Rauschfunktionen: links Random Noise, rechts Perlin Noise

Im Standarddatenpaket gibt es dazu die Datei *data\minecraft\worldgen\noise_settings\overworld.json* mit der Eigenschaft `spawn_target`. Diese Eigenschaft legt fünf unterschiedliche Noise-Funktionen fest, die bestimmen, wo es Ozeane oder Festland gibt (`continentalness`), wie flach oder bergig die Landschaft erscheint (`erosion`), ob ein Biom kalt oder warm ist (`temperature`), wie üppig die Vegetation ist (`humidity`) und wo eine ungewöhnliche Abweichung eingestreut wird (`weirdness`).

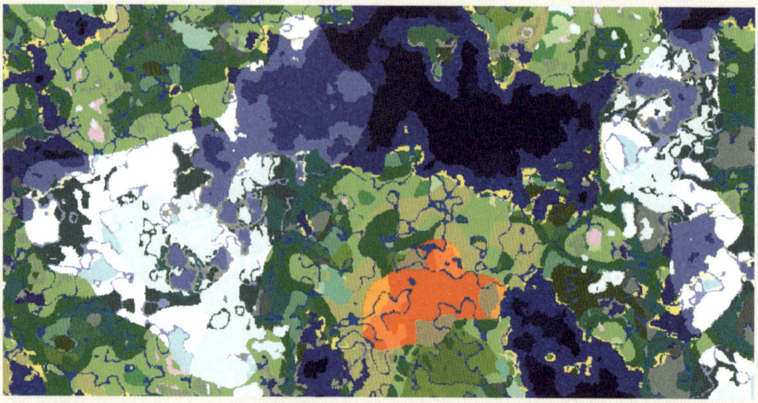

In dieser Darstellung der Biome erkennst du blasenförmige Bereiche, die durch Rauschfunktionen entstanden sind: Weiß-hellblaue Blasen sind kalt, orangefarbige sind heiß, Blautöne bedeutet Wasser, Grüntöne sind Land, karge Vegetation ist hellgrün, üppige dunkelgrün (»https://www.chunkbase.com/apps/seed-maps«).

Weitere Eigenschaften in der Datei *overworld.json* bestimmen die Grundwasserschichten, die du in den Höhlen findest (`aquifers`), verschiedene Höhlenformen (`cheese`, `spaghetti`, `noodle`), Erzadern (`vein`), die Erdoberflächen der verschiedenen Biome (`surface_rule`) und vieles mehr. Die in der Datei hinterlegten Eigenschaften werden von den Prozeduren herangezogen, die für beliebige Koordinaten einen Chunk generieren, der immer exakt zu seinen Nachbarn passt. Sämtliche Eigenschaften der Weltgenerierung findest du im Minecraft-Wiki:

- Englisch: *https://minecraft.wiki/Custom_world_generation* und: *https://minecraft.wiki/Biome#Generation*
- Deutsch: *https://de.minecraft.wiki/Weltgenerierungsdefinition*

Mit Version 1.7 hat sich die Weltgenerierung geändert. Ältere Welten, die mit 1.7 weiterbenutzt wurden, generierten nach Überschreitung des ehemaligen Horizonts unpassende Chunks.

Ein Beispiel für ein Datenpaket, das die Eigenschaften der Weltgenerierung intensiv nutzt, um in der Oberwelt völlig neue Biome und Höhlen entstehen zu lassen, ist *Terralith* (*https://www.stardustlabs.net/terralith*). Eigentlich ist Terralith ein Datenpaket, aber es kann auch als Mod verpackt heruntergeladen werden, um es Spielern, die sich mit Datenpaketen nicht auskennen, einfacher zu machen. Als Datenpaket bekommst du es von der Original-Webseite (*https://github.com/Stardust-Labs-MC/Terralith/releases*).

Links: Diese seltsame Insel hat Terralith im Eismeer generiert. Rechts: Ein mit Terralith generierter Vulkan

Gratulation, du hast das 4. Experten-Level erreicht

In diesem Kapitel hast du ein großes Universum neuer Survival-Welten kennengelernt.

Du kennst **Seed-Sammlungen**, kannst **Survival-Welten** aus dem Internet herunterladen und eigene Spezialwelten mit anderen **Welttypen** und **Spielregeln** erstellen.

Du hast verrückte Minecraft-Versionen aus der Vergangenheit, Entwicklungsversionen und das experimentelle Bündel ausprobiert.

Dann hast du von **Datenpaketen** erfahren, sie aus dem Internet heruntergeladen und installiert. Du hast das Standarddatenpaket erforscht und schließlich mit einem eigenen Datenpaket experimentiert, das deinen Welten ein neues Verhalten oder vielleicht sogar ein neues Aussehen gibt.

Dies war das letzte Kapitel, das sich mit Spiel-Erweiterungen für das normale Survival-Spiel beschäftigt. In den nächsten Kapiteln geht es um Abenteuerwelten. Was das ist, erfährst du auf den nächsten Seiten.

DAS GROSSE ABENTEUER – MINECRAFT IST MEHR

Seit Urzeiten wird die Welt von Spira von einem Ungeheuer namens Sin geplagt. Das Monstrum gleitet durch die Lüfte und soll angeblich eine ganze Stadt in sich tragen.
Durch Zufall bist du auf diese Kreatur aufmerksam geworden, aber während du ihre gefährliche Schönheit bewunderst, erhältst du einen Anruf: Lord Crafter ist verschwunden! War es der schweigsame Butler, war es die merkwürdige Gärtnerin? Oder war es gar … das Haus selbst?! Dein kriminalistisches Gespür ist gefragt, um diesem Rätsel auf den Grund zu gehen. Vor Ort beginnst du, ein altes Familiengeheimnis zu lüften. Doch nach einigen Stunden Denkarbeit brauchst du dringend etwas Abwechslung. Eine Runde »Only Up« macht den Kopf wieder frei. Du springst immer höher und höher, den Sternen entgegen. Was haben diese drei Abenteuer gemeinsam? Gleich erfährst du es.

ABENTEUER ERLEBEN

Wenn du Minecraft spielst, landest du üblicherweise in einer generierten Welt und versuchst, sie zu erforschen und zu überleben. Doch das Spiel hat wesentlich mehr zu bieten. Wieso muss es eigentlich eine generierte Welt sein? Aus den Blöcken lassen sich beliebige Szenarien zusammensetzen, in denen du ganz andere Abenteuer erleben kannst: Eine Stadt in einem fliegenden Monster, ein Kriminalfall in einem alten Haus, ein Sprung-Parcours, der dich immer höher hinauf führt, ein Kreuzfahrtschiff, ein Fabrikgelände, eine Raumstation – alles ist möglich mit Minecraft.

In solchen Szenarien wäre der bekannte **Überlebensmodus** allerdings sinnlos, denn du könntest dich einfach durch die Wände graben. Deshalb gibt es einen weiteren Modus: den **Abenteuermodus**. Er gleicht dem Überlebensmodus mit dem Unterschied, dass du keine Blöcke abbauen kannst. Dieser Modus ist hervorragend geeignet, um Szenarien zu erforschen, die von anderen Spielern gebaut wurden, ohne etwas kaputtzumachen oder Abkürzungen zu graben.

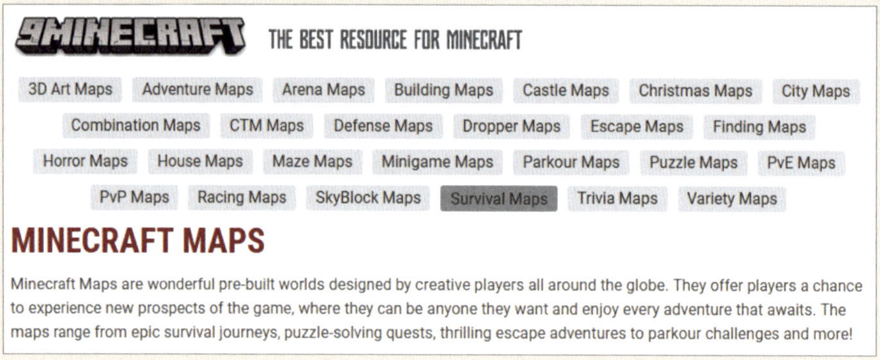

Die Auswahl auf 9minecraft zeigt: Survival-Welten sind nur der Anfang – der Abenteuermodus bietet ein Vielfaches an Möglichkeiten, Minecraft zu spielen.

Gebaute Abenteuerszenarien? Da schlägt die Fantasie sofort Purzelbäume. Die Möglichkeiten gehen weit über das bekannte Spiel hinaus: Fantasieorte aller Art, Nachbauten von realen Bauwerken, riesige Blockskulpturen nur zum Anschauen oder – besonders beliebt – *Minigames*, kleine Spiele, gebaut mit Minecraft. Das sind nur einige Ideen, die du mit Minecraft-Welten spielen oder selbst bauen kannst.

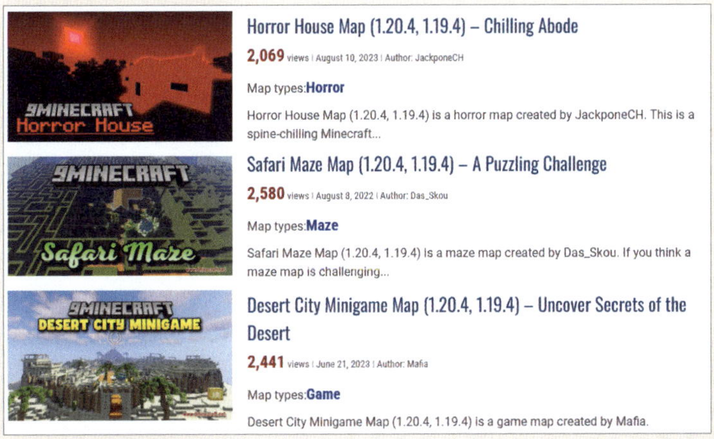

Horrorhäuser, Labyrinthe, Minigames – Minecraft ist ein wahres Multiversum-Spiel (Beispiele von 9minecraft).

Im Internet findest du zahlreiche Minecraft-Welten für die Java Edition. Suche nach »minecraft maps«, oder gehe direkt zu *9minecraft* (*https://www.9minecraft.net/category/minecraft-maps*) oder zu *PlanetMinecraft* (*https://www.planetminecraft.com/projects*).

Auf was du beim Herunterladen von Minecraft-Welten achten musst und wie du heruntergeladene Welten installierst, ist im vorherigen Kapitel genau beschrieben; suche im Index am Ende des Buches nach *Welt* ⓘ.

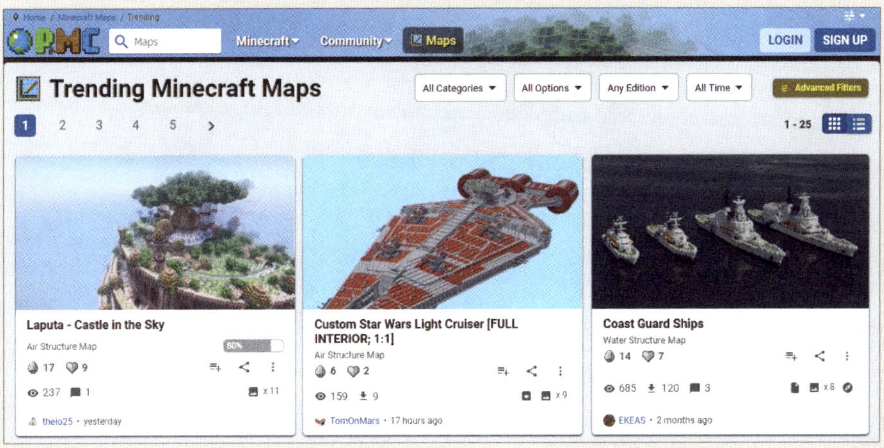

Burg, Raumschiff und Küstenwacht auf PlanetMinecraft

Das Angebot an Minecraft-Welten ist riesig: In *Survival-Welten* ⓘ, die du im vorherigen Kapitel kennengelernt hast, bleibst du im Überlebensmodus und errichtest deine Basis in vorgebauten, beeindruckenden Landschaften, *Abenteuerwelten* erforschst du, ohne die Welt zu verändern, und durch *Kreativwelten* fliegst du im Kreativmodus, einfach nur zum Anschauen oder zum Herauskopieren einzelner Teile für deine eigene Welt (Stichwort *Schematic* ⓘ). Alle Minecraft-Welten aus dem Internet haben gemeinsam, dass sie nicht generiert, sondern von Spielern gebaut wurden.

Jedes Minigame hat seine eigenen Spielregeln. Bei »Only Up« bist du im Abenteuermodus und musst mit schwierigen Sprüngen versuchen, in der fantasievoll gebauten Welt immer höher zu kommen.

gebaut von pero1212ple

Im Kreativmodus bewunderst du das Monstrum Sin aus dem Computerspiel »Final Fantasy X«. Nach dem Herunterladen kannst du das Bauwerk nach Belieben erweitern, z. B. indem du in seinem Inneren die sagenhafte Stadt Zanarkand errichtest.

NEUBEGINN AM GRÜNEN TISCH – FLACHLANDWELTEN

Die ideale Ausgangsbasis, um eine Abenteuerwelt selbst zu bauen, ist der **Welttyp Flachland**. Hier kannst du dich auf einer endlos flachen Ebene ohne Landschaft austoben und alles nach deinen Wünschen gestalten.

Für ein ideales Flachland sind in der Java Edition folgende Einstellungen wichtig:

- **Spiel**: Spielmodus **Kreativ**, damit du beliebig bauen kannst.
- **Spiel**: Schwierigkeit **Friedlich**, damit keine Monster erscheinen.
- **Welt**: Welttyp **Flachland**.
- **Welt**: Strukturen generieren **aus**, damit keine Dörfer entstehen.
- **Mehr**: Spielregeln:
  - **Erzeugung**: Kreaturen und fahrende Händler **aus**, damit keine friedlichen Lebewesen spawnen. Die Monster sind schon über den Schwierigkeitsgrad ausgeschaltet.
  - **Weltaktualisierungen**: Voranschreiten der Tageszeit und Wetterwechsel **aus** für dauerhaften Sonnenschein.

Das Flachland: Nur grüne Wiese, sonst nichts. Mit dem Befehl »/time set noon« stellst du die Sonne auf die Mittagsposition.

Das klassische Flachland hat als Oberfläche Grasboden und ist nur vier Blöcke dick, also ungeeignet für unterirdische Bauwerke. Das kannst du aber nach deinen Wünschen anpassen. Klickst du neben dem **Welttyp** auf **Anpassen**, gibt es neun Voreinstellungen.

Voreinstellungen für Flachlandwelten

Das Besondere: Klickst du auf eine Voreinstellung, erscheint der *Generierungscode* in einer Zeile, die du ändern kannst, z. B. indem du bei **Klassisches Flachland** die Erdschicht von `2*minecraft:dirt` auf `60*minecraft:dirt` änderst, um unterirdisch mehr Platz zu haben. Oder du wählst gleich **Traum des Bergarbeiters** mit einer 230 Blöcke dicken Steinschicht.

Links: Der Generierungscode im Eingabefeld ist änderbar. Hier die Voreinstellung »klassisch«. Rechts: Die vier Schichten einer klassischen Flachlandwelt

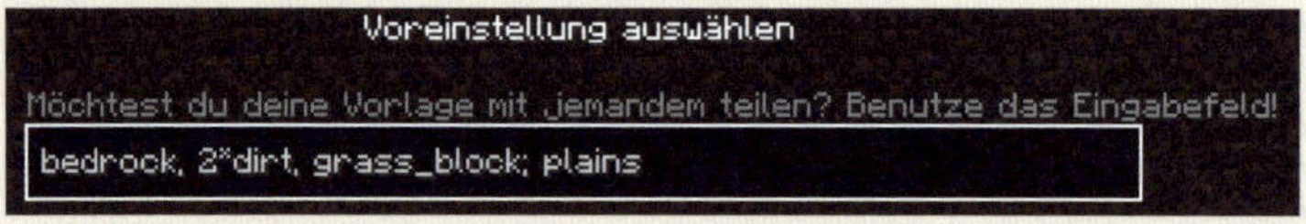

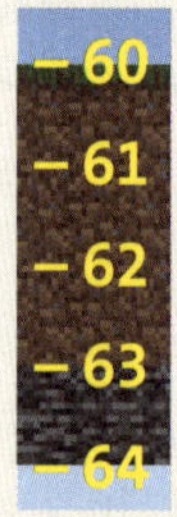

Die Unterschiede zwischen den neun Voreinstellungen siehst du schon am Generierungscode, ohne die Welt erstellen zu müssen. Schaust du dir die Codes genauer an, erkennst du ein Muster, anhand dessen du auch einen eigenen Generierungscode zusammenstellen kannst:

- Die **Blockschichten** gehen immer **von unten nach oben** und sind durch **Komma** getrennt. Leerzeichen sind erlaubt. Jede Schicht wird durch eine **Block-ID** bestimmt. Falls du die nicht kennst, baust du dir in einer Welt die gewünschten Blöcke nebeneinander auf, schaust sie mit [F3] an und notierst dir die IDs. Den Namensraum `minecraft:` kannst du weglassen, das Spiel ergänzt ihn automatisch.

  Für die Gestaltung deiner Welten ist ein komplizierter Schichtenaufbau nicht nötig, da die Spieler im Flachland nicht graben sollen. Ein paar Schichten reichen für die meisten Zwecke schon aus. Die erste Schicht entsteht immer bei Y = -64.
- Die Blockschichten werden durch ein **Semikolon** abgeschlossen, dann folgt das **Biom**, das für Wetter und Gras-, Laub- und Wasserfarben zuständig ist (`swamp` würde z. B. gelbes Sumpfwasser erzeugen).

Klicke zum Anwenden deines Codes auf **Voreinstellung benutzen**, auch wenn du keine Voreinstellung, sondern einen eigenen Code benutzen möchtest.

Die folgende Liste zeigt alle neun Voreinstellungen mit ihrem Code, wobei der Namensraum `minecraft:` der Übersicht halber weggelassen ist:

- `bedrock, 2*dirt, grass_block; plains`

  Klassisch: Grasblock mit dünner Erdschicht. Als Boden Grundgestein, damit du sofort die Untergrenze der Welt erkennst. Das Biom bewirkt, dass Niederschlag als Regen fällt.

- `bedrock, 230*stone, 5*dirt, grass_block; windswept_hills`

  Bergarbeiter: Eine 230 Blöcke dicke Steinschicht bietet genug Masse für Untergrundbauwerke. Das Biom lässt Niederschlag ab Y-Höhe 120 als Schnee fallen.

- `bedrock, 64*deepslate, 5*stone, 5*dirt, 5*gravel, 90*water; deep_ocean`

  Wasserwelt: Ein Untergrund aus Tiefenschiefer, darüber Zwischenschichten aus Stein, Erde und Kies und als Oberfläche 90 Blöcke Wasser. Verschiedene Ozeanbiome haben eine unterschiedliche Wasserfarbe, die hier verwendete Tiefsee hat normales Wasser. Aber nur in der Tiefsee werden Ozeanmonumente generiert, sofern die Einstellung **Strukturen generieren: An** ist.

- `bedrock, 59*stone, 3*dirt, grass_block; plains`

  Oberwelt: Wie »klassisch«, aber mit mehr Untergrund.

- `bedrock, 59*stone, 3*dirt, grass_block, snow; snowy_plains`

  Schnee: Wie »Oberwelt«, aber mit Schneeschicht und einem Biom, das Niederschlag als Schneefall hat.

- `2*cobblestone, 3*dirt, grass_block; plains`

  Bodenlos: Wie »klassisch«, aber ohne Grundgestein. Wer sich hier im Überlebensmodus durchgräbt, fällt in die bodenlose Leere.

Mit TNT hast du in einem bodenlosen Flachland schnell ein Loch in den Boden gesprengt. »Strukturen« sind in diesem Beispiel eingeschaltet, daher ist ein Dorf zu sehen.

- `bedrock, 3*stone, 52*sandstone, 8*sand; desert`

  Wüste: Wie »Oberwelt«, aber mit Sandstein und Sand. Das Wüstenbiom hat keinen Regen.

- `bedrock, 3*stone, 116*sandstone; desert`

  Redstone: Speziell zum Bauen von Redstone-Schaltungen eine neutrale Sandsteinschicht, auf der die Redstone-Leitungen gut zu sehen sind, und ein Wüstenbiom, damit es nicht regnet.

- `air; the_void`

  Leere: Nur Luft – bis auf eine schwebende Steinplattform (17 × 17 Blöcke groß), die durch das Biom automatisch am Spawn-Punkt generiert wird, damit du nicht in die Leere fällst. Nimmst du ein anderes Biom, wird keine Plattform generiert. Leere Flachlandwelten werden gerne benutzt, um Bauwerke hineinzukopieren (Stichwort *Schematic* ⓘ).

Eine Flachlandwelt hat keine Berge, Höhlen und Flüsse, sie ist flach wie ein Brett. Und genau das soll sie auch sein, denn sie bildet die Unterlage für deine Bauwerke. Den Generierungscode benutzt das Spiel, um die Welt zu vergrößern, wenn du dich dem Horizont näherst. Somit kannst du ohne Platzbeschränkung anfangen zu bauen.

Manchmal möchtest du aber keinen flachen Untergrund, sondern nur Luft, in die du verschiedene Räume baust. Dann wählst du als Voreinstellung »Die Leere«.

von Skunny auf Unlimitedworld.de

Eine gebaute Kulisse in einer leeren Flachlandwelt

Beispiele für eigene Generierungscodes:

- `bedrock, 10*lava; ocean`

  Lavaozean: Grundgestein und zehn Blöcke Lava erzeugen einen Ozean, der deiner Welt nicht nur eine unwirkliche Atmosphäre verleiht, sondern auch im Dunkeln glüht. Außerdem können die Spieler nicht so einfach wegschwimmen.

- `water; ocean`

  Baden verboten: Wenn du das Schwimmen im normalen Meer verhindern möchtest, erzeugst du die Welt mit nur einer einzigen Schicht Wasser. Wer dort hineinspringt, fällt sofort in die Leere.

- `sand; plains`

  Weltuntergang: Diese Flachlandwelt bringt deinen Computer an seine Grenzen. Sobald du einen Sandblock entfernst, erhalten seine Nachbarn ein *Block-Update* ℹ. Dadurch erkennen sie, dass unter ihnen kein Block ist, und fallen, was sofort weitere Block-Updates auslöst. Schwebst du im Kreativmodus über dem Sand, überlebst du die Katastrophe. Mit [F3] + [2] kannst du die Überlastung des Spiels beobachten. Weil der Sand nur bis zum Horizont fällt, ist die Belastung für das Spiel bei einer kleinen Sichtweite geringer als bei einer großen.

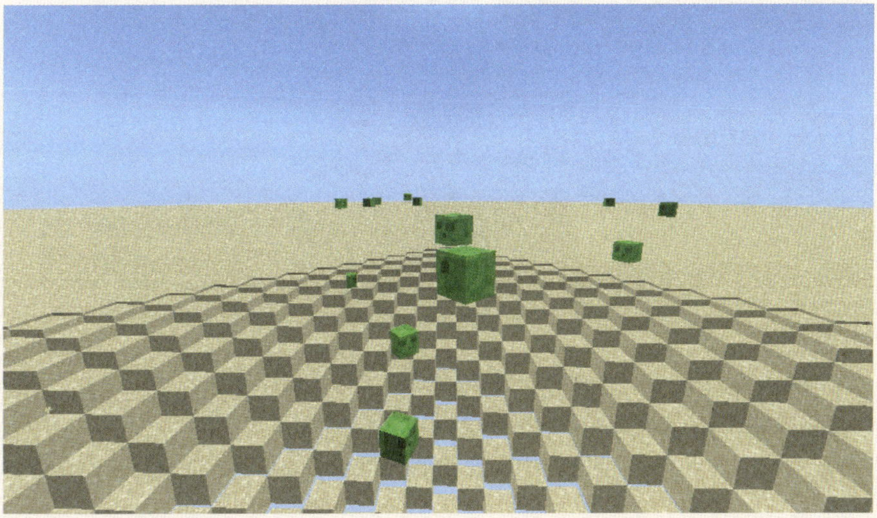

Die Sandwelt löst sich in einer Kettenreaktion auf. Die für Flachlandwelten typischen Schleime spawnen, weil der Boden unter Y = 40 liegt. Liegt der Boden höher, spawnen keine Schleime.

LANDSCHAFTEN MALEN MIT WORLDPAINTER

Eine Flachlandwelt eignet sich ideal zum Bauen von Innenräumen beliebiger Größe, denn Räume haben Wände, sodass man die flache Welt dahinter nicht sieht.

Aus dem Kapitel »Weltenvielfalt – Survival neu und frisch« kennst du aber auch gebaute *Survival-Welten* ⓘ, meistens Inseln mit hohen Bergen und großen Wäldern. Das können die Spieler unmöglich Block für Block gebaut haben, dafür sind die Landschaften viel zu groß.

Um für die Java Edition eine bestimmte Landschaft zu modellieren, die es in Minecraft nicht gibt, gibt es das kostenlose Programm *WorldPainter* (*https://www.worldpainter.net*). Damit malst du Berge, Flüsse und Wälder auf eine Fläche, aus der das Programm eine Minecraft-Welt generiert. Dabei hast du zahlreiche Einstellungs- und Anpassungsmöglichkeiten. Auf den nächsten Seiten lernst du WorldPainter näher kennen.

kintsukuroi erschafft beeindruckend realistische und sehr große Minecraft-Welten, wie diese auf PlanetMinecraft

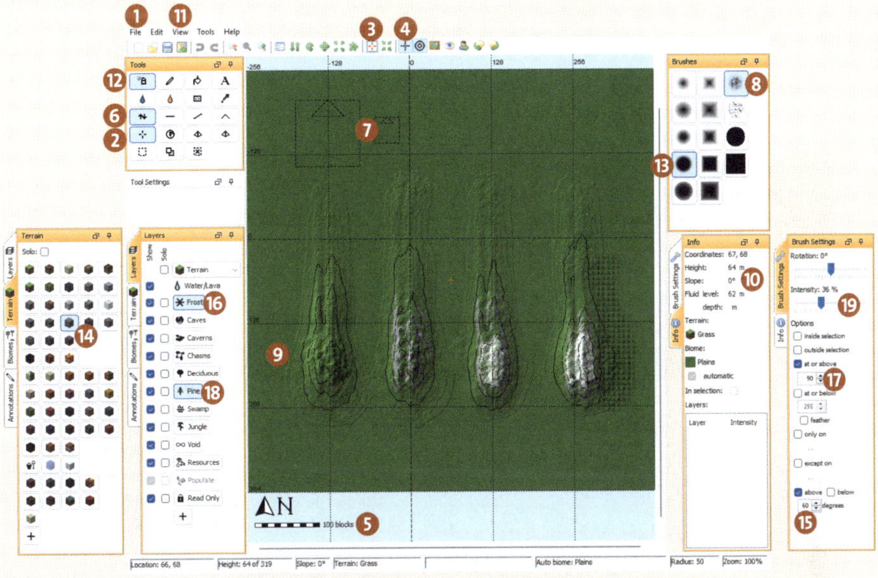

WorldPainter: alle Schritte des folgenden Beispiels in einem Bild

Beispiel: Berge sind beeindruckende Landschaftsmerkmale und für Abenteuerwelten als natürliche Begrenzung gut geeignet. Einen Berg modellierst du mit WorldPainter in wenigen Minuten:

1. Erzeuge mit **File • New World** ❶ eine neue Unterlage. Wähle als **Map format** deine Minecraft-Version (wichtig!), und stelle als **Topography** für dieses Beispiel **Flat** ein. Klicke **Create**.
2. Wähle als Werkzeug **Spawn** ❷, und setze den Spawn-Punkt ungefähr ins Zentrum. Zentriere die Anzeige ❸, und schalte zum leichteren Abschätzen von Entfernungen das Gitter ein ❹. Unten links siehst du auch einen Maßstab ❺.
3. Jetzt wird der Berg gemalt: Wähle als Werkzeug **Height** ❻, um die Landschaft anzuheben. Die Pinselgröße änderst du mit dem Mausrad ❼. Als Pinsel nimmst du den unregelmäßigen **Noise** ❽. In der passenden Entfernung vom Spawn klickst du auf die grüne Fläche. Solange du die Maus gedrückt hältst, wächst der Berg in die Höhe ❾. Die Höhe kontrollierst du über die Info ❿. Der Meeresspiegel liegt bei Höhe 62, die Wolkengrenze bei 192 und das absolute Maximum ist 320. Bewege die Maus, damit der Berg nicht unnatürlich steil wird. Zu flach darf er aber auch nicht sein, falls er die Begrenzung deiner Welt bilden soll.

4. Mit **View • Show 3D View** ⑪ siehst du eine Vorschau deines Werks. Das Tastaturkürzel [Strg] + [3] steht im Menü.

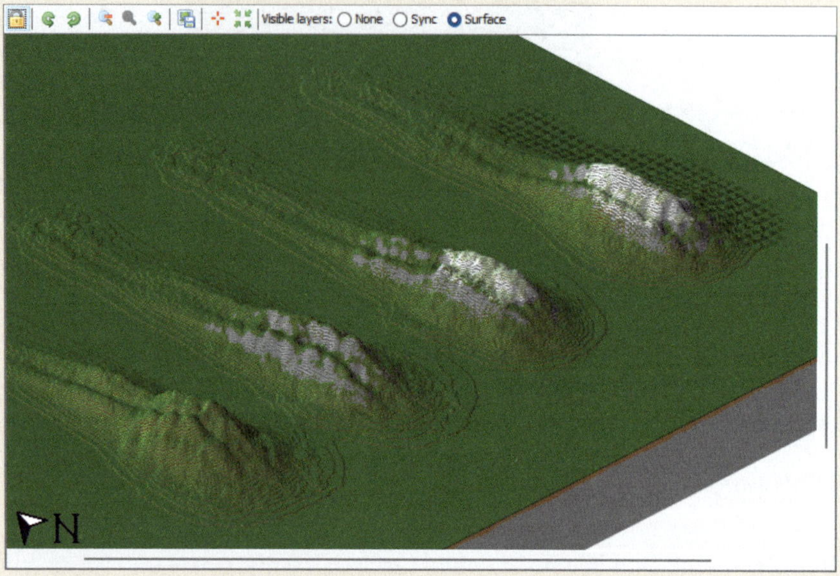

5. Als Nächstes änderst du die höheren Lagen des Berges von Gras zu Stein. Wähle als Werkzeug **Spray Paint** ⑫, als Pinsel **Plateau Circle** ⑬ und als Terrain den **Stein** ⑭. Unter **Brush Settings** stellst du ein, dass der Stein nur erscheinen soll, wenn der Berg steiler als 60 Grad ist ⑮. Flacheres Gelände bleibt Wiese. Wenn du fertig bist, nimmst du das Häkchen wieder weg.
6. Dann legst du eine Schneeschicht auf die Bergspitzen. Werkzeug und Pinsel bleiben, aber statt **Terrain** wählst du **Layers** und klickst auf das Wort **Frost** (nicht in das **Solo**-Kästchen) ⑯. Unter **Brush Settings** stellst du ein, dass der Schnee erst ab Höhe 90 wirken soll ⑰. Wenn du fertig bist, nimmst du auch hier das Häkchen wieder weg.
7. Zum Schluss malst du mit dem **Pine**-Layer (Wort anklicken) ⑱ Fichten an die Berghänge. Die Dichte des Waldes bestimmst du mit der **Intensity** des Pinsels ⑲. Fertig.
8. Dein Ergebnis exportierst du über **File • Export • Export as new Minecraft map** ❶. Das Programm generiert eine neue Welt nach deinen Vorgaben. Wenn du dabei vergisst, im Generierungsfenster **Game mode: Creative** einzustellen, exportierst du die Welt einfach noch mal.

Schau dir nun dein Werk in Minecraft an. Wenn es noch nicht wie gewünscht aussieht, änderst du es im WorldPainter oder malst es einfach noch mal.

Der fertige Berg in Minecraft mit Shader. Zusätzlich wurde hier als »Terrain« der Block »Deep Snow« ab Höhe 135 hineingemalt.

Weitere WorldPainter-Funktionen

Du siehst, wie schnell du mit WorldPainter eindrucksvolle Berge malst. Aber das Programm kann noch viel mehr. Hier eine Auswahl:

1. **Standardoberfläche**: Mit **Edit • Dimension Properties** legst du die Eigenschaften der Dimension (Oberwelt, Nether, Ende) fest. Der Reiter **Theme** bestimmt das Standardmaterial für bestimmte Höhen. Benutzt du dann das Werkzeug **Mountain**, malst du ohne weitere Einstellungen Berge mit diesem Material, weil dort **Apply theme** in den zugehörigen **Tool Settings** ein Häkchen hat. Möchtest du dasselbe mit dem **Height**-Werkzeug machen, musst du dort **Apply theme** anhaken.
2. **Werkzeuge** (Tools): Fahre mit der Maus über das Werkzeug für eine Kurzinfo. Klicke auf das Werkzeug für ausführliche Hinweise, die im **Tool Settings**-Bereich erscheinen. Hast du einen Fehler gemacht, machst du ihn mit `Strg` + `Z` wieder rückgängig.

   Beispiele für Werkzeuge: Füllen ganzer Flächen mit Wasser oder Lava, Austrocknen von Wasser und Lava, Ziehen von Gräben und Tälern (rechte Maustaste beim **Height**-Tool), Abflachen von Hochebenen, Glätten von

Berghängen, Errichten von Pyramiden. Für Flüsse gibt es Video-Tutorials, suche auf YouTube nach » worldpainter rivers«.

3. **Bereiche markieren**: Wähle das Werkzeug **Edit Selection** und klicke mit einer passenden Pinselform in die Arbeitsfläche, um einen Bereich zu markieren (Malen ist nicht möglich, nur Klicken). Anschließend kopiert das Werkzeug **Copy Selection** den markierten Bereich, den du dann durch Klicken an beliebige Stellen setzen kannst.
4. **Verschiedene Böden malen**: Um beim Malen schnell zwischen verschiedenen Böden zu wechseln, klickst du mit dem Werkzeug **Eyedropper** auf die Arbeitsfläche, was den Boden an dieser Stelle anzeigt. Klicke auf die Anzeige, um den Boden zu wechseln.
5. **Skizze einblenden**: Unter dem Menüpunkt **View ▪ Configure view** kannst du eine Bilddatei (**image overlay**) laden, die deine Arbeitsfläche überlagert. Damit blendest du eine vorbereitete Skizze ein, nach der du die Landschaft gestaltest. Nach dem Laden der Skizze schaltest du sie mit dem Image-Button ein und aus.

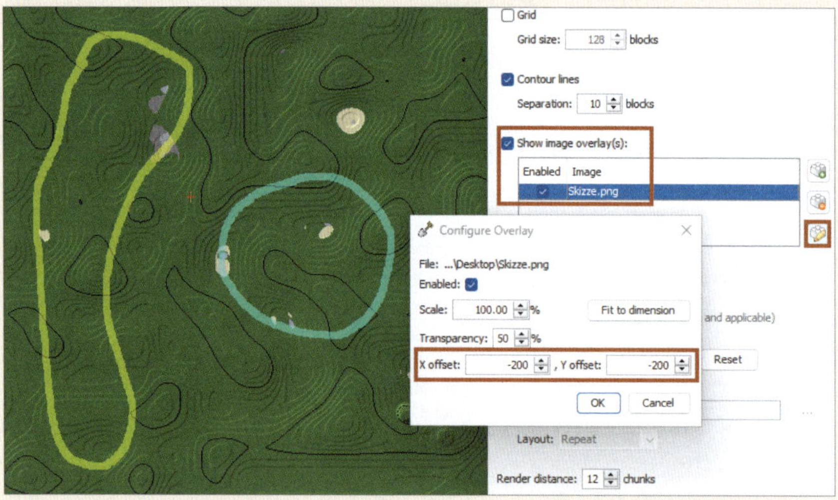

Hier ist eine Skizze als »image overlay« eingefügt. Die Bilddatei »Skizze.png« enthält in diesem Beispiel gelbe und blaue Linien auf transparentem Hintergrund. Normalerweise wird die linke obere Ecke der Bilddatei am Spawn-Punkt (rotes Kreuz) eingefügt. Eine andere Position legst du mit »X offset« und »Y offset« fest (hier -200 und -200).

6. **Malflächen**: WorldPainter ist ein zweidimensionales Malprogramm. Die 3D-Ansicht dient nur zur Kontrolle. Du kannst sie dauerhaft geöffnet lassen, aber nicht darin arbeiten.

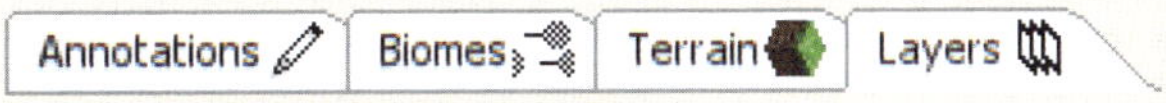

Drei Blockschichten (*Layers*): Laubbäume, Nadelbäume, Sumpf

Drei Böden (*Terrain*): Sand, Stein, gelbe Keramik

Drei Biome (*Biomes*): Tafelberge, Eisspitzen, Dichter Wald

Anmerkungen (*Annotations*): Text und Linien

Verschiedene Malflächen

Mit diversen Pinselformen (**Brushes**) malst du *Flächen* in die Welt, die eine unterschiedliche Bedeutung haben:

- **Layers**: Beim Generieren der Welt entstehen an diesen Stellen spezielle Blockschichten, wie Schnee (**Frost**), Laubwald (**Deciduous**), Nadelwald (**Pine**), lange Höhlen (**Caves**) etc.
- **Terrain**: Diese Flächen bestimmen die Generierung des Bodens, die oberste Blockschicht, die den Standardfels der Welt bedeckt.
- **Biomes**: Die so markierten Flächen erzeugen Biome, die in der später generierten Welt für Klimazone, Wasser- und Blätterfärbung zuständig sind.
- **Annotations**: Flächen, Linien und Texte in diesen Farben dienen als Beschriftung für einen Screenshot der Karte oder als Gedächtnisstütze für später. Sie erscheinen nicht in der Welt.

Wenn du viele Malflächen verwendest, kann das unübersichtlich werden. Dafür gibt es Einstellungen: Nimmst du das Häkchen bei **Show** weg, wird diese Malfläche ausgeblendet, setzt du ein Häkchen bei **Solo**, siehst du nur diese Malfläche. Diese Einstellungen sind nur für die Anzeige gedacht, exportiert werden immer alle Malflächen, außer den Anmerkungen. Möchtest du die Anmerkungen auch exportieren, setze ein Häkchen bei **Edit ▪ Dimension Properties**, Reiter **Other Layers**: **Export the annotations (as coloured wool)**.

Malflächen sind nicht flexibel, du kannst sie nachträglich nicht verschieben, auch nicht die Anmerkungen. Aber du kannst beliebige Teilbereiche markieren (siehe Punkt 3) und dann den Menüpunkt **Edit ▪ Global Operations** aufrufen, rechts oben das Häkchen bei **inside selection** setzen und eine dieser Maßnahmen wählen:

- **Reset terrain and layers to theme** löscht im markierten Bereich Boden- und Weltschicht-Malflächen durch Zurücksetzung auf die Standardoberfläche (**Theme**, siehe Punkt 1).
- **Remove a layer** löscht im markierten Bereich eine bestimmte Weltschicht-Malfläche oder Anmerkungen.
- **Reset biomes to automatic** löscht im markierten Bereich die Biom-Malflächen.

7. **Spezielle Blockschichten** (**Layers**): Über das Plus + definierst du weitere Layers nach deinen Wünschen. Die Menüpunkte erlauben sehr spezielle und individuelle Einstellungen. Eine Auswahl:
   - **Bäume aller Art**: Über **Custom object** definierst du eine Malfläche für beliebige Objekte wie Felsen oder selbst gebaute Baumarten, die du als *schematic*-Dateien ⓘ lädst. Rufe diesen Menüpunkt auf und klicke auf den Link **Get custom objects** für eine Erklärung. Nachdem du die Malfläche definiert hast, kannst du sie zum Malen verwenden.

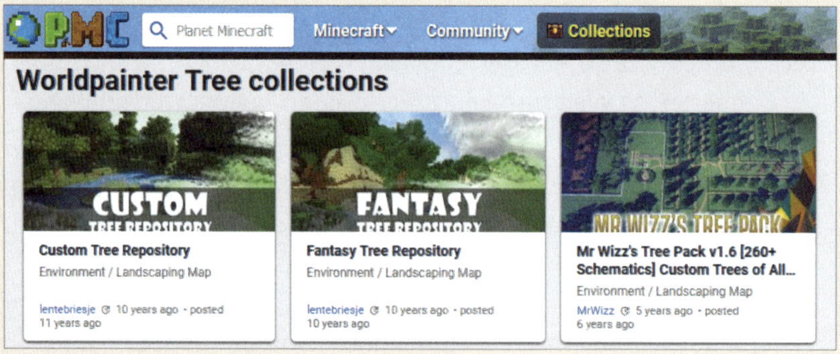

Baumsammlungen für WorldPainter auf PlanetMinecraft

- **Pflanzenteppiche**: Über **Custom plants** definierst du Pflanzenmischungen, wie Blumen, Kürbis, Melone, tote Büsche etc., die den Boden bedecken, wenn du diese Malfläche benutzt.
- **Materialblasen**: Über **Custom underground pockets** definierst du eine Malfläche für Materialblasen im Untergrund, z. B. Gesteine oder Erze. Der Eisenblock ist voreingestellt. Über den **Edit**-Button öffnet sich ein neues Fenster, in dem du über den Reiter **Complex** beliebige Blockmischungen festlegen kannst.

8. **Pinselformen** (Brushes): Die Pinselform entscheidet, wie Berge, Täler und Malflächen geformt werden, Berge z. B. wie ein Vulkan mit Krater. Suchst du im Internet nach »worldpainter custom brushes«, findest du weitere Pinselformen, die du dem Programm über **Tools ▪ Open custom brushes folder** hinzufügst.
9. **Hilfe**: Über den Menüpunkt **Help** gelangst du auf verschiedene Webseiten mit nützlichen Informationen. Programmdetails stehen auch in den Changelogs (*https://www.pepsoft.org/worldpainter/CHANGELOG*).

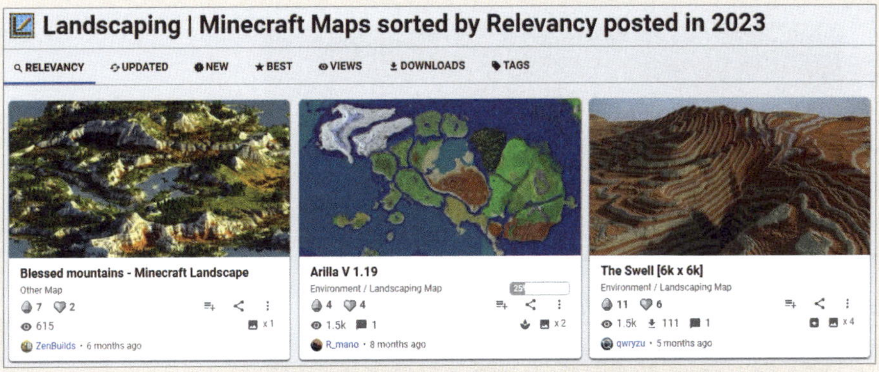

Suche z. B. auf PlanetMinecraft nach »Landscaping« für Beispiele von selbst gestalteten Welten.

Das Malen von Landschaften mit WorldPainter ist schon ein eigenes Hobby geworden. Die WordPainter-Community tauscht sich auf *Reddit* aus (*https://www.reddit.com/r/Worldpainter*). Die Minecraft-Welt wird dabei oftmals gar nicht mehr zum Spielen benutzt, sondern für besonders schöne Fotos. Schau dazu in den Index dieses Buches unter *Foto von der Welt* ⓘ.

WorldPainter in generierten Welten einsetzen

Wenn du Landschaften modellierst, startest du normalerweise mit WorldPainter, exportierst dein Ergebnis als Minecraft-Welt und vervollständigst die Welt mit Bauwerken.

Es ist aber auch möglich, WorldPainter in generierten Welten einzusetzen, z. B. um einen hohen Berg nachträglich einzufügen. Das Problem dabei sind deine bisherigen Änderungen an der Welt. WorldPainter kann von dir errichtete Bauwerke nicht berücksichtigen. Das Programm versucht, beim Laden einer Minecraft-Welt veränderte Chunks zu erkennen und sperrt sie für die Bearbeitung, damit beim Zurückkopieren nichts kaputt geht. Doch ob das immer hundertprozentig funktioniert, ist nicht sicher. Daher solltest du WorldPainter in einer Minecraft-Welt am besten einsetzen, *bevor* du selbst etwas baust. Oder, falls du WorldPainter doch nachträglich benutzen möchtest, dann in einem Bereich, der noch komplett unverändert ist. Das geht so:

1. Generiere eine Minecraft-Welt nach deinen Wünschen, z. B. mit einem Startwert aus einer Seed-Sammlung oder mit dem Welttyp »Einzelnes Biom«.

Auf dieser Hochebene sollen eine Burg und daneben eine kleine Insel entstehen. An der markierten Stelle wird mithilfe von WorldPainter ein Graben gezogen.

2. Lade die Minecraft-Welt mit WorldPainter über den Menüpunkt **File ▪ Import new World ▪ From Minecraft map**. Entscheide dich, welche Chunks WorldPainter für die Bearbeitung sperren soll.

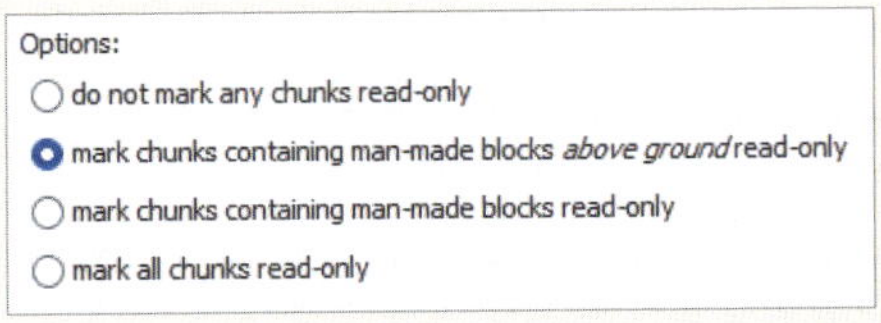

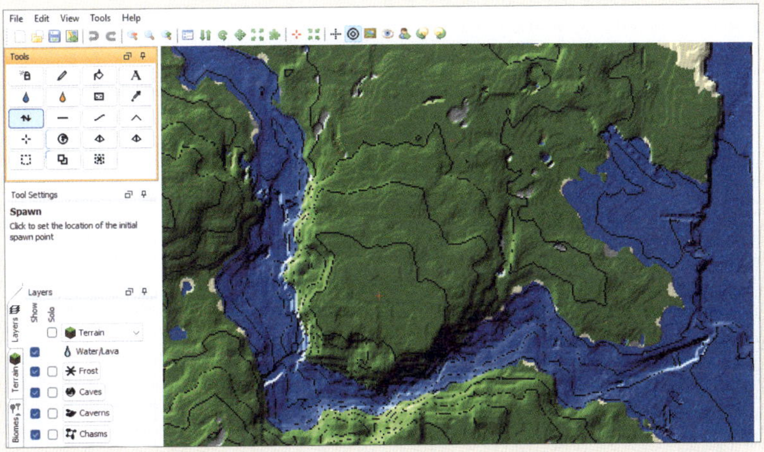

So sieht die geladene Welt aus. WorldPainter zeigt nur die Oberfläche der Landschaft, keine Bäume.

3. Für den Graben nimmst du das **Height**-Tool. Für die optimale Tiefe orientierst du dich an den Höhenlinien. In Meereshöhe entsteht automatisch Wasser. Kleine Pinselgrößen machen die Grabenböschung steiler und ermöglichen ein unregelmäßiges Ufer.

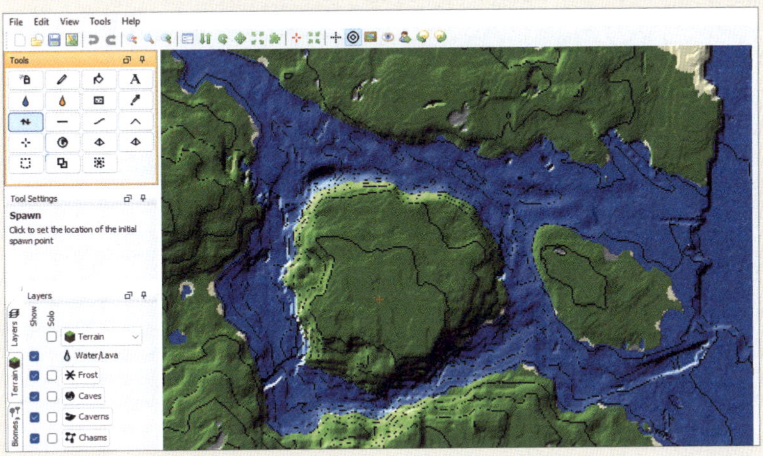

Der Graben ist fertig, die Insel ist freigelegt.

4. Speichere deine Arbeit als WorldPainter-Datei mit **File • Save World**.

5. Mit dem Menüpunkt **File • Merge with Minecraft map** startest du das Zurückkopieren. Weil eine Minecraft-Welt sehr groß und der mit WorldPainter bearbeitete Bereich relativ klein sein kann, gibt es die Option, nur einen Teil zurückzukopieren. Allerdings sind zur Markierung nur 128 × 128 Blöcke große Kacheln (*tiles*) möglich.

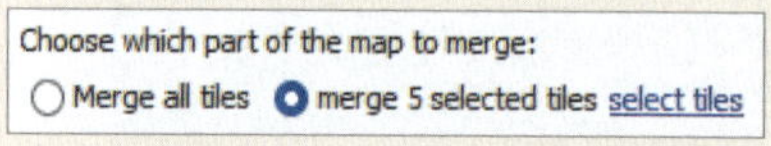

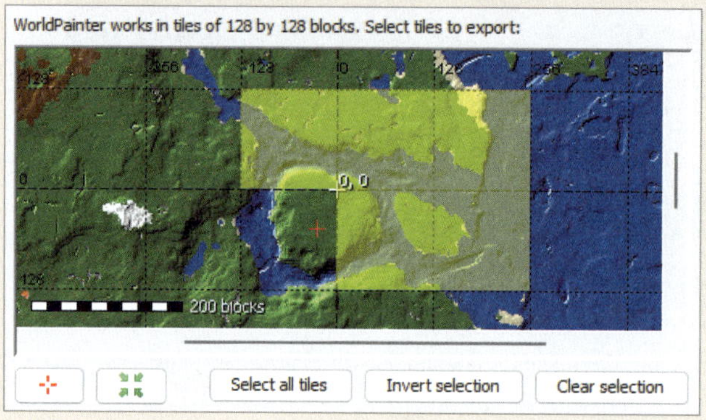

Klicke auf » select tiles«, um in einer Karte Kacheln zu markieren. Dann wird nur dieser Bereich zurückkopiert.

So sieht der steile und tiefe Graben nach dem Zurückkopieren der WorldPainter-Änderung aus. Tiere, die an dieser Stelle vorher auf dem Land standen, sind ins Wasser gefallen.

EIN FOTO VON DER GANZEN WELT

Beim Gestalten von Landschaften können einige Probleme auftreten:

- **Weltkarte fehlt**: Du vermisst einen Überblick, eine Karte der ganzen Welt. Zwar gibt es Minecraft-Karten im Spiel, aber es wäre ziemlich umständlich, sie für die ganze Welt in verschiedenen Vergrößerungen zusammenzustellen.
- **Überflüssige Chunks**: Mit einer *Minimap-Mod* bekommst du zwar im Spiel einen Überblick über die Welt, aber dabei stellst du manchmal fest, dass die Welt größer geworden ist, als sie sein sollte. Durch das Fliegen beim Bauen und Gestalten hat das Spiel innerhalb deiner Sichtweite an den Welträndern überflüssige Chunks generiert. Das ist für Abenteuerwelten nicht nur unschön, sondern vergrößert auch den Speicherplatz, falls du die Welt weitergeben möchtest.
- **Backup vergessen**: Du hast deine Welt nachträglich mit WorldPainter verändert, aber das Ergebnis gefällt dir nicht so gut, und du hast vergessen, vorher ein Backup der Welt zu machen.

Eine Weltkarte mit Schneidefunktion

Für die Java Edition löst du all diese Probleme mit *MCA Selector* von Querz. Das Programm zeigt dir nicht nur eine Weltkarte, sondern bietet auch die Möglichkeit, einzelne Chunks aus der Welt zu löschen. Gehst du im Spiel erneut an diese Stellen, werden die Chunks automatisch im Ursprungszustand neu generiert. Falls du einen WorldPainter-Unfall rückgängig machen möchtest, ist das sehr praktisch.

Eine Weltkarte mit MCA Selector

So benutzt du MCA Selector:

1. Gehe auf die offizielle Website (*https://github.com/Querz/mcaselector*), und klicke auf der rechten Seite auf den Link unter »Releases«. Dort findest du das Setup (*exe*-Datei) der aktuellen Version. Lade es herunter, und installiere MCA Selector.
2. Starte das Programm, und ändere unter **File ▪ Settings** die Sprache auf Deutsch.
3. Der Menüpunkt **Datei ▪ Welt öffnen** zeigt dir den Ordner *.minecraft\saves* mit allen Welten. Wähle die gewünschte Welt, und klicke auf **Ordner auswählen**. Bei **Dimension** bleibst du beim Weltnamen, der für die Oberwelt steht.
4. Dann siehst du die Weltkarte.
   - Mit dem **Mausrad** änderst du die Vergrößerung.
   - Mit **Linksklick** markierst du in der vergrößerten Ansicht einen einzelnen Chunk und in der Verkleinerung gleich eine ganze Region (32 × 32 Chunks). Mit **Rechtsklick** nimmst du die Markierung wieder weg. Mit gedrückter linker oder rechter Maustaste bearbeitest du größere Bereiche.
   - Mit **gedrückter mittlerer Maustaste** verschiebst du die Karte.
5. Mit **Selektion ▪ Selektierte Chunks löschen** löschst du die markierten Chunks oder Regionen.

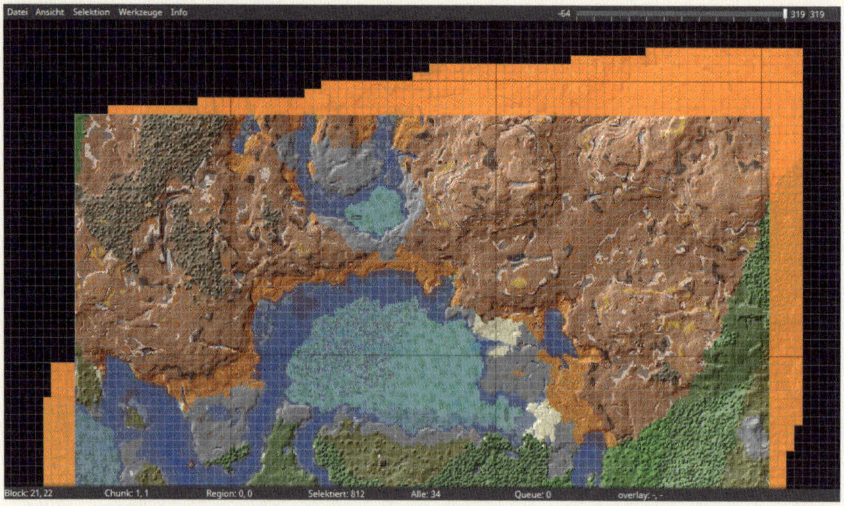

Die orange markierten Chunks sollen gelöscht werden.

Für ein *Foto von der Weltkarte* hast du zwei Möglichkeiten:

- **Sichtbarer Kartenausschnitt** in beliebiger Vergrößerung: Mit Strg + P oder über **Ansicht • Bildschirmfoto erstellen**. Die Chunk- und Regionengitter schaltest du über die Menüpunkte unter **Ansicht** ein und aus (oder über die Tastenkombinationen, die hinter den Menüpunkten stehen).
- **Größerer oder kleinerer Ausschnitt**: Markiere den Bereich, und wähle den Menüpunkt **Selektion • Als Bild exportieren**. Bei dieser Variante wird ein Chunk in Standardgröße (16 × 16 Pixel) dargestellt.

Eine Nether-Karte mit Netherfestung (links unten)

MCA Selector hat auch einen **Röntgenblick**: Mit dem Schieberegler oben rechts (oder durch direkte Eingabe einer Zahl) siehst du einen Querschnitt durch diese Y-Höhe. Das öffnet nicht nur einen Blick in die Tiefen der Oberwelt, sondern ermöglicht überhaupt erst Karten vom Nether, der bekanntlich von einer Grundgesteinsschicht abgedeckt ist. Der Nether ist in Minecraft die Dimension »minus 1« (DIM-1), das Ende ist »plus 1« (DIM1). Die Dimension wechselst du über den Menüpunkt **Datei • Dimension öffnen** (sofern du dort schon Chunks generiert hast).

MCA Selector hat noch weitere Funktionen. Nähere Infos findest du im zugehörigen Wiki (*https://github.com/Querz/mcaselector/wiki*).

Interessantes Detail am Rande (buchstäblich): Minecraft generiert die Chunks am Rand deiner Sichtweite ohne Bäume.

Fotos mit Weitblick

Die einfachste Möglichkeit für schöne Fotos von deiner Welt ist in der Java Edition die [F2]-Taste im Spiel. Damit die Fotos besonders eindrucksvoll wirken, benutzt du am besten einen *Shader* ⓘ.

Aber wenn deine Landschaft oder dein gebautes Blockkunstwerk besonders groß sind, stößt du an technische Grenzen: Die maximale Sichtweite im Spiel beträgt 32 Chunks (512 Blöcke), dann beginnt der Nebel. Mit der *OptiFine*-Mod ⓘ sind maximal 64 Chunks möglich, aber das benötigt sehr viel Hauptspeicher (3 GB RAM).

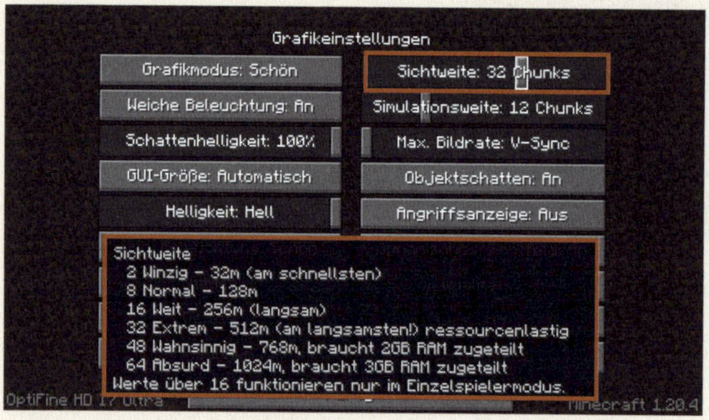

Mit OptiFine kannst du bis zu 64 Chunks Sichtweite einstellen – aber nur, wenn es deine Hardware erlaubt.

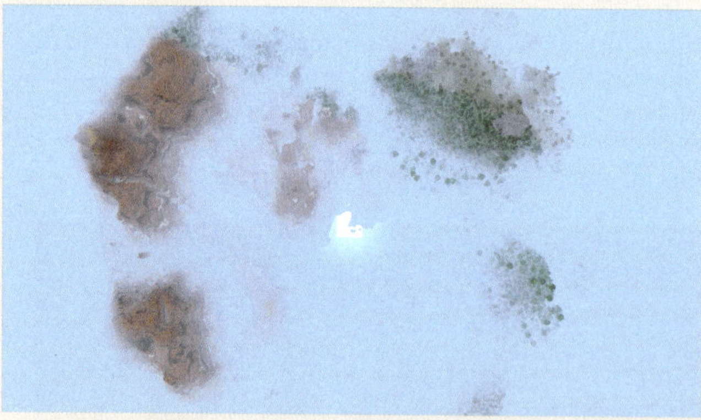

Möchtest du deine Welt von oben fotografieren, stößt du an technische Grenzen. Weiter als 512 Blöcke kann das Spiel keine Landschaft rendern. Der Übergang verschwimmt normalerweise im Nebel. Aber wenn, wie bei diesem Luftbild, der Boden nicht mehr gerendert wird, scheint plötzlich der Mond, der der Sonne gegenübersteht, unterhalb der Landschaft durch.

Für ein Foto, das eine gebaute Welt in ihrer Gesamtheit zeigt, reichen 32 Chunks meistens nicht aus. Aber selbst wenn es dir reichen würde, würdest du schnell an die Belastungsgrenze deines Computers stoßen, denn Minecraft ist kein Fotoprogramm, es stellt eine lebendige Welt dar. Aus dem Kapitel »Alles ist Illusion – hinter den Kulissen von Minecraft« weißt du, dass das Spiel nicht nur mindestens 60-mal pro Sekunde ein neues Bild *rendert*, sondern zusätzlich auch noch ständig Wasseroberflächen und andere Texturen bewegt und mit 20 *Ticks* pro Sekunde lebende Tiere und Pflanzenwachstum simuliert. All das kostet enorm viel Rechenpower und ist für ein einzelnes Foto überhaupt nicht nötig.

Für solche Zwecke gibt es für die Java Edition das kostenlose Programm *Chunky*. Wenn es sein muss, kann dieses Programm eine komplette Welt laden und ein Übersichtsfoto rendern, auch wenn es die ganze Nacht dauern sollte – vorausgesetzt, du hast einen einigermaßen leistungsfähigen Computer.

So funktioniert die Installation:

1. Lade den Chunky-Launcher von der offiziellen Website herunter (*https://chunky-dev.github.io/docs*). Klicke doppelt auf die *jar*-Datei, um den Launcher zu starten. Wenn Windows fragt »Wie soll diese Datei geöffnet werden?«, brauchst du zuerst Java:
   - Gehe auf die Download-Seite für die kostenlose Java-Laufzeitumgebung *Eclipse Temurin* von *Adoptium* (*https://adoptium.net/de/temurin/releases*), und gib deine Auswahl ein, z. B. »Windows, x64, JRE«. Lade die Datei herunter, und installiere sie.
   - Nachdem du Java installiert hast, klicke nochmals doppelt auf den Chunky-Launcher. Jetzt sollte es funktionieren.
2. Zur Darstellung der grafischen Oberfläche benötigt Chunky den Zusatz *JavaFX*. Falls das nicht auf deinem Computer gefunden wird, bietet Chunky automatisch den Download und die Installation an.

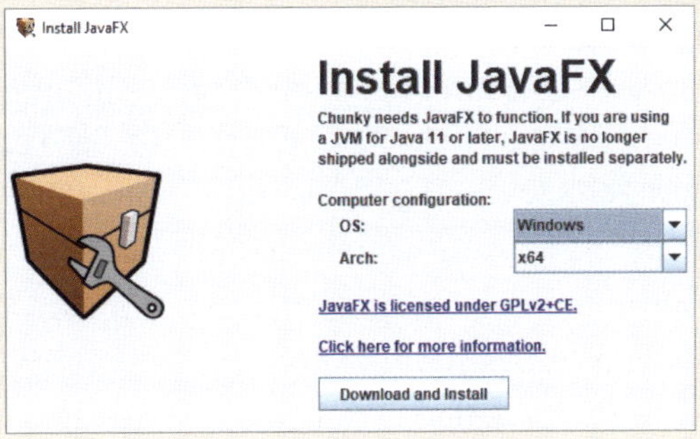

3. Danach startet noch ein automatisches Update, und du wirst nach dem Ordner gefragt, in dem die Einstellungen gespeichert werden sollen. Dann erscheint die Oberfläche.

Chunky: Hier ist bereits eine Welt geladen. ❶ Szene, ❷ Einstellungen, ❸ Rendern, ❹ Vorschau, ❺ Hauptmenü

Mit Chunky renderst du ein Bild aus einer Minecraft-Welt, »Szene« genannt. Das geht so:

1. **Welt auswählen**: Gehe im Hauptmenü auf der rechten Seite auf den Reiter **Map View**, und klicke auf **Change World**. Chunky zeigt automatisch den Weltenordner *.minecraft\saves*, aus dem du eine Welt bequem auswählen kannst.
2. **Karte**: Ist die Welt gewählt, siehst du in der Vorschau eine Karte. Das Mausrad benutzt du zum Zoomen. Bei starker Vergrößerung erkennst du einzelne Blöcke, ein roter Rahmen hat die Größe eines Chunks (16 × 16 Blöcke). Bei starker Verkleinerung wird die Karte nur noch grob dargestellt, und der rote Rahmen hat die Größe einer Region (32 × 32 Chunks). Falls der Fehler »missing header in region file« gemeldet wird, kannst du ihn mit »Dismiss All« ignorieren.

   Verschiebe die linke und rechte Begrenzung der Vorschau, um den Ausschnitt zu vergrößern.

3. **Chunks markieren**: Mit der Vorschau legst du fest, *welchen Ausschnitt* der Welt du als Szene rendern möchtest.
   - Klicke in der Karte auf eine Ecke des gewünschten Ausschnitts, um einen Chunk (oder eine Region) zu markieren. Klicke in diese Markierung, halte die Maustaste gedrückt, drücke gleichzeitig die [⇧]-Taste, und ziehe die Maus in die gegenüberliegende Ecke, um den Bereich zu vergrößern.
   - Hast du dich vertan, klicke mit der rechten Maustaste in die Markierung, und wähle **Clear selection**.
   - Mit einzelnen Klicks fügst du einzelne Chunks (oder Regionen) hinzu oder nimmst sie wieder weg.
   - Um deinen Bereich zu vergrößern, fügst du einen weiteren hinzu. Um ihn zu verkleinern, schneidest du einen Teil wieder ab. Dazu klickst du in den Bereich und ziehst die Maus mit [Strg] + [⇧].
4. **Chunks laden**: Ist der Bereich markiert, klickst du in den Einstellungen auf **Scene** und **Load selected chunks**. Alle Chunks im markierten Bereich werden geladen. Meldet das Programm dabei »out of memory«, speicherst du deine Einstellungen (siehe Punkt 7), beendest das Programm und startest den Chunky-Launcher erneut. Im Chunky-Launcher erhöhst du das **Memory Limit**.

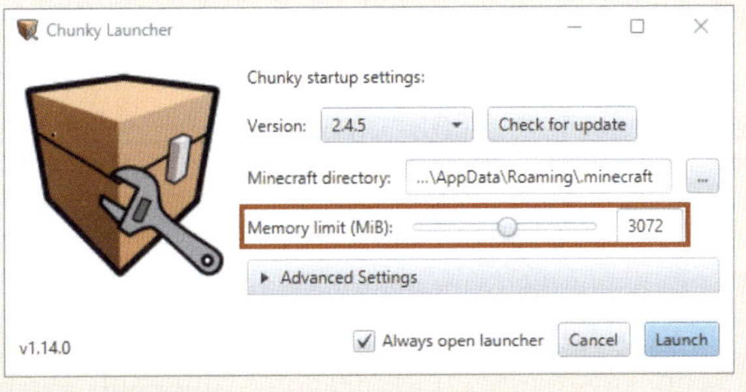

5. **Szene festlegen**: Sind alle Chunks erfolgreich geladen, ändert sich die Vorschau in eine 3D-Ansicht (Reiter **Render Preview**). Du siehst die Welt jetzt durch die Kameraposition, die in der Welt zuletzt gespeichert wurde. Im Normalfall befindet sich die Kamera im Kopf des Spielers. Um mehr als nur den Spieler-Skin von innen zu sehen, musst du die Kamera etwas nach oben bewegen: Klicke in die Vorschau, und drücke [R].

- Mit den Tasten [W], [A], [S], [D], [R] und [F] bewegst du die Kamera. In den Einstellungen unter **Help** gibt es dazu weitere Hinweise.
- Bewege die Kamera und die Maus mit gedrückter Maustaste, um den gewünschten Blick auf die Szene festzulegen: Das Sichtfeld, das du so einstellst, wird *genau* das Bild ergeben, das später gerendert wird.

6. **Kontrolle**: Kontrolliere dein Sichtfeld im Reiter **Map**. Dort siehst du die Kameraposition und ihr Sichtfeld als gelbe Linien. Beachte: Nur die rot markierten Chunks werden gerendert! Hast du an den Sichtfeldrändern zu wenig Chunks markiert, holst du das nach und lädst die Chunks erneut. Gibt es in der Karte an diesen Stellen noch keine Landschaft zum Markieren, lasse Chunky geöffnet, starte das Spiel und fliege im Kreativmodus in diesen Bereich, um dort Chunks zu generieren. Während du im Spiel neue Chunks generierst, erweitert Chunky automatisch seine Karte. So kannst du gut erkennen, ob du die richtigen Lücken füllst.

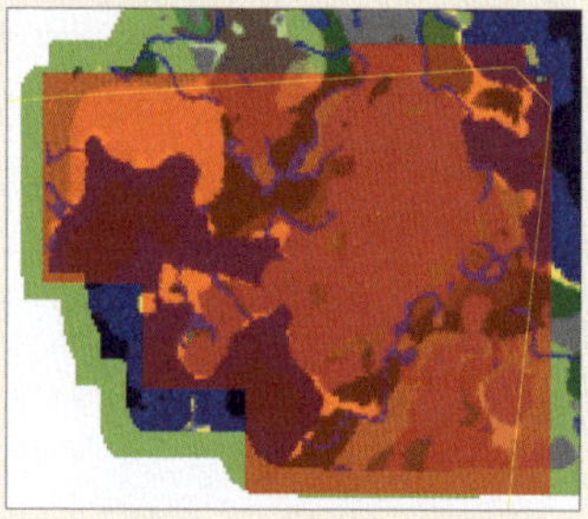

Die Karte in Chunky: Wo keine Landschaft zu sehen ist, hat das Spiel noch keine Chunks generiert. Rot markiert sind die Chunks, die in der geplanten Szene zu sehen sein sollen. Die Kameraposition befindet sich oben rechts, die gelben Linien zeigen das Sichtfeld der Kamera.

7. **Einstellungen speichern**: Bist du fertig, gibst du deiner Szene oberhalb der Einstellungen einen Namen und speicherst sie mit dem 💾-Button. Dann kannst du sie jederzeit wieder laden, falls du versehentlich etwas verstellst.
8. **Feineinstellung**: Jetzt geht es an die Feineinstellungen fürs Rendern. Bleibe fürs Erste beim Standard, und schau dir an, was daraus beim Rendern wird. Danach kannst du die Einstellungen immer noch anpassen. Wichtig sind diese Punkte:
   - **Bildgröße**: Bestimme unter **Scene** die **Canvas size**. Logisch: Je größer das fertige Bild werden soll, desto länger dauert das Rendern.
   - **Spieler**: Wichtig ist auch, ob deine Spielerfigur mit aufs Bild soll oder nicht. Dazu muss sie geladen sein, was du über das Häkchen bei **Scene • Load entities** und ein **Reload** (rechts im Hauptmenü) steuerst. Ist sie geladen, kannst du sie für das Rendern über die Tabelle in **Entities** ein- und ausschalten.

- **Sonne**: Machst du im Spiel mit F2 ein Bild mit einem Shader, steuerst du die Lichtstimmung durch den Sonnenstand, den du im Spiel über den `/time`-Befehl festlegst. Nordseiten bleiben damit aber immer dunkel. Mit Chunky bist du nicht im Spiel und kannst die Lichtquelle »Sonne« über **Lighting • Sun azimuth** (Horizontalwinkel) und **Sun altitude** (Vertikalwinkel) an eine beliebige Position stellen, auch nach Norden (Azimuth = 0)!
- **Himmel**: Ist dir der Himmel auf deinem fertig gerenderten Bild zu langweilig, kannst du unter **Sky & Fog • Sky mode** die Variante **Skymap (panoramic)** wählen und eine Bilddatei laden. Beachte, dass diese den gesamten Himmel füllt, also 360°. Die Wolken müssen entsprechend klein sein, um im Szenenausschnitt richtig zu wirken.

9. **Rendern**: Nachdem du alle Vorbereitungen getroffen hast, klickst du unten links auf **Start**, um das Rendern zu starten. Schon nach wenigen Sekunden siehst du in der Vorschau, wie dein Bild aussehen wird.

   Erkennst du Mängel, drückst du **Reset** und änderst die Chunks oder deine Einstellungen.

   Rechts unten erscheint die geschätzte Restdauer als **ETA** (*estimated time of arrival*). Hast du sehr viele Chunks geladen, können das Stunden sein. Aber so lange musst du nicht warten. Sobald dir die Bildqualität in der **Render Preview** reicht, beendest du das Rendern mit **Pause** und speicherst das Bild mit **Save current frame** (oben neben dem Szenennamen). Das kann schon nach 100 von 1.000 Renderschritten sein. Mit erneutem Klick auf **Start** würde das Rendern weitergehen, du kannst Chunky dann aber auch einfach beenden.

Links: Ein Minecraft-Screenshot mit 32 Chunks Sichtweite. Rechts: Gerendert mit Chunky und einer Sichtweite von 160 Chunks.

Wenn du dich näher mit Chunky beschäftigen möchtest, schaue auch auf die ausführliche Website (*https://chunky-dev.github.io/docs*). Unter dem Hauptmenüpunkt **Getting Started** (oben) findest du Tipps für den Anfang, unter **Reference** sind sämtliche Menüpunkte erklärt, und unter **User Guides** gibt es Anleitungen zu speziellen Problemen. Mit diesem Programm hast du ein weiteres cooles Werkzeug, um dich kreativ mit Minecraft auszutoben.

WICHTIGE EINSTELLUNGEN FÜR DEINE ABENTEUERWELTEN

Du kannst Abenteuerwelten nur für dich alleine bauen und ausprobieren, einfach weil es Spaß macht. Möchtest du Freunde oder andere Spieler in deine Abenteuerwelt lassen, musst du einige Einstellungen vornehmen:

- Der Spielbereich braucht eine **Begrenzung**,
- es muss einen **Spawn-Punkt** für die Spieler geben,
- und der **Abenteuermodus** sollte eingestellt sein.

In den nächsten Abschnitten erfährst du, wie das geht.

Umgib deine Abenteuerwelt mit einer Begrenzung

Eine normale Minecraft-Welt ist grenzenlos. Zwar gibt es eine technisch bedingte Grenze bei 30 Millionen Blöcken in jede Richtung, aber du müsstest mit dem schnellsten Pferd über 3 Wochen lang ununterbrochen durch die Welt reiten, um sie zu erreichen.

Abenteuerwelten haben dagegen immer eine bestimmte Größe – einfach, weil sie von Menschenhand gebaut wurden. Wenn Spieler in der Welt sind und den vorgebauten Bereich verlassen, würde Minecraft je nach Welttyp beginnen, dort Chunks für eine Flachlandwelt oder eine normale Welt zu generieren. Weil das nicht im Sinne des Erbauers ist und manchmal auch überhaupt nicht zu der gebauten Welt passen würde, braucht eine Abenteuerwelt eine unüberwindliche Grenze. Eigentlich ist das nichts Neues, fast jedes Spiel hat eine begrenzte Spielfläche.

gebaut von Bloodworks auf Unlimitedworld.de

In dieser Welt spielt das Abenteuer auf einem Piratenschiff, der endlose Ozean begrenzt den Spielbereich.

Folgende Begrenzungen sind typisch für Minecraft-Abenteuerwelten:

- **Wände**: Gebäude sind von Wänden umschlossen. Dazu generierst du ein leeres Flachland und baust dein umschlossenes Bauwerk in die Luft. Hat dein Bauwerk Fenster, kannst du dahinter Landschaftskulissen bauen oder als Bilder anbringen.
- **Mauern**: Parks oder Gärten sind von Mauern, Hecken und Zäunen umgeben. Problematisch wird es, wenn die Spieler von erhöhten Standpunkten über die Begrenzung hinwegsehen können. Dann generierst du den Welttyp »Einzelnes Biom«, das die Außenwelt darstellen soll. An einer geeigneten Stelle baust du deinen umgrenzten Bereich. Alternative zur Mauer: ein Wald, den du nach einigen Bäumen mit zusätzlichen Bäumen und Laubgebüschen so verdichtest, dass es kein Durchkommen gibt – quasi eine natürlich gewachsene Mauer.
- **Ozean**: Eine Insel oder ein Schiff, umgeben von Wasser oder Lava. Du generierst eine Flachlandwelt mit endlosem Wasser oder endloser Lava und setzt ins Zentrum dein Bauwerk. Auch möglich: Ein Raumschiff in der endlosen Leere. Dazu stellst du die Spielregel **Voranschreiten der Tageszeit** auf **Aus** und änderst die Tageszeit mit dem Befehl `/time set midnight` auf Mitternacht.

- **Natur**: Steile Berge oder tiefe Schluchten bilden natürliche Grenzen. Du generierst eine Minecraft-Welt nach deinen Wünschen (z. B. mit einem Startwert aus einer Seed-Sammlung) und gestaltest mit *WorldPainter nachträglich* ⓘ eine unüberwindliche Grenze.

Neben diesen natürlichen Grenzen gibt es in Minecraft auch eine *Weltbarriere*. Das ist ein undurchdringlicher Strahlenvorhang, der normalerweise bei 30 Millionen Blöcken die gesamte Welt umgibt. Du kannst aber auch eine kleinere Weltbarriere selbst festlegen und damit deinen Spielbereich umgeben. Allerdings ist nur eine einzige, quadratische Fläche möglich.

Ein Haus, umgeben von einer Weltbarriere

Zum Setzen der Weltbarriere benutzt du einen Befehl (Genaueres zu Minecraft-Befehlen findest du im Kapitel »›Tu es!‹ – mit Befehlen bauen«).

```
/worldborder center <XZ>
```

Damit setzt du das Zentrum des Spielbereichs auf die XZ-Position. Die Höhe spielt keine Rolle. Da man in Abenteuerwelten üblicherweise nicht fliegen oder nach unten graben kann, wirkt die Weltbarriere nur seitlich. Mit dem *Barriereblock* ⓘ, den du im nächsten Kapitel kennenlernst, wäre im Bedarfsfall der Bau von unsichtbaren Decken möglich.

Stelle dich in das gewünschte Zentrum, kopiere den Befehl für deine Position mit F3 + C in die Zwischenablage und speichere ihn mit Strg + V in einer Textdatei, damit du das Zentrum jederzeit bequem wiederfindest.

```
/worldborder set <Durchmesser>
```

Das erzeugt eine quadratische Weltbarriere um das Zentrum. Liegt das Zentrum in einer Blockmitte, nimmst du einen ungeraden Durchmesser (Anzahl Blöcke), damit der Vorhang genau auf den Blockgrenzen verläuft. Ansonsten würde er rundherum auf den Blockmitten verlaufen. Fliege die Barriere ab, und verschiebe gegebenenfalls das Zentrum und/oder ändere den Durchmesser.

```
/worldborder get
```

Dieser Befehl nennt dir den aktuellen Durchmesser.

Für Spieler, Tiere und Monster ist die Weltbarriere eine Sperre. Gibt es in der Abenteuerwelt allerdings Enderperlen oder Chorusfrüchte, können sich Spieler hindurchteleportieren. Hinter der Barriere können sie noch einige Blöcke gefahrlos herumlaufen und problemlos zurückkehren. Entfernen sie sich jedoch weiter, bekommen sie Schaden und sterben.

Verläuft der Barrierevorhang durch die Blockmitten, können Spieler und Tiere einen halben Block hinter den Vorhang gehen. Um das zu vermeiden, nimmst du einen ungeraden Durchmesser oder setzt das Zentrum auf eine Blockkreuzung.

Setze den Spawn-Punkt für die Spieler

Wenn Spieler die Abenteuerwelt zum ersten Mal betreten oder sterben, sollten sie natürlich innerhalb der Begrenzung spawnen.

```
/setworldspawn [<XYZ>] [<Blickrichtung>]
```

Dieser Befehl positioniert den *Welt-Spawn-Punkt* deiner Abenteuerwelt. Ohne weitere Angaben wird deine aktuelle Position genommen. Ansonsten gibst du `<XYZ>`-Koordinaten und wahlweise auch eine `<Blickrichtung>` zwischen `-180.0` (nach Norden), `-90.0` (nach Osten), `0.0` (nach Süden), `90.0` (nach Westen) und `180.0` (wieder nach Norden) ein.

Setzt du die Spielregel `/gamerule doImmediateRespawn true`, erscheinen gestorbene Spieler sofort am Spawn-Punkt, ohne den Todesbildschirm zu sehen. Mit der Spielregel `/gamerule keepInventory true` behalten sie ihr Inventar.

Es gibt noch eine weitere, wichtige Spielregel: Wenn mehrere Spieler eine Welt gleichzeitig betreten und alle am selben Punkt erscheinen, stehen sie ineinander und sehen nichts. Daher werden sie automatisch und zufällig in einem Radius von zehn Blöcken um den Welt-Spawn-Punkt verteilt. Wenn du für deine Abenteuerwelt den Welt-Spawn-Punkt selbst setzt, könnte dieser Radius zu groß sein. Mit dem Befehl `/gamerule spawnRadius 0` setzt du den Radius auf null. Dann spawnen alle Spieler am selben Punkt. Ohne Angabe einer Zahl wird der aktuelle Radius angezeigt (normalerweise 10).

Der Welt-Spawn-Punkt wird auf ein Schiffswrack vor einer Insel gesetzt, weil die Spieler in dieser Abenteuerwelt nach dem Spawnen zur Insel schwimmen sollen. (Vielleicht gibt es auch etwas im Wrack zu entdecken?)

Du kannst das Spawnen etwas aufregender gestalten, indem du z. B. den Spawn-Punkt in die Luft setzt und darunter Schleimblöcke, die mit Teppichen abgedeckt sind. Auch der Fall aus einem großen, selbst gebauten Ei ins Wasser, ein komplett schwarzer Raum mit einem hellen Ausgang, das Ufer einer Insel oder eine Friedhofsgruft wären ungewöhnliche Spawn-Ideen. In einer futuristischen Abenteuerwelt könnte der Spawn-Punkt auch in einer Maschine liegen. Du testest deinen Welt-Spawn-Punkt mit dem Befehl `/kill`.

Eine Abenteuerwelt veröffentlichen

Den Bau einer Abenteuerwelt beginnst du im Kreativmodus und mit aktivierten Befehlen, damit du volle Gestaltungsfreiheit hast. Zum Testen änderst du deinen Spielmodus mit [F3] + [F4] oder mit dem Befehl `/gamemode`.

Mit [F3] + [F4] änderst du deinen Spielmodus zum Testen.

Hier noch mal die vier Spielmodi im Schnelldurchlauf:

- **Kreativmodus**: Alle Blöcke und Gegenstände verfügbar, keine Lebens- und Hungerleiste. Sinn: **Bauen**.
- **Überlebensmodus**: Blöcke abbauen, Gegenstände craften, Monster bekämpfen, Lebens- und Hungerleiste. Sinn: **Überleben**.
- **Abenteuermodus**: Blöcke können nicht abgebaut werden, es gibt aber eine Lebens- und Hungerleiste. Sinn: **Erforschen**, ohne etwas kaputtzumachen.
- **Zuschauermodus**: Unsichtbarer Geist, keine Interaktion mit der Welt möglich. Sinn: **Zuschauen**.

Hast du deine Welt schließlich fertig gebaut, veränderst du sie so, dass man *nicht* im Kreativmodus ist, wenn man sie betritt. Dazu musst du einige Änderungen vornehmen, weil Minecraft einem Spieler, der eine Welt nach dir im Einzelspielermodus betritt, dein Inventar und deine Einstellungen gibt. Du möchtest aber, dass alles frisch und neu ist. Das machst du mit der Java Edition so:

1. **Weltkopie**: Als Erstes brauchst du eine Veröffentlichungskopie der Welt, damit du das Original weiter verändern und z. B. an neue Minecraft-Versionen anpassen kannst:
   - Gehe in die Liste der Einzelspielerwelten, wähle bei der Welt den Menüpunkt **Bearbeiten**, und klicke auf **Weltordner öffnen**.
   - Verlasse das Menü und die Liste der Einzelspielerwelten über **Abbrechen** und **Zurück**, damit das anschließende Kopieren richtig funktioniert.
   - Im Fenster des Weltordners gehst du einen Ordner nach oben in den Ordner *.minecraft\saves* und kopierst den Welt-Ordner. Gib dem neuen Ordner den endgültigen Veröffentlichungsnamen.
   - Im Spiel gehst du wieder in die Liste der Einzelspielerwelten. Du siehst jetzt beide Welten, das Original und die Kopie. Sie unterscheiden sich im Ordnernamen, aber der Weltname ist noch gleich. **Bearbeite** die Weltkopie, und ändere ihren Namen, damit er zum Ordnernamen passt.
2. **Spawn-Punkt**: Betritt dann die Weltkopie. Wenn du den Welt-Spawn-Punkt noch nicht umgesetzt hast, musst du das jetzt mit den Befehlen `/setworldspawn` und `/gamerule spawnRadius` tun, wie im vorherigen Abschnitt beschrieben. Entferne dich dann ein Stück vom Welt-Spawn-Punkt, und nimm einige Blöcke in dein Inventar, damit du am Ende dieser Anleitung erkennen kannst, ob deine letzte Position und dein Inventar richtig gelöscht werden.
3. **Spielmodus**: Ändere den Spielmodus der Weltkopie mit diesem Befehl:

   ```
   /defaultgamemode <Spielmodus>
   ```

   Diesen Spielmodus erhalten alle Spieler, die die Welt in Zukunft zum ersten Mal betreten. Wähle `/defaultgamemode adventure` für eine Abenteuerwelt, in der keine Blöcke abgebaut werden sollen, oder `/defaultgamemode survival` für eine Survival-Welt.

   Beachte: Spieler, die die Welt schon einmal betreten haben, bleiben unverändert, denn sie haben bereits einen Spielmodus. Diesen löschst du in Schritt 7.

4. **Schwierigkeit**: Öffne mit [Esc] das Spielmenü, und gehe in die Optionen. Ändere die **Schwierigkeit** auf den gewünschten Wert, und klicke auf das Schloss-Icon, damit man diesen Wert nicht mehr ändern kann. Verlasse dann die Weltkopie.
5. **Icon**: Gehe in den Ordner der Weltkopie, und ändere das Icon, das man in der Liste der Einzelspielerwelten sehen wird:
   - Gestalte mit einem Grafikprogramm ein quadratisches Bild mit der Größe 64 × 64 Pixel.
   - Kopiere das Bild als *icon.png* in den Ordner der Weltkopie.
6. **Testspieler löschen**: Lösche im Ordner der Weltkopie den Unterordner *playerdata*. Damit entfernst du alle Spielerdaten und Einstellungen, die während der Testphase entstanden sind.
7. **Datenoperation**: So entfernst du das Benutzen von Befehlen, deine Position und dein Inventar aus den Daten:
   - Lade den kostenlosen *NBTExplorer* von jaquadro von der offiziellen Website herunter (*https://github.com/jaquadro/NBTExplorer/releases*), und installiere ihn.
   - Starte den NBTExplorer, und wähle den Menüpunkt **File • Open Minecraft Save Folder**.
   - Klicke auf das Plus-Zeichen bei der Weltkopie, dann auf das Plus-Zeichen bei **level.dat**, dann darunter bei **Data**. Unter **Data** stehen alle Einstellungen der Welt (siehe Bild). Die meisten kannst du über Befehle ändern, aber einige nicht. Dazu ist eine Datenoperation mit dem NBTExplorer notwendig. Das machst du mit den nächsten Schritten.

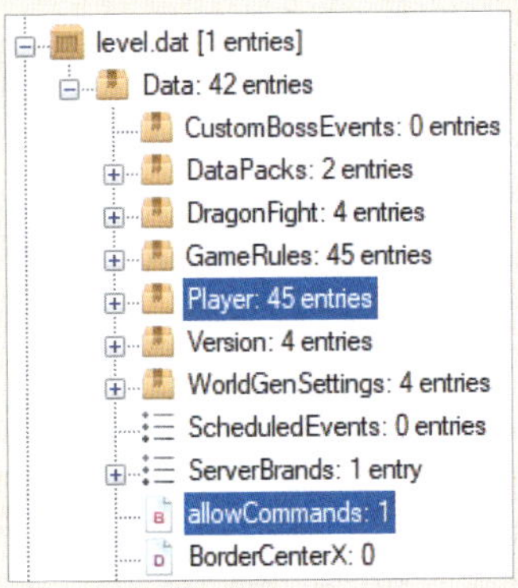

- Klicke auf den Eintrag **Player**, und lösche ihn mit dem ✖-Button. Damit entfernst du alle deine Daten inklusive deinem Inventar aus der Weltkopie.
- Klicke doppelt auf den Eintrag **allowCommands**, und ändere den Wert von 1 auf 0. Das schaltet die Benutzung von Befehlen aus. Klicke auf **OK.**
- Wichtig: Speichere deine Änderung im NBTExplorer mit **File ▪ Save**. Schließe dann den NBTExplorer.

8. **Fertig**. Du darfst die Welt jetzt *nicht* noch einmal betreten, sonst erzeugst du neue Spielerdaten. Zum Testen machst du eine *Kopie* deiner Veröffentlichungswelt, die du nach dem Testen wieder löschst.

   Betrittst du die Testkopie, landest du exakt am Spawn-Punkt, hast den richtigen Spielmodus, dein Inventar ist leer, du kannst keine Befehle benutzen und die Schwierigkeit nicht ändern. Genau so sollte es sein.

Nun kannst du die Welt veröffentlichen oder auch einfach nur an deine Freunde weitergeben.

Gesperrte Welten knacken

Wenn du eine Abenteuerwelt – z. B. ein Minispiel – aus dem Internet herunterlädst, befindest du dich im Abenteuermodus. Aber vielleicht möchtest du die Welt im Kreativmodus untersuchen, um herauszufinden, wie der eine oder andere Trick funktioniert?

Das geht mit der Java Edition relativ einfach, indem du in die Welt gehst und über Esc im Spielmenü **Im LAN öffnen** wählst. Setze den **Spielmodus** dabei auf **Kreativ** und schalte **Befehle erlauben An**.

Anschließend kannst du zwar mit dem Befehl `/defaultgamemode creative` den Kreativmodus dauerhaft einstellen, aber das Benutzen von Befehlen ist bei jedem neuen Betreten der Welt wieder weg. Das kannst du nur mit einer Datenoperation über den NBTExplorer ändern, wie in der vorherigen Anleitung unter Schritt 7 beschrieben. Zum Aktivieren der Befehle änderst du in *level.dat* die Einstellung **allowCommands** auf 1.

Falls nötig, kannst du bei der Gelegenheit auch die Einstellung **DifficultyLocked** auf 0 ändern, um eine eventuell gesperrte Schwierigkeitsstufe wieder zu entsperren. Auch das ist nur mit dem NBTExplorer möglich.

Gratulation, du hast das 5. Experten-Level erreicht

In diesem Kapitel hast du erfahren, dass Minecraft weit mehr ist als nur ein Survival-Spiel. Aus den bunten Blöcken lassen sich beliebige Szenarien bauen und völlig neue Abenteuer oder Spiele spielen. Am Anfang des Kapitels hast du erfahren, wie du solche **Abenteuerwelten** findest und installierst.

Dann hast du begonnen, deine eigene Abenteuerwelt zu erschaffen. Entweder mit einem **Flachland** – du weißt jetzt, wie du den Generierungscode nach deinen Wünschen anpasst – oder mit einer schönen Landschaft, die du mit **WorldPainter** in eine Welt malst.

Für eine übersichtliche Weltkarte benutzt du **MCA Selector**, ein Programm, mit dem du auch überflüssige Chunks löschen kannst. Und um Fotos mit großer Sichtweite von deiner Welt zu machen, hast du das Renderprogramm **Chunky** eingesetzt.

Schließlich hast du die Welt für andere Spieler vorbereitet: Du hast eine Begrenzung gebaut, den Spawn-Punkt gesetzt und den **Abenteuermodus** eingestellt.

Damit sind die Rahmenbedingungen für deine Abenteuerwelt gegeben. Allerdings fehlt noch der komplette Inhalt: Bauwerke, Kreaturen und Informationen. Die nächsten Kapitel geben dir viele Tipps und Tricks zu diesen Themen.

Als Erstes geht es ums Bauen. Ideen hast du sicher schon längst im Kopf, aber vielleicht weißt du noch nicht alles über den Kreativmodus. Damit ist mehr möglich, als nur zu fliegen und alle Blöcke im Inventar zu haben. Das nächste Kapitel klärt dich auf.

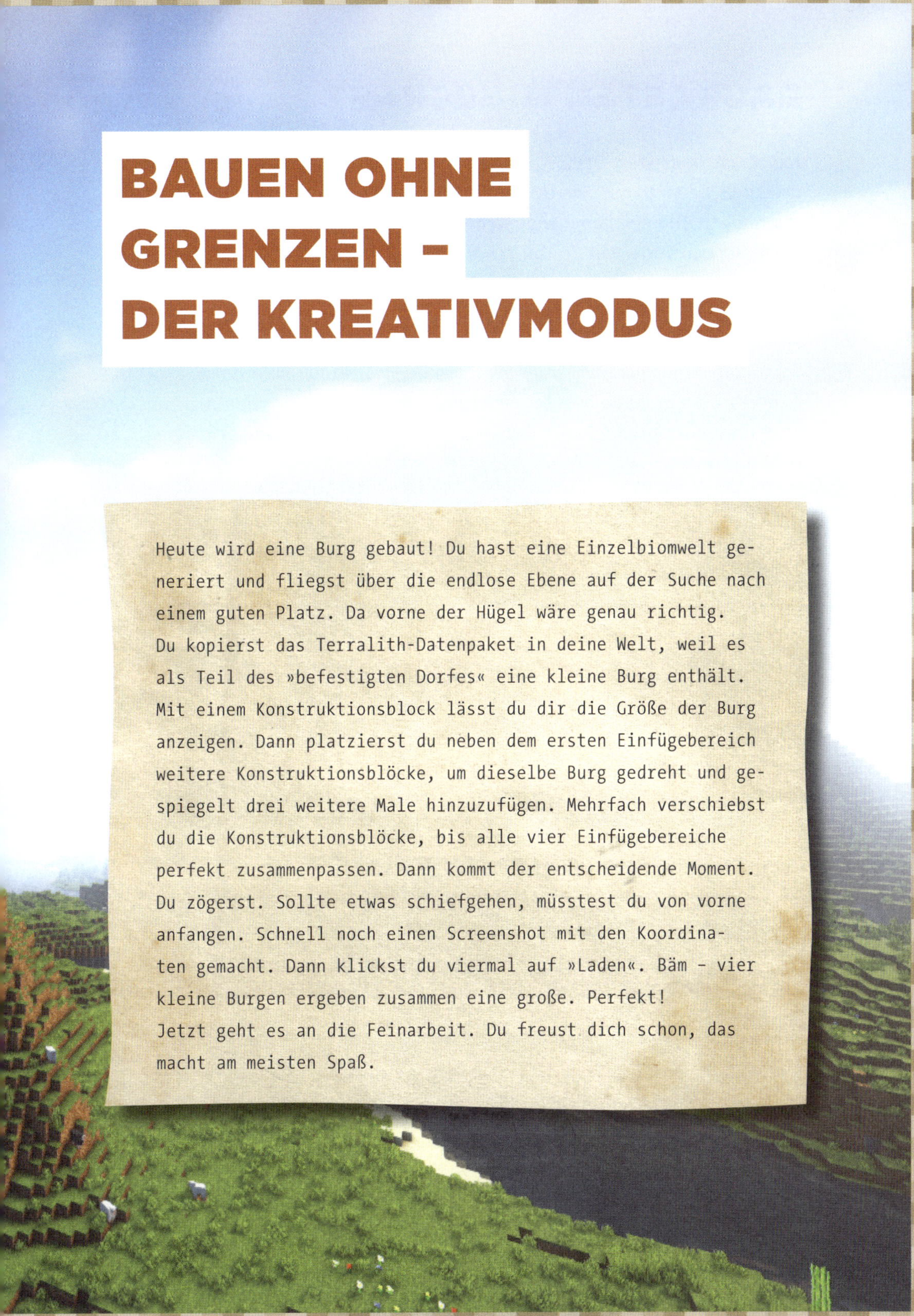

BAUEN OHNE GRENZEN – DER KREATIVMODUS

Heute wird eine Burg gebaut! Du hast eine Einzelbiomwelt generiert und fliegst über die endlose Ebene auf der Suche nach einem guten Platz. Da vorne der Hügel wäre genau richtig.

Du kopierst das Terralith-Datenpaket in deine Welt, weil es als Teil des »befestigten Dorfes« eine kleine Burg enthält. Mit einem Konstruktionsblock lässt du dir die Größe der Burg anzeigen. Dann platzierst du neben dem ersten Einfügebereich weitere Konstruktionsblöcke, um dieselbe Burg gedreht und gespiegelt drei weitere Male hinzuzufügen. Mehrfach verschiebst du die Konstruktionsblöcke, bis alle vier Einfügebereiche perfekt zusammenpassen. Dann kommt der entscheidende Moment. Du zögerst. Sollte etwas schiefgehen, müsstest du von vorne anfangen. Schnell noch einen Screenshot mit den Koordinaten gemacht. Dann klickst du viermal auf »Laden«. Bäm – vier kleine Burgen ergeben zusammen eine große. Perfekt!

Jetzt geht es an die Feinarbeit. Du freust dich schon, das macht am meisten Spaß.

BAUKASTEN MINECRAFT

Minecraft begeistert viele Millionen Menschen. Warum? Weil es so vielseitig ist. Es beginnt mit einem **Survival-Spiel** in einer Landschaft voller Überraschungen und seltsamer Monster. Hast du alles erforscht, ist das Spiel aber noch nicht zu Ende. Mit *Ressourcenpaketen* verpasst du der Landschaft ein frisches Aussehen, und mit *Mods* fügst du völlig neue Spielelemente hinzu. Das ist aber immer noch nicht alles, denn das Internet bietet eine Fülle anderer *Survival-Welten* und bringt dich auf Ideen, selbst Landschaften zu verändern. Und wenn du irgendwann alle Survival-Aspekte durch hast, hat Minecraft die unglaubliche Möglichkeit, ganz andere Spiele damit zu spielen: Im **Abenteuermodus** spielst du Minigames, löst Rätsel und erforschst Szenarien aller Art.

Minecraft – unendliche Weiten. Viele Lichtjahre von der Erde entfernt dringt das Spiel in Galaxien vor, die nie ein Mensch zuvor gesehen hat.

Was ursprünglich wie ein Survival-Spiel aussah, entpuppt sich als Schatzkästchen, das sich in alle Richtungen öffnet: Mit Minecraft kannst du nicht nur neue Survival-Ideen erschaffen und spielen, sondern auch Abenteuerwelten, die Geschichten erzählen, und kreative Konstruktionen zum Bewundern, wie Raumschiffe, Burgen oder großartige Skulpturen.

Am Ende stellt sich heraus, dass Minecraft ein **Baukasten für Kreative** ist: Die einen malen Bilder, die anderen töpfern Vasen, du malst und töpferst mit Minecraft. Und machst Musik. Und erschaffst Abenteuer. Großartig.

In diesem Kapitel lernst du das volle Potenzial des Kreativmodus kennen, der mehr ist, als nur fliegen zu können und alle Blöcke im Inventar zu haben.

Normalerweise stellst du den Kreativmodus ein, bevor du eine Welt generierst. Wie du in einer Welt mit anderem Modus in den *Kreativmodus nachträglich* ⓘ wechselst, findest du über den Index dieses Buches.

Im Kreativmodus geht es ums Gestalten. Überleben spielt keine Rolle bzw. würde dabei nur stören. Das sind die Grundeigenschaften des Kreativmodus:

- **Kein Schaden**: Es gibt keine Lebens- und Hungerleiste. Du kannst dich problemlos in Lava und unter Wasser bewegen. Monster ignorieren dich.
- **Fliegen**: Drücke zweimal schnell die Leertaste, um in der Luft zu stehen. Weiter hoch geht es mit der Leertaste, runter mit der [⇧]-Taste. Drückst du während des Fliegens die linke [Strg]-Taste, fliegst du schneller. Drückst du erneut zweimal schnell die Leertaste, fällst du zu Boden, was schneller geht, als runter zu fliegen.
- **Sofortiges Abbauen**: Ein Schlag mit der Hand, und der Block ist weg, ohne etwas zu droppen. Die Reichweite ist etwas größer (5 statt 4,5 Blöcke, in der Bedrock Edition 6 statt 5 Blöcke).
- **Sofortiges Aufbauen**: Das Kreativ-Inventar enthält sämtliche Blöcke und Gegenstände des Spiels.

Das Kreativ-Inventar in der Java Edition

Das Kreativ-Inventar

Im Kreativ-Inventar hast du alle Blöcke und Gegenstände, auch das einzigartige Drachenei und Blöcke, die du im Survival-Modus nicht bekommen kannst, z. B. Grundgestein, Endportalrahmen, verstärkter Tiefenschiefer, Froschlaich und Spawn-Eier. Das Inventar ist nach Kategorien geordnet und inhaltlich sortiert. Ein Suchfeld hilft dir, den gewünschten Block oder Gegenstand schnell zu finden. Mit der Taste [T] bist du bei geöffnetem Inventar sofort im Suchfeld.

Pick-Block: Noch schneller geht es, wenn du den gewünschten Block in der Welt siehst. Dann drückst du die mittlere Maustaste, um ein Exemplar dieses Blocks direkt in deine Schnellzugriffsleiste zu holen.

Benutzt du die mittlere Maustaste auf einem beliebigen Slot, bekommst du einen ganzen Stapel dieses Gegenstandes.

Die Pick-Block-Taste hat noch eine weitere, sehr nützliche Funktion: Angenommen, du hast ein Schild mit Text beschrieben und möchtest mehrere Exemplare davon aufstellen. Dann holst du mit [Strg] + mittlere Maustaste das *beschriebene* Schild in deine Schnellzugriffsleiste! Du erkennst es an dem Zusatz »(+NBT)« (Bedrock Edition »(+DATA)«). Was diese Abkürzung bedeutet, wird später erklärt. Hier reicht es zu wissen, dass es kein leeres Schild ist. Dasselbe funktioniert auch mit gefüllten Behältern, z. B. mit einer gefüllten Truhe.

Ein beschriftetes Schild in der Schnellzugriffsleiste

Die **Reichweite** zum Auf- und Abbauen von Blöcken ist im Kreativmodus leider kaum größer als im Überlebensmodus. Für kreatives Bauen ist das oft zu wenig. Mit diesem Befehl änderst du deine Reichweite auf 20 Blöcke:

```
/attribute @s block_interaction_range base set 20
```

Mehr Platz: Im Kreativmodus verbraucht sich ein Block beim Bauen nicht, d. h., ein einziger Block von jeder Art reicht. Allerdings sind die neun Slots der Schnellzugriffsleiste schnell gefüllt. Um einen Slot freizumachen, klickst du den Inhalt mit gedrückter [⇧]-Taste an, dann verschwindet er.

Für mehr Platz klickst du auf den Truhen-Reiter. Das öffnet dein gewohntes Survival-Inventar inklusive Rüstungsslots. Möchtest du in dieser Ansicht einen Slot freimachen, wirfst du den Inhalt durch Anklicken in das rote »X«. Klickst du mit gedrückter [⇧]-Taste auf das rote »X«, leerst du dein gesamtes Inventar inklusive Rüstungsslots auf einen Schlag. Sehr praktisch.

Mit [⇧] und Klick auf das »X« löschst du dein gesamtes Inventar.

Das Hin- und Herschieben zwischen Survival-Inventar und Schnellzugriffsleiste ist allerdings etwas umständlich. Auch dafür gibt es eine Lösung: Du kannst **neun unterschiedliche Schnellzugriffsleisten speichern**. Über den Bücherregal-Reiter siehst du alle 81 Speicher-Slots und kannst aus ihnen etwas in deine aktuelle Schnellzugriffsleiste ziehen.

- [C] + [1] bis [9] speichert die aktuelle Schnellzugriffsleiste auf dem entsprechenden Speicherplatz 1 bis 9. Zum Löschen eines Speicherplatzes speicherst du eine leere Schnellzugriffsleiste.
- [X] + [1] bis [9] ersetzt deine aktuelle Schnellzugriffsleiste mit dem Speicherplatz.

9 × 9 zusätzliche Inventarplätze

Mit diesen Möglichkeiten und den weiteren Eigenschaften des Kreativmodus kannst du deine kreativen Bauideen schnell umsetzen. Möchtest du dazu in den **Nether** gehen, baust du ein Netherportal und aktivierst es.

Auf dieselbe Art kommst du auch ins **Ende**. Aber Achtung: Beim Aufbau des Portals aus zwölf Endportalrahmen musst du in der Mitte stehen und die Portale um dich herum platzieren, denn sie haben eine äußerlich kaum sichtbare Ausrichtung.

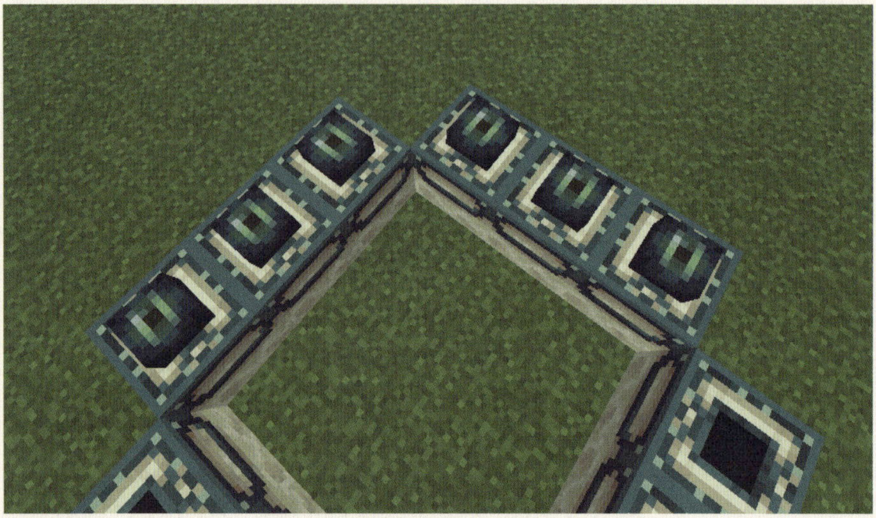

Die Endportalrahmen platzierst du von der Mitte aus um dich herum.

Das Operator-Inventar

Im Kreativ-Inventar gibt es links neben der Truhe einen freien Platz. Dort erscheint ein zusätzlicher Reiter, wenn du über **Optionen • Steuerung** den **Operatorhilfsmittel-Reiter** einschaltest.

Das Operator-Inventar

Im *Operator-Inventar* findest du Blöcke und Gegenstände, die für das Bauen im Kreativmodus sehr nützlich sind:

- **Befehlsblöcke** in vier Varianten. Der Befehlsblock speichert einen Minecraft-Befehl, den du normalerweise in den Chat eintippst, und führt ihn per Redstone-Signal aus. Die Möglichkeiten sind riesig, davon handeln die nächsten Kapitel dieses Buches.
- **Verbundblock**, **Konstruktionsblock** und **Konstruktionsleere** ermöglichen das Einfügen von Bauwerken bei der Weltgenerierung oder nachträglich im Spiel. Das wird in der zweiten Hälfte dieses Kapitels ausführlich erklärt.
- Die **Barriere** ist ein unsichtbarer Block, der das Betreten oder Verlassen bestimmter Bereiche verhindert. Verbaute Barrieren siehst du nur, wenn du eine Barriere in der Hand hältst, was der normale Spieler nicht machen kann.

  Barrieren solltest du so einsetzen, dass Spieler nicht gegen eine unsichtbare Wand laufen. Offene Türen oder Fenster mit Barrieren zu sperren, stört die *Immersion*. Baue stattdessen natürliche Barrieren ein und fülle eventuelle Schlupflöcher mit Barriere-Blöcken.

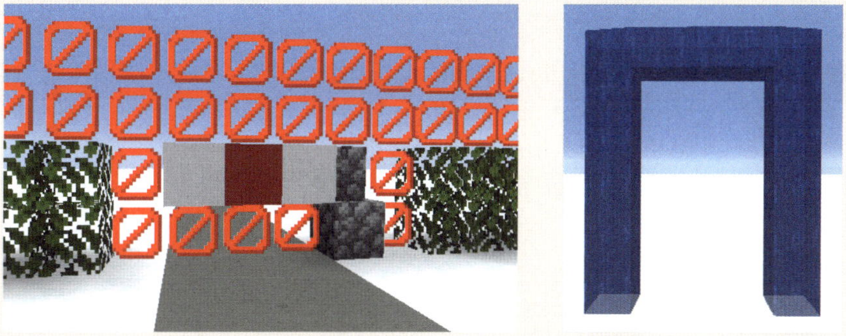

Links: Die Straße am Rand einer Abenteuerwelt ist mit einer rot-weißen Schranke sichtbar gesperrt. Wer trotzdem durchschlüpfen will, stößt auf Barrieren. Rechts: Barrieren kannst du mit Wasser füllen. Damit sind Wasserbrücken und undurchdringliche Wasserfälle möglich.

- Mit dem **Debug-Stab** stellst du bei einem Block, der mehrere *Blockzustände* haben kann, jeden beliebigen Zustand ein. Normalerweise müsstest du dazu für die richtigen Bedingungen sorgen, z. B. einen Ofen mit den richtigen Gegenständen füllen, damit er brennt. Mit dem Debug-Stab geht das sofort, ohne Bedingungen. In einigen Fällen wäre es im normalen Spiel auch gar nicht möglich, den Zustand zu erreichen, z. B. dass sich ein Schild mit einem Zaun verbindet. Mit dem Debug-Stab ist das möglich.

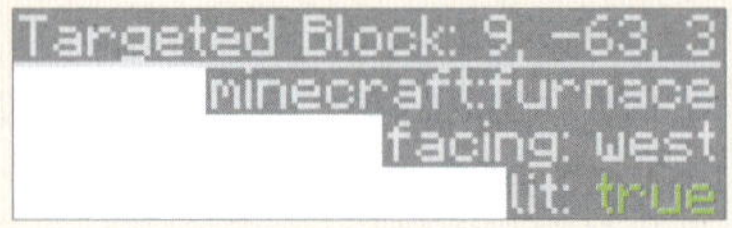

Mit dem Debug-Stab verbindest du ein Schild mit einem Zaun oder erzeugst einen ewig brennenden Ofen ohne Inhalt. Die Eigenschaften eines Blocks siehst du mit F3 unter »Targeted Block«, z. B. beim Ofen »facing« (Ausrichtung) und »lit« (brennend).

So benutzt du den Debug-Stab:

- **Linksklick** wechselt die **Eigenschaft** des Blocks. Klicke so lange, bis die gewünschte Eigenschaft angezeigt wird.
- **Rechtsklick** wechselt den **Zustand** der eingestellten Eigenschaft. Klicke so lange, bis du den gewünschten Zustand erreicht hast. Bei Blöcken mit Funktion (wie z. B. bei dem Ofen) musst du beim Rechtsklick schleichen.

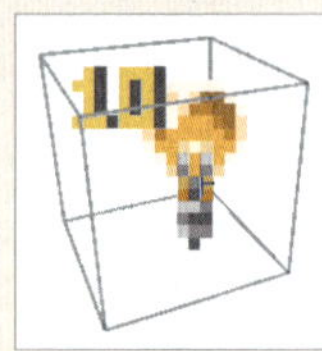

- Der **Lichtblock** ist eine unsichtbare Lichtquelle zur Ausleuchtung deiner Abenteuerwelten. Für ein natürliches Aussehen solltest du immer normale Minecraft-Lichtquellen einbauen, aber manchmal ist dafür kein Platz, oder sie leuchten nicht weit genug. Dann kommen Lichtblöcke zum Einsatz.

  Wie die Barriere ist der Lichtblock für normale Spieler unsichtbar. Du siehst ihn nur, wenn du einen in der Hand hältst. Der Lichtblock hat keine Kollisionsbox, d. h., er verhält sich wie leuchtende Luft, man kann einfach hindurchgehen.

  Da es 16 Lichtstärken gibt (von 0 bis 15), kannst du die Stärke mit Rechtsklick erhöhen, wenn du einen Lichtblock in der Hand hältst. Zum sofortigen Einsatz enthält das Operator-Inventar alle 16 Zustände des Lichtblocks.

  Beispiel: In einer großen Höhle bringst du sichtbare Lichtquellen an den Wänden an. Die Mitte der Höhle bleibt damit aber dunkel. Statt Lichtquellen im Boden einzubauen und mit Teppichen abzudecken, verwendest du Lichtblöcke.

Eine große Höhle ohne und mit Lichtblöcken

Wie die Barriere ist auch der Lichtblock nicht für das Survival-Spiel gedacht, sondern zum Bauen von Kulissen für Abenteuerwelten.

- Schließlich gibt es noch vier zusätzliche 2 × 2-**Gemälde**.

Die vier Gemälde Feuer, Wasser, Erde, Luft

TAUSEND NEUE BLÖCKE MIT DEKO-KÖPFEN

Aus dem Survival-Spiel kennst du die Köpfe diverser Monster, wie Zombie oder Witherskelett. Im Kreativ-Inventar gibt es noch einen weiteren Kopf, den *Spielerkopf* . Er hat das Aussehen der Standardfigur »Steve« und ist im normalen Spiel nicht zu bekommen.

Ein Block hat normalerweise immer die gleiche Textur. In der Java Edition ist der Spielerkopf anders. Dieser Block mit der ID `player_head` kann jeden beliebigen Spieler-Skin als Textur tragen. Damit kannst du eine ganze Fußballmannschaft mit unterschiedlichen Spielerköpfen aufstellen. Der Block lässt sich an die Wand, mit unterschiedlicher Drehung auf den Boden oder auf einen Rüstungsständer setzen.

Mit diesem Befehl gibst du dir einen Spielerkopf mit Skin ins Inventar:

```
/give @s player_head[profile=Sumpfhytte]
```

Eine Mannschaft aus Rüstungsständern mit unterschiedlichen Spielerköpfen – und ein weiterer Spielerkopf als Fußball

Deko-Köpfe aus dem Internet holen

Sehr schnell sind einige Spieler auf die Idee gekommen, ihrem Skin kein Gesicht, sondern eine Dekoration als Kopf zu geben, z. B. einen Apfel. Damit wird der Spielerkopf-Block zu einer universell einsetzbaren *Dekoration*, die alles sein kann: Früchte, Getränke, Bücherstapel, Edelsteine und vieles mehr. Doch sobald der Spieler seinen Skin wieder zu einem normalen Gesicht wechselt, ist die Dekoration mit diesem Spielernamen nicht mehr zu bekommen.

Zum Glück gibt es eine Lösung für dieses Problem! Dazu muss man wissen, dass der Spielhersteller alle jemals benutzten Skin-Dateien zentral speichert. Gibst du im Befehl einen Spielernamen an, wird der aktuelle Skin dieses Spielers geliefert. Aber wenn du die entsprechende ID kennst, kannst du auch direkt auf eine gespeicherte Skin-Datei zugreifen und exakt den Spielerkopf bekommen, den du haben möchtest. So bleibt eine Apfel-ID immer eine Apfel-ID und eine Fußball-ID immer eine Fußball-ID.

Jetzt brauchst du nur noch eine Liste aller Deko-Köpfe mit ihren IDs. Die findest du auf der Website *Minecraft Heads* (*https://minecraft-heads.com*), einer Datenbank mit fast 60.000 unveränderlichen Deko-Köpfen, die von kreativen Spielern gestaltet wurden.

Eine Auswahl von Deko-Köpfen mit Fruchttextur auf Minecraft Heads. Die meisten Köpfe haben eine Overlay-Textur ❶, die dem Block mehr Form gibt, nur der rote Apfel in der ersten Reihe hat das nicht.

So holst du dir einen Deko-Kopf aus dem Internet:

1. Gib auf Minecraft Heads einen Suchbegriff ein, z. B. »Melon« für Melonenköpfe.
2. Klicke auf den Kopf, der dir gefällt, z. B. »Pile of Melon Slices«.

3. Klicke bei **Give Code** auf **Copy**, um den `/give`-Befehl zu kopieren.

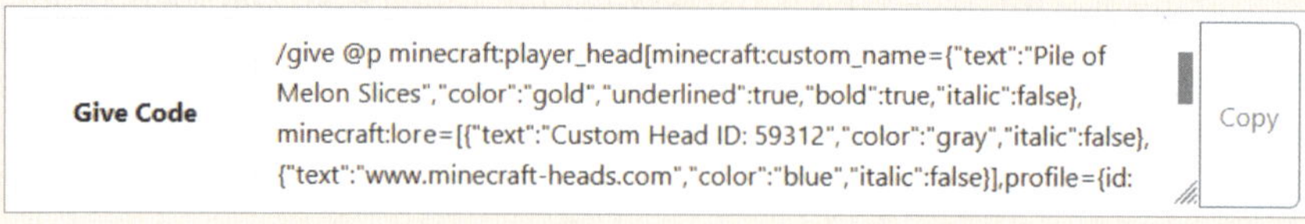

4. Der Befehl ist zu lang für den Chat. Platziere einen *Befehlsblock* aus dem Operator-Inventar, das du aus dem vorherigen Abschnitt kennst.
5. Öffne den Befehlsblock mit einem Rechtsklick, und füge den Befehl mit `Strg` + `V` ein. Klicke auf **Fertig**.

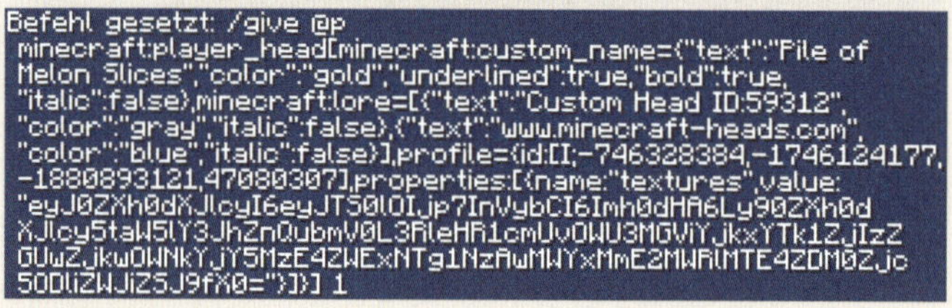

Der Befehl ist zu lang für den Chat, du benutzt ihn mit einem Befehlsblock.

6. Setze einen Knopf neben oder auf den Befehlsblock (dazu schleichen), und drücke ihn. Fertig. Du hast nun den Deko-Kopf im Inventar.
7. Sobald du den Deko-Kopf einmal platziert hast, kannst du ihn jederzeit mit der Pick-Block-Funktion `Strg` + mittlere Maustaste auch ohne Befehlsblock in dein Inventar holen, d.h., du kannst den Befehlsblock wieder löschen oder für andere Deko-Köpfe benutzen.

gestaltet von 0736

Deko-Köpfe sind Spielerköpfe aus einer Skin-Datei. Als einzige Blöcke können sie ein Overlay ⓘ haben, was von den Gestaltern gerne für die Anpassung der Form benutzt wird.

Benutzt du den Befehlsblock mehrfach für verschiedene Deko-Kopf-Befehle, setzt du den nächsten Befehl mit Strg + A und Strg + V ein. Das überschreibt den bisherigen Inhalt mit dem neuen Befehl.

Eine Auswahl an Halloween-Dekorationen auf dem Server Unlimitedworld.de

Deko-Köpfe selbst gestalten

Das Gestalten von Deko-Köpfen ist ein weiteres Beispiel für die Vielseitigkeit von Minecraft. Hast du gestalterisches Talent, kann daraus sogar ein eigenes Hobby werden. Da ein Spielerkopf Teil einer ganz normalen Skin-Datei ist, ist eine Skin-Datei dein Ausgangsmaterial. Du hast verschiedene Möglichkeiten:

1. Ändere den Kopf in einer Kopie deiner eigenen Skin-Datei.
2. Alternative: Möchtest du die Textur eines Deko-Kopfes aus Minecraft Heads verändern, klickst du beim entsprechenden Kopf ganz unten auf den **Download**-Link.

   Dann siehst du die Skin-Datei in deinem Browser und speicherst das Bild über das Kontextmenü (Rechtsklick) auf deinem Computer. Diese Skin-Datei änderst du.

3. Dritte Möglichkeit: Du siehst einen Deko-Kopf in einer fremden Abenteuerwelt, den du selbst verwenden oder ändern möchtest. Dazu schaust du den Kopf mit dem Fadenkreuz an und benutzt F3 + I (auf einem Server F3 + ⇧ + I). Das holt den zugehörigen `/setblock`-Befehl in die Zwischenablage. Wenn du nur

den Kopf haben möchtest, kopierst du den Befehl mit Strg + V in einen Befehlsblock und ersetzt die Koordinaten am Anfang durch `~ ~1 ~`. Aktivierst du den Befehlsblock, erscheint darauf der Kopf.

Möchtest du stattdessen die Skin-Datei bekommen, um sie zu verändern, nimmst du die lange `value`-Zeichenkette ohne Anführungszeichen aus dem Befehl, gibst sie auf der Website *www.base64decode.org* ein und klickst auf **DECODE**. Du erhältst einen Text dieser Art:


```
{"textures":{"SKIN":{"url":"http://textures.minecraft.net/
texture/9e70ebb91a95f23de0f909cdb69318ea15857001f12a61de118d
34f7989bebbe"}}}
```


Gib die URL in deinen Webbrowser ein. Es erscheint die beim Spielhersteller gespeicherte Skin-Datei, die du über das Kontextmenü (Rechtsklick) auf deinem Computer speicherst.

Hast du eine Skin-Datei als Ausgangsmaterial, kommt der kreative Teil: Gestalte den Kopf nach deinen Wünschen mit einem Grafikprogramm, z. B. *Blockbench* ⓘ.

Veränderung eines Deko-Kopfes: Links ein Edelstein-Skin im Ursprungszustand, rechts der Skin nach Hinzufügen eines Overlays und einer »Next Level«-Beschriftung

Bist du fertig, musst du die neue Skin-Datei zum Spielhersteller hochladen und die ID holen. Das geht so:

1. Ziehe den neuen Skin an (wie das geht, findest du über den Index am Ende des Buches unter *Skin* ⓘ).
2. Anschließend bekommst du mit dem Befehl `/give @s player_head[profile=DeinName]` deinen Spielerkopf (setze deinen Namen in den Befehl ein). Sobald du den Kopf einmal platziert hast, behält er sein Aussehen, auch wenn du deinen Skin wieder zurück wechselst. Nur den Befehl kannst du dann nicht mehr benutzen.

3. Möchtest du die ID der hochgeladenen Skin-Datei haben, z. B. um einen `/give`-Befehl an Freunde weiterzugeben, ermittelst du sie mit F3 + I, wie zuvor unter Schritt 3 beschrieben.

Bienen, Fliegen, Marienkäfer und Igel als Deko-Köpfe auf einer Wiese

HÄUSER KOPIEREN MIT DEM KONSTRUKTIONSBLOCK

Kreativ sein heißt auch, vorhandene Dinge zu integrieren und zu verändern. Das kennst du schon von Skins und Ressourcenpaketen, wenn du Teile kopierst und veränderst. Aber mit Abenteuerwelten wäre das schwierig: Es wäre ziemlich umständlich, z. B. ein Haus aus einer fremden Abenteuerwelt Block für Block nachzubauen. Zum Glück geht es einfacher. Ganz ohne Fremdprogramme oder Mods gibt es dafür im Operator-Inventar das passende Werkzeug: den *Konstruktionsblock*.

Mit dem Konstruktionsblock kannst du Bereiche bis zu 48 × 48 × 48 Blöcken (in der Bedrock Edition sogar 64 × 256 × 64 Blöcke) von einer Welt zur anderen kopieren. Das können z. B. gebaute Bäume, Fahrzeuge oder Häuser sein. Größere Konstruktionen kopierst du in Teilen.

Beispiel: Das Kopieren von einem Haus geht so:

1. **Ecke**: Setze einen Konstruktionsblock an eine obere Ecke des zu kopierenden Bereichs und öffne den Block mit Rechtsklick. Der Block ist im Lade-Modus. Klicke einmal auf diesen Modus, um zum **Eck-Modus** zu wechseln, und gib bei **Konstruktionsname** eine kurze Bezeichnung ein, am besten mit deinem eigenen *Namensraum* ⓘ, z. B. »nl:haus1« (beachte die *Schreibregel* ⓘ für Namen).

2. **Bereich markieren**: Setze einen zweiten Konstruktionsblock an die diagonal gegenüberliegende, untere Ecke des zu kopierenden Bereichs. Beide Blöcke müssen *außerhalb* des Bereichs liegen. Bei einem Haus also auch unter dem tiefsten Boden und über dem höchsten Dachblock.

   Klicke im zweiten Konstruktionsblock zweimal auf den Modus, um zum **Speicher-Modus** zu wechseln. Gib auch dort den Konstruktionsnamen »nl:haus1« ein, und klicke auf **Erkennen**. Daraufhin sucht der Speicherblock in seiner Nähe einen Eckblock mit demselben Konstruktionsnamen und markiert den Bereich zwischen ihnen. Das dauert ein paar Sekunden.

»Colorful City Map« von Nekota-ryo0ota

Markierung eines Hauses mit Konstruktionsblöcken (links oben und rechts unten in der Erde). Der Bereich ist 27 × 23 × 23 Blöcke groß.

3. **Prüfen und korrigieren**: Prüfe die Markierung von allen Seiten – auch ob sie wirklich unterhalb des Bodens und oberhalb der höchsten Spitze liegt. Am besten gehst du dazu mit `F3` + `N` in den Zuschauermodus. Falls die Markierung nicht den gewünschten Bereich umfasst, entfernst du einen oder beide Blöcke und setzt sie neu. Hast du sie vorher mit der Pick-Block-Funktion `Strg` + mittlere Maustaste in dein Inventar geholt, bleiben die Einstellungen erhalten. Dann klickst du im Speicherblock erneut auf **Erkennen**. Wiederhole Schritt 3, bis der Bereich passt.
4. **Orientierung**: Beachte die farbigen Linien der Markierung. Sie treffen sich immer in der unteren Nordwestecke des Bereichs, unabhängig von der Position der Konstruktionsblöcke. Merke dir diese Stelle in Bezug zu deinem

Objekt, oder mache mit F2 einen Screenshot. Bei dem Beispielhaus ist diese Stelle vom Eingang aus gesehen »hinten links«.

Im Zuschauermodus prüfst du alle Seiten des markierten Bereichs. Hier ist die farbige untere Nordwestecke zu sehen.

5. **Speichern**: Wenn die Markierung rundherum stimmt, klickst du im Speicherblock *rechts* auf **Speichern**.

   Verlasse die Welt, gehe in die Liste der Einzelspielerwelten, wähle die Welt aus (nicht öffnen), und klicke auf **Bearbeiten**. Im Bearbeitungsmenü klickst du auf **Weltordner öffnen**. Ein neues Fenster mit dem Weltordner erscheint. Gehe in den Unterordner *generated\nl\structures*. Dort findest du eine Datei mit deinem Konstruktionsnamen, in diesem Beispiel *haus1.nbt*.
6. **Backup**: Verlasse das Bearbeitungsmenü der ersten Welt mit **Abbrechen**, und öffne das Bearbeitungsmenü der zweiten Welt. Klicke auf **Sicherheitskopie erstellen**. Mit dem Backup kannst du deine Welt jederzeit wieder herstellen, falls beim Einfügen der Konstruktion etwas schiefgeht.
7. **Kopieren**: Dann klicke im Bearbeitungsmenü auf **Weltordner öffnen**. Lege im Weltordner der zweiten Welt denselben Ordnerpfad *generated\nl\structures* an, und kopiere die Datei *haus1.nbt* von der ersten Welt dort hinein.
8. **Vorschau**: Gehe in die zweite Welt, und stelle einen Konstruktionsblock in die untere Nordwestecke an der Stelle, an der die Konstruktion erscheinen soll. Gib den Konstruktionsnamen ein, und klicke *rechts* auf **Laden**. Dann wird der Bereich markiert, den die gespeicherte Datei umfasst.

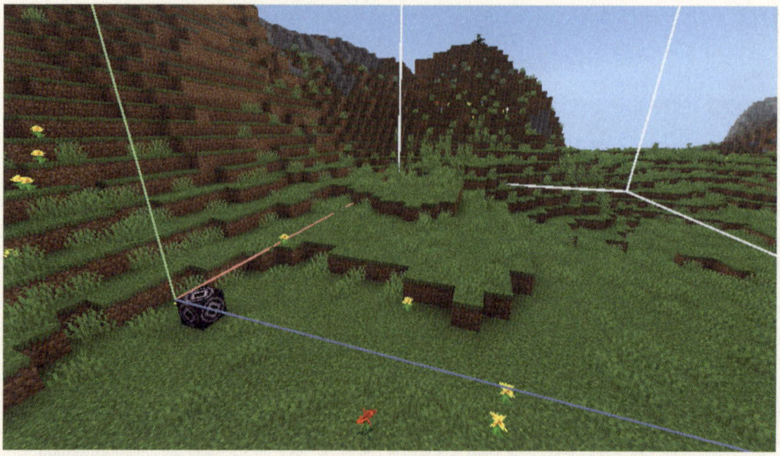

Der Ladeblock steht in der unteren Nordwestecke des zu ladenden Bereichs.

9. **Prüfen und korrigieren**: Passt die Markierung überhaupt nicht, entfernst du den Ladeblock wieder. Damit verschwindet auch die Markierung. Wenn die Markierung halbwegs, aber noch nicht ganz passt, änderst du die X-, Y- und Z-Werte der **Relativen Position** und klickst auf **Fertig** (*nicht* erneut auf **Laden** klicken, sonst erscheint sofort die Konstruktion). Soll die Markierung z. B. zwei Blöcke tiefer sein, gibst du –2 als Y-Wert ein. Wiederhole Schritt 9, bis die Markierung passt.
10. **Einfügen**: Wenn die Markierung rundherum stimmt, klickst du im Ladeblock rechts erneut auf **Laden**. Dann erscheint die Konstruktion.

Das eingefügte Haus. Die Landschaft muss an den Seiten noch angepasst werden.

Passt es nun doch nicht, gibt es nur eine Möglichkeit: Du löschst die Welt und installierst eine Kopie des Backups (nicht das Backup selbst, das brauchst du vielleicht noch für weitere Unfälle).

11. **Feinarbeiten**: Nach dem Einfügen modellierst du die Übergänge auf allen Seiten, bis es schön aussieht. Fertig.

Der Konstruktionsblock im Detail

Der Konstruktionsblock hat drei Modi, die du auf der linken Seite durch Klicken auf **Laden**, **Ecke** und **Speichern** umschaltest. Dabei verändert er seine Eingabefelder und sein Aussehen.

Eck-Modus: Zur Markierung einer oder mehrerer Ecken vor dem Speichern. Nach dem Speichern kannst du die Eck-Blöcke wieder entfernen, aber das solltest du erst nach dem erfolgreichen Einfügen tun, damit du die ursprüngliche Konstruktion zusammen mit der Markierung mehrmals genau anzuschauen kannst, um die beste Einfügeposition zu bestimmen.

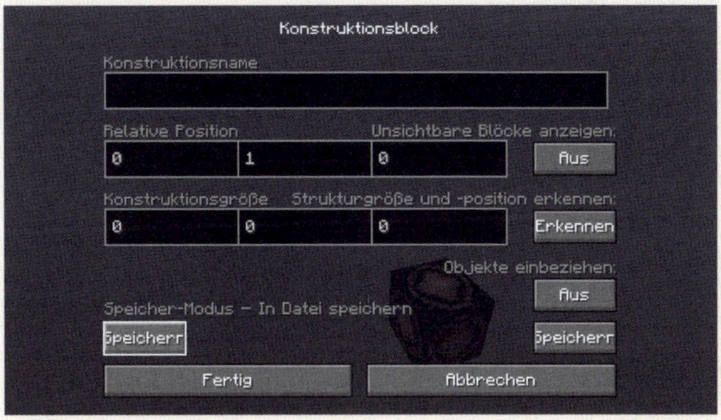

Speicher-Modus: Zum Speichern eines Bereichs. Die XYZ-Koordinatenfelder für **Relative Position** und **Konstruktionsgröße** füllst du nur aus, wenn du keinen Eckblock verwendest. Mit Eck-Blöcken werden diese Felder automatisch gefüllt, sobald du auf **Erkennen** klickst.

Wenn die Luft stört: Manchmal löscht die Luft beim Einfügen Teile der Landschaft oder Teile anderer Bauwerke. Das muss nicht sein! In solchen Fällen ersetzt du vor dem Speichern die Luft durch *Konstruktionsleeren* ⊠.

Die Konstruktionsleere holst du aus dem Operator-Inventar und platzierst sie wie einen normalen Block. Da sie unsichtbar ist, erkennst du sie nur an ihrer Hitbox, wenn du sie mit dem Fadenkreuz anschaust. Schaltest du jedoch im Speicherblock **Unsichtbare Blöcke anzeigen: An**, werden innerhalb des markierten Bereichs alle Konstruktionsleeren rosa und Luftblöcke blau dargestellt. Dann kannst du die Konstruktionsleeren exakt da hinsetzen, wo du sie brauchst. Für größere Bereiche nimmst du den `/fill`-Befehl. Beispiel: `/fill ~ ~ ~ ~6 ~7 ~8 structure_void replace air` füllt den Bereich von deinen Füßen (`~ ~ ~`) bis 6 zusätzliche Blöcke in X-, 7 in Y- und 8 in Z-Richtung (`~6 ~7 ~8`) mit Konstruktionsleeren (`structure_void`), aber *nur* an Stellen, an denen sich Luft befindet (`replace air`).

Linker Baum: Ohne Konstruktionsleeren löscht die Luft beim Einfügen alles Vorhandene. Rechter Baum: Konstruktionsleeren werden beim Einfügen ignoriert, sie löschen nichts.

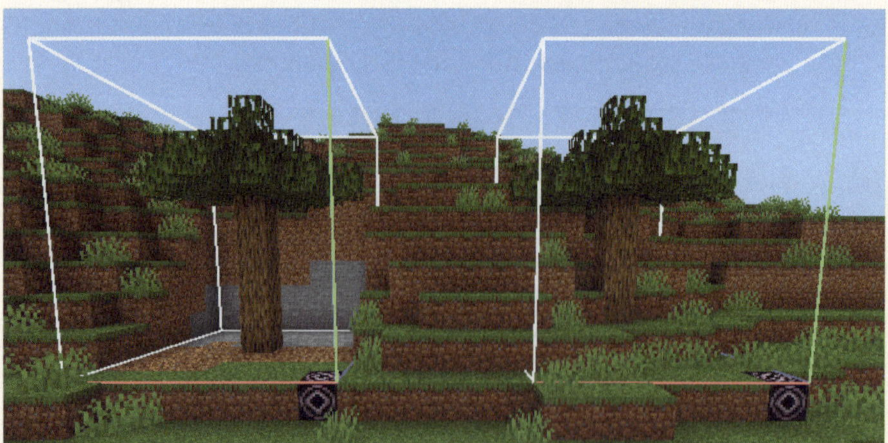

Neben Luft und Konstruktionsleeren zeigt die Einstellung **Unsichtbare Blöcke anzeigen** auch Barrieren und Lichtblöcke .

Mit der Einstellung »Unsichtbare Blöcke anzeigen« zeigt der Speicherblock im markierten Bereich Luft blau, Lichtblöcke gelb, Barrieren rot und Konstruktionsleeren rosa an.

Weil Konstruktionsleeren unsichtbar und für Spieler und Kreaturen durchlässig sind, werden sie auch gerne in Abenteuerwelten benutzt, um das Wachstum von Ranken zu stoppen oder Wasser in die richtigen Bahnen zu lenken, denn sie belegen einen Blockplatz, ohne zu behindern.

Eine weitere, nützliche Einstellung im Speicherblock ist **Objekte einbeziehen**. Schaltest du diese Einstellung an, werden nicht nur Blöcke, sondern auch Objekte wie Boote, Loren, Rahmen, gedroppte Gegenstände, Tiere und Monster mitgespeichert.

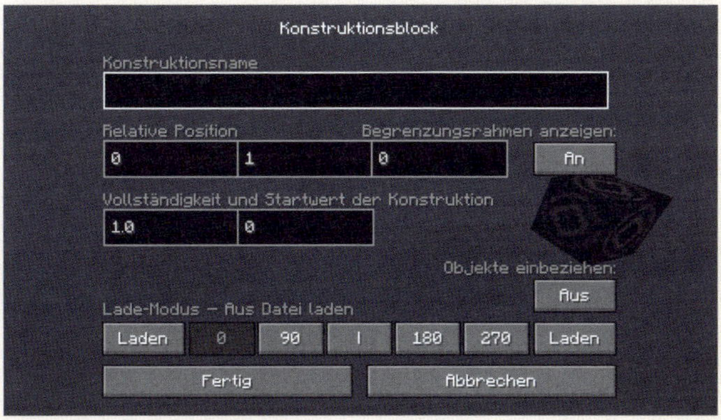

Lade-Modus: Zum Laden eines gespeicherten Bereichs. Mit der Einstellung **Objekte einbeziehen** entscheidest du vor dem Laden, ob gespeicherte Objekte mit geladen werden sollen oder nicht.

Die Buttons **0**, **90**, **180** und **270** ermöglichen dir die null-, ein-, zwei- oder dreifache Drehung der Konstruktion im Uhrzeigersinn, bevor du sie einfügst.

Bei einer Drehung werden richtungsabhängige Blöcke, wie glasierte Keramik und geschnitzte Kürbisse, mitgedreht, und Zäune und Treppen werden korrekt verbunden. Auch Deko-Köpfe werden gedreht. Nur Gegenstände im Rahmen bleiben unverändert.

Der Button mit dem senkrechten Strich zwischen den Drehungsknöpfen ist die inaktive Spiegelfunktion (»keine Spiegelung«). Eine Änderung zu ←→ spiegelt an der roten Achse (Ost/West), ↑↓ spiegelt an der blauen Achse (Nord/Süd). Spiegelung und Drehung sind auch kombinierbar, wobei die Spiegelung zuerst durchgeführt wird.

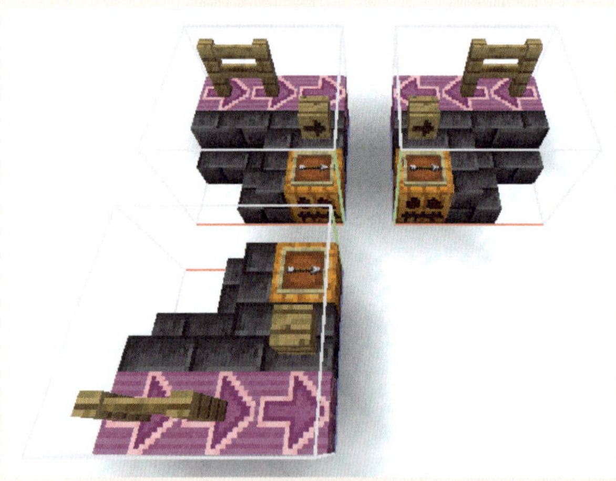

Oben links das Original, darunter die Spiegelung an der roten Achse, rechts die Spiegelung an der blauen Achse. Gegenstände im Rahmen werden nicht gespiegelt. Texturen auch nicht, wie du am Deko-Kopf siehst.

Im Ladeblock gibt es noch die Einstellungen **Vollständigkeit und Startwert der Konstruktion**. Damit kannst du beim Laden zufällig zerstörte Ruinen erzeugen. Der erste Wert steuert, wie viel Prozent der Konstruktion geladen werden soll. Bei 0 % (= 0.0) wird kein Block geladen, bei 100 % (= 1.0) werden alle Blöcke geladen. Der zweite Wert steuert den Zufall: Bei gleichen Konstruktionen und gleicher Unvollständigkeit sorgt ein anderer Startwert dafür, dass nicht immer dieselben Ruinen entstehen.

Ein Haus mit 50 % und mit 10 % Vollständigkeit

Minecraft-Bauwerke laden

Die Alternative zum Ladeblock ist der `/place`-Befehl. Du benutzt ihn, wenn du dir bei der Position und Größe der Konstruktion sicher bist und die Markierung des Bereichs zur Feinjustierung nicht brauchst.

```
/place template <Konstruktionsname> [<XYZ>] [<Drehung>]
[<Spiegelung>] [<Vollständigkeit>] [<Startwert>]
```

Der Befehl enthält dieselben Einstellungen, die du vom Ladeblock kennst. Wie beim Ladeblock bestimmt `<XYZ>` die untere Nordwestecke des Einfügebereichs.

Beispiel: Ohne Konstruktionsblock platziert der Befehl `/place template nl:haus1 ~ ~-1 ~3 none none 0.5` das vorher gespeicherte Next-Level-Haus einen Block tiefer und 3 Blöcke südlich von deiner Position ohne Drehung und ohne Spiegelung mit 50 % Vollständigkeit. Ohne Angaben wird deine aktuelle Position genommen. Falls du drehen oder spiegeln möchtest, benutzt du für diese Parameter die ↹-Taste. Genaueres zu den Minecraft-Befehlen findest du im Kapitel »›Tu es‹ – mit Befehlen bauen«.

Der `/place`-Befehl kann aber noch viel mehr: Er gibt dir Zugriff auf die Landschaftsmerkmale und Bauwerke, die das Spiel bei der *Weltgenerierung* ⓘ verteilt. Ein **Landschaftsmerkmal** besteht aus bestimmten Blöcken, die in einer bestimmten Weise zusammengesetzt sind, wie Bäume, Erzadern oder Eisspitzen. Eine illustrierte Liste findest du im Minecraft-Wiki (*https://minecraft.wiki/Feature*). Damit Landschaftsmerkmale nicht immer gleich aussehen, sind sie nicht als Konstruktion hinterlegt, sondern werden vom Spiel generiert. Mit dem `/place`-Befehl kannst du diese Generierung gezielt aufrufen:

```
/place feature <Landschaftsmerkmal> [<XYZ>]
```

Damit platzierst du das angegebene Landschaftsmerkmal (mit der ↹-Taste siehst du die Auswahl) an der XYZ-Position (ohne Angabe wird deine aktuelle Position genommen). Das funktioniert aber nur, wenn die Bedingungen stimmen. Kommt die Fehlermeldung »Merkmal konnte nicht platziert werden« oder wird eine Platzierung gemeldet, aber es passiert nichts, musst du ausprobieren, woran es liegt. Versuche es im passenden Biom, in der passenden Y-Höhe oder in der passenden Blockumgebung, z. B. im Wasser oder im Stein-Untergrund.

Einige Eisspitzen (»ice_spike«), platziert in einer weißen Flachlandwelt

Neben den Landschaftsmerkmalen kann der `/place`-Befehl auch alle vom Spiel generierten **Bauwerke** platzieren:

```
/place structure <Bauwerk> [<XYZ>]
```

Mit der [⇆]-Taste im Befehl siehst du die Auswahl. Für einige Bauwerke gibt es biomabhängige Versionen. Bei manchen Bauwerken bestimmt das Spiel beim Platzieren die Höhe, egal, was du angibst. Wie bei den Landschaftsmerkmalen werden manche Bauwerke auch nur generiert, wenn die Bedingungen stimmen (z. B. muss für `mineshaft` genug Untergrund vorhanden sein). Mit ein bisschen Herumexperimentieren in unterschiedlichen Flachlandwelten findest du die Bedingungen heraus. Hast du das geschafft, kannst du durch mehrfaches Platzieren von Bauwerken in der passenden Umgebung ein cooles Ausgangsszenario für deine Abenteuerwelt generieren, die du durch nachträgliche Anpassungen verfeinerst.

Hier wurden über ein Dutzend Wüstendörfer in einem Tafelberg-Biom platziert. Auf diese Weise kannst du in deiner Abenteuerwelt eine ganze Stadt generieren, die du dann ausbaust.

Größere Bauwerke, wie Dörfer, Festungen, Minen und antike Städte, sehen bei jeder Generierung anders aus. Damit das funktioniert, hat das Spiel die Bauteile (Häuser, Räume, Wege, Gänge) einzeln gespeichert und setzt sie immer wieder anders und zufällig zusammen. Mit dem bereits bekannten Befehl `/place template` platzierst du nicht nur eigene Konstruktionen, sondern auch einzelne Minecraft-Bauteile in der Welt. Um die Auswahl zu sehen, benutzt du im Befehl die [⇆]-Taste.

Beispiel: `/place template minecraft:ancient_city/city_center/city_center_1` platziert eine Variante des Zentrums einer antiken Stadt.

Das Zentrum einer antiken Stadt

Durch das Platzieren einzelner Bauteile kannst du generierte Bauwerke erweitern, z. B. indem du einem generierten Wüstendorf weitere Häuser hinzufügst.

Übrigens: Du musst die Bauteile des Spiels nicht alle laden, um sie zu sehen. Im englischen Minecraft-Wiki findest du Bilder im jeweiligen Bauwerksartikel, z. B. unter »Village« (*https://minecraft.wiki/Village/Structure*) und im deutschen Minecraft-Wiki gesammelt unter »Standard-Vorlagen« (*https://de.minecraft.wiki/Konstruktionsvorlagendaten*).

Falls du dich beim Laden eines Bauteils wunderst: In einigen Bauteilen, z. B. im Schiffswrack oder in Häusern der Endsiedlung, findest du Konstruktionsblöcke im **Daten-Modus**. Diese Blöcke wurden von den Spielentwicklern an ganz bestimmte Stellen in ihre Konstruktionen gesetzt. Bei der Weltgenerierung erzeugen Daten-Blöcke z. B. einen Truheninhalt oder einen Shulker und werden dann automatisch gelöscht.

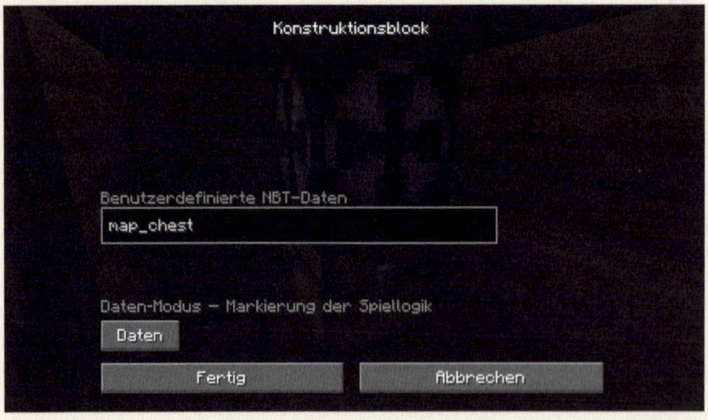

Dieser Datenblock im Schiffswrack ist für das Füllen der Schatzkartentruhe zuständig.

Um einen Konstruktionsblock in den Daten-Modus zu schalten, musst du beim Umschalten die [Alt]-Taste drücken. Aber das bringt nichts, denn Daten-Blöcke funktionieren nur bei der Weltgenerierung und nur in ganz bestimmten Konstruktionen, und sie haben einen sehr eingeschränkten Funktionsumfang. Daher kannst du Daten-Blöcke nicht für eigene Konstruktionen nutzen.

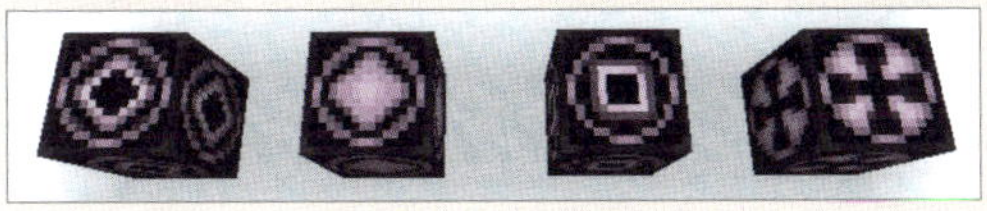

Die vier Modi des Konstruktionsblocks: Laden, Speichern, Ecke, Daten

In den Bauteilen, aus denen z. B. Dörfer oder antike Städte zusammengesetzt werden, findest du einen weiteren Spezialblock, den **Verbundblock**. Er ist für die korrekte Verbindung der Teile zuständig, die zusammen ein immer anders aussehendes Dorf ergeben. Gegen Ende des Kapitels lernst du diesen Block genauer kennen.

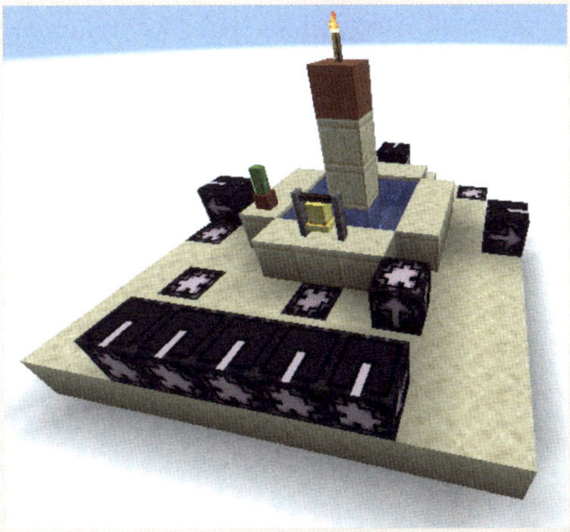

Das Wüstendorfzentrum enthält 14 Verbundblöcke, die du an ihrer Puzzle-Textur erkennst.

DEKORIERE DIE WELT MIT MINECRAFT-METHODEN

Bei der *Weltgenerierung* ⓘ erzeugt Minecraft nicht nur abwechslungsreiche Landschaften mit Bergen, Ozeanen, Höhlen und vielen Biomen, sondern dekoriert die Welt auch mit **Landschaftsmerkmalen**, wie Bäumen, Erzadern und

Eisspitzen, und mit **Bauwerken**, wie Dschungeltempeln, Dörfern und antiken Städten. Damit diese Dekorationen natürlich aussehen, gibt es Regeln für die Platzierung und für das Aussehen. Bäume stehen z. B. nicht auf dem Wasser, und Bauwerke haben einen großen Abstand zum nächsten Bauwerk derselben Art.

Diese Regeln sind im *Standarddatenpaket* ⓘ hinterlegt. Das bedeutet, du kannst sie anschauen, ändern und selbst nutzen!

So verteilt das Spiel Landschaftsmerkmale in der Welt

Die **Platzierungsregeln** für Landschaftsmerkmale findest du im Standarddatenpaketordner *data\minecraft\worldgen\placed_feature*. In diesem Ordner stehen über 200 *json*-Dateien für Bäume, Blumen, kreisrunde Sand-, Ton- und Kiesflächen, Leuchtsteinklumpen, Gebüsche, Tropfsteingebilde, Verliese, Erzadern, Grasflächen, Riesenpilze, Seegras, Quellen und vieles mehr. Schaust du dir den Inhalt des Ordners genauer an, wirst du die Welt anschließend mit anderen Augen sehen. Plötzlich entdeckst du überall Landschaftsmerkmale, die du vorher gar nicht beachtet hattest. Zwar ist alles zufällig verteilt, unterliegt aber trotzdem gewissen Regeln.

Öffnest du eine der *json*-Dateien, siehst du die einzelnen Platzierungsregeln. Die Bedeutung steht im englischen Minecraft-Wiki (*https://minecraft.wiki/Placed_feature*).

Beispiel: Die Datei *worldgen\placed_feature\brown_mushroom_normal.json* enthält die Platzierungsregeln für eine kleine Fläche brauner Pilze (`patch_brown_mushroom`): die Seltenheit (`rarity_filter`), die Ausdehnung (`in_square`), die Bodenlage (`heightmap`) und das Biom (`biome`).

```
{
  "feature": "minecraft:patch_brown_mushroom",
  "placement": [
    {
      "type": "minecraft:rarity_filter",
      "chance": 256
    },
    {
      "type": "minecraft:in_square"
    },
    {
      "type": "minecraft:heightmap",
      "heightmap": "MOTION_BLOCKING"
    },
    {
      "type": "minecraft:biome"
    }
  ]
}
```

Für einige Biome gibt es Sonderregeln, damit braune Pilze dort häufiger generiert werden.

Das Landschaftsmerkmal »kleine Fläche brauner Pilze in der Taiga«

Nachdem das Spiel durch die Platzierungsregel weiß, *wo* es ein bestimmtes Landschaftsmerkmal einfügen kann, muss es noch wissen, *wie* das Ding aussehen soll. Die **Konfigurationsregeln** findest du im Standarddatenpaketordner *data\minecraft\worldgen\configured_feature*. Die Bedeutung der Regeln steht wieder im englischen Minecraft-Wiki (*https://minecraft.wiki/Configured_feature*).

Beispiel: Die Datei *worldgen\configured_feature\patch_brown_mushroom.json* bestimmt die Konfiguration von kleinen Flächen brauner Pilze: der zu platzierende Block (`brown_mushroom`), welchen Block er ersetzen darf (`air`), die Anzahl der Generierungsversuche (`tries`) und die maximale horizontale (`xz_spread`) und vertikale (`y_spread`) Position innerhalb der Fläche.

```
{
  "type": "minecraft:random_patch",
  "config": {
    "feature": {
      "feature": {
        "type": "minecraft:simple_block",
        "config": {
          "to_place": {
            "type": "minecraft:simple_state_provider",
            "state": {
              "Name": "minecraft:brown_mushroom"
            }
          }
        }
      },
      "placement": [
        {
          "type": "minecraft:block_predicate_filter",
          "predicate": {
            "type": "minecraft:matching_blocks",
            "blocks": "minecraft:air"
          }
        }
      ]
    },
    "tries": 96,
    "xz_spread": 7,
    "y_spread": 3
  }
}
```

So verteilt das Spiel kleine Bauwerke in der Welt

Manchmal stößt du auf kleine Bauwerke wie Dschungeltempel, Wracks oder Portalruinen. Auch hierfür gibt es Verteilungs- und Konfigurationsregeln. Die **Verteilungsregeln** stehen im Standarddatenpaketordner *data\minecraft\worldgen\structure_set*. Die zugehörigen Erklärungen findest du im Minecraft-Wiki (*https://minecraft.wiki/Structure_set*).

Beispiel: Die Datei *worldgen\structure_set\shipwrecks.json* bestimmt die Verteilung von Wracks: zufällig (`random_spread` und `salt`), Mindestabstand in Chunks (`separation`) und Durchschnittsabstand (`spacing`). Es gibt zwei Konfigurationen (`structures`), die bei der Generierung mit gleicher Wahrscheinlichkeit (`weight`) ausgewählt werden: normale und gestrandete Wracks.

```
{
  "placement": {
    "type": "minecraft:random_spread",
    "salt": 165745295,
    "separation": 4,
    "spacing": 24
  },
  "structures": [
    {
      "structure": "minecraft:shipwreck",
      "weight": 1
    },
    {
      "structure": "minecraft:shipwreck_beached",
      "weight": 1
    }
  ]
}
```

Die Regeln für die **Konfiguration** eines kleinen Bauwerks findest du im Ordner *data\minecraft\worldgen\structure*. Die zugehörigen Erklärungen stehen wieder im Minecraft-Wiki (*https://minecraft.wiki/Structure_definition*).

Beispiel: Die Datei *worldgen\structure\shipwreck.json* beschreibt die Konfiguration eines normalen Wracks: erlaubte Biome (`biomes`), ob gestrandet (`is_beached`), dass keine Kreaturen mit gespawnt werden (`spawn_overrides` ist leer) und der Generierungsschritt (`step`). Die Generierungsschritte werden nacheinander abgearbeitet. Auf `surface_structures` folgt die Generierung von `vegetal_decoration`, wodurch Wracks von Seegras bedeckt werden können.

```
{
  "type": "minecraft:shipwreck",
  "biomes": "#minecraft:has_structure/shipwreck",
  "is_beached": false,
  "spawn_overrides": {},
  "step": "surface_structures"
}
```

Die meisten Bauwerke des Spiels sind als **Konstruktionen** (*nbt*-Dateien) im Standarddatenpaketordner *data\minecraft\structure* gespeichert. Mit dem Konstruktionsblock oder dem `/place`-Befehl kannst du diese Bauwerke selbst platzieren (z. B. `/place template minecraft:shipwreck/rightsideup_full`). Einige Bauwerke fehlen in diesem Ordner: Minen, Dschungeltempel, Wüstentempel, Sumpfhütten, Ozeanmonumente, Festungen und Netherfestungen werden noch direkt aus dem Programmcode generiert, und Verlies und Wüstenbrunnen zählen nicht als Bauwerk, sondern als Landschaftsmerkmal (`monster_room` und `desert_well`).

Beispiel: Im Ordner *data\minecraft\structure\shipwreck* stehen zwanzig verschiedene Wrack-Konstruktionen: aufrecht, umgefallen, kopfüber, vollständig, halbiert oder zerfallen. Bei der Generierung wählt das Spiel zufällig eine Variante aus.

Die Datei »structure\shipwreck\rightsideup_full.nbt« ist die Konstruktion eines aufrechten, vollständigen Wracks ohne Mast.

So generiert das Spiel zusammengesetzte Bauwerke

Besonders beeindruckend sind Bauwerke, die sich über eine große Fläche erstrecken, wie Dörfer, Minen und antike Städte. Diese Bauwerke werden vom Spiel aus einzelnen **Bauteilen** immer wieder anders und zufällig zusammengesetzt.

Die Regeln für Verteilung und Konfiguration des Gesamtbauwerks und die Konstruktionen der einzelnen Bauteile stehen in denselben Ordnern, wie die der kleinen Bauwerke (außer das Bauwerk wird aus dem Programmcode heraus generiert).

Im Unterschied zu den kleinen Bauwerken enthalten die Bauteile jedoch einen oder mehrere *Verbundblöcke* . Dieser Block legt fest, welche Bauteile zusammengesetzt werden, um ein großes Gesamtbauwerk zu ergeben.

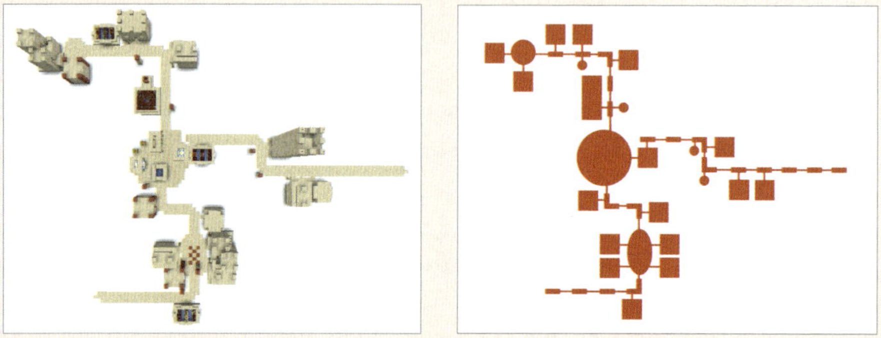

Bei Dörfern erkennst du besonders gut, dass sie ein Zentrum haben, an das während der Generierung Wegabschnitte gesetzt werden, an deren Seiten manchmal Häuser, Felder oder Lampen gesetzt werden.

Jeder Verbundblock verweist auf eine **Pooldatei**, die alle Bauteile auflistet, die dort andocken dürfen. Ein Straßenbauteil könnte z. B. an beiden Enden Verbundblöcke haben, die auf einen Pool mit verschiedenen Straßenbauteilen verweisen, z. B. Geraden, Kurven und Kreuzungen. Beim Generieren wählt das Spiel zufällig ein Bauteil aus diesem Pool aus und dockt es dort an. So entsteht bei jedem Generieren ein neues, zufälliges Straßennetz. An seinen Seiten könnte das Straßenbauteil außerdem Verbundblöcke haben, die auf einen anderen Pool mit verschiedenen Häusern verweisen. Dadurch würden beim Generieren an den Seiten unterschiedliche Häuser entstehen. Die Pooldateien stehen im Ordner *data\minecraft\worldgen\template_pool*.

Auch du kannst Verbundblöcke und Pooldateien einsetzen, um eigene, zufällig zusammengesetzte Bauwerke zu generieren, z. B. ein komplexes Fabrikgelände, ein verwinkeltes Raumschiff, eine Vorstadtsiedlung, eine Kanalisation, einen Schlosskeller oder ein Minigame.

Beispiel: Mit nur zwei Bauteilen generierst du ein kleines zufälliges Labyrinth:

1. Baue zwei Bauteile: eine gerade Strecke und eine Kreuzung, jeweils 5 Blöcke lang.

2. Speichere beide Bauteile mit Konstruktionsblöcken im *Namensraum* ⓘ »nl«, und nenne sie z. B. »nl:gerade« und »nl:kreuzung«.

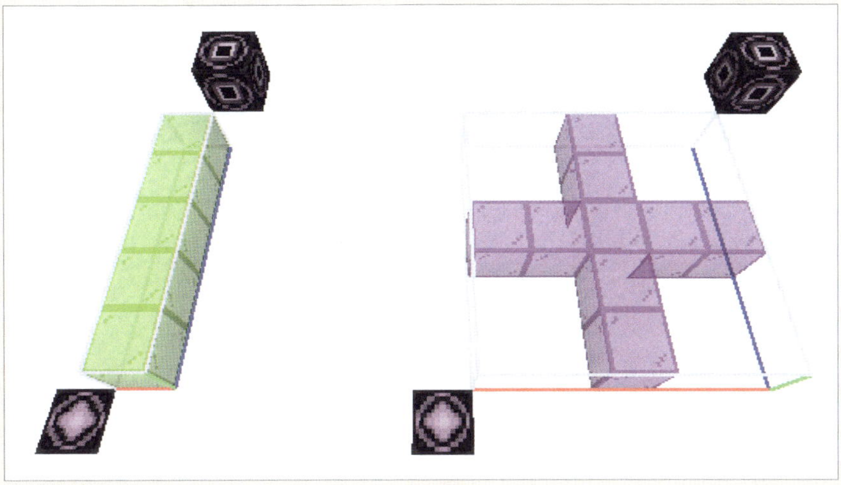

3. Erstelle für deine Welt ein *Datenpaket* ⓘ mit den Ordnern *data\nl\structure* und *data\nl\worldgen\template_pool*.

   Im *template_pool*-Ordner legst du eine Pooldatei an, die du z. B. *auswahl.json* nennst. Trage dort die beiden Bauteile `nl:gerade` und `nl:kreuzung` ein, beide mit gleicher Gewichtung (`weight`). Falls beim Generieren nicht genug Platz vorhanden ist (`fallback`), soll nichts angedockt werden (`empty`).

```
{
  "elements": [
    {
      "element": {
        "element_type": "minecraft:single_pool_element",
        "location": "nl:gerade",
        "projection": "rigid",
        "processors": "minecraft:empty"
      },
      "weight": 1
    },
    {
      "element": {
        "element_type": "minecraft:single_pool_element",
        "location": "nl:kreuzung",
        "projection": "rigid",
        "processors": "minecraft:empty"
      },
      "weight": 1
    }
  ],
  "fallback": "minecraft:empty"
}
```

4. Gehe in deine Welt. Weil du eine Pooldatei angelegt hast, warnt dich Minecraft, dass das noch eine experimentelle Spielfunktion ist, die sich ändern kann. Aber du weißt, was du tust, und klickst den entsprechenden Button.

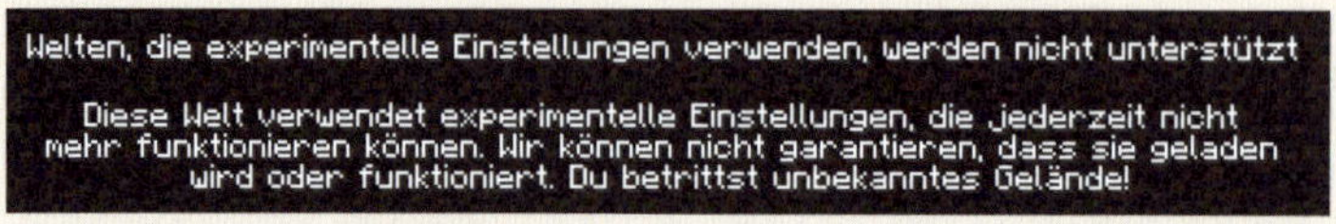

5. Nimm einen Verbundblock aus dem Operator-Inventar und ersetze damit ein Ende der geraden Strecke. Setze den Block so, dass die Pfeile nach außen zeigen.
6. Öffne den Verbundblock, und trage vier Informationen ein:
   - **Bezugsquelle** ist der Name des Pools, der bestimmt, welche Bauteile an hier andocken dürfen. Das Beispiel hat nur einen einzigen Pool, nämlich »nl:auswahl«. Da dieser Pool beide Bauteile auflistet, dürfen beide am Verbundblock andocken.
   - **Name** benennt die Verbindung. Ein Bauteil kann verschiedene Verbindungen haben. Ein Straßenbauteil kann z. B. vorne und hinten je eine Verbindung »strasse« haben und an den Seiten je eine Verbindung »haus«. Im Beispiel gibt es nur eine einzige Verbindung für alle Bauteile. Nenne sie z. B »weg«. Das Spiel ergänzt automatisch den Minecraft-Namensraum.
   - **Zielname** legt fest, welcher Verbindungsname hier andocken darf. Üblicherweise trägst du denselben Namen ein, im Beispiel also wieder »weg«. Das bedeutet, hier darf sich nur ein Verbundblock andocken, der »weg« heißt.

     In größeren Bauwerken mit vielen Bauteilen kann es auch Bauteile mit leerer Bezugsquelle und leerem Zielnamen geben. Das sind sogenannte *Endstücke*. Sie können an andere Bauteile andocken (wenn sie den entsprechenden Verbindungsnamen haben), lassen aber ihrerseits kein weiteres Bauteil bei sich andocken (weil sie keine Bezugsquelle und keinen Zielnamen haben).
   - **Wird zu** ist eine Block-ID. Weil der Verbindungsblock nach dem Generieren verschwinden soll, wird er in den Block umgewandelt, denn du hier einträgst. Üblicherweise ist das »air«, aber da der Verbindungsblock im Beispiel Teil des Weges ist, setzt du hier die passende Block-ID ein. Im Beispiel ist das »green_stained_glass«.

7. Klicke auf **Fertig**, und kopiere den Verbundblock mit allen Einstellungen mit der Pick-Block-Funktion `Strg` + mittlere Maustaste. Ersetze damit das andere Ende der geraden Strecke.
8. Ersetze mit dem Verbundblock auch ein Ende der Kreuzung. Öffne den Block, trage bei **Wird zu** das Baumaterial der Kreuzung ein (im Beispiel »magenta_stained_glass«), schließe den Block, kopiere ihn mit der Pick-Block-Funktion, und ersetze damit die restlichen drei Enden der Kreuzung.
9. Speichere deine beiden Bauteile erneut mit den Konstruktionsblöcken.

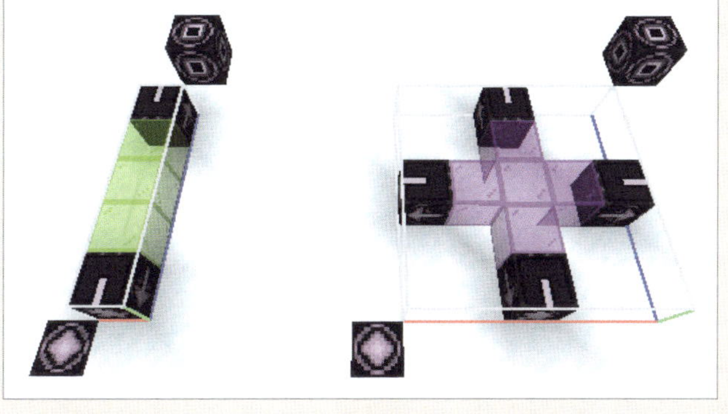

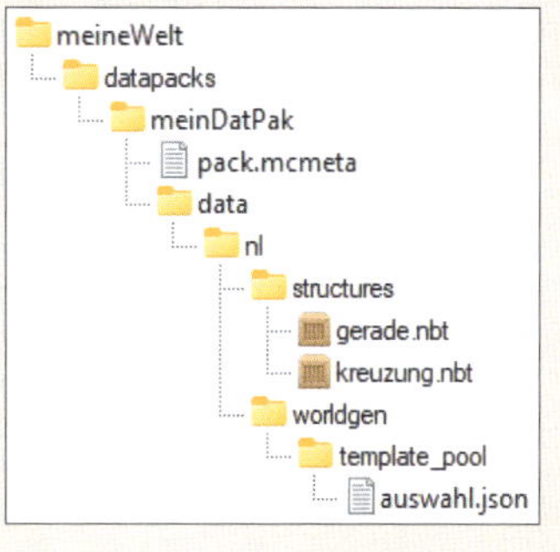

10. Öffne den *Weltordner* ⓘ deiner Welt, und kopiere die beiden Bauteile aus dem Ordner *generated\nl\structures* in den Ordner *data\nl\structure* deines Datenpakets. Das Datenpaket sieht dann aus wie im Bild.
11. Zum Testen platzierst du in der Welt einen Verbundblock, in den du als **Bezugsquelle** deinen Pool »nl:auswahl« einträgst und als

Zielname die Verbindung »weg«. Stelle die **Ebenen** auf 1, und klicke auf **Generieren**. Hast du alles richtig gemacht, erscheinen einige Bauteile.

Mit **Ebenen** legst du die Anzahl der Generierungsschritte fest. Du musst mindestens 1 wählen, maximal sind 20 möglich. Die Verbundblöcke bleiben im Test sichtbar, damit du alles prüfen kannst.

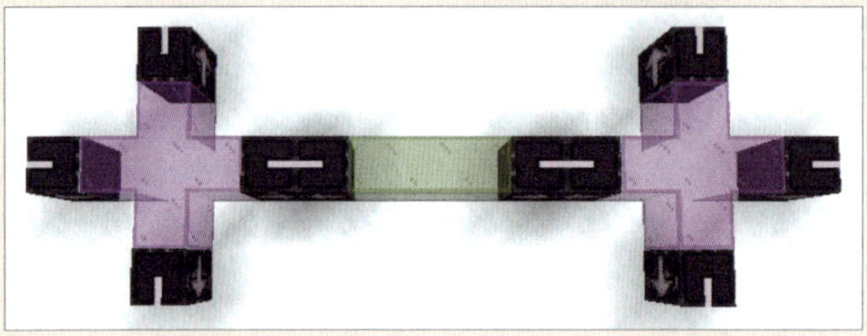

Erster Generierungsversuch mit sichtbaren Verbundblöcken: Als Zentrum hat das Spiel zufällig eine Gerade generiert, an die es im ersten und einzigen Generierungsschritt je eine Kreuzung angesetzt hat.

12. Hat der Test funktioniert, wiederholst du die Generierung an einer anderen Stelle z. B. mit sieben Ebenen und der Einstellung **Verbünde behalten: Aus**. Alternativ kannst du auch den `/place`-Befehl verwenden:

```
/place jigsaw <Pool> <Zielname> <Ebenen> [<XYZ>]
```

Die Einstellungen entsprechen dem Verbundblock. Beispiel:

```
/place jigsaw nl:auswahl weg 7
```

Ein zufällig generiertes Labyrinth aus zwei Bauteilen in sieben Ebenen

Nach diesem kleinen Beispiel kannst du jetzt richtig loslegen. Lass deiner Fantasie freien Lauf, und konstruiere viele (und natürlich größere) Bauteile mit verschiedenen Alternativen: Gänge, Treppen, Schächte, Räume, Hallen, Wege, Straßen, Häuser und vieles mehr. Deine Bauteile können auch Kreaturen enthalten (beim Speichern mit dem Konstruktionsblock **Objekte einbeziehen** einschalten).

Für jede Gruppe von Alternativen (beim Dorf z. B. verschiedene Straßen, Häuser, Felder, Lampen) legst du eine eigene Pooldatei an. Ein Pool darf auch nur ein einziges Bauteil enthalten, das wird dann immer generiert, wenn ein Verbindungsblock diesen Pool aufruft. Übrigens: Ein Pool kann als `element_type` auch *Landschaftsmerkmale* enthalten, das vervielfacht deine Möglichkeiten.

Verbundblöcke bringst du am Rand eines Bauteils an, und richtest sie nach außen, damit sie sich verbinden können. Andere Möglichkeit: Du kannst ein kleineres Bauteil auch *innerhalb* eines größeren andocken, z. B. unterschiedliche Dekorationen in einen großen Raum. Dazu setzt du den Verbundblock im größeren Bauteil so, dass das kleinere Bauteil komplett innerhalb des größeren bleibt.

Verbundblöcke dürfen auch nach unten und oben zeigen. Dann erscheint im Verbundblock die zusätzliche Einstellung **Ausrichtung**:

- **Drehbar**: Das Ziel-Bauteil darf vom Spiel zufällig gedreht werden.
- **Ausgerichtet**: Das Ziel-Bauteil wird vom Spiel so ausgerichtet, dass die Striche auf den beiden Verbundblöcken zusammenpassen.

Die **Auswahlpriorität** und die **Platzierungspriorität** können nützlich sein, wenn du in einem Bauteil mehrere Verbundblöcke mit gleichem Namen verbaut hast.

Große Bauwerke automatisch nachbearbeiten

Nach dem Generieren eines großen Bauwerks verpasst ihm das Spiel manchmal noch eine Veränderung, bei der es einige Blöcke durch andere ersetzt. Dadurch erhält z. B. eine eintönige Wand einige Moosflecken oder ein Feld im Dorf unterschiedliche Ackerpflanzen.

Um das zu erreichen, trägst du in der Pooldatei unter `processors` die gewünschte Datei mit den Regeln zur **Nachbearbeitung** ein. Im Standarddatenpaket findest du diese Regeln im Ordner *data\minecraft\worldgen\processor_list*.

Die Erklärung dazu steht im Minecraft-Wiki (*https://minecraft.wiki/Processor_list*).

Die Nachbearbeitung ersetzt z. B. in einem Wüstendorffeld einige Weizenpflanzen durch Rote-Bete-Pflanzen.

Beispiel: Die Datei *worldgen\processor_list\mossify_20_percent.json* ersetzt Bruchstein (`input_predicate`) mit 20 % Wahrscheinlichkeit (`probability`) durch bemoosten Bruchstein (`output_state`).

```
{
  "processors": [
    {
      "processor_type": "minecraft:rule",
      "rules": [
        {
          "input_predicate": {
            "block": "minecraft:cobblestone",
            "predicate_type": "minecraft:random_block_match",
            "probability": 0.2
          },
          "location_predicate": {
            "predicate_type": "minecraft:always_true"
          },
          "output_state": {
            "Name": "minecraft:mossy_cobblestone"
          }
        }
      ]
    }
  ]
}
```

Mit einem Datenpaket kannst du nun, genauso wie das Spiel, beim Generieren deiner Welt Landschaftselemente, kleine Bauwerke und zusammengesetzte Bauwerke als Dekoration verteilen. Kopiere dazu passende Regeldateien aus dem Standarddatenpaket, und ändere sie nach deinen Wünschen. Kleine Bauwerke und Bauteile für zusammengesetzte Bauwerke speicherst du mit dem Konstruktionsblock und kopierst sie in dein Datenpaket.

Lass dich auch von anderen Datenpaketen inspirieren, und schau hinein, wie es dort gemacht wird. Ein gutes Beispiel ist *Terralith* ⓘ (*https://www.stardust-labs.net/terralith*).

Mit »/place structure terralith:fortified_desert_village« platzierst du dieses Terralith-Bauwerk (wenn das Datenpaket geladen ist).

Gratulation, du hast das 6. Experten-Level erreicht

Du bist tief in den Kreativmodus eingetaucht, kennst die Tricks des **Kreativ-Inventars** und hast die speziellen Blöcke und Gegenstände kennengelernt, die es nur im Kreativmodus gibt. Dazu gehören das **Operator-Inventar** und der **Spielerkopf**, den du für zahlreiche Dekorationen einsetzen kannst.

Dann hast du dich mit dem **Konstruktionsblock** beschäftigt, Häuser von einer Welt zu anderen kopiert und mit dem `/place`-Befehl die **Landschaftsmerkmale** und **Bauwerke** des Spiels in deine Welt geladen.

Zum Schluss hast du erfahren, wie das Spiel die Welt dekoriert. Mit dem **Verbundblock** hast du ein Labyrinth generiert und weißt jetzt, wie du all diese Dinge mit einem eigenen Datenpaket anwenden kannst.

Das Platzieren von Landschaftsmerkmalen und Bauwerken an beliebiger Stelle erleichtert dir erheblich das Bauen von Abenteuerszenarien. Eine weitere Erleichterung sind die Baubefehle von Minecraft. Im nächsten Kapitel lernst du sie kennen.

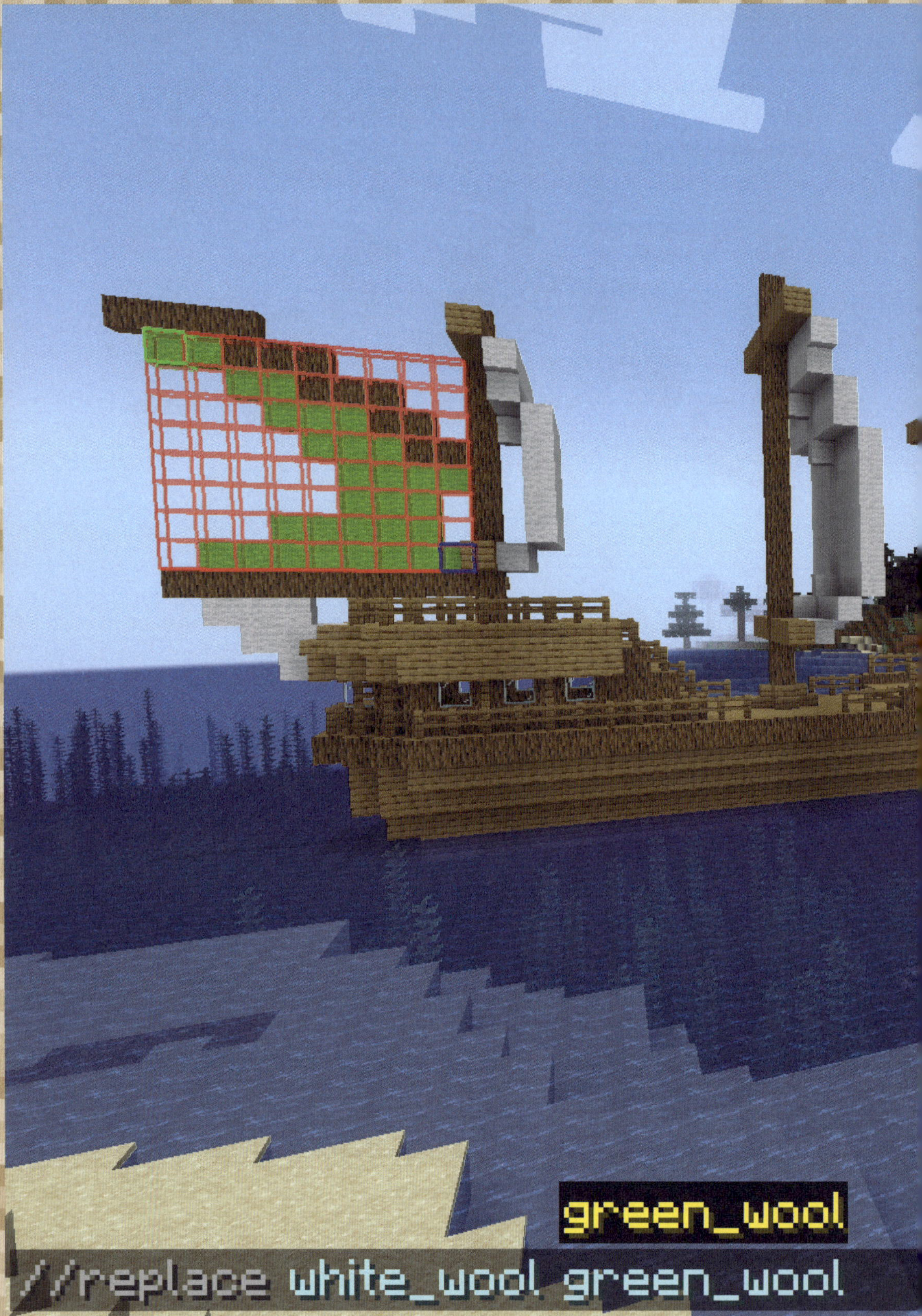
green_wool
//replace white_wool green_wool

»TU ES!« – MIT BEFEHLEN BAUEN

Das kreative Bauen ist genau dein Ding. Du hast die WorldEdit-Mod installiert und dich nach und nach mit den Befehlen vertraut gemacht. Mit WorldEdit geht das Bauen flott von der Hand, mittlerweile kennst du schon zwei Dutzend Befehle auswendig.

Für deine Piraten-Szene brauchst du noch ein Schiff. Du suchst ein passendes Schematic im Internet und fügst es mit //schem in diese lauschige Bucht ein, die du mit /locate gefunden hast. Die Segel sollen aber nicht weiß, sondern bunt sein. Kein Problem! Schnell ist das Gaffelsegel markiert und mit //replace die Farbe gewechselt. Hm … das passt noch nicht ganz. Kurz ein //undo gemacht und eine andere Farbe probiert. Prima! Jetzt noch mit /time verschiedene Sonnenstände testen, Mittag sieht gut aus!

Als Nächstes willst du ein großes Handelsschiff einfügen. Da ist mehr zu tun, du freust dich schon.

ANWEISUNGEN FÜR DAS SPIEL

In den vorherigen Kapiteln hast du schon einzelne Befehle kennengelernt, aber was ist eigentlich ein Befehl? Und was hat es mit der sogenannten Syntax auf sich, die dabei oft genannt wird? Das und mehr erfährst du in diesem Kapitel.

Ganz allgemein gesprochen ist ein *Befehl* eine Anweisung an das Spiel, etwas für dich zu tun. Hast du den Befehl richtig geschrieben, tut das Spiel genau das, was du verlangst. Die richtige Schreibweise nennt man *Syntax*. In diesem Buch ist die Syntax eines Befehls immer grün hinterlegt.

Üblicherweise denkt man, Kreativmodus und Befehle gehören zusammen, aber das stimmt nicht. Beim Generieren der Welt steuert nicht der Spielmodus, sondern die Einstellung **Befehle erlauben: An**, ob du Befehle benutzen darfst oder nicht.

Bist du im Kreativmodus in einer Welt ohne aktivierte Befehle, kannst du sie auch nicht benutzen. Das lässt sich nur mit einem Zusatzprogramm dauerhaft ändern. Schau dazu in den Index dieses Buches, wie du *Befehle nachträglich aktivieren* ⓘ kannst.

Befehle schreibst du in den *Chat*, eine Textzeile, die du mit [T] öffnest. Dazu darf unter **Optionen • Chateinstellungen** der **Chat** nicht **Versteckt** sein. Um einen Befehl von einem beliebigen Wort zu unterscheiden, muss er in Minecraft mit einem Schrägstrich / beginnen. Öffnest du den Chat mit der Minus-Taste [-], ist der Schrägstrich bereits eingetippt.

Wer an Befehle denkt, denkt als erstes an Erleichterungen für das kreative Gestalten, z. B. das Kopieren von Blockbereichen. Aber das ist nur ein winziger Teil der Befehle – so wenig, dass es eine spezielle Mod namens WorldEdit mit vielen praktischen Bau-Befehlen gibt, die das Originalspiel nicht hat (mehr dazu gegen Ende dieses Kapitels).

Der Hauptanteil der Minecraft-Befehle ist jedoch für den Einsatz in Abenteuerwelten gedacht. Mit Befehlen steuerst du die Regeln und den Ablauf des Abenteuers, das du dir ausgedacht hast. Dazu gehören Rätselwelten, Fallen, Monster und Gegenstände mit besonderen Eigenschaften und Minigames nach deinen Regeln. In Abenteuerwelten speicherst du die Befehle in einem Befehlsblock, der durch Redstone-Signale aktiviert wird. Wie das genau funktioniert, steht im nächsten Kapitel. Hier geht es erst einmal nur um das Verständnis, dass Befehle vor allem zur Gestaltung von Abenteuerwelten gedacht sind. Es sind sehr mächtige, kreativ einsetzbare Werkzeuge.

Syntax und Argumente

Die meisten Befehle benötigen zusätzliche Angaben, die *Argumente* oder *Parameter* genannt werden. Argumente werden durch ein Leerzeichen voneinander getrennt, damit das Spiel sie erkennt. Die *Syntax* beschreibt die Reihenfolge und Schreibweise aller Argumente eines Befehls.

Beispiel: Die Syntax für den `/time`-Befehl, der den Sonnenstand ändert, lautet:

```
/time (set|add|query) <Wert>
```

Der Befehl selbst lautet `/time`. Nach einem Leerzeichen kommt das erste Argument `(set|add|query)` und nach einem weiteren Leerzeichen das zweite Argument `<Wert>`. Was der Befehl genau bewirkt, erfährst du gleich, hier geht es nur um die Syntax. Die speziellen Zeichen haben dabei folgende Bedeutung:

- `( | )` Ein Argument in runden oder eckigen Klammern mit senkrechten Strichen beschreibt **Alternativen**. Du kannst immer nur eine davon angeben. Beim `/time`-Befehl musst du dich entscheiden, ob du `/time set` oder `/time add` oder `/time query` eingeben möchtest.
- `[ ]` Ein Argument in eckigen Klammern ist **optional**, d. h., du kannst es weglassen, der Befehl funktioniert trotzdem (wie beim `/help`-Befehl auf der nächsten Seite).
- `< >` Ein Argument in spitzen Klammern ersetzt du bei der Befehlseingabe durch einen passenden **Wert**, z. B. einen Spielernamen oder Blockkoordinaten.
- `Feste Texte` oder **Konstanten** haben keine Klammern. Du musst sie genau so schreiben, wie sie in der Syntax stehen. Im `/time`-Befehl gibt es die festen Texte `set` und `add` und `query`. Wenn du dich verschreibst, funktioniert der Befehl nicht.
- … Bei längeren Befehlen zeigen drei Punkte in der Syntax an, dass der Befehl an dieser Stelle **noch weiter geht**, was dann jeweils etwas später im Text beschrieben ist.

Die Klammern und die senkrechten Striche sind nur Markierungen zum Verständnis der Syntax, beim Schreiben des Befehls *lässt du sie weg*. Du schreibst z. B. `/time set noon` oder `/time add -1000`, wobei `noon` und `-1000` passende Werte für diesen Befehl sind.

`/help [<Befehl>]`

Der `/help`-Befehl zeigt dir im Spiel die Syntax für jeden Befehl an. Du kannst einfach nur `/help` eingeben, um die Liste aller Befehle zu sehen, oder nach einem Leerzeichen einen bestimmten `<Befehl>`, um dessen Syntax zu sehen, z. B. `/help time` oder `/help help`.

In Minecraft gibt es etwa 60 Befehle für den Einzelspielermodus und weitere 20 für Serverbetreiber, wobei Server üblicherweise weitere Befehle haben, die nicht von Minecraft kommen und auf jedem Server anders lauten.

So benutzt du den Chat für Befehle

Gibst du im Einzelspielermodus `/help` ein, rauscht die Liste aller Befehle durch den Chat. Die letzten zehn Zeilen bleiben kurz sichtbar, dann verschwinden sie, um dein Sichtfeld nicht zu verdecken. Wenn du den Chat mit [T] oder Minus [-] wieder öffnest, siehst du die letzten 20 Zeilen. Mit dem Mausrad scrollst du den Chat weiter nach oben und kannst so die 100 letzten Zeilen sehen.

Möchtest du einen Befehl wiederholen oder ändern, benutzt du im Chat die Cursortasten [↑] und [↓], um deine letzten Befehle in die Eingabezeile zu holen. Das funktioniert sogar nach einem Weltwechsel oder an einem anderen Tag, denn Minecraft speichert deine letzten 50 Befehle in der Datei *.minecraft\command_history.txt*.

In der Minecraft-Option **Chateinstellungen** passt du die Chat-Anzeige nach deinen Wünschen an. Die Einstellungen erklärt das Minecraft-Wiki:

- Englisch: *https://minecraft.wiki/Options#Chat_Settings*
- Deutsch: *https://de.minecraft.wiki/Menü/Optionen/Chateinstellungen*

Du kannst z. B. die Textgröße, den Zeilenabstand und die Deckkraft einstellen. Hast du **Weblinks** aktiviert, kannst du im Chat nach einem [F2]-Screenshot auf den Link klicken, um das Bild zu öffnen. Eine weitere Einstellung, die speziell für Befehle gedacht ist, erklärt der nächste Abschnitt.

Bequem und schnell mit der Tab-Vervollständigung

Wenn du den Chat mit [T] öffnest, zeigt die aktivierte Einstellung **Befehlsvorschläge: An** nach Eingabe des Schrägstrichs [/] alle Befehle zur Auswahl. Mit [Tab] und [⇧] + [Tab] (oder [↑] und [↓]) bewegst du dich in der Liste. Gibst du nach dem Schrägstrich einen oder mehrere Buchstaben ein, verkleinert sich die Auswahl entsprechend. Mit der [Tab]-Taste übernimmst du den ausgewählten Befehl aus der Liste in die Eingabezeile (*Tab-Vervollständigung* genannt).

In den meisten Fällen haben Befehle Argumente. Zur Vereinfachung der Eingabe macht das Spiel passende Vorschläge für das nächste Argument, wenn möglich. Auch hier geht die Eingabe schneller mit der Tab-Vervollständigung.

Beispiel: Um den Befehl `/time set night` einzugeben, nutzt du die Tab-Vervollständigung so:

1. `/ti` + [Tab] vervollständigt den Befehl zu `/time`.
2. Die Leertaste zeigt Vorschläge für das erste Argument.
3. [↑] + [Tab] vervollständigt den Befehl zu `/time set`.
4. Die Leertaste zeigt Vorschläge für das nächste Argument.
5. `n` + [Tab] vervollständigt den Befehl zu `/time set night`.

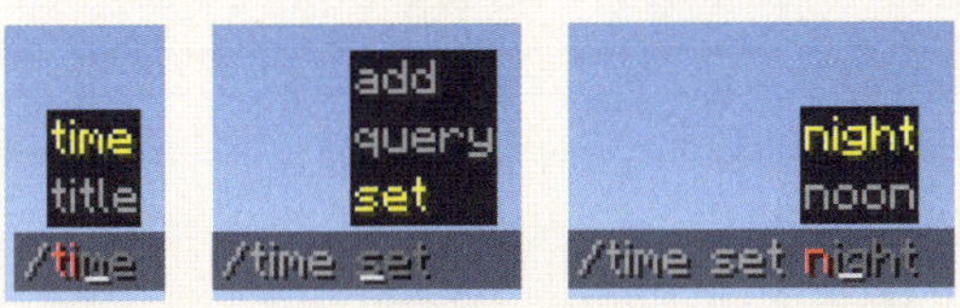

Mit der Tab-Vervollständigung geht die Eingabe schneller.

Hast du die Befehlsvorschläge in den Chateinstellungen ausgeschaltet, werden sie nicht automatisch angezeigt. Sie sind aber weiterhin vorhanden, sobald du [Tab] drückst:

1. `/ti` zeigt eine Fehlermeldung. [Tab] zeigt die Befehlsvorschläge. Ein erneutes [Tab] vervollständigt den Befehl zu `/time`.
2. Die Leertaste zeigt eine Fehlermeldung. [Tab] zeigt die Vorschläge.
3. [↑] + [Tab] vervollständigt den Befehl zu `/time set`.

4. Die Leertaste zeigt als nächstes Argument `<time>` an. Wieder zeigt ⇆ die Vorschläge.
5. `n` + ⇆ ändert die Vorschläge zu `night` und `noon`. Ein erneutes ⇆ vervollständigt den Befehl zu `/time set night`.

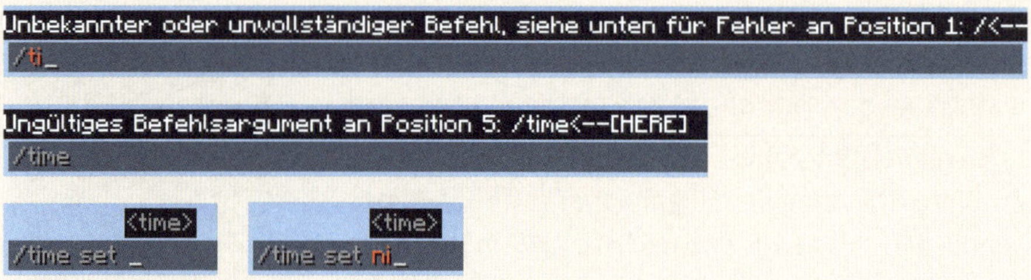

Ohne automatische Befehlsvorschläge benutzt du Tab für die Vorschläge.

Du gewöhnst dich sehr schnell an die Tab-Vervollständigung, sobald du sie aktiv benutzt, egal ob mit oder ohne automatischen Befehlsvorschlägen.

Im Chat funktionieren die Tastenkürzel aus Textprogrammen wie gewohnt:

- Du bewegst den Cursor mit den Tasten ← oder →. Gleichzeitiges Drücken der ⇧-Taste markiert diesen Textteil.
- Du kannst auch an jede Stelle in der Eingabezeile klicken. Klickst du zwei Stellen an und drückst bei der zweiten die ⇧-Taste, wird der Text zwischen beiden Stellen markiert.
- `Strg` + ← oder → springt zum vorherigen oder nächsten Leerzeichen. Auch hier markiert gleichzeitiges Drücken der ⇧-Taste den dazwischenliegenden Textteil.
- `Strg` + `A` markiert die gesamte Zeile.
- `Strg` + `C` kopiert den markierten Teil in die Zwischenablage.
- `Strg` + `V` fügt die Zwischenablage ein.
- Möchtest du Screenshots ohne störende Chat-Meldungen machen, blendest du mit `F1` die Anzeige von Chat und Schnellzugriffsleiste aus. Möchtest du nur den Text ausblenden und die Schnellzugriffsleiste behalten, leerst du mit `F3` + `D` den Chat.

Die Länge der Eingabezeile ist auf 256 Zeichen begrenzt. Längere Befehle kannst du nur in einen Befehlsblock eingeben, der im nächsten Kapitel vorgestellt wird.

BEFEHLE ZUR EINSTELLUNG DER WELT

Beim Bau einer Abenteuerwelt helfen dir einige nützliche Befehle, die du in diesem Abschnitt kennenlernst.

```
/gamerule <Regel> [<Wert>]
```

Normalerweise stellst du die *Spielregeln* ⓘ vor dem Generieren der Welt ein. Hast du dabei etwas vergessen, ist das kein Problem, denn mit dem Befehl `/gamerule` kannst du jede Spielregel nachträglich dauerhaft ändern oder zwischendrin zum Testen kurzzeitig umschalten. Mit der Tab-Vervollständigung wählst du eine bestimmte `<Regel>` aus. Ohne Angabe eines `<Wertes>` wird die aktuelle Einstellung angezeigt.

Informationen zu den meisten Regeln findest du im Welterstellungsmenü unter **Einzelspieler • Neue Welt erstellen • Mehr • Spielregeln**. Fährst du dort mit der Maus über den Text, siehst du für jede Regel mindestens den Namen für den `/gamerule`-Befehl und den Standardwert, manchmal auch einen Hinweis zur Anwendung.

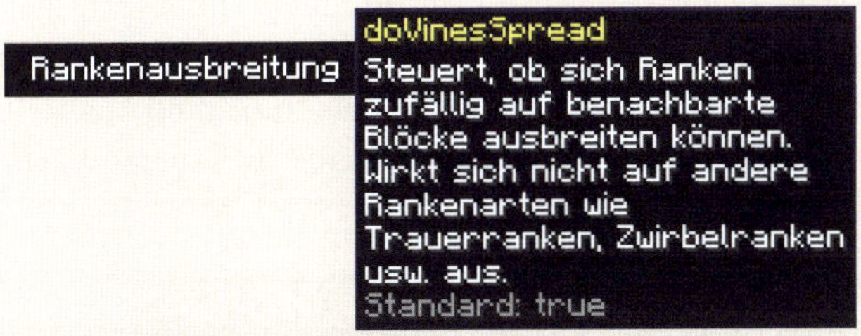

Die Informationen zur Spielregel »doVinesSpread«

Es gibt noch etwa ein Dutzend weiterer Spielregeln, die nicht im Welterstellungsmenü stehen. Alle sind im Minecraft-Wiki erklärt.

- Englisch: *https://minecraft.wiki/Game_rule*
- Deutsch: *https://de.minecraft.wiki/Spielregel*

Beispiel: Um das Pflanzenwachstum zu beobachten, das durch zufällige *Block-Updates* ⓘ hervorgerufen wird, baust du einen kleinen Acker und eine

Wand mit ein paar Ranken. Dann erhöhst du die Anzahl der zufälligen Block-Updates von 3 auf 500 mit dem Befehl `/gamerule randomTickSpeed 500`. Setze den Wert danach wieder auf 3, um deine Welt zu normalisieren und das Spiel nicht unnötig zu belasten.

Bei erhöhtem »randomTickSpeed« wachsen Pflanzen deutlich schneller.

Noch ein **Beispiel**: Um zu sehen, wie weit die zufälligen Block-Updates wirken, erstellst du eine *Flachlandwelt* ⓘ mit dem Generierungscode `dirt;plains`. Platziere einen Grasblock, stelle dich darauf, und fliege genau senkrecht nach oben, ohne dich zur Seite zu bewegen. Wenn du dabei nach unten schaust, kannst du schöne *Moiré-Effekte* ⓘ beobachten. Erhöhe dann die Anzahl der zufälligen Block-Updates mit `/gamerule randomTickSpeed 1000`. Schnell breitet sich das Gras auf der Erde aus. Nach kurzer Zeit ist die maximale Ausbreitung von 7 bis 8 Chunks in alle Richtungen erreicht. Sobald du dich seitwärts bewegst, geht die Ausbreitung in diese Richtung weiter.

Ausbreitung von Gras bei erhöhtem »randomTickSpeed« von oben gesehen. Die dunklen Flecken sind ein Moiré-Effekt der Erde-Textur.

```
/difficulty [peaceful|easy|normal|hard]
```

Damit zeigst du den *Schwierigkeitsgrad* der Welt an oder änderst ihn. Das kannst du zwar auch über die Optionen im Spielmenü machen, aber mit dem Befehl geht es schneller, wenn du z. B. zum Testen deiner Abenteuerwelt kurzzeitig alle Monster verschwinden lassen willst (peaceful). Ohne Angabe einer Schwierigkeit wird die aktuelle Einstellung genannt.

```
/worldborder set <Durchmesser> [<Zeit>]
/worldborder add <Differenz> [<Zeit>]
```

Den /worldborder-Befehl kennst du bereits aus dem Kapitel »Das große Abenteuer – Minecraft ist mehr«. Du bestimmst damit das Zentrum und den Durchmesser der *Weltbarriere*, die deine Abenteuerwelt begrenzt.

Interessant beim /worldborder set-Befehl ist die optionale Angabe einer <Zeit> in Sekunden. Damit vergrößert oder verkleinert sich die Weltbarriere in dieser Zeit von der aktuellen zur neuen Größe. Du könntest solche beweglichen Weltbarrieren z. B. einsetzen, um die aus Roman und Film bekannten Hunger oder Survival Games nachzubauen. Die Weltbarriere wird dabei langsam kleiner und macht das Spiel spannender.

Eine Alternative zur Angabe eines neuen Durchmessers ist die Angabe einer positiven oder negativen <Differenz> in Blöcken. Auch Kommazahlen sind möglich, du musst sie mit einem Punkt angeben, z. B. 10.5.

```
/worldborder warning distance <Entfernung>
/worldborder warning time <Warnzeit>
```

Solange sich die Weltbarriere verkleinert, sollen die Spieler rechtzeitig gewarnt werden, damit sie fliehen können. Dazu gibt es zwei Möglichkeiten: Das Sichtfeld der Spieler färbt sich entweder warnend rot, sobald sie der Weltbarriere zu nahe sind (<Entfernung>) oder sobald die Weltbarriere sie gleich erreichen würde (<Warnzeit> in Sekunden).

```
/worldborder damage buffer <Entfernung>
/worldborder damage amount <Schaden>
```

Schließlich kannst du auch noch den Schaden einstellen, den die Weltbarriere verursachen soll. Normalerweise können Spieler nicht durch eine Weltbarriere gehen, aber wenn sie sich verkleinert, können sie überrollt werden und hinter die Barriere geraten. Für diesen Fall kannst du eine schadensfreie Pufferzone einstellen. Wer sich hinter der Barriere innerhalb dieser `<Entfernung>` aufhält, kann ohne Schaden schnell zurücklaufen. Wer in die falsche Richtung läuft (oder einfach stehen bleibt, während sich die Weltbarriere weiter verkleinert), bekommt jede Sekunde für jeden Block Entfernung von der Pufferzone den eingestellten `<Schaden>`. Hast du den Wert z. B. auf `0.25` eingestellt, bekommt ein Spieler, der 5 Blöcke hinter die Pufferzone geraten ist, jede Sekunde 1,25 Lebenspunkte von seinen normalerweise 20 Lebenspunkten abgezogen.

Beim Verkleinern wird die Weltbarriere rot. Innerhalb der Warndistanz wird auch das Sichtfeld rot, selbst wenn die Spieler in eine andere Richtung schauen.

```
/time set <Zeit>
```

```
/time add <Zeit>
```

Der `/time`-Befehl ändert die *Zeit* und passt den Sonnenstand an. Letzteres ist ideal für Screenshots. Da die *Game-Ticks* ⓘ unverändert weiterlaufen, kannst du mit diesem Befehl keine Abläufe beschleunigen oder verzögern. Die `<Zeit>` ist eine Tick-Zahl zwischen `0t` (6:00 Uhr morgens) und `24000t` (wieder 6:00 Uhr morgens). Hängst du ein `d` an die Zahl, sind das Tage, ein `s` sind Sekunden. Einfacher geht es mit der Tab-Vervollständigung: `day` (= `1000t`), `noon` (= `6000t`), `night` (= `13000t`) und `midnight` (= `18000t`).

Mit der Spielregel `/gamerule doDaylightCycle false` hältst du die Sonne dauerhaft an derselben Stelle an.

Mit dem `/time`-Befehl änderst du auch die Anzahl der Tage. `/time set 6000` ist Mittag am ersten Tag, `/time add 24000` oder `/time set 30000` ist Mittag am zweiten Tag etc. Die *vollendeten* Tage siehst du mit [F3] am Ende der **Local Difficulty**-Zeile unter **Day**.

Die Mondphase ändert sich jede Nacht.

`/time query (daytime|gametime|day)`

Dieser Befehl liefert als `daytime` die Zeit seit Tagesbeginn (eine Zahl zwischen 0 und 24000) und als `day` die Anzahl der vollendeten Tage seit der letzten Nullstellung durch `/time set`. In Kombination mit dem `/execute store`-Befehl (siehe dort) kannst du damit zu bestimmten Zeiten Aktionen auslösen. `gametime` ist die Zeit seit Beginn der aktuellen Welt. Dieser Wert läuft immer weiter und ändert sich durch `/time set` nicht. Beim Aufbau von Redstone-Schaltungen kannst du Befehlsblöcke mit diesem Befehl an verschiedenen Stellen einbauen, um an den Zeitdifferenzen exakt abzulesen, wie lange das Redstone-Signal braucht, um einen bestimmten Punkt in der Schaltung zu erreichen.

`/weather (clear|rain|thunder) [<Dauer>]`

Beim Bauen von Abenteuerwelten oder bei Screenshots stört meistens das *Wetter*. Mit `/weather clear` beendest du einen aktuellen Niederschlag. Dazu solltest du auch den Wetterwechsel mit `/gamerule doWeatherCycle false` ausschalten. Für einen temporären Wetterwechsel gibst du entweder eine `<Dauer>` in Sekunden an oder lässt diese Angabe weg, damit das Wetter nach einer zufälligen Zeit wechselt. Für manche Abenteuerwelten stellst du – nach Ausschalten des Wetterwechsels – dauerhaft Niederschlag oder Gewitter ein. Je nach Biom und ab einer gewissen Y-Höhe fällt Niederschlag als Regen oder Schnee. In diesem Zusammenhang ist auch `/gamerule snowAccumulationHeight <Schichten>` interessant. Damit legst du fest, wie viele *Schneeschich-*

ten bei Schneefall entstehen können (Standard = `1`). Setzt du den Wert auf `0`, bleibt Schnee nicht liegen.

Bei Niederschlag und Gewitter verdunkelt sich der Himmel auch in heißen Biomen.

`/locate (structure|biome|poi) <Name>`

Dieser Befehl ist sehr nützlich beim Erforschen neuer Minecraft-Updates und beim Testen von Weltgenerierungs-Datenpaketen. Er zeigt die Koordinaten des nächstgelegenen Bauwerks, Bioms oder interessanten Punktes (*point of interest*). Das Anklicken der Koordinaten im Chat erzeugt einen `/tp`-Befehl, der dich auf gleicher Höhe an die XZ-Position teleportiert. Landest du dabei im Dunkeln, teleportierst du dich mit `/tp ~ ~100 ~` z. B. 100 Blöcke höher und lässt dich dann fallen.

Die Tab-Vervollständigung listet die möglichen Bauwerke, Biome oder POIs auf. Besonders vorteilhaft ist, dass du die Koordinaten auch dann bekommst, wenn der entsprechende Chunk noch gar nicht generiert wurde.

Um dir wichtige Koordinaten zu merken, musst du sie nicht aufschreiben. Mit `F3` + `C` kopierst du einen `/tp`-Befehl mit deiner aktuellen Position inklusive Blickrichtung in die Zwischenablage. Anschließend speicherst du den Befehl mit `Strg` + `V` für spätere Zwecke in einer Textdatei.

POIs sind Blöcke, deren Position für das Spiel wichtig ist, z. B. Blitzableiter, Leitsteine, Betten, Arbeitsblöcke der Dorfbewohner und Nester der Bienen. Im Gegensatz zu den Bauwerken und Biomen werden sie aber nur in einem Radius von 256 Blöcken gefunden.

Hier findet der Befehl »/locate« das nächste Eiszapfentundra-Biom

Experiment: Um den Trick des Spiels zu durchschauen, dass Niederschlag nur zehn Blöcke um dich herum angezeigt wird, aktivierst du ihn mit `/weather rain`, suchst mit `/locate biome snowy_plains` ein Schneebiom und bewegst dich rückwärts aus der Schneezone heraus. Obwohl du ein großes Schneegebiet vor dir siehst, werden die Flocken immer weniger. Sobald du dich weiter als zehn Blöcke von der Schneegrenze entfernst, verschwinden die Flocken ganz. Dasselbe kannst du auch beobachten, wenn du dich aus einem Regengebiet rückwärts in eine Wüste oder Savanne bewegst. Schau dabei durch ein Fernrohr, weil Regen schlechter zu sehen ist.

Eine weite Ebene mit endlosem Schneefall liegt vor dir, aber in Wirklichkeit wird er nur zehn Blöcke um dich herum angezeigt.

`/fillbiome <XYZ1> <XYZ2> <Biom> [replace <Biom>]`

Mit diesem Befehl änderst du das Biom in einem Bereich, den du durch zwei diagonal gegenüberstehende `<XYZ>`-Koordinaten angibst. Zur Biom-Auswahl nutzt du die Tab-Vervollständigung. Trotz genauer Koordinatenangabe setzt das Spiel Biome aber nicht blockgenau, sondern mit unregelmäßigen Kanten, was natürlicher aussieht. Eine Biomänderung tauscht aber keine Blöcke. Änderst du eine Wüste zu einem Schneebiom, bleibt es eine Wüste, in der es schneit und in der weiße Kaninchen spawnen.

Koordinaten in Befehlen

Befehle mit dem Argument `<XYZ>` oder `<XZ>` erwarten an dieser Stelle drei oder zwei durch Leerzeichen getrennte Koordinaten, z. B. `18 19 -21`.

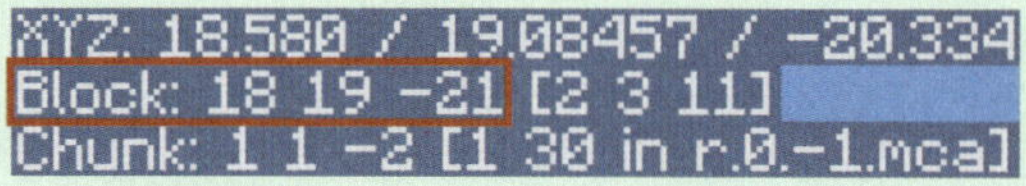

Statt Koordinaten mit [F3] (unter **Block**) abzulesen und einzutippen, ist es einfacher, du schaust einen Block mit dem Fadenkreuz an und benutzt die Tab-Vervollständigung.

Damit gibst du ganz leicht einen Bereich mit zwei XYZ-Koordinaten ein: Markiere die beiden Ecken des Bereichs mit einem Wollblock. Schaue den ersten Wollblock an, beginne den Befehl mit der Tab-Vervollständigung der ersten XYZ-Koordinaten, und gib diesen unvollständigen Befehl so ein (es kommt eine Fehlermeldung). Fliege zum zweiten Wollblock, schaue ihn auch an, hole den unvollständigen Befehl mit [↑] zurück in den Chat, und fülle die zweiten XYZ-Koordinaten ebenfalls mit der Tab-Vervollständigung.

Anstelle von *absoluten* Koordinaten sind auch *Entfernungen in Himmelsrichtung* möglich. Dazu muss die entsprechende Zahl mit einer ~ (Tilde) beginnen. Drei Tilde-Zahlen sind dann die Ost-West-Entfernung (X), die Höhe (Y) und die Süd-Nord-Entfernung (Z). Beispiel:

- `~ ~ ~` ist deine aktuelle Position.
- `~ ~-1 ~` ist der Block unter deinen Füßen.
- `~5 ~ ~-7` ist der Block 5 Blöcke östlich, auf gleiche Höhe und 7 Blöcke nördlich von deiner aktuellen Position.

Die Tilde erzeugst du auf vielen Tastaturen über die alternative Grafik mit der Taste [AltGr].

Bei einer Biomänderung beträgt das Maximum des Füllbereichs normalerweise 32.768 Blöcke. Das entspricht 32 × 32 × 32 Blöcken und soll Unfälle durch falsch eingegebene Koordinaten verhindern. Mit `/gamerule commandModificationBlockLimit` siehst du diesen Wert und kannst ihn vergrößern. Setze ihn danach sicherheitshalber wieder zurück.

Biome sind immer dreidimensional. Bei der Weltgenerierung werden Landschaftsbiome vom Spiel über die gesamte Welthöhe generiert und Höhlenbiome um die entsprechenden Hohlräume herum. Es gibt keine Stelle ohne Biom. Das jeweilige Biom an deiner Position siehst du mit [F3] unter **Biome**.

Beispiel: Möchtest du einen bestimmten Bereich deiner Abenteuerwelt regenfrei halten, während es woanders regnen darf, änderst du das Biom in diesem Bereich zu `desert`. Allerdings werden dann auch Laub und Gras braun.

Das Biom zwischen den beiden gelben Wollblöcken wurde zu »Wüste« geändert. Wenn es regnet, bleibt dieser Bereich trocken, auch ohne Dach.

Durch die `replace`-Angabe kannst du dafür sorgen, dass nur ein bestimmtes Biom geändert wird.

Beispiel: Generiere eine Flachlandwelt mit der Voreinstellung »Wasserwelt«, und erzeuge im Tiefseebiom ein Sumpfbiom mit `/fillbiome ~ ~ ~ ~20 ~20 ~50 swamp`. Daneben erzeugst du einen warmen Ozean, der nur das Tiefseebiom ändert, der Sumpf soll unverändert bleiben: `/fillbiome ~ ~ ~ ~20 ~20 ~50 warm_ocean replace deep_ocean`.

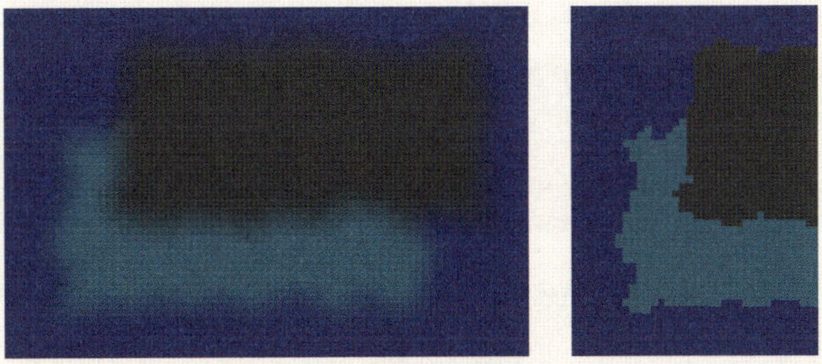

Das rechteckige Sumpfbiom färbt das Wasser grünlich. Der hellblaue warme Ozean wurde so daneben gesetzt, dass er nur die Tiefsee ändert, nicht den Sumpf. An dem Bild erkennst du auch, dass Biomübergänge vom Spiel unscharf dargestellt werden (links), was natürlicher aussieht. Schaltest du in den Grafikeinstellungen den »Biomübergang« aus, siehst du klare Blockkanten (rechts). In beiden Fällen bleibt es aber dabei, dass Biome keine geraden, sondern unregelmäßige Kanten haben.

BEFEHLE ZUM SETZEN VON BLÖCKEN

Es gibt nur drei Befehle zum Setzen von Blöcken, aber die haben es in sich, weil Blöcke komplexer sind, als man auf den ersten Blick sieht.

```
/setblock <XYZ> <Block> [replace|keep|destroy]
```

Dieser Befehl setzt den angegebenen Block an die <XYZ>-Koordinaten. Durch Setzen von Luft (`air`) löschst du einen Block.

Beispiel: `/setblock ~ ~-1 ~ stone` ersetzt den Bodenblock unter deinen Füßen durch Stein. Hoch in der Luft ist das sehr praktisch, weil du für ein schwebendes Bauwerk an beliebiger Stelle einen ersten Block setzen kannst, ohne dich mühsam hochbauen zu müssen.

Für die richtige Block-ID gibst du die ersten Buchstaben ein und nutzt die Tab-Vervollständigung. Es gibt aber nicht nur einfache Blöcke, sondern auch solche mit unterschiedlichen *Blockzuständen* ⓘ. Den Blockzustand hängst du in eckigen Klammern *ohne Leerzeichen* direkt an die Block-ID.

Beispiel: `/setblock ~ ~ ~ orange_candle[lit=true]` setzt eine brennende orange Kerze an deine Fußposition. Möchtest du mehrere Blockzustände angeben, trennst du sie durch Kommas:

`/setblock ~ ~ ~ orange_candle[candles=3, lit=true]` setzt drei brennende orange Kerzen. Die richtige Schreibweise der Blockzustände siehst du, wenn du mit F3 auf den Block schaust. Vorher hast du mit F3 + F6 die Anzeige **looking_at_block** aktiviert.

Blockzustände siehst du mit F3.

Ist dir das Abschreiben der Blockzustände zu umständlich, schaue den Block an, und hole mit [F3] + [I] den zugehörigen `/setblock`-Befehl *inklusive Blockzustände* in die Zwischenablage (auf einem Server benutzt du [⇧] + [F3] + [I]). Kopiere den Befehl mit [Strg] + [V] in den Chat. Dann brauchst du nur noch die Koordinaten zu ersetzen und die vorgegebenen Blockzustände zu ändern.

Mit dem `/setblock`-Befehl kannst du auch Blöcke setzen, die es im Kreativ-Inventar nicht gibt, weil sie im Spiel entstehen, z. B. eingetopfte Pflanzen und Portalblöcke. Auch Blöcke an unnatürlichen Positionen sind möglich, wie schwebende Knöpfe oder Blumen auf Schnee. Allerdings zerfallen sie, sobald sie ein Block-Update erhalten.

Ein Block für Block gesetztes Netherportal (»nether_portal«), drei Endtransitportale (»end_gateway«), Kolbenköpfe (»piston_head[facing=up]«) und Mohnblumen (»poppy«). Das Netherportal funktioniert, während die Endtransitportale in der Oberwelt rein dekorativ sind. Die Blumen auf dem Schnee zerfallen, sobald du einen Block daneben setzt.

Türen, Betten und große Pflanzen bestehen aus zwei Blöcken, die du einzeln im passenden Blockzustand setzen musst.

Halbe Eichentür, halbes rotes Bett und halbe Pfingstrose

Beispiel: TNT hat einen besonderen Blockzustand, den es im normalen Spiel nicht gibt: Mit `/setblock ~ ~ ~ tnt[unstable=true]` setzt du ein TNT, das zündet, sobald man versucht, es abzubauen.

Noch ein **Beispiel**: Wasser im Nether ist normalerweise nicht möglich. Wenn du es mit einem Eimer setzt, verdampft es wegen der »Hitze« sofort. Diese Illusion umgehst du, wenn du es mit `/setblock` direkt setzt.

Ein Wassertümpel im Nether. Darunter sind Lagerfeuer platziert, damit durch den Rauch die Illusion von Wasserdampf entsteht.

Den `/setblock`-Befehl benutzt du aber nicht nur zum Bau spezieller Dekorationen, sondern auch für Effekte, die von Spielern in deinen Abenteuerwelten über Befehlsblöcke ausgelöst werden: Durchgänge öffnen und schließen sich in Wänden, Decken und Böden, Lampen gehen an und aus (erscheinen und verschwinden), Brücken entstehen, Leitern erscheinen und vieles mehr. Auf den vorhandenen Block an der Zielposition kannst du mit dem `/setblock`-Befehl unterschiedlich reagieren:

- `replace` ist der Standard. Das setzt den neuen Block auf jeden Fall, egal, welcher Block vorhanden ist.
- `keep` setzt den Block nur, wenn an der Zielposition Luft ist. Beispiel: `/setblock ~ ~2 ~ granite keep`
- `destroy` ist die Action-Variante: Wenn der neue Block gesetzt wird, zerspringt der vorhandene Block und hinterlässt seinen üblichen Drop, den die Spieler aufsammeln können. Soll ein Block etwas anderes droppen, stellst du das mit einem Datenpaket in der entsprechenden *Beutetabelle* ⓘ ein (*data\minecraft\loot_table\blocks*).

Blockobjekte und ihre Daten

Die meisten Blöcke sind einfach nur Blöcke. Doch einige haben es buchstäblich in sich, sie enthalten zusätzliche Daten. Behälter speichern z. B. ihren Inhalt in diesen Daten. Diese Blöcke werden *Blockobjekte* genannt. Andere Beispiele sind Bienennester (mit Bienen), Schilder (mit Text), Banner (mit Muster) und Befehlsblöcke (mit Befehl). Eine Liste aller Blockobjekte findest du im Minecraft-Wiki.

- Englisch: *https://minecraft.wiki/Block_entity*
- Deutsch: *https://de.minecraft.wiki/Blockobjektdaten*

Blockobjekte erkennst du nicht mit [F3]. Ein Hinweis wäre, dass sie sich mit einem Kolben nicht verschieben lassen (probiere es aus). Nimmst du ein Blockobjekt mit *Pick-Block* ⓘ ins Inventar, zeigt das Spiel immerhin »+NBT« (Bedrock Edition »+DATA«), aber welche Daten das sein sollen, siehst du so nicht. Hier hilft der /data-Befehl. Der Befehl kann verschiedene Daten lesen, hier geht es vorerst nur um die Blockdaten:

```
/data get block <XYZ> [<NBT-Pfad>] [Multiplikation]
```

Schau ein Blockobjekt mit dem Fadenkreuz an, gib den Befehl ein, und nutze für die <XYZ>-Koordinaten die Tab-Vervollständigung.

```
Block bei (1285, 63, 11) besitzt die folgenden Blockdaten: {x:
1285, y: 63, Items: [{Slot: 2b, id: "minecraft:diamond", count:
33b}, {Slot: 5b, id: "minecraft:cobblestone", count: 10b}], z: 11,
id: "minecraft:chest"}
```

Blockdaten einer Truhe. Das Spiel liefert die Daten farbig markiert und unsortiert (»z« und »id« stehen ganz hinten). Interessant ist der Inhalt der Truhe (»Items«). Darin findest du zwei belegte Slots mit 33 Diamanten und 10 Bruchsteinen.

Der Befehl zeigt in hellblauer Farbe die *Eigenschaften* des Blocks (x, y, z, id, Items, Slot, id und count) und nach einem Doppelpunkt den jeweiligen *Wert* der Eigenschaft in anderen Farben. Minecraft-Eigenschaften werden *NBT-Daten* genannt (*named binary tag*). Dieser Begriff wird dir noch öfter begegnen.

Normalerweise zeigt der /data-Befehl sämtliche Daten. Die Syntax hat aber auch das optionale Argument <NBT-Pfad>. Damit kannst du dir ganz bestimmte Daten zeigen und Zahlen auch multiplizieren lassen.

Beispiele für das Anschauen einer gefüllten Truhe, auf der du stehst:

- `/data get block ~ ~ ~` zeigt alle Daten.
- `/data get block ~ ~ ~ Items` zeigt nur den Truheninhalt.
- `/data get block ~ ~ ~ Items[{Slot: 5b}]` zeigt nur den Inhalt des sechsten Slots (die Zählung beginnt bei null). Weil `Items[]`eine Liste ist, kannst du die Listenelemente auch über ihren Index abfragen: `Items[0]` liefert das erste Listenelement und damit den ersten belegten Slot, egal welche Nummer er hat. Mit negativen Indexen liest du von hinten: `Items[-1]` liefert den letzten belegten Slot in der Items-Liste.

- `/data get block ~ ~ ~ Items[1].count 0.5` multipliziert die Anzahl des Gegenstandes im zweiten belegten Slot mit 0,5. Multiplikationen werden immer abgerundet, z. B. wird 1 × 0,9 zu 0.

Wie liest man NBT-Daten?

NBT-Daten werden vom Spiel als *nbt-* und *dat*-Dateien gespeichert. Diese Dateien kannst du nicht mit einem Texteditor lesen. Dazu brauchst du ein Programm wie den kostenlosen *NBTExplorer* ⓘ.

Lesbare NBT-Daten, wie sie der `/data`-Befehl zeigt, nennt man *SNBT* (*stringified NBT*). Das SNBT-Format ist dem JSON-Format in *json-Dateien* ⓘ sehr ähnlich:

- **Inhalt**: NBT-Daten enthalten immer **Eigenschaften** und ihre **Werte**. Mehrere Eigenschaften werden durch Komma getrennt. Leerzeichen dienen nur der Lesbarkeit und haben keine Bedeutung.
- **Farben** zeigt der `/data`-Befehl zur besseren Lesbarkeit. Eigenschaften sind hellblau. Ein Wert kann eine Aufzählung sein (mit Klammern), eine Zahl (orange) oder ein Text (grün in Anführungszeichen).
- **Verbund und Liste**: Ein *Verbund* (in Minecraft-Fehlermeldungen *MapLike* oder *Compound* genannt) ist eine unsortierte Aufzählung in Mengenklammern `{}`, eine *Liste* ist eine sortierte Aufzählung in eckigen Klammern `[]`. Im Truhenbeispiel ist die Eigenschaft `Items` eine sortierte Liste mit zwei Elementen. Jedes Listenelement ist ein Verbund aus drei Eigenschaften: `Slot`, `id` und `count`. Die Sortierung der `Items`-Liste ist aufsteigend nach der Slotnummer.
- **Datentypen**: Im Gegensatz zu JSON hat SNBT manchmal rote Buchstaben für den *Datentyp* (die Speicherplatzgröße) einer Zahl: `b` = byte, `s` = short, `l` = long, `f` = float, `d` = double. Ohne Zusatz ist es eine Integer-Zahl. Wahrheitswerte werden als `1b` und `0b` gespeichert, aber du kannst auch `true` und `false` schreiben, was einfacher zu merken ist.
- **Arrays** sind in SNBT Listen mit fester Länge. Bei einem Array zeigt ein Großbuchstabe mit Semikolon den Datentyp der enthaltenen Zahlen an. Beispiel: Die universell eindeutige ID (`UUID`) einer Minecraft-Kreatur ist in SNBT ein Array mit vier Integer-Zahlen.

```
UUID: [I; 1486518666, -1045476498, -2146040456, -496937319]
```

Beim Ausprobieren von verschiedenen NBT-Pfaden wirst du es merken: Der `/data get`-Befehl kann keine mehrdeutigen Ergebnisse liefern. Liegen in der Truhe Diamanten in mehreren Slots und fragst du nach dem NBT-Pfad `Items[{id: "minecraft:diamond"}]`, bekommst du eine Fehlermeldung. Liegen die Diamanten dagegen alle in demselben Slot, ist das Ergebnis dieser Abfrage eindeutig, und der Befehl funktioniert.

Nachdem du jetzt weißt, wie du Blockdaten liest, stellt sich die Frage, ob du sie auch ändern kannst. Ja, auch das geht mit dem `/data`-Befehl! Schau dir dazu am besten im Minecraft-Wiki einige Blockobjekte an, und lass dich auf kreative Änderungsideen bringen.

- Englisch: *https://minecraft.wiki/Chunk_format#Block_entity_format*
- Deutsch: *https://de.minecraft.wiki/Blockobjektdaten*

Beispiel: Alle Behälter, z. B. die Truhe (englisch *chest*), haben die optionale Eigenschaft `lock`. Optional heißt, `/data get` zeigt die Eigenschaft nicht an, wenn sie leer ist. Sobald diese Eigenschaft korrekt belegt ist, ist der Behälter verschlossen und kann von Spielern mit Rechtsklick nur geöffnet werden, wenn sie einen entsprechenden Gegenstand in der Hand halten.

Eine verschlossene Truhe

Damit hast du ein wunderbares Szenario zum Bau einer Abenteuerwelt: Die Spieler bekommen zu Beginn einen Gegenstand mit dem Namen »Schlüssel 1«. Sie müssen in deiner Welt eine Truhe finden, die sich damit öffnen lässt. Darin liegt »Schlüssel 2«, mit dem sie eine andere Truhe öffnen können etc. Verwendest du eine Redstone-Truhe, wird beim Öffnen ein Redstone-Signal ausgelöst, mit dem du auch einen bislang verschlossenen Zugang öffnen könntest.

Zum Ändern von Blockdaten benutzt du diesen Befehl:

```
/data merge block <XYZ> <NBT-Daten>
```

Schau einen Behälter an, nutze die Tab-Vervollständigung für die Koordinaten, und gib als <NBT-Daten> einen Schlüssel mit Namen ein: `/data merge block 18 19 -21 {lock: {components: {custom_name: "Schlüssel 1"}}}`. Dann benennst du irgendeinen Gegenstand (z. B. eine Karotte) auf dem Amboss um in »Schlüssel 1«. Nur wenn du diesen Gegenstand in der Hand hältst, kannst du den Behälter öffnen. Du entsperrst die Truhe wieder durch Löschen der `lock`-Eigenschaft: `/data remove block 18 19 -21 lock`

Noch ein **Beispiel**: Hast du dir die Blockdaten des Endtransitportals angeschaut, weißt du, dass der Block mehr ist als nur reine Deko, denn er kann ein Ziel in seinen Blockdaten speichern. Damit kannst du einen beliebigen Transit innerhalb jeder Dimension erzeugen, wenn du in den Blockdaten das entsprechende Ziel einstellst. Du kannst aus mehreren Blöcken auch ein großes durchschreitbares Portal bauen (beim ersten Block das Ziel einstellen und mit *Pick-Block* ⓘ den Block inklusive Ziel ins Inventar holen, um ihn mehrfach zu setzen).

Setze mit `/setblock` ein Endtransitportal z. B. an die Position 0/63/0 und ändere die Daten mit dem Befehl `/data merge block 0 63 0 {exit_portal: [0, 103, 0], ExactTeleport: true}`. Das Ziel (`exit_portal`) ist in diesem Beispiel genau 40 Blöcke über dem Portalblock. Relative Koordinaten (Tilden) kannst du in NBT-Daten nicht verwenden.

Wenn du in das Portal gehst, landest du 40 Blöcke höher direkt über dem Portal in der Luft, fällst nach unten und landest wieder im Portal. Dies wiederholt sich so lange, bis du im Fallen in eine andere Richtung steuerst. `ExactTeleport: true` sorgt dafür, dass du exakt am eingestellten Zielpunkt landest und nicht irgendwo in dessen Nähe.

Ein Transitportal mit selbst eingestellten Koordinaten

Du kannst nun Blockdaten auslesen und ändern, aber wie sieht es mit Einfügen und Löschen aus? Auch das ist möglich. So geht das Löschen:

```
/data remove block <XYZ> <NBT-Pfad>
```

Beim Löschbefehl musst du immer einen `<NBT-Pfad>` angeben, damit das Spiel weiß, welche Daten es löschen soll.

Beispiele für eine Truhe, auf der du stehst:

- `/data remove block ~ ~ ~ Items[]` löscht den gesamten Truheninhalt. Im Gegensatz zu `/data get` musst du hier `Items[]` mit Klammern angeben.
- `/data remove block ~ ~ ~ Items[{id: "minecraft:diamond"}]` löscht alle Diamanten aus der Truhe, auch wenn sie in verschiedenen Slots liegen. Denn beim Löschen darf der `<NBT-Pfad>` auch mehrdeutig sein.

Und hier ist der Einfügebefehl:

```
/data modify block <XYZ> <NBT-Pfad>
(set …|merge …|prepend …|append …|insert …)
```

Dieser Befehl ist besonders vielseitig:

- `set value <Wert>`: **Ersetzt** die Daten im `<NBT-Pfad>` durch den **Wert**. Beispiel: `/data modify block ~ ~ ~ Items[] set value {Slot: 7b, id: "minecraft:emerald", count: 10b}` ersetzt den Truheninhalt, egal was er enthält, durch 10 Smaragde in Slot 7.
- `set from block <XYZ> <NBT-Pfad2>`: **Ersetzt** die Daten im `<NBT-Pfad>` durch die **Blockdaten** im `<NBT-Pfad2>`. Beispiel: `/data modify block ~ ~ ~ Items[] set from block ~ ~-1 ~ Items[]` ersetzt den Truheninhalt durch den Inhalt der Truhe, die direkt darunter steht. So kannst du Truhen, die von deinen Spielern geleert werden, immer wieder mit einem Standardinhalt füllen, der in einer Truhe hinter den Kulissen ruht.
- `merge value <Wert>`: **Ändert** die Daten im `<NBT-Pfad>` durch den **Wert**. Beispiel: `/data modify block ~ ~ ~ Items[{id: "minecraft:coal"}] merge value {id: "minecraft:diamond"}` ändert alle Kohlestücke in Diamanten unter Beibehaltung der Anzahl. Setzt du den Befehl in einen

Befehlsblock, der durch eine Redstone-Truhe ausgelöst wird, hast du eine Kohle-zu-Diamant-Truhe gebaut.

- `merge from block <XYZ> <NBT-Pfad2>`: **Ändert** die Daten im `<NBT-Pfad>` durch die **Blockdaten** im `<NBT-Pfad2>`. Beispiel: `/data modify block ~ ~ ~ Items[] merge from block ~ ~-1 ~ Items[]` ändert die belegten Slots der Truhe durch dieselben Slots der Truhe, die direkt darunter steht. Sind in der unteren Truhe weitere Slots belegt, werden diese nicht übernommen.

Eine Redstone-Truhe mit verstecktem Befehlsblock unter dem Boden. Das Öffnen der Redstone-Truhe aktiviert den Befehlsblock durch den Boden hindurch. Mehr zu Befehlsblöcken erfährst du im nächsten Kapitel.

- `prepend`, `append` und `insert` sind für das Einfügen neuer Listenelemente gedacht. Schau dazu in den Index am Ende des Buches unter */data für Listen* ⓘ.

Am Anfang werden dir ein oder zwei Möglichkeiten des Einfügebefehls völlig reichen. Später, im Kapitel »Besser als Frankenstein – die Welt mit Leben füllen«, wirst du den `/data`-Befehl auch auf Kreaturen anwenden, um ihre Daten zu ändern und neue Daten hinzuzufügen (z. B. Rüstungen für Monster).

Mehrere Blöcke auf einmal setzen

Sehr nützlich ist auch der `/fill`-Befehl, mit dem du ganze Bereiche mit einem Block füllst. Das `replace`-Argument erlaubt dir dabei die gezielte Ersetzung von bestimmten Blöcken:

```
/fill <XYZ1> <XYZ2> <Block>
[destroy|keep|hollow|outline|replace …]
```

In der einfachsten Form gibst du zwei diagonal gegenüberstehende `<XYZ>`-Koordinaten und eine Block-ID an. Wie beim `/setblock`-Befehl kannst du die

Block-ID auch um einen Blockzustand in eckigen Klammern und Blockdaten in Mengenklammern ergänzen.

Beachte auch die Tipps zur Koordinateneingabe und den Hinweis auf den maximalen Füllbereich beim `/fillbiome`-Befehl ⓘ. Wichtig: Probiere den `/fill`-Befehl erst in einer Testwelt aus, oder mache ein *Backup* ⓘ deiner Welt, denn du kannst die Änderung nicht rückgängig machen!

Beispiel: `/fill ~ ~ ~ ~9 ~9 ~9 glass` erzeugt an deiner Position Richtung Osten und Süden einen 10 × 10 × 10 Blöcke großen Glaskubus.

Mit den optionalen Argumenten des `/fill`-Befehls hast du weitere Möglichkeiten:

- `destroy` verhält sich wie beim `/setblock`-Befehl: Vorhandene Blöcke werden zerstört und droppen etwas.

  Beispiel: In deiner Abenteuerwelt steht eine kleine Hütte, in der die Spieler nach nützlichen Gegenständen suchen können. Finden sie aber den Zugang zu einem geheimen Knopf, der die ganze Hütte mit `destroy` durch Luft ersetzt, droppen alle Blöcke in dem Bereich, darunter auch der Inhalt von ansonsten unzugänglichen oder verschlossenen Truhen.

- `keep` verhält sich ebenfalls wie beim `/setblock`-Befehl: Vorhandene Blöcke bleiben erhalten, nur Luft wird ersetzt.

  Beispiel: Du möchtest eine Schlucht mit einem Glasboden abdecken. Mit dem `keep`-Argument bleiben die Ränder der Schlucht unverändert, nur die Luft wird durch Glas ersetzt.

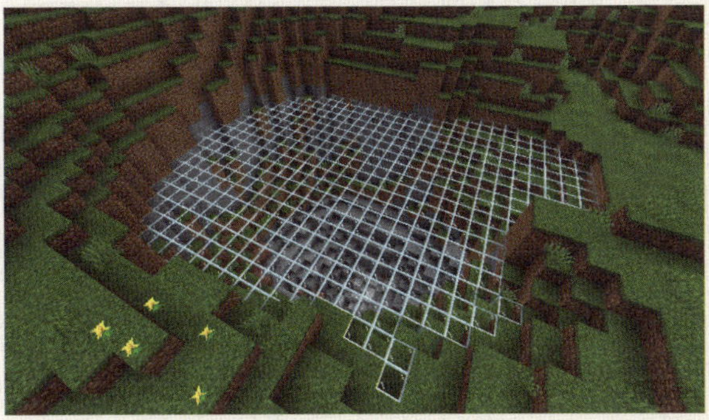

- `hollow` erzeugt mit deinem Füllblock einen hohlen, mit Luft gefüllten Kubus. Der Rohbau eines Hauses ist so superschnell gemacht, es fehlen nur noch Tür- und Fensteröffnungen.

- outline füllt mit deinem Block nur die Außenhülle eines Kubus, das Innere bleibt unverändert.

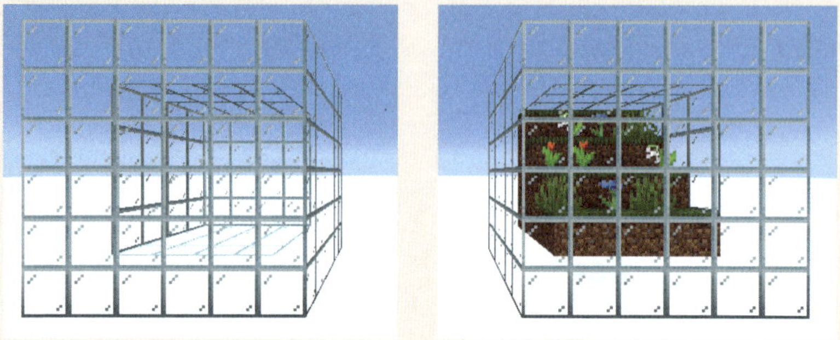

Zwei Glaswürfel: links hohl mit Luft, rechts nur die Außenhülle

- replace [<Blockfilter>] ersetzt im Bereich nur den Block, der im Filter angegeben ist. Ohne Filter werden alle Blöcke ersetzt, das ist der Standard.

  Beispiel: Wenn du von einem Haus den gelben Sandstein durch roten ersetzen möchtest, markierst du das ganze Haus und ersetzt in dem Bereich nur den gelben Sandstein: /fill ~ ~ ~ ~10 ~7 ~12 red_sandstone replace sandstone. Alle anderen Blöcke im Bereich bleiben unverändert. Möchtest du verschiedene Blöcke ersetzen, wiederholst du den Befehl entsprechend.

  Das Besondere am <Blockfilter> ist, dass du statt einer Block-ID auch eine *Blockgruppe* angeben kannst, z. B. #planks für alle Bretter. Dann werden alle Holzbretter durch den Block ersetzt, egal, aus welchem Holz sie sind.

Mit ein paar »/fill«-Befehlen bekommt das Haus eine neue Farbe.

Was sind Gruppen?

Eine *Gruppe* fasst mehrere Blöcke mit einer gemeinsamen Eigenschaft zusammen. Schaust du einen Block mit F3 an, siehst du seine Gruppen, die immer mit einem »#« beginnen.

Kirschholzbretter gehören zu den Gruppen #mineable/axe (mit der Axt abbaubar) und #planks (Bretter).

Gibst du im Suchfeld des Kreativ-Inventars eine Gruppe ein, werden alle Blöcke mit dieser Eigenschaft gezeigt.

Die Tab-Vervollständigung zeigt Blockgruppen an, wenn das an der Stelle erlaubt ist.

Gruppen gibt es nicht nur für Blöcke. Benutzt du die Tab-Vervollständigung beim `replace`-Argument des `/fillbiome`-Befehls, siehst du Biomgruppen.

Einige Biomgruppen

Mit `/fill … replace` und einer Blockgruppe ersetzt du mit deinem Block nicht nur einen bestimmten Block, sondern verschiedene Blöcke, z. B. Holzbretter aller Art durch Granit. Dasselbe gilt für `/fillbiome … replace` und Biome.

Alle Gruppen (englisch *tags*) stehen im *Standarddatenpaketordner* ⓘ *data\minecraft\tags*. Das bedeutet, du kannst mit einem eigenen Datenpaket auch eigene Gruppen anlegen. Dazu kopierst du eine Minecraft-Gruppendatei, füllst sie entsprechend und gibst ihr einen passenden Namen, am besten in deinem eigenen Namensraum. So kannst du eigene Gruppen von Blöcken, Biomen und vielen anderen Minecraft-Elementen zusammenstellen, wenn du das in bestimmten Situationen (z. B. bei Befehlen mit `replace`) brauchst.

```
{
  "values": [
    "minecraft:nether_portal",
    "minecraft:end_portal",
    "minecraft:end_gateway"
  ]
}
```

Beispiel: Die Gruppendatei »data\minecraft\tags\block\portals.json«

Mehr zu Gruppen steht im Minecraft-Wiki.

- Englisch: *https://minecraft.wiki/Tag*
- Deutsch: *https://de.minecraft.wiki/Gruppendefinition*

Blockbereiche kopieren

Mit dem `/clone`-Befehl kopierst du einen Blockbereich an eine andere Stelle. Schnell wird so aus einem einzelnen Baum ein Wald, aus einem Häuschen eine Stadt oder aus einem Wandsegment ein ganzes Schloss mit vielen gleichen Fenstern. Wie du an der Syntax siehst, ist der Befehl sehr vielseitig:

```
/clone [from <Dimension1>] <XYZ1> <XYZ2> [to <Dimension2>] <XYZ3>
[replace|masked|filtered …] [normal|force|move]
```

In der einfachsten Variante gibst du einen Bereich durch zwei diagonal gegenüberstehenden `<XYZ>`-Koordinaten an und kopierst dessen *untere Nordwest-Ecke* (egal welche Ecken du angegeben hast) an die Position `<XYZ3>`.

Denke auch hier an die Tipps zur Koordinateneingabe und an den Hinweis zum maximalen Füllbereich beim `/fillbiome`-Befehl ⓘ. Und wie beim `/fill`-Befehl solltest du das Kopieren erst einmal in einer Testwelt ausprobieren oder ein *Backup* ⓘ deiner Welt machen, denn ein Fehler lässt sich nicht rückgängig machen.

Beispiel: `/clone ~ ~ ~ ~4 ~4 ~4 ~20 ~ ~` kopiert einen 5×5×5 Blöcke großen Bereich, der an deiner Position beginnt, nach Osten.

Die Zielposition muss normalerweise innerhalb deiner Sichtweite liegen, sonst meldet Minecraft, dass die Position nicht geladen ist. Wie du das umgehst und wie du Blockbereiche sogar in und aus anderen Dimensionen kopierst, erfährst du gleich. Zuerst zu den weiteren Argumenten des `/clone`-Befehls:

- `replace` ersetzt alle Blöcke an der Zielposition mit dem markierten Bereich. Das ist das Standardverhalten. Kopierst du einen Baum, wird die Luft um den Stamm herum mitkopiert und ersetzt alles, was am Ziel steht.
- `masked` kopiert nur Nicht-Luft-Blöcke an die Zielposition. Damit kopierst du z. B. von einem Baum nur den Stamm und das Laub, nicht die umgebende Luft. Tipp: Der Boden sollte im markierten Bereich glatt sein, denn Grasbüschel oder Blumen werden mitkopiert, weil das keine Luft ist.
- `filtered <Blockfilter>` kopiert nur den oder die im Filter angegebenen Blöcke an die Zielposition. Der Filter kann eine einzelne Block-ID sein oder eine *Blockgruppe* ⓘ.

  Beispiel: Hast du eine Blockgruppe `#nl:eiche` angelegt, die Eichenstamm und Eichenlaub enthält, werden nur diese Blöcke kopiert.

Jede dieser drei Optionen kannst du noch mit einem Zusatz versehen:

- `normal`: Das Kopieren funktioniert nur, wenn die Zielposition weit genug vom markierten Bereich entfernt ist, damit das Ergebnis den Startbereich nicht zerstört. Das ist das Standardverhalten.
- `force`: Die Zielposition wird nicht geprüft, das Kopieren wird auf jeden Fall durchgeführt.
- `move`: Der markierte Bereich wird vor dem Kopieren durch Luft ersetzt. Dadurch verschiebst du den markierten Bereich an die neue Position.

  Beispiel: In deiner Abenteuerwelt benutzt du `/clone … replace move`-Befehle in Befehlsblöcken mit Redstone-Schaltung, um eine Wand nach links oder rechts zu schieben.

Drehen oder Spiegeln des Bereichs sind mit dem `/clone`-Befehl nicht möglich. Dafür benutzt du den *Konstruktionsblock* ⓘ.

Das kleine Kristallwäldchen wurde durch Herumlaufen und mehrfaches Anwenden des »/clone«-Befehls erzeugt. Alternative: Mit »/fill ... replace« bei echten Bäumen Stämme und Laub durch Glas ersetzen.

Ungeladene, geladene und ewige Chunks

Die Welt reicht nur bis zum *Horizont* ℹ, wie du aus dem ersten Kapitel weißt. Sobald du dich weiterbewegst, werden die Chunks, die hinter dir aus deiner eingestellten Sichtweite herausfallen, aus dem Hauptspeicher deines Computers genommen und liegen als ungeladene Chunks im Festspeicher. Sobald ein ungeladener Chunk wieder in Sichtweite kommt, wird er erneut in den Hauptspeicher geladen.

Das trifft auch für andere Dimensionen zu: Sobald du die Oberwelt, den Nether oder das Ende verlässt, werden diese Chunks entladen. Das Spiel hält damit die Menge der im Hauptspeicher geladenen Chunks möglichst klein.

Es gibt aber eine Ausnahme: Um den *Welt-Spawn-Punkt* herum (den du mit `/setworldspawn` umsetzen kannst) sind 2 Chunks in alle Richtungen *immer* geladen (änderbar über den Befehl `/gamerule spawnChunkRadius`). Zusammen mit dem zentralen Chunk sind das 5 × 5 Chunks = 80 × 80 Blöcke. Diese Chunks werden *ewige Chunks* genannt. Dort hin und von dort kannst du immer Blöcke kopieren, auch in andere Dimensionen. Deine Weizenfarm am Welt-Spawn-Punkt wächst aber trotzdem nicht weiter, wenn du im Nether nach Leuchtstein suchst, weil die zufälligen *Block-Updates* ⓘ nicht in allen geladenen Chunks stattfinden, sondern nur dort, wo sich ein Spieler aufhält.

Aber die ewigen Chunks sind für deine Abenteuerwelt interessant, denn dort kannst du hinter den Kulissen (z. B. im Untergrund) Konstruktionen bereitstellen, die du von jeder beliebigen Stelle aus mit einem Befehlsblock und dem /clone-Befehl *abholen* kannst.

Nur umgekehrt, d. h. etwas an eine beliebige Zielposition *hinzukopieren*, funktioniert nicht, wenn die Chunks dort nicht geladen sind. Sollte das einmal nötig sein, gibt es einen Trick:

```
/forceload add <XZ1> [<XZ2>]
```

```
/forceload remove (<XZ1> [<XZ2>]|all)
```

Mit /forceload add werden der Chunk an der <XZ1>-Position plus zwei Chunks in alle Richtungen (=5 × 5 Chunks) dauerhaft geladen. Du kannst dann in diese Chunks kopieren. Voll aktiv ist aber nur der zentrale Chunk, falls das für dich wichtig ist. Möchtest du einen größeren Bereich dauerhaft aktiv haben, gibst du eine zweite Position <XZ2> an, um alle Chunks in diesem Bereich dauerhaft zu laden.

Mit /forceload remove gibst du einen, mehrere oder alle Chunks wieder frei. Das solltest du tun, wenn du den Befehl nur für das Kopieren benötigt hattest. Denn je mehr Chunks du auf diese Weise dauerhaft im Hauptspeicher hältst, desto voller wird er. Du solltest die Menge daher möglichst gering halten.

```
/forceload query [<XZ>]
```

Ohne Koordinaten listet dieser Befehl alle dauerhaft geladenen Chunks auf. Allerdings nennt er keine Blockkoordinaten, sondern Chunk-Koordinaten. Du musst sie mit 16 multiplizieren, um Blockkoordinaten zu bekommen, die in diesem Chunk liegen. Mit F3 siehst du die Chunk-Koordinaten, mit F3 + G kannst die Chunk-Grenzen sichtbar machen.

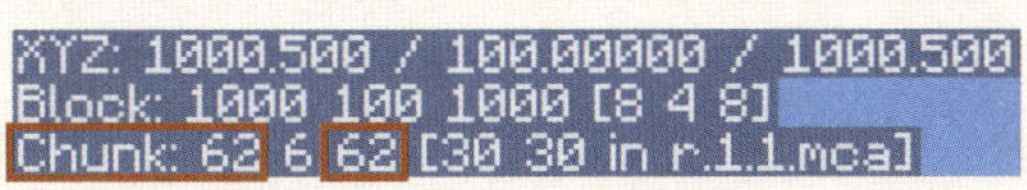

Der Chunk [62,62] umfasst die Blöcke von [992,992] bis [1007,1007]

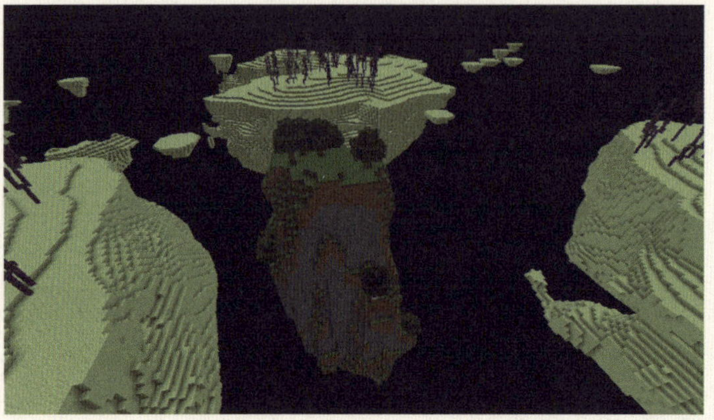

Diese schwebende Insel wurde in einer »Zerklüftet«Welt aus »/forceload«-Chunks ins Ende kopiert.

COOLE BAU-BEFEHLE MIT WORLDEDIT

Mit den Minecraft-Befehlen `/setblock`, `/fill`, `/clone` und `/fillbiome` und mit dem Konstruktionsblock als Unterstützung kannst du beim Bauen schon eine Menge erreichen. Deutlich bequemer geht es mit der Mod *WorldEdit* von sk89q.

Diese Mod (für Forge und Fabric) bietet über 100 Befehle speziell zum Bauen. Der beste Befehl ist `//undo`, mit dem du einen Unfall rückgängig machst und den vorherigen Zustand wieder herstellst.

Es empfiehlt sich, WorldEdit zusammen mit der Mod *WorldEditCUI* zu installieren, die es ebenfalls für Forge und Fabric gibt. Diese Zusatz-Mod macht markierte Bereiche grafisch sichtbar, was das Arbeiten erheblich erleichtert und Fehler durch die Eingabe falscher Koordinaten vermeidet.

WorldEdit und WorldEditCUI installieren

Achte darauf, dass beide Mods *exakt* zu deiner Minecraft-Version passen! Für WorldEdit (Forge und Fabric) geht die Auswahl zurück bis zu Minecraft 1.7 (*https://www.curseforge.com/minecraft/mc-mods/worldedit/files*).

WorldEditCUI für Fabric geht zurück bis Minecraft 1.14 (*https://github.com/EngineHub/WorldEditCUI/releases*). Für Forge gibt es eine 1.20-Version (*https://modrinth.com/mod/worldeditcui-forge*).

Wie du Forge- und Fabric-Mods installierst, ist unter *Mod-Loader* ⓘ beschrieben. Werbefallen umgehst du mit einem Mod-Launcher wie dem *Prism Launcher* ⓘ.

Beispiel für eine WorldEdit-Installation mit dem Prism Launcher:

1. Erstelle eine neue Instanz, wähle **Individuell**, deine Minecraft-Version und als Mod-Loader »Fabric«. Starte die Instanz, damit alle Dateien heruntergeladen werden.
2. Bearbeite die Instanz, wähle **Mods** und **Mods herunterladen**. Suche auf Modrinth oder CurseForge nach »Fabric API« passend zu deiner Minecraft-Version, und klicke auf **Mod zum Herunterladen auswählen**.
3. Suche dann weiter nach »WorldEdit«, und wähle WorldEdit und WorldEditCUI ebenfalls passend zu deiner Minecraft-Version zum Herunterladen aus.

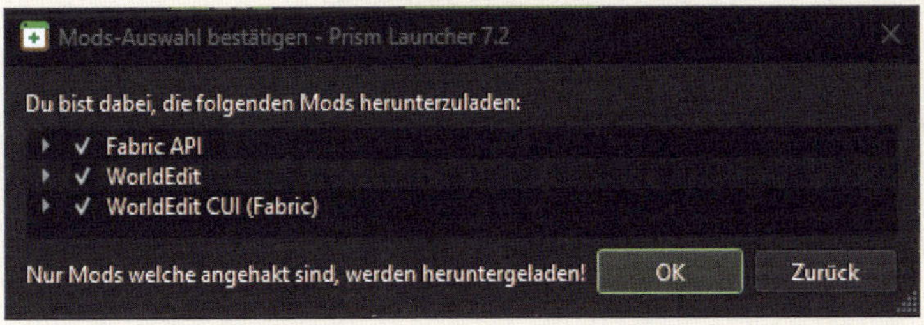

4. Lade die Mods herunter, und starte die Instanz. Fertig.

Erste Schritte mit WorldEdit

WorldEdit ist eine Sammlung von Befehlen, die du direkt im Spiel benutzt. Viele Befehle beginnen mit zwei Schrägstrichen, um sie von den Minecraft-Befehlen zu unterscheiden, es gibt aber auch Befehle mit nur einem Schrägstrich. Die Tab-Vervollständigung ist eine wesentliche Hilfe bei der Befehlseingabe.

Grundsätzlich gibt es zwei Gruppen von WorldEdit-Befehlen:

- Befehle für den **Ort**, an dem du stehst.
- Befehle zur Manipulation eines vorher markierten **Blockbereichs**.

`//brush`: Dieser Befehl gibt dem Gegenstand, den du in der Hand hältst (z. B. ein Stock), die Funktion eines **Weltpinsels**. Rechtsklickst du damit auf den Boden, erzeugst du eine Fläche mit einer Blockmischung, die du im Befehl angegeben hast. Gehst du rechtsklickend weiter, malst du einen Weg in die Landschaft. Mit `//brush unbind` entbindest du den Gegenstand wieder von seiner Sonderaufgabe.

Beispiel: `//brush cylinder 50%gravel,30%cobblestone,20%andesite` erzeugt eine kreisförmige Fläche in der Standardgröße (Radius 2 Blöcke, Höhe 1 Block). Die Blockmischung musst du mit Kommas ohne Leerzeichen angeben. Für ungleiche Mischungen kannst du Prozentwerte für alle Blöcke angeben (wie im Beispiel) oder (ohne Prozente) einige Blöcke häufiger in die Mischung aufnehmen.

In wenigen Sekunden ist dieser Weg mit »//brush« in die Welt gemalt.

Wählst du als Blockmischung Luft und gibst der Zylinderform eine größere Höhe, hast du einen Radiergummi, mit dem du Berge wegradieren kannst, z. B. `//brush cylinder air 3 6`. Die Alternative `//brush erode` trägt Berge natürlicher ab.

Umgekehrt baust du aus kugelförmigen Blockmischungen Berge im Rohbau (wer schon mal mit Ton modelliert hat, kennt das). Deine Blockreichweite solltest du dafür z. B. mit `/range 20` erhöhen, damit du Blöcke anklicken kannst, die weiter weg sind.

Hast du dich vertan, gibst du `//undo` ein. Hast du zu oft `//undo` eingegeben, machst du das mit `//redo` wieder rückgängig.

`/tool` belegt ebenfalls den Gegenstand in deiner Hand mit einer Funktion, aber je nach Einstellung mit einer anderen. `/tool unbind` hebt die Belegung wieder auf.

Nützlich ist z. B. `/tool repl <Ersetzungblock>`: Rechtsklickst du danach einen Block, wird er durch deinen eingestellten Block ersetzt. Stellst du eine

Blockmischung ein, wird ein Block davon zufällig ausgewählt. So ersetzt du superschnell Blöcke in einer langweilig gleichförmigen Wand durch gezielt gesetzte Auflockerungsblöcke. Linksklickst du einen Block, wird das dein neuer Ersetzungsblock.

Ein anderes Werkzeug ist `/tool lrbuild <Block1> <Block2>`: Damit setzt du mit Links- und Rechtklick die eingestellten Blöcke in beliebiger Reichweite (»lr« steht für *long range*). Belegst du z. B. `<Block1>` mit Tiefenschiefer und `<Block2>` mit Luft, setzt du auf beliebige Entfernungen mit Linksklick Tiefenschiefer und löschst mit Rechtsklick jeden Block.

Bereiche markieren und ändern

Um einen Bereich zu markieren, nimmst du eine Holzaxt (der Befehl `//wand` gibt dir eine, das Wort heißt auf Deutsch »Zauberstab«) und wählst mit Linksklick und Rechtsklick zwei diagonal gegenüberstehende Blöcke aus. Falls an den Positionen keine Blöcke sind, gibst du dort `//pos1` bzw. `//pos2` ein. WorldEditCUI zeigt dann automatisch ein rotes Gitter mit den beiden Positionen als grünen und blauen Würfel. Mit `//desel` (steht für *deselect*) nimmst du die Markierung wieder weg.

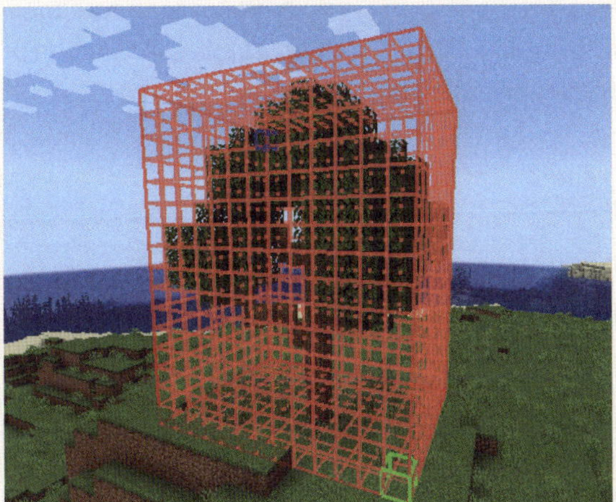

Ein WorldEdit-Bereich, von WorldEditCUI mit einem Gitter markiert

Ist der Bereich zu groß geraten, schaust du in die Richtung, in die er schrumpfen soll, und gibst `//contract <Anzahl>` ein. Ist er zu klein geraten, schaust du in die Richtung, in die er wachsen soll, und gibst `//expand <Anzahl>` ein.

Für markierte Bereiche gibt es viele Befehle: `//set` füllt den Bereich mit einer Blockmischung, `//replace` ersetzt bestimmte Blöcke durch andere, `//smooth` glättet steile Blockabsätze (so glättest du deine grob geformten Berge), `//overlay` legt einen Boden auf die Landschaft, `//stack` vervielfacht den Bereich in Blickrichtung (so baust du schnell eine Brücke), `//move` verschiebt den Bereich (ein ungünstig gebautes Schloss wird mal eben an die richtige Stelle gerückt).

Ein mit »//brush« gebauter, grober Hügel, mit »//smooth« geglättet und mit »//overlay« begrünt

Im Gegensatz zu Minecraft hat WorldEdit eine *Zwischenablage* für markierte Bereiche. Mit `//copy` kopierst du den Bereich in die Zwischenablage, mit `//paste` kopierst du ihn aus der Zwischenablage an deine Position – auch wenn diese sehr weit weg oder in einer anderen Dimension liegt (andere Welten sind mit einem zusätzlichen Befehl möglich, siehe nächster Abschnitt). Natürlich kannst du die Zwischenablage auch drehen (`//rotate`) und spiegeln (`//flip`), bevor du sie einfügst. Und du kannst auch Kreaturen und andere Objekte mitkopieren (`//copy -e` und `//paste -e`).

Konstruktionen als Schematic speichern und laden

Auch das Kopieren von Konstruktionen und anderen Blockbereichen zwischen zwei Welten ist mit WorldEdit möglich. Ohne die lästige Größenbeschränkung von Minecraft und ohne Konstruktionsblock, nur mit einem Befehl: `//schematic save <Name>` schreibt einen Bereich, den du vorher in die Zwischenablage kopiert hast, in eine *Schematic-Datei*.

Die Datei landet im Ordner *.minecraft\worldedit\config\schematics* und ist dort von allen Welten aus erreichbar. Mit `//schematic load <Name>` holst du die Datei in die Zwischenablage, kannst sie noch drehen und spiegeln und dann mit `//paste` einfügen.

Du hast es sicher schon geahnt: Natürlich gibt es im Internet große Schematic-Sammlungen mit zahlreichen Konstruktionen, die du in deine Abenteuerwelten einfügen kannst. Suche nach »minecraft schematics« oder gehe z. B. direkt auf *Minecraft Schematics* (*https://www.minecraft-schematics.com*) oder *PlanetMinecraft* (*https://www.planetminecraft.com/projects/tag/schematics*).

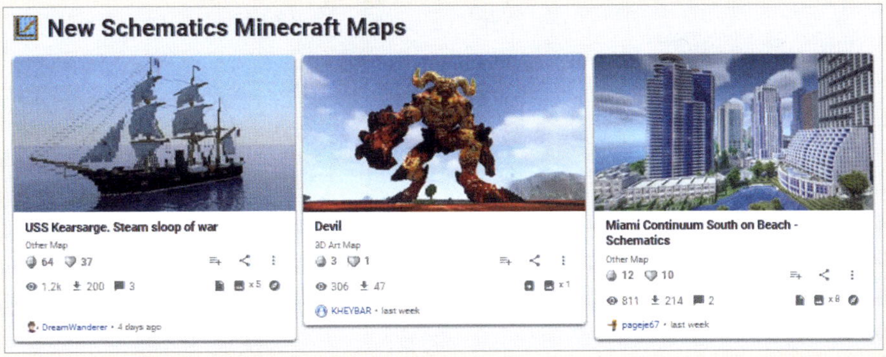

Schematics auf PlanetMinecraft

Es gibt noch viel mehr tolle WorldEdit-Befehle zu entdecken! Diese Mod wird schon seit vielen Jahren verbessert und immer an die neueste Minecraft-Version angepasst. Eine leicht verständliche Doku aller Befehle findest du auf der Mod-Entwicklerseite (*https://worldedit.enginehub.org/en/latest/commands*).

Gratulation, du hast das 7. Experten-Level erreicht

Am Anfang dieses Kapitels hast du die Grundlagen zum Umgang mit **Befehlen** kennengelernt. Du weißt, wie du eine **Befehlssyntax** liest und die **Tab-Vervollständigung** benutzt.

Du kannst mit Befehlen die Welt nach deinen Wünschen einstellen und **Blöcke** und **Blockbereiche** bearbeiten. Kurz darauf hast du schon Operationen an den **NBT-Daten** von Blockobjekten vorgenommen. Schließlich hast du **WorldEdit** kennengelernt, das perfekte Werkzeug zum schnellen, kreativen Bauen, denn Minecraft selbst hat nur wenige Baubefehle.

Dafür gibt es in Minecraft viele andere Befehle, mit denen du in Befehlsblöcken Aktionen automatisch ablaufen lässt. Wie das geht, erfährst du im nächsten Kapitel.

DER BEFEHL IM BLOCK – DINGE GESCHEHEN VON ALLEINE

Dein Kopf raucht. Eigentlich möchtest du in deiner Abenteuerwelt einfach nur ein Tor nach 15 Sekunden automatisch schließen. Aber musst du dazu eine Redstone-Schaltung bauen, oder geht das auch mit Befehlen? Gibt es vielleicht ein Prädikat dafür? Oder könntest du ein eigenes Prädikat schreiben? Und musst du einen Wiederhol-Befehlsblock einsetzen, der ständig die Zeit abfragt und in der Anzeigetafel speichert, oder geht das auch anders?

Du blätterst noch einmal durch dieses Kapitel. Da war doch was – aber wo? Dann fällt dir der Index am Ende des Buches ein. Unter »Warteschleife« findest du sofort die richtige Seitenzahl. Ach ja, so ging das: Mit dem `/schedule`-Befehl in einem Befehlsblock ist das Problem im Handumdrehen gelöst.

PROGRAMMIEREN MIT MINECRAFT

Kreativ gebaute Abenteuerwelten sind sehenswert, aber so richtig interessant werden sie erst durch erstaunliche Funktionen, die es im Survival-Modus so nicht gibt: eingeblendete Texte, Teleporter, sprudelnde Partikel, Gegenstände mit ungewöhnlichen Eigenschaften, überraschend auftauchende Monster und vieles mehr. All das steuerst du mit Befehlen. Mit Befehlen bist du der Commander deiner Abenteuerwelt, du hast die Fäden in der Hand, du bestimmst, wo was wann passieren soll.

Du bist der Commander deiner Abenteuerwelt.

Die Befehle speicherst du in *Befehlsblöcken*, die von den Spielern über Redstone-Signale automatisch aktiviert werden.

Im Operator-Inventar gibt es eine Befehlsblocklore und drei Befehlsblöcke, aber eigentlich gibt es nur einen einzigen Befehlsblock, den du umschalten kannst. Über das Operator-Inventar hast du die Varianten nur schneller im Zugriff, genauso wie die verschiedenen Helligkeitsstufen des Lichtblocks.

Der Befehlsblock im Operator-Inventar

Befehle kannst du mit oder ohne Schrägstrich in den Befehlsblock schreiben, das ist egal.

Wenn du einen Befehlsblock beim Bauen verschieben musst, holst du ihn inklusive Befehl mit Pick-Block (Strg + mittlere Maustaste) in dein Inventar. Dann kannst du ihn inklusive Befehl neu setzen.

`/say <Text>`

Dieser Befehl schreibt einen `<Text>` in den Chat.

Beispiel:

1. Stelle einen Befehlsblock zwei Blöcke unter den Spawn-Punkt deiner Welt, öffne den Befehlsblock, schreibe `say Willkommen am Spawn` hinein, und speichere den Befehl mit der ↵-Taste oder **Fertig**.
2. Decke den Befehlsblock mit einem passenden Block ab (du musst dazu schleichen), und platziere eine Druckplatte darauf.
3. Stelle den Spawn-Punkt mit den Befehlen `/setworldspawn ~ ~1 ~` und `/gamerule spawnRadius 0` so ein, dass er einen Block *über* der Druckplatte liegt, damit sie beim Spawnen sicher ausgelöst wird.
4. Teste das Spawnen, indem du mit `/kill` stirbst.

Der `/say`-Befehl ist auch gut zum Testen von Befehlsblöcken geeignet. Bist du einmal unsicher, ob ein bestimmter Befehlsblock wirklich ausgelöst wird, speicherst du darin einen `/say`-Befehl.

Im Chat meldet sich ein Befehlsblock mit dem Namen »@«. Um das zu ändern, gibst du ihm noch vor dem Platzieren auf einem Amboss einen Namen, oder du holst den Befehlsblock inklusive Befehl nachträglich mit Pick-Block in dein Inventar, nennst ihn auf einem Amboss um und tauschst ihn aus, oder du wendest den Befehl `/data modify block <XYZ> CustomName set value "<neuer Name>"` an.

Befehlsblöcke ohne und mit Namen geben eine Meldung aus.

»Eins«, »Zwei«, »Drei« – die Befehlskette

Ein einzelner Befehl ist eine Anweisung, zwei Befehle sind schon ein *Programm*. So einfach ist das, aber es geht natürlich auch komplizierter. Dazu später mehr.

Wenn du nur einen einzigen Befehl ausführst, sind die Richtungspfeile auf der Blocktextur egal, der *Befehlsblock* ist von allen Seiten per Redstone aktivierbar. Möchtest du mehrere Befehle nacheinander ausführen, stellst du sie so in eine Reihe, dass die Richtungspfeile immer auf den nächsten Block zeigen. In den hinteren Blöcken änderst du den Modus von **Impuls** auf **Verketten** und von **Benötigt Redstone** auf **Immer aktiv** – oder du nimmst einen *Ketten-Befehlsblock* mit diesen Einstellungen aus dem Operator-Inventar. Ketten-Befehlsblöcke sind stets von ihrem Vorgängerblock abhängig, daher dürfen sie nicht am Anfang einer Befehlskette stehen. Aktivierst du den ersten Befehlsblock, wird das ganze Programm nacheinander abgearbeitet.

Ein Programm mit vier »/say«-Befehlen

Mit Befehlsblöcken Programme zu bauen, ist ziemlich umständlich, genauso umständlich wie das Bauen von Redstone-Schaltungen, die schnell zu fußballfeldgroßen Anlagen ausarten können. Da ist es schwer, den Überblick zu behalten. Du kannst keine zwei Befehle gleichzeitig ansehen, und schon gar nicht ein ganzes Programm, denn für jeden einzelnen Befehl musst du einen Befehlsblock öffnen und hineinschauen. Und selbst dann siehst du nur den Ausschnitt einer Zeile.

Ganz ohne Befehlsblöcke geht es beim Bauen von Programmen nicht, aber mit einem Datenpaket und folgendem Befehl wird es deutlich einfacher:

```
/function <Name> [<NBT-Verbund>]
```

Eine **Funktion** ist eine *mcfunction*-Datei in einem *Datenpaket* ⓘ, die mehrere Befehle enthält, aber *ohne* Schrägstrich am Anfang. Rufst du die Datei mit dem `/function`-Befehl auf, werden alle darin enthaltenen Befehle nacheinander ausgeführt. Funktionen stehen entweder direkt im Ordner *data\<Namensraum>\function* oder in einem Unterordner, um Funktionen zu einem bestimmten Thema zusammenzufassen.

Der große Vorteil einer Funktion sind die Übersicht und die Lesbarkeit der Befehle. Du wirst in diesem und den nächsten Kapiteln einige Beispiele dazu sehen. Minecraft-Befehle können ziemlich lang sein, vor allem, wenn sie *NBT-Daten* ⓘ enthalten. In einem Befehlsblock steht alles in einer Zeile, in einer Funktion kannst du den Befehl auf mehrere Zeilen aufteilen, jeweils mit einem Rückstrich (*Backslash*) `\` am Ende. Einrückungen am Zeilenanfang mit Leerzeichen und Tabs sowie erklärende Kommentare mit einem Doppelkreuz (*Hash*) `#` am Anfang erhöhen das Verständnis, wenn du Tage oder Wochen später etwas an deinem Programm ändern möchtest. Außerdem kannst du beim Testen einer Funktion mit `#` einzelne Befehle kurzzeitig deaktivieren.

Notepad++ mit mcfunction

Der kostenlose *Notepad++* (*https://notepad-plus-plus.org/downloads*) von Don Ho ist ein Texteditor, der die Schlüsselworte von Programmier- und Skript-Sprachen farbig darstellt und damit die Lesbarkeit deutlich erhöht. Die Festlegung der Schlüsselworte einer bestimmten Sprache und welche Farbe sie haben sollen, wird *UDL* genannt (*user defined language*). Einige Spieler haben auch schon eine UDL für *mcfunction*-Dateien geschrieben (z. B. *https://github.com/Stentorious/mcfunctionUDL*).

Installation: Gehe im Notepad++ auf den Menüpunkt **Sprache • Benutzerdefinierte Sprache • Verzeichnis mit benutzerdefinierten Sprachen öffnen**. Ein Ordnerfenster öffnet sich. In diesen Ordner kopierst du die Datei *mcfunction.xml*. Schließe Notepad++, öffne eine *mcfunction*-Datei mit Notepad++, und aktiviere den neuen Menüpunkt **Sprache • mcfunction**.

Aktualisierung: Mit neuen Minecraft-Updates werden Minecraft-Befehle erweitert und neue kommen hinzu. Um deine mcfunction-UDL im Notepad++ zu aktualisieren, öffnest du eine *mcfunction*-Datei, schreibst dort einige Zeilen mit den geänderten oder neuen Befehlen und gehst im Notepad++ auf den Menüpunkt **Sprache • Benutzerdefinierte Sprache • Eigene Sprache definieren**. Wähle als **Eigene Sprache** »mcfunction« aus, und ändere oder ergänze die Schlüsselwörter. Du siehst die Auswirkung sofort in der geöffneten *mcfunction*-Datei. Es gibt kein Speichern oder Abbrechen, deine Änderung ist automatisch in *mcfunction.xml* gespeichert und damit dauerhaft gültig.

Beispiel für eine Minecraft-Funktion:

1. Erstelle für deine Welt ein Datenpaket (oder erweitere es) mit dem Ordner *data\nl\function*. Lege dort eine Textdatei an, die du *test1.mcfunction* nennst (beachte dabei die *Schreibregel* für Namen).
2. Schreibe einige `/say`-Befehle in die Funktion, und speichere die Datei.
3. Gehe in die Welt (oder, wenn du schon drin bist, lade das Datenpaket mit `/reload`), und prüfe mit `/datapack list`, ob das Paket geladen ist.
4. Gibst du den Befehl `/function nl:test1` ein, werden deine Befehle ausgeführt.

```
### Kleiner Test
say Eins
say Zwei
say Drei
say Keine Hexerei
```

```
[Sumpfhytte] Eins
[Sumpfhytte] Zwei
[Sumpfhytte] Drei
[Sumpfhytte] Keine Hexerei
4 Befehl(e) der Funktion ‚nl:test1' wurde(n) ausgeführt
```

Die Datei »test1.mcfunction« und die Ausgabe des Befehls »/function nl:test«

Extrem flexibel wird die Sache mit *Variablen*. Eine Variable kann, wie der Name schon sagt, unterschiedliche Werte haben. Eine Funktion, die Variablen benutzt, wird von Minecraft **Makro** genannt. Rufst du ein Makro auf, musst du die passenden Werte als `<NBT-Verbund>` übergeben. Die Regeln dazu lauten:

- Im Makro wird eine Variable geklammert mit Dollar geschrieben, z. B. `$(a)` für die Variable mit dem Namen »a«.
- Im Makro muss ein Befehl, der eine Variable benutzt, mit einem Dollarzeichen beginnen, z. B. `$say $(a)`
- Ein *Verbund* ist eine Aufzählung von Eigenschaften und Werten (mit Doppelpunkt), durch Kommas getrennt, und alles zusammen in Mengenklammern, z. B. dieser Verbund mit drei Eigenschaften: `{a: 42, b: "ein Text", c: "Text mit \"Anführungszeichen\""}`. Der `<NBT-Verbund>`, den du an ein Makro übergibst, muss alle Variablen enthalten, die im Makro benutzt werden.
- Beim Aufruf des Makros ersetzt das Spiel im ersten Schritt die Variablen im Makro durch die übergebenen Werte (wie das »Suchen und Ersetzen« in einer Textdatei) und ruft im zweiten Schritt das Ergebnis als Funktion auf, die dann Zeile für Zeile abgearbeitet wird.

Beispiel für ein Makro:

1. Füge deinem Datenpaket diese Funktion als *test2.mcfunction* hinzu:

```
### Test mit Variablen
say Jetzt ändern sich Wetter und Sonne!
$time set $(Zeit)
$weather $(Wetter)
$$(Befehl)
```

2. Lade dein Datenpaket und gib folgende Befehle ein:

```
/function nl:test2 {Zeit: "midnight", Wetter: "rain",
Befehl: "say Hallo"}

/function nl:test2 {Zeit: "noon", Wetter: "clear",
Befehl: "setblock ~ ~-1 ~ stone", Egal: 12345}
```

Wie du am zweiten Befehl siehst, kannst du auch überflüssige Variablen übergeben (im Beispiel `Egal: 12345`), sie werden vom Makro ignoriert. Das ist prima, denn jetzt kommt das Geniale: Makros verstehen auch Blockdaten und Kreaturdaten als Argument, d h., du kannst mit Makros alle möglichen Minecraft-Daten verarbeiten!

```
/function <Name> with block <XYZ> [<NBT-Verbund>]
```

Beispiel für ein Makro, das Blockdaten verarbeitet:

1. Füge deinem Datenpaket die Funktion *test3.mcfunction* hinzu, die nur eine Zeile enthält: `$say $(id)`
2. Stelle dich auf einen Ofen mit Inhalt und gib diesen Befehl ein: `/data get block ~ ~-1 ~ Items[0]`. Das liefert den Inhalt des ersten belegten Slots als NBT-Verbund mit drei Eigenschaften: `Slot`, `id` und `count`, z. B. `{Slot: 0b, id: "minecraft:cobblestone", count: 12b}`. Übergibst du `Items[0]` an dein Makro, bekommt es drei Variablen. Du verwendest aber nur die Variable `$(id)`, die anderen übergebenen Variablen werden vom Makro ignoriert.
3. Lade dein Datenpaket neu, und rufe das Makro auf mit: `/function nl:test3 with block ~ ~-1 ~ Items[0]`. Du erhältst die Ausgabe: `[Sumpfhytte] minecraft:cobblestone`. Dein Makro hat die `id` aus `Items[0]` gelesen und mit `$say $(id)` ausgegeben.

Wenn bei Befehlen etwas schiefgeht

Ob du einen Befehl korrekt geschrieben hast, erfährst du schon bei der Eingabe in die Chatzeile oder in einen Befehlsblock. Hast du dagegen einen Befehl in einer Funktion falsch geschrieben, wird die ganze Funktion beim Laden des Datenpakets weggelassen. Schau dann ins *Game-Log* ⓘ für die Fehlermeldung (Kategorie **error**).

Weil die Prüfung einer Funktion beim ersten Fehler abbricht, können danach noch weitere Fehler folgen. Tipp: Teste alle Befehle *erst* in der Chatzeile, und kopiere sie *dann* in die Funktion.

```
Failed to load function nl:test2
java.util.concurrent.CompletionException: java.lang.IllegalArgumentException: Whilst parsing command
on line 5: Unbekannter oder unvollständiger Befehl, siehe unten für Fehler at position 0: <--[HERE]
```

Game-Log: Ein Syntaxfehler in Funktion »nl:Test2« in Zeile 5, Spalte 1 (= Position plus 1). Tipp: Der Notepad++ zeigt an seinem unteren Fensterrand die Zeile (Ln) und die Spalte (Col) an, damit findest du die fehlerhafte Stelle sofort.

Ist der Befehl korrekt geschrieben, kann immer noch bei der Ausführung ein Fehler auftreten. Dann passiert Folgendes:

- Hast du den Befehl in die **Chatzeile** eingegeben, bekommst du eine Meldung vom Spiel. Die Meldung steht auch im Game-Log, Kategorie **info**.
- **Befehlsblöcke** schreiben die Meldung nicht ins Game-Log. Sie haben eine eigene Meldungszeile in ihrem Feld **Letzte Ausgabe**. Wenn eine Befehlskette nicht wie gewünscht funktioniert, öffnest du die infrage kommenden Befehlsblöcke, um zu sehen, von welchem Befehlsblock der Fehler kommt. Bei längeren Meldungen klickst du auf den Anfang der Zeile, um mehr zu sehen.

  Wenn du dich fragst, was der kleine **O**-Button macht: Änderst du ihn in **X** und klickst auf **Fertig**, wird die letzte Ausgabe nicht mehr gefüllt. Das ist aber nur interessant, wenn in kurzer Zeit extrem viele Befehlsblöcke durchlaufen werden. Dann spart das Unterdrücken der Meldungen Rechenzeit.
- Liefert der Befehl in einer **Funktion** einen Fehler, gibt es *keine* Meldung, und der nächste Befehl wird ausgeführt. Um herauszufinden, welcher Be-

fehl nicht funktioniert, kommentierst du einzelne Befehle aus und baust testweise say-Befehle ein.

- Der Befehl /debug function <Funktion> ruft die <Funktion> auf und speichert eine Analyse im Ordner *.minecraft/debug*. Informationen dazu stehen im Minecraft-Wiki (*https://minecraft.wiki/Commands/debug#File_structure*).

Auch wenn alles richtig funktioniert, geben Chatzeilen-Befehle und Befehlsblöcke Meldungen im Chat und im Game-Log aus, während Funktionen stumm bleiben.

Meldung eines Chatzeilen-Befehls und eines Befehlsblocks

Mit /gamerule commandBlockOutput false sorgst du dafür, dass Befehlsblöcke keine Meldungen mehr in den Chat schreiben. Das Feld mit der letzten Ausgabe füllen sie weiterhin, aber der Chat wird nicht mehr gestört.

»NUR UNTER EINER BEDINGUNG«

Ein wichtiges Element von Programmen sind *Bedingungen*. Beispiele:

- Wenn der richtige Punktestand erreicht ist, läutet eine Glocke.
- Eine Beute soll nur fallen gelassen werden, wenn der Spieler vorher mindestens fünf Zombies erschlagen hat.
- Wenn die Spieler das Rätsel richtig gelöst haben, öffnet das Programm eine Tür, ansonsten eine Fallgrube.

Der Ablauf eines Rätsels oder eines Minispiels oder ganz allgemein eines Programms hängt von Bedingungen ab, und diese müssen irgendwie geprüft werden. In Minecraft gibt es dazu diesen Befehl:

```
/execute (if|unless)
(biome …|dimension …|block …|blocks …|data …|loaded …) run
<Befehl>
```

Verwendest du /execute if, wird der <Befehl> ausgeführt, wenn die Bedingung erfüllt ist. Das Gegenteil ist /execute unless, das den <Befehl> ausführt, wenn die Bedingung *nicht* erfüllt ist.

/execute kann die Existenz einer Dimension (dimension <Dimension>), eines Bioms (biome <XYZ> <Biom>), eines Blocks (block <XYZ> <Block>), eines Blockbereichs (blocks <XYZ1> <XYZ2> <XYZ3> (all|masked)), von Blockdaten (data block <XYZ> <NBT-Pfad>), eines Chunks (loaded <XYZ>) und weiterer Quellen prüfen, die später an passender Stelle erklärt werden.

Beispiele:

- /execute if biome ~ ~ ~ #snow_golem_melts run say "Hier schmelzen Schneegolems" prüft an deiner Position die Existenz eines Bioms aus einer *Biomgruppe*.
- /execute unless dimension ~ ~ ~ the_nether run say "Hier ist nicht der Nether" prüft an deiner Position die Nicht-Existenz einer Dimension.
- /execute if block ~ ~-1 ~ furnace[facing=south] run say "Der Ofen, auf dem du stehst, schaut nach Süden" prüft die Existenz eines Blocks in einem bestimmten Blockzustand.
- /execute if blocks ~ ~-1 ~ ~-1 ~ ~2 ~ all run say "Boden und Decke sind gleich" vergleicht einen Blockbereich. Im Beispiel ist das nur ein einziger Block unter deinen Füßen (<XYZ1> und <XYZ2> sind gleich) mit der Stelle <XYZ3>, die im Beispiel genau über deinem Kopf liegt. Bei all werden sämtliche Blöcke verglichen, bei masked nur die Nicht-Luft-Blöcke des Startbereichs.
- /execute if data block ~ ~ ~ Items[{id: "minecraft:diamond"}] run say "Die Truhe, auf der du stehst, enthält Diamanten" prüft die Existenz bestimmter Blockdaten.
- /execute if loaded ~ ~ ~ run say "Dieser Chunk ist geladen". Die Chunk-Prüfung kannst du einsetzen, wenn du etwas an einem anderen Ort verändern möchtest. Ist der Chunk dort nicht geladen, funktioniert die Änderung nicht. Wenn du das vorher prüfst, kannst du den Chunk mit dem /forceload-Befehl laden.

Bedingungen mit Prädikaten prüfen

Der `/execute if`-Befehl kann zwar die Existenz einiger Dinge prüfen, aber es gibt noch viele weitere Zustände in Minecraft, die für eine Entscheidung wichtig sind, z. B. deine Position oder die Tageszeit. Mit *Prädikaten* erweiterst du deine Möglichkeiten, Bedingungen zu prüfen.

Ein Prädikat ist eine *json*-Datei in einem *Datenpaket* ⓘ, die eine Bedingung enthält. Prädikate stehen im Ordner *data\\<Namensraum>\\predicate*. Mit diesem Befehl prüfst du ein Prädikat:

```
/execute (if|unless) predicate <Prädikat> run <Befehl>
```

Beispiel für eine Prädikatprüfung:

1. Erstelle für deine Welt ein Datenpaket (oder erweitere es) mit dem Ordner *data\\nl\\predicate*. Lege dort eine Textdatei an, die du *monsterzeit.json* nennst (beachte dabei die *Schreibregel* ⓘ für Namen).
2. Schreibe folgenden Text in das Prädikat, und speichere die Datei.

```
{
  "condition": "minecraft:time_check",
  "value": {
    "__comment": "Monster spawnen",
    "min": 13188,
    "__comment": "Monster despawnen",
    "max": 22812
  }
}
```

3. Gehe in die Welt (oder, wenn du schon drin bist, lade das Datenpaket mit `/reload`), und prüfe mit `/datapack list`, ob das Paket geladen ist.
4. Gib folgenden Befehl ein: `/execute if predicate nl:monsterzeit run say "Vorsicht Monster!"`. Ändere die Zeit mit `/time set day` und `/time set midnight`, und wiederhole den `/execute`-Befehl.

Prädikate bieten dir viele Möglichkeiten, Bedingungen abzufragen: Blockzustände, Positionen, Zufallszahlen, Zeit, Wetter und Weitere. Im Minecraft-Wiki sind sie aufgeführt.

- Englisch: *https://minecraft.wiki/Predicate*
- Deutsch: *https://de.minecraft.wiki/Prädikate*

Mit dem *Onlinedatenpaketgenerator* (*https://misode.github.io/predicate*) generierst du Prädikat-Dateien, ohne auf Kommas und Klammern achten zu müssen.

Das Monsterzeitbeispiel mit dem Datenpaketgenerator

Bauen und Programmieren einer Verzweigung

Durch Bedingungen entstehen in deinen Programmen *Verzweigungen*. Wie du das mit einer Kette aus Befehlsblöcken oder mit einer Funktion löst, siehst du gleich an zwei Beispielen. Allerdings kennt Minecraft kein »else«.

Minecraft kennt kein »else«

In vielen Programmiersprachen können `if`-Befehle zwei Anweisungen enthalten, eine für den Ja-Fall (`if`) und eine für den Nein-Fall (`else`).

```
if (hour > 18) {
  System.out.println("Gute Nacht");
} else {
  System.out.println("Guten Tag");
}
```

Ein »if-else« in Java

Bei Minecraft benutzt du dazu zwei getrennte Befehle: `/execute if` für den Ja-Fall und `/execute unless` mit derselben Bedingung für den Nein-Fall.

```
execute if predicate nl:monsterzeit run say Gute Nacht
execute unless predicate nl:monsterzeit run say Guten Tag
```

Ein »if-unless« in Minecraft

Beispiel für eine Befehlskette mit Verzweigung:

Du hast in deiner Abenteuerwelt ein Tagebuch mit folgendem Text versteckt:

»Ich erinnere mich noch an den hübschen Garten, der hinter dem Anwesen lag. In der Mitte war ein Brunnen, der lieblich plätscherte. Ging man jedoch nachts in den Garten, schien das Wasser viel dunkler zu sein, als ob der Brunnen ein bodenloser Abgrund wäre.«

Du baust ein Anwesen mit Garten und Brunnen. Betritt man die Druckplatte, um die Gartentür zu öffnen, wird ein Befehlsblock ausgelöst. Tagsüber soll Wasser in den Brunnen fließen und der Boden geschlossen sein, nachts soll kein Wasser fließen und der Boden unter dem Wasser offen sein.

Ein Brunnen, der sich nachts verändert

Baue dazu folgende Befehlsblöcke auf:

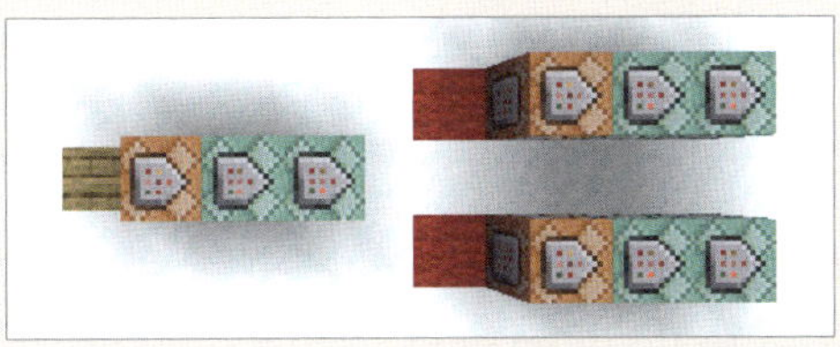

Der erste Befehlsblock wird durch die Druckplatte ausgelöst, danach folgen zwei Ketten-Befehlsblöcke:

- `/say Willkommen im Garten`
- `/execute if predicate nl:monsterzeit run setblock ~3 ~ ~-1 red-stone_block` prüft das Prädikat `nl:monsterzeit` aus dem vorherigen Beispiel und setzt bei Erfolg (`if`) einen Redstone-Block vor die *obere* Befehlskette.

- /execute unless predicate nl:monsterzeit run setblock ~2 ~ ~1 redstone_block prüft dasselbe Prädikat und setzt bei Misserfolg (unless) einen Redstone-Block vor die *untere* Befehlskette.

Je nach Uhrzeit wird nur einer der beiden Ketten-Befehlsblöcke einen Redstone-Block setzen, entweder oben oder unten. Die Positionen markierst du mit roter Wolle im Boden, damit du sie besser erkennst und dort keinen anderen Block platzierst. In der oberen Befehlskette stecken diese Befehle:

- /setblock ~-1 ~ ~ air löscht den Redstone-Block, der eben gesetzt wurde.
- /setblock 57 68 14 soul_lantern setzt eine Seelenlaterne auf die Brunnensäule (und entfernt damit das Wasser).
- /fill 55 64 12 59 64 16 water replace mossy_stone_bricks ersetzt den Boden durch Wasser. Darunter ist der Brunnen tiefer und voller Wasser, das ist tagsüber abgedeckt.

In der unteren Befehlskette stecken diese Befehle:

- /setblock ~-1 ~ ~ air
- /setblock 57 68 14 water
- /fill 55 64 12 59 64 16 mossy_stone_bricks replace water

Die Befehle löschen ebenfalls den Redstone-Block, setzen Wasser auf die Brunnensäule und schließen den Boden.

Dasselbe **Beispiel** für eine Funktion mit Verzweigung:

Die Druckplatte an der Gartentür löst einen Befehlsblock mit folgendem Befehl aus: /function nl:brunnen/vergleich. Lege in deinem Datenpaket einen Unterordner *data\nl\function\brunnen* mit drei Funktionen an: *vergleich.mcfunction*, *nacht.mcfunction* und *tag.mcfunction*. In *vergleich.mcfunction* stehen diese Befehle:

```
### Brunnenprüfung
say Willkommen im Garten!
execute if predicate nl:monsterzeit run function nl:brunnen/nacht
execute unless predicate nl:monsterzeit run function nl:brunnen/tag
```

Die beiden anderen Funktionen enthalten die Befehle für das Füllen des Bodens und das Setzen der Seelenlaterne bzw. des Wassers auf die Brunnensäule.

Bedingungen verknüpfen mit UND und ODER

Manchmal möchtest du zwei oder mehr Bedingungen kombinieren.

- **UND-Verknüpfung**: Wenn zwei Bedingungen gleichzeitig gelten sollen, verkettest du sie im `/execute`-Befehl. Beispiel:

  ```
  /execute if <Bedingung1> if <Bedingung2> run say 1 UND 2
  ```

- **ODER-Verknüpfung**: Soll entweder die eine Bedingung gelten oder die andere oder beide, fragst du sie in zwei getrennten `/execute if`-Zeilen ab. Falls beide Bedingungen gelten, möchtest du nicht, dass die `run`-Anweisung zweimal ausgeführt wird. Daher muss die zweite Zeile die erste Bedingung ausschließen, bevor sie die zweite abfragt:

  ```
  /execute if <Bedingung1> run say 1 ODER 2
  /execute unless <Bedingung1> if <Bedingung2> say 1 ODER 2
  ```

Wenn du als Bedingung ein Prädikat einsetzt, wird die Sache einfacher, denn es gibt spezielle UND- und ODER-Prädikate, um andere Prädikate auf die eine oder andere Weise zu verknüpfen:

- `"condition": "minecraft:all_of"` prüft die Prädikate einer Liste und liefert nur einen Erfolg, wenn sämtliche Bedingungen erfüllt sind.
- `"condition": "minecraft:any_of"` prüft die Prädikate einer Liste und liefert einen Erfolg, wenn mindestens eine der Bedingungen erfüllt ist.

Beispiele für UND und ODER mit Prädikaten:

1. Schreibe für dein Datenpaket ein Prädikat *data\nl\predicate\gewitternacht.json*:

```
{
  "condition": "minecraft:all_of",
  "terms": [
    {
      "condition": "minecraft:reference",
      "name": "nl:monsterzeit"
    },
    {
      "condition": "minecraft:weather_check",
      "thundering": true
    }
  ]
}
```

Das Prädikat prüft mit der Bedingung `all_of` in der `terms`-Liste die beiden Prädikate `nl:monsterzeit` aus dem vorherigen Beispiel und `weather_` `check`. Das `all_of` ist eine UND-Verknüpfung aller Prädikate in der Liste. Das Prädikat liefert Erfolg, wenn es Nacht ist UND gewittert.

2. Kopiere die Prädikat-Datei unter dem neuen Namen *data\nl\predicate\dunkel.json*, und ersetze darin das `all_of` durch `any_of`. Damit liefert das Prädikat Erfolg, wenn es Nacht ist ODER gewittert.
3. Lade das Datenpaket, ändere mehrfach die Zeit und das Wetter mit `/time` und `/weather`, und teste die Prädikate mit den Befehlen:

   `/execute if predicate nl:gewitternacht run say Nacht UND Gewitter`

   `/execute if predicate nl:dunkel run say Nacht ODER Gewitter`

Zur Verknüpfung von Bedingungen gehört auch die *Negierung*, also das *Gegenteil* einer Bedingung. Mit dem `/execute`-Befehl ist das ganz einfach: `/execute unless` ist das Gegenteil von `/execute if`.

Aber was machst du, wenn du in einer Prädikatenliste bei `all_of` oder `any_of` ein oder mehrere Prädikate ins Gegenteil verkehren möchtest? Die Lösung ist einfach: Es gibt ein spezielles Gegenteil-Prädikat `inverted`, das das Ergebnis des angegebenen Prädikats ins Gegenteil verkehrt.

```
{
  "condition": "minecraft:inverted",
  "term": {
    "condition": "minecraft:reference",
    "name": "nl:monsterzeit"
  }
}
```

Beispiel für eine Prädikat-Negierung: Das Ergebnis des Prädikats »nl:monsterzeit« wird durch das spezielle Prädikat »inverted« ins Gegenteil verkehrt. Dieser Ausschnitt kann Teil einer Prädikatenliste bei »all_of« oder »any_of« sein.

RECHNEN UND VERGLEICHEN MIT DER ANZEIGETAFEL

Bedingungen wie das Vorhandensein eines Blocks oder das aktuelle Wetter zu prüfen, sind mit dem `/execute`-Befehl und den Prädikaten kein Problem. Aber wie funktioniert ein simpler Zahlenvergleich? Und wie führst du Rechenoperationen durch, z. B. wenn du die Zeitdifferenz zwischen Start und Ziel eines Minispiels berechnen möchtest?

Dafür gibt es die sogenannte *Anzeigetafel* (*scoreboard*). Ursprünglich war die Anzeigetafel ein Speicher für Punktestände von Minispielen. Daher kommt der Name, und deshalb kann sie auch nur mit Ganzzahlen rechnen. Der Einsatz für Minispiele wird später, im Kapitel »Erkenntnis, Verständnis – beschreibe deine Welt«, beschrieben. Hier erfährst du, wie du die Anzeigetafel für das Rechnen und Vergleichen von Zahlen benutzt.

Das Konzept der Anzeigetafel sieht *Ziele* vor, die die Teilnehmer erreichen sollen (z. B. erschlagene Creeper, gelaufene Strecke) und *Punktestände*, die Minecraft für jeden Teilnehmer und jedes Ziel automatisch zählt. Beispielsweise könnte Spielerin Alex 15 Punkte im Creeper-Ziel und 27030 gelaufene Zentimeter (= 270,3 Blöcke) im Streckenziel haben.

Für deine Berechnungen nutzt du dieses Konzept auf eine spezielle Weise: Du verwendest (zumindest am Anfang) nur ein einziges, aber dafür spezielles *Dummy*-Ziel, das von Minecraft nicht automatisch gezählt wird. Außerdem erfindest du nicht existierende Spieler, die man *Zähler* nennt, und gibst ihnen Punkte. Damit kannst du dann rechnen. Wie dieser Trick genau funktioniert, erfährst du jetzt.

```
/scoreboard objectives add <Name> dummy
```

```
/scoreboard objectives list
```

```
/scoreboard objectives remove <Name>
```

Mit diesen Befehlen verwaltest du deine Ziele. Für den Anfang reicht ein einziges Dummy-Ziel, z. B. »rechner«. Später, wenn du viele Zähler hast, kannst du weitere Dummy-Ziele anlegen, um deine Zähler zu gruppieren.

- `add` legt ein neues Dummy-Ziel an, für das Minecraft nicht automatisch Punkte zählt. Beispiel: `/scoreboard objectives add rechner dummy`
- `list` zeigt alle angelegten Ziele.
- `remove` löscht ein Ziel mit allen Zählern.

```
/scoreboard players set <Zähler> <Ziel> <Wert>
```

```
/scoreboard players add <Zähler> <Ziel> <Wert>
```

```
/scoreboard players remove <Zähler> <Ziel> <Wert>
```

```
/scoreboard players get <Zähler> <Ziel>
```

```
/scoreboard players list [<Zähler>]
```

```
/scoreboard players reset <Zähler> [<Ziel>]
```

Normalerweise dienen diese Befehlen zum Setzen und Verändern von Spieler-Punkteständen für die verschiedenen Ziele. Weil Minecraft an dieser Stelle nicht prüft, ob ein Spielername wirklich existiert, kannst du Namen vergeben, die als Spielername nicht möglich sind. Dazu verwendest du als erstes Zeichen ein »#« (*Hash*). Solche Spielernamen werden *Zähler* genannt.

- `set` setzt den Zähler auf einen ganzzahligen Wert. Beispiel:

  `/scoreboard players set #anzahl rechner 25`
- `add` erhöht den Zähler um den Wert. Beispiel:

  `/scoreboard players add #anzahl rechner 4`
- `remove` verringert den Zähler um den Wert. Beispiel:

  `/scoreboard players remove #anzahl rechner 5`
- `get` liefert den Wert des Zählers.
- `list` zeigt alle Zähler für alle Ziele. Gibst du einen bestimmten Zähler an, siehst du die Ziele, für die er verwendet wird. Vor dem Löschen eines Zählers wäre das eine sinnvolle Information (falls du mehrere Ziele angelegt hast).
- `reset`: Um die Übersicht zu behalten, solltest du Zähler, die du nicht mehr brauchst, wieder löschen. Gib dazu immer das richtige Ziel ein, falls du mehrere angelegt hast. Ohne Zielangabe (was möglich ist) wird der Zähler mit diesem Namen für *alle Ziele* gelöscht.

So rechnest du mit der Anzeigetafel

Mit dem folgenden Befehl kannst du zwei Zähler addieren, multiplizieren und weitere Rechenoperationen durchführen:

```
/scoreboard players operation <Zähler1> <Ziel1> <Operation>
<Zähler2> <Ziel2>
```

- `+=` addiert auf `<Zähler1>` den `<Zähler2>`.
- `-=` subtrahiert von `<Zähler1>` den `<Zähler2>`.
- `*=` multipliziert `<Zähler1>` mit `<Zähler2>`.

- /= dividiert <Zähler1> durch <Zähler2>. Nachkommastellen werden immer abgeschnitten, es wird nicht gerundet. Beispiel: 9/10 = 0.
- %= dividiert ebenfalls <Zähler1> durch <Zähler2> und liefert den Rest, der übrig bleibt (*Modulo-Operation*). Beispiel: 9/10 = 0 Rest 9.
- = setzt <Zähler1> auf den Wert von <Zähler2>.
- > setzt <Zähler1> auf das Maximum beider Zähler.
- < setzt <Zähler1> auf das Minimum beider Zähler.
- >< vertauscht <Zähler1> mit <Zähler2>.

Nachdem du jetzt weißt, wie du Zähler anlegst und mit ihnen rechnest, wäre es noch wichtig zu wissen, wie du sie mit Werten aus dem Spiel füllst. Dazu benutzt du diesen Befehl:

```
/execute store result score <Zähler> <Ziel> run <Befehl>
```

Der Befehl funktioniert rückwärts, d. h., er führt zuerst den <Befehl> aus und meldet das Ergebnis im Chat. Dann speichert er das Ergebnis im <Zähler>. Probiere verschiedene <Befehle> aus, und prüfe, was in den Anzeigetafel-Zählern landet. Wenn du z. B. mit dem /data get-Befehl Blockdaten wie Kommazahlen, Texte, Verbünde und Listen abfragst, liefert der Befehl interessante Ergebnisse:

- Ein **Wahrheitswert** wird als 1 (wahr) und 0 (falsch) gespeichert. Die Anzeigetafel kennt nur Punkte und versteht true und false nicht.
- Eine **Kommazahl** wird abgeschnitten und nicht gerundet.
- Von einem **Text** wird die Anzahl der Zeichen gespeichert (Textlänge).
- Von einem **Verbund** oder einer **Liste** wird die Anzahl der Einträge gespeichert. Durch diesen Trick kannst du z. B. herausfinden, wie viele Slots eines Behälters belegt sind.

Beispiele:

- /execute store result score #schwierigkeit rechner run difficulty speichert den Schwierigkeitsgrad als Zahl: 0 = Friedlich, 1 = Einfach, 2 = Normal, 3 = Schwer.
- /execute store result score #anzahl_slots rechner run data get block ~ ~ ~ Items speichert die Anzahl der belegten Slots der Truhe unter deinen Füßen.

- `/execute store result score #anzahl_bloecke rechner run fill ~ ~ ~ ~2 ~3 ~3 glass` speichert die Anzahl der platzierten Blöcke (in diesem Fall 48).

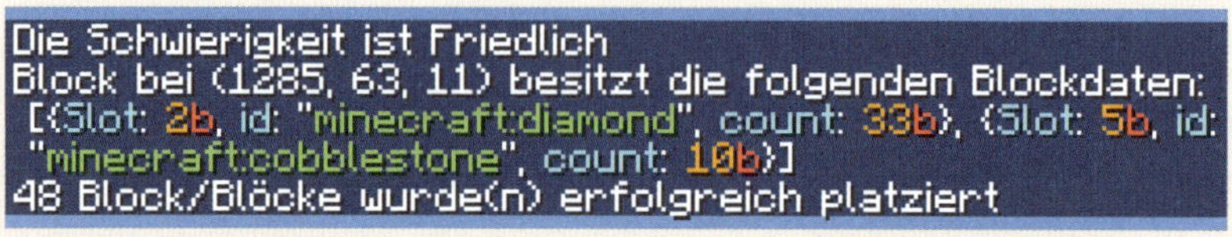

Befehlsergebnisse kannst du als Zahl in die Anzeigetafel übertragen. Die Schwierigkeit »Friedlich« ist intern eine »0«, die Eigenschaft »Items« hat hier »2« belegte Slots, der »/fill«-Befehl meldet die Anzahl platzierter Blöcke.

Mit einem ähnlichen Befehl kopierst du einen veränderten Zähler zurück ins Spiel:

```
/execute store result block <XYZ> <NBT-Pfad>
(byte|short|int|long|float|double) <Multiplikation> run <Befehl>
```

Während die Anzeigetafel nur Ganzzahlen übernehmen kann, sieht das bei *Blockdaten* anders aus. Hier musst du den richtigen Datentyp angeben. Üblicherweise nimmst du `int` für Ganzzahlen und `double` für Kommazahlen. Für Wahrheitswerte oder für sehr kleine Zahlen zwischen -128 und 127 nimmst du `byte`. Die Syntax erfordert noch eine Multiplikation, hier kannst du eine 1 nehmen.

Beispiel, um die Anzahl der Gegenstände in einer Truhe per Befehl zu ändern:

1. `/execute store result score #anzahl rechner run data get block ~ ~ ~ Items[{Slot: 2b}].count` holt die Anzahl der Gegenstände aus dem dritten Slot der Truhe unter deinen Füßen in den Zähler `#anzahl`.
2. `/scoreboard players add #anzahl rechner 1` verändert den Zähler.
3. `/execute store result block ~ ~ ~ Items[{Slot: 2b}].count byte 1 run scoreboard players get #anzahl rechner` kopiert die veränderte Anzahl zurück in die Truhe unter deinen Füßen. Was passiert bei einer negativen Anzahl oder wenn sie größer als ein Stapel ist? Probiere es aus.

So vergleichst du Zahlen mit der Anzeigetafel

Hast du einen oder mehrere Anzeigetafel-Zähler mit Werten gefüllt, brauchst du noch eine Vergleichsmöglichkeit. Nur so kannst du automatische Entscheidungen treffen. Die Vergleiche macht der `/execute`-Befehl:

```
/execute (if|unless) score <Zähler> <Ziel> matches <Wertebereich>
run <Befehl>
```

Hier wird der `<Zähler>` mit einem `<Wertebereich>` verglichen. Das kann eine Ganzzahl sein (`=5`) oder ein ganzzahliger Bereich, wobei `=5..` größer/gleich 5 bedeutet, `=..10` kleiner/gleich 10 und `=5..10` größer/gleich 5 und kleiner/gleich 10.

Beispiel: In deiner Abenteuerwelt sollen die Spieler genau 30 goldene Karotten in einen Ofen legen. Ein Ofen hat den Vorteil, dass er nur einen einzigen Slot hat, in den man beliebige Gegenstände legen kann. Weil die Gegenstände nicht auf mehrere Slots verteilt werden können, gibt es keine mehrdeutigen Ergebnisse.

1. `/scoreboard objectives add rechner dummy` legt das Dummy-Ziel `rechner` an.
2. `/execute store result score #karotten rechner run data get block ~ ~-1 ~ Items[{id: "minecraft:golden_carrot"}].count` kopiert die Anzahl der goldenen Karotten aus dem Ofen, auf dem du stehst, in den Zähler `#karotten` in deinem `rechner`-Ziel. Wenn der Zähler noch nicht existiert, wird er automatisch angelegt, ansonsten wird sein bisheriger Inhalt überschrieben.
3. `/execute if score #karotten rechner matches 30 run say Die Anzahl stimmt genau!` vergleicht die Anzahl mit 30.

Schritt 3 kannst du auch in ein *Prädikat* ⓘ verlagern, das du z. B. *data\nl\predicate\karottenvergleich.json* nennst:

```
{
  "condition": "minecraft:value_check",
  "value": {
    "type": "minecraft:score",
    "target": {
      "type": "minecraft:fixed",
      "name": "#karotten"
    },
    "score": "rechner"
  },
  "range": 30
}
```

```
"range": {
  "min": 20,
  "max": 40
}
```

Zahlenvergleich mit einem Prädikat: links Einzelwert, rechts Wertebereich

Das Prädikat prüfst du mit diesem Befehl:

```
/execute if predicate nl:karottenvergleich run say
Die Anzahl stimmt!
```

Mit dem Prädikat `value_check` kannst du auch **zwei Zähler miteinander** vergleichen, indem du bei `min` und/oder `max` keine Zahl, sondern einen Zähler auf dieselbe Weise wie bei `value` einträgst.

Auch mit dem `/execute`-Befehl kannst du **zwei Zähler** vergleichen:

```
/execute (if|unless) score <Zähler1> <Ziel1> (<|<=|=|>=|>)
<Zähler2> <Ziel2> run <Befehl>
```

Beispiel: Du hast in deiner Abenteuerwelt einen kleinen Hindernisparcours gebaut, den die Spieler in zehn Sekunden überwinden müssen. Sind sie zu langsam, müssen sie es noch mal versuchen. Für den Zeitvergleich verwendest du zwei Zähler:

1. Du hat bereits ein Dummy-Ziel `rechner`. Falls nicht, legst du es an, wie in Schritt 1 des vorherigen Beispiels.
2. `/scoreboard set players #vergleich rechner 200` belegt einen Zähler mit der Anzahl Ticks für zehn Sekunden.
3. `/execute store result score #start rechner run time query gametime` speichert die aktuelle Weltzeit im Zähler `#start`. Die Spieler lösen diesen Befehl aus, wenn sie beim Start über eine Druckplatte laufen.
4. `/execute store result score #ziel rechner run time query gametime` speichert die aktuelle Weltzeit im Zähler `#ziel`, wenn die Spieler am Ziel erneut über eine Druckplatte laufen.

5. `/scoreboard players operation #ziel rechner -= #start rechner` bildet die Differenz zwischen Ziel- und Startzeit und speichert sie in `#ziel`. Dieser Befehl steckt in einem Ketten-Befehlsblock oder in einer Funktion und wird direkt nach dem vorherigen Befehl ausgelöst.
6. Auch die letzten beiden Befehle gehören zu der Befehlskette. Sie vergleichen das Ergebnis mit der Vorgabe und geben eine Meldung aus:

```
/execute if score #ziel rechner <= #vergleich rechner run say
Du hast es in der Zeit geschafft!
/execute if score #ziel rechner > #vergleich rechner run say
Zu langsam, versuche es nochmal!
```

Ein Parcours mit Zeitlimit, die Druckplatten aktivieren verborgene Befehlsblöcke. Die Leiter hängt an einer unsichtbaren Barriere.

EINE WERKBANK FÜR DATEN

Je mehr du dich mit der Minecraft-Programmierung beschäftigst und kreative Ideen für die Anwendung von Befehlen in deinen Abenteuerwelten hast, desto öfter wird es passieren, dass du Daten von Spielern, Blöcken, Monstern, Tieren und Gegenständen zwischenspeichern musst, um sie verändern und für weitere Aktionen vorbereiten zu können.

Um mit solchen Daten zu werkeln, sie zusammenzusetzen, zu kopieren und zu verändern, gibt es im Spiel spezielle *Datenspeicher* (englisch *storage*), die beliebige Daten aufnehmen können. Beispielsweise könntest du in einem Datenspeicher sieben verschiedene Zombie-Ausrüstungen vorbereiten, von denen dein Programm zufällig eine auswählt, um ein Monster damit auszustatten.

Die Datenspeicher können aber wirklich nur speichern, zum Rechnen brauchst du weiterhin die Anzeigetafel.

Ein Datenspeicher ist einfach nur ein Name, unter dem du beliebige NBT-Eigenschaften speicherst und veränderst. Der `/data`-Befehl und andere Befehle für NBT-Daten funktionieren mit Datenspeichern genauso wie mit Blöcken und Kreaturen. Der einzige Unterschied besteht darin, dass ein Datenspeicher NBT-Daten enthält, ohne dass es einen Block oder eine Kreatur dazu gibt.

Wenn du in deiner Abenteuerwelt viele Daten speicherst, wäre es sinnvoll, verschiedene Datenspeicher mit unterschiedlichen Namen anlegen, um die Daten entsprechend zu ordnen. Du könntest z. B. die Speicher »welt«, »stadt«, »hafen«, »schloss« und »untergrund« anlegen, um Daten von diesen Orten zu speichern – oder ganz andere, wie es für dich am besten passt. Beachte dabei die *Schreibregel* für Namen, und verwende einen eigenen *Namensraum*. Die Beispiele in diesem Buch benutzen immer denselben Datenspeicher `test` im Namensraum `nl` (»Next Level«).

Anfangs gibt es gar keine Datenspeicher im Spiel. Sobald du die ersten NBT-Daten einträgst, wird automatisch ein Speicher angelegt. Die Daten können Ganzzahlen, Kommazahlen, Texte, Wahrheitswerte (`true`, `false`), unsortierte Verbünde in Mengenklammern und sortierte Listen in eckigen Klammern sein. Um Daten direkt in einen Speicher einzutragen, benutzt du diesen Befehl:

```
/data merge storage <Speicher> <NBT-Daten>
```

Der Befehl trägt entweder neue Daten in den Speicher ein oder überschreibt vorhandene.

Beispiel: `/data merge storage nl:test {ganzzahl: 42, kommazahl: 13.5, text: "Guten Tag", wahrheitswert: true, verbund: {obst: "Apfel", ort: "Garten"}, liste: ["Das", "sind", "Worte"]}` trägt verschiedene Daten in den Speicher `nl:test` ein.

```
/data get storage <Speicher> [<NBT-Pfad>] [<Multiplikation>]
```

Mit diesem Befehl liest du die Daten aus dem <NBT-Pfad> des Speichers. Um den Speicherinhalt komplett zu sehen, lässt du den <NBT-Pfad> weg. Zahlen kannst du dabei auch multiplizieren.

Beispiele:

- `/data get storage nl:test text` liefert »Guten Tag« aus dem vorherigen Beispiel. Weitere Beispiele zur Angabe von NBT-Pfaden findest du bei den *Blockdaten* ⓘ.
- `/data get storage nl:test` liefert den gesamten Inhalt des Test-Speichers aus dem vorherigen Beispiel. Wie Blockdaten und Kreaturdaten ist auch ein Datenspeicher ein unsortierter Datenverbund (in Mengenklammern). Der Wahrheitswert `true` aus dem Beispiel wurde als `1b` (Byte-Zahl) gespeichert, und die Kommazahl, für die du im Beispiel keinen Datentyp angegeben hast, als Double-Zahl:

```
/data modify storage <Speicher> <NBT-Pfad>
(set …|merge …|prepend …|append …|insert …)
```

Mit diesem Befehl wird die Sache richtig interessant, denn damit übernimmst du beliebige NBT-Daten aus Blöcken (… `from block`), von Kreaturen (… `from entity`) und aus anderen oder demselben Speicher (… `from storage`) in deinen `<Speicher>` in den angegebenen `<NBT-Pfad>`. Dein Speicher wird damit zur Werkbank für sämtliche Daten, die du für spätere Aktionen und Entscheidungen vorbereiten, ändern und kopieren möchtest. Beim Verlassen der Welt bleiben die Daten erhalten und sind beim nächsten Betreten weiterhin verfügbar.

Beispiele, um Daten in deinem Speicher einzutragen oder zu ändern:

- `/data modify storage nl:test schatztruhe_x set from block ~ ~ ~ x`. Falls du in späteren Befehlen die Koordinaten einer bestimmten Truhe benutzen möchtest, speichert dieser Befehl z. B. die X-Koordinate der Truhe, auf der du stehst, als `schatztruhe_x` in deinem Speicher.
- `/data modify storage nl:test aktuelle_truhe_x set from storage nl:test schatztruhe_x` kopiert den Wert von `schatztruhe_x` zu `aktuelle_truhe_x`.
- `/data modify storage nl:test anzahl_raetsel set value 17` setzt den Wert von `anzahl_raetsel` auf 17. Dasselbe erreichst du kürzer mit `/data merge storage nl:test {anzahl_raetsel: 17}`.

Beispiele, um Daten in einem *Verbund* zu ändern:

- `/data modify storage nl:test verbund merge value {spiel: "Minecraft"}` trägt die Eigenschaft `spiel` in die Eigenschaft `verbund` an unsortierter Stelle ein. Das Ergebnis siehst du mit `/data get storage nl:-test verbund`:

- `/data modify storage nl:test trichter merge from block ~ ~-1 ~ Items[0]` übernimmt aus dem ersten belegten Slot des Trichters, auf dem du stehst, den Verbund mit den drei Eigenschaften `Slot`, `id` und `count` in die Eigenschaft `trichter` in deinem Speicher.
- `/data modify storage nl:test verbund.id set from storage nl:test trichter.id` kopiert die Eigenschaft `id` aus dem Verbund `trichter` an unsortierter Stelle in die Eigenschaft `verbund`.

Beispiele, um *Listen* zu ändern:

- `/data modify storage nl:test liste insert 2 value "meine"` trägt das Wort an dritter Stelle (die Zählung beginnt bei null) in `liste` ein und verschiebt die weiteren Einträge nach hinten.

- `/data modify storage nl:test liste prepend value "Hinweis:"` setzt das Wort an den Anfang der Liste.

- `/data modify storage nl:test liste append value "!"` setzt das Wort an das Ende der Liste.

- `/data remove storage nl:test liste[0]` löscht den ersten Listeneintrag.
- `/data modify storage nl:test liste[-2] set value "Taten"` ändert den vorletzten Listeneintrag (`[-1]` wäre der letzte).

```
/data remove storage <Speicher> <NBT-Pfad>
```

Mit diesem Befehl löschst du einzelne Daten aus deinem Speicher. Einen Speicher komplett zu entfernen, ist momentan über Befehle nicht möglich. Aber weil Datenspeicher im Weltordner als NBT-Dateien stehen (im Unterordner *data*), kannst du sie mit dem *NBTExplorer* bearbeiten:

1. Starte den NBTExplorer, und gehe auf den Menüpunkt **File • Open Minecraft Save Folder**.
2. Klicke auf das Plus-Zeichen bei deiner Welt, und öffne über das Plus-Zeichen den Ordner *data*. Datenspeicher beginnen mit »command_storage«, dann folgt der Namensraum.
3. Öffne den Datenspeicher für deinen Namensraum und klicke dich durch, bis du die Liste der Speicher siehst (`contents`). Hier kannst du einen ganzen Speicher anklicken und mit dem ✖-Button löschen.

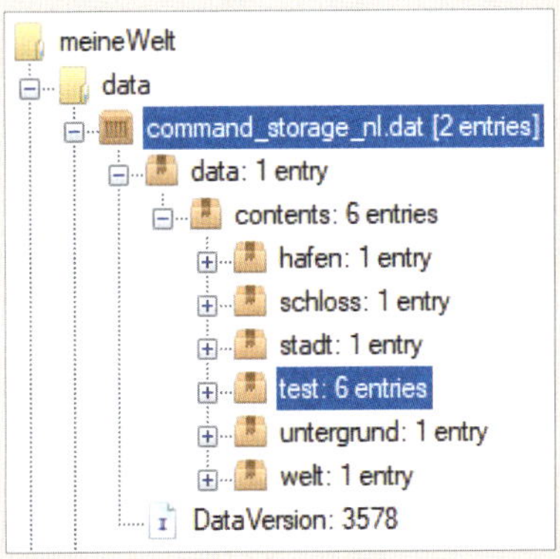

Die Datenspeicherdatei für den Namensraum »nl« hat sechs Speicher (»hafen« bis »welt«), der Speicher »test« enthält sechs Daten.

```
/execute store result score <Zähler> <Ziel> run data get storage
<Speicher> <NBT-Pfad>
```

```
/execute store result storage <Speicher> <NBT-Pfad>
(byte|short|int|long|float|double) <Multiplikation> run
scoreboard get players <Zähler> <Ziel>
```

Der `/execute store result`-Befehl, der das Ergebnis seines `run`-Arguments speichert, ist perfekt für die Übertragung von Ganzzahlen zwischen **Anzeigetafel** und Datenspeicher geeignet. Das brauchst du, wenn du Zahlen verändern willst, denn nur die Anzeigetafel kann mit Zahlen rechnen. Beim Zurückholen des Ergebnisses mit dem zweiten Befehl erfordert die Syntax eine Multiplikation. Wenn du das nicht brauchst, nimmst du eine 1.

Beispiel, um eine Ganzzahl aus dem Speicher über die Anzeigetafel um 10 zu erhöhen:

1. `/execute store result score #speicherzahl rechner run data get storage nl:test ganzzahl` kopiert die `ganzzahl` aus dem Speicher `nl:test` in den Zähler `#speicherzahl` im Anzeigetafel-Ziel `rechner`. Mit `/scoreboard players get #speicherzahl rechner` prüfst du, ob die Zahl angekommen ist.

   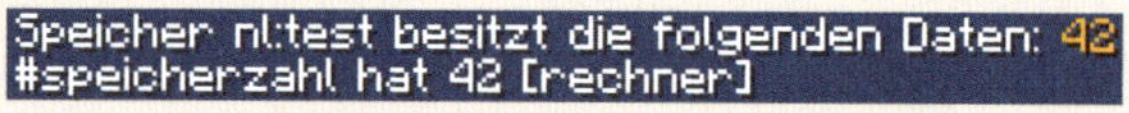

   Schau im Index dieses Buches unter *Anzeigetafel füllen* nach, oder probiere aus, was als Ergebnis (`result`) im Zähler landet, wenn du im `run`-Argument Kommazahlen, Texte, Verbünde und Listen abfragst.

2. `/scoreboard players add #speicherzahl rechner 10` erhöht den Zähler in der Anzeigetafel um 10.

3. `/execute store result storage nl:test ganzzahl int 1 run scoreboard players get #speicherzahl rechner` holt das veränderte Ergebnis aus dem Zähler `#speicherzahl` als Integer-Zahl und Multiplikation mit `1` zurück in die Datenspeicher-Eigenschaft `ganzzahl`. Mit `/data get storage nl:test ganzzahl` prüfst du die Übertragung.

   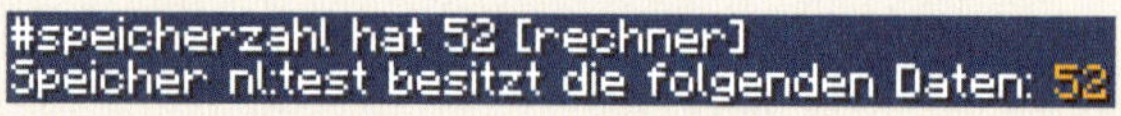


```
/execute (if|unless) data storage <Speicher> <NBT-Pfad> run
<Befehl>
```

Zahlen kannst du im Datenspeicher nicht vergleichen, das geht nur mit der Anzeigetafel. Mit dem `/execute`-Befehl ist nur eine Existenzprüfung möglich, d. h., ob im `<NBT-Pfad>` überhaupt Daten vorhanden sind. Der Inhalt der Daten ist dabei egal. Auch der Wahrheitswert `false` ist ein Inhalt (nämlich die Zahl 0). Um zu erreichen, dass eine `/execute if`-Abfrage erfolglos ist, musst du die entsprechende Eigenschaft im Speicher mit `/data remove` löschen.

Beispiel:

1. `/data merge storage nl:test {raetsel_geloest: "okay"}` speichert ein Wort in der Eigenschaft `raetsel_geloest`.
2. `/execute if data storage nl:test raetsel_geloest run say Das Rätsel ist gelöst` meldet etwas, wenn die Eigenschaft existiert.
3. `/data remove storage nl:test raetsel_geloest` löscht die Eigenschaft.
4. `/execute unless data storage nl:test raetsel_geloest run say Das Rätsel ist nicht gelöst` meldet etwas, wenn die Eigenschaft nicht existiert.

Mit Zeichenketten jonglieren

Um Zahlen zu vergleichen, nimmst du die Anzeigetafel, aber wie sieht es mit dem Vergleichen von Texten aus? Das erfährst du in diesem Abschnitt.

Ein Text ist eine mehr oder weniger lange Zeichenkette (englisch *string*). Mit dem `/data modify`-Befehl kannst du Teile aus einer Zeichenkette herausholen. Für Datenspeicher (`storage`) sieht der Befehl so aus:

```
/data modify storage <Speicher1> <NBT-Pfad1>
(set|merge|insert …|prepend|append) string storage <Speicher2>
<NBT-Pfad2> [<von>] [<bis>]
```

<NBT-Pfad2> sollte normalerweise auf einen Text verweisen, aber es darf auch auf eine Zahl sein, von der du Ziffern abschneiden möchtest. Entscheidend sind die Argumente <von> und <bis>:

- <von> ist die erste Position der Zeichenkette, die du übernehmen willst. Die Zählung beginnt bei null. Gibst du eine negative Zahl an, zählt das von hinten.
- <bis> ist die erste Position der Zeichenkette, die du *nicht* mehr übernehmen willst. Lässt du diese Angabe weg, wird der Rest bis zum Ende übernommen.

Beispiele für das Abschneiden von Texten:

- `/data merge storage nl:test {beispiel:{text: "Hallo Minecraft"}}` trägt diesen Text in deinen Speicher ein. An Position 0 steht das »H«, an Position 14 steht das »t«.

- `/data modify storage nl:test beispiel.mitte set string storage nl:test beispiel.text 6 10` übernimmt den Teil »Mine« in die Eigenschaft `mitte`.
- `/data modify storage nl:test beispiel.ende set string storage nl:test beispiel.text -5` übernimmt die letzten fünf Zeichen (also »craft«) in die Eigenschaft `ende`.

```
Speicher nl:test besitzt die folgenden Daten: {mitte: "Mine", ende:
"craft", text: "Hallo Minecraft"}
```

- `/data modify storage nl:test gegenstand set string block ~ ~ ~ Items[0].id 10` schneidet den Namensraum `minecraft:` von der ID des ersten Gegenstandes in der Truhe, auf der du stehst, ab, und speichert den Rest in der Eigenschaft `gegenstand`.

Beispiel für das Abschneiden von Zahlen:

- `/data merge storage nl:test {zahl: 543.21}` trägt diese Zahl in deinen Speicher ein.
- `/data modify storage nl:test zeichen set string storage nl:test zahl 0 1` übernimmt die erste Ziffer der `zahl` und speichert sie in `zeichen`. Die beiden Eigenschaften `zahl` und `zeichen` sehen dann so aus:

```
Speicher nl:test besitzt die folgenden Daten: 543.21d
Speicher nl:test besitzt die folgenden Daten: "5"
```

Wie du siehst, ist `zeichen` keine Zahl, sondern ein Text. Um damit rechnen zu können, brauchst du die Umwandlung in eine Zahl. Vorsicht: Würdest du das Zeichen »5« in eine Zahl-Eigenschaft oder in die Anzeigetafel übertragen, würde das nichts bringen, denn das würde die *Textlänge* speichern, die in diesem Fall 1 beträgt.

Die Lösung ist in diesem Fall ein *Makro* ⓘ. Makros sind ideal für die Arbeit mit Zeichenketten, weil sie ihre Argumente als Zeichenkette in Befehle einsetzen, die dann ausgeführt werden.

So rufst du ein Makro mit Daten aus einem Speicher auf:

```
/function <Name> with storage <Speicher> [<NBT-Verbund>]
```

Argumente an Funktionen musst du immer als *Verbund* (in Mengenklammern) übergeben, auch wenn es nur ein einziges Argument ist. Daher kannst du die Eigenschaft `zeichen` aus dem vorherigen Beispiel nicht als Argument verwenden. Du musst das Abschneiden entweder von vornherein in einem Verbund durchführen oder das Zeichen nachträglich in einen Verbund kopieren, wie im folgenden **Beispiel**:

- `/data merge storage nl:test {makro: {text: "", zahl: 0}}` trägt den Verbund `makro` mit einem leeren `text` und der `zahl` Null in deinen Speicher ein.
- `/data modify storage nl:test makro.text set from storage nl:test zeichen` kopiert das Zeichen aus dem vorherigen Beispiel nach `makro.text`.
- Schreibe ein Makro *text_zu_zahl.mcfunction*:

```
### Macht einen Text zu einer Zahl
$data modify storage nl:test makro.zahl set value $(text)
```

- Rufe das Makro auf:

  `/function nl:text_zu_zahl with storage nl:test makro`

  Der Befehl übergibt den Verbund `makro` `{zahl: 0, text: "5"}` aus deinem Speicher an das Makro. Das Makro setzt die Eigenschaft `text` aus dem Verbund als Variable `$(text)` in einen Befehl ein, der eine `5` in eine *Zahl-Eigenschaft* schreibt. Die Eigenschaft *muss schon existieren*, und es *muss eine Zahl* sein, das ist der Trick! Im Beispiel wird die Eigenschaft `zahl` im Verbund `makro` genommen. Der Verbund sieht danach so aus: `{zahl: 5, text: "5"}`. Jetzt ist die Fünf eine Zahl.

Nachdem du Zeichenketten mit einem Befehl zerschnitten hast, stellt sich noch die Frage, wie du sie wieder zusammensetzt. Auch das geht ganz einfach mit einem Makro.

Beispiel für das Zerschneiden und Zusammensetzen:

- `/data merge storage nl:test {makro: {text1: "Hallo Minecraft", text2: ""}}` trägt den Verbund `makro` mit zwei Texten in deinen Speicher ein. Hattest du schon einen Verbund `makro`, werden zwei neue Eigenschaften hinzugefügt bzw. überschrieben.

- `/data modify storage nl:test makro.text2 set string storage nl:test makro.text1 6` übernimmt den Teil »Minecraft« von `makro.text1` und speichert ihn in `makro.text2`.
- `/data modify storage nl:test makro.text1 set string storage nl:test makro.text1 0 5` übernimmt den Teil »Hallo« von `makro.text1` und überschreibt damit den vorherigen Inhalt.
- Schreibe ein Makro *text_zusammen.mcfunction*:

```
### Fasst zwei Texte zusammen mit einem Leerzeichen dazwischen
$data modify storage nl:test makro.text1 set value "$(text1) $(text2)"
```

- Rufe das Makro auf:

  `/function nl:text_zusammen with storage nl:test makro`

  Der Befehl übergibt den Verbund `makro` `{text1: "Hallo", text2: "Minecraft"}` an das Makro. Das Makro setzt die Variablen `$(text1)` und `$(text2)` in einen Befehl ein. Enthält der Verbund weitere Eigenschaften, werden sie ignoriert. Der Befehl überschreibt die Eigenschaft `makro.text1`.

Klingt umständlich? Stimmt, aber Minecraft ist keine Programmiersprache, sondern ein Kreativbaukasten. Mit den gegebenen Möglichkeiten eine kreative Lösung zu finden, ist Teil des Spiels.

Hat's geklappt oder nicht? Den Befehlserfolg auswerten

Eine kreative Lösung brauchst du auch, wenn du zwei Texte vergleichen möchtest, z. B. ob ein Banner den Namen »Next Level« trägt. Mit einer Programmiersprache wäre das supereinfach: `if bannername = "Next Level"`. Aber so etwas gibt es in Minecraft nicht. Stattdessen nutzt du die *Datensuche* des `/data get`-Befehls und prüfst, ob der Befehl erfolgreich war oder nicht.

Beispiel:

1. `/data modify storage nl:test text set value Hallo` speichert in deinem Datenspeicher den Text »Hallo«.
2. `/data get storage nl:test text` liefert den Wert der Eigenschaft `text`, also »Hallo«. So weit kennst du den Befehl schon.

3. `/data get storage nl:test {text: "Hallo"}` sucht im Datenspeicher eine Eigenschaft `text` mit dem Wert `"Hallo"`. Das ist die Datensuche in einem Verbund. Der Befehl ist in diesem Fall erfolgreich.
4. `/data get storage nl:test {text: "Falsch"}` liefert einen Fehler, die Datensuche im Verbund ist *nicht* erfolgreich.

In einer Befehlskette kannst du auf Erfolg oder Misserfolg eines Befehls mit der eingebauten Fehlererkennung des Ketten-Befehlsblocks reagieren. Schaltest du ihn auf **Bedingt** (und **Immer aktiv**), führt er seinen Befehl nur aus, wenn der Befehlsblock davor *erfolgreich* war. War der Befehlsblock davor *nicht erfolgreich*, wird der bedingte Befehl ausgelassen. Direkt folgende, weitere bedingte Befehle werden ebenfalls ausgelassen. Unbedingte Befehle, auch wenn sie weiter hinten in der Kette stehen, werden dann wieder ausgeführt.

Beispiel: Um zwei Texte zu vergleichen, baust du folgende Befehlskette. Im Beispiel zeigt sie nach Osten, das ist für die relativen Positionen wichtig:

- `/data merge block ~3 ~ ~ {Command: "say Du hast etwas anderes gesagt"}` setzt den Befehl im *letzten* Befehlsblock. Sich selbst verändernde Befehlsketten sind eine einfache Methode, um verschiedene Alternativen ausführen zu können, aber sie erschweren eine spätere Änderung der Befehlskette, weil die Koordinaten angepasst werden müssen.
- `/data get storage nl:test {text: "Hallo"}` ist die Datensuche wie im dritten Schritt des obigen Beispiels.
- `/data merge block ~1 ~ ~ {Command: "say Du hast Hallo gesagt"}`. Dieser Befehl ist bedingt: Er ändert den Befehl im letzten Befehlsblock nur, wenn der vorherige Befehl *erfolgreich* war, d. h., wenn die Datensuche nach »Hallo« funktioniert hat.
- Den letzten Befehlsblock lässt du leer. Sein Befehl wird durch einen der vorherigen Befehlsblöcke gesetzt. Schreibe dann mit `/data modify storage nl:test text set value <Text>` entweder »Hallo« oder etwas anderes in deinen Datenspeicher, und aktiviere die Prüfung.

Eine elegantere Lösung funktioniert mit dem Befehl `/execute store success`, der den Erfolg oder Misserfolg eines Befehls als 1 (`true`) oder 0 (`false`) speichert:

```
/execute store success storage <Speicher> <NBT-Pfad> byte 1 run
<Befehl>
```

Dieser Befehl ist eine Abwandlung von `/execute store result` und enthält daher auch einen Datentyp und eine Multiplikation als Argumente. Da es hier um Wahrheitswerte geht, nimmst du den Datentyp `byte` und die Multiplikation mit `1`.

Beispiel: Du möchtest prüfen, ob der Name des Banners an Position 1269/ 63/ 21 »Next Level« lautet.

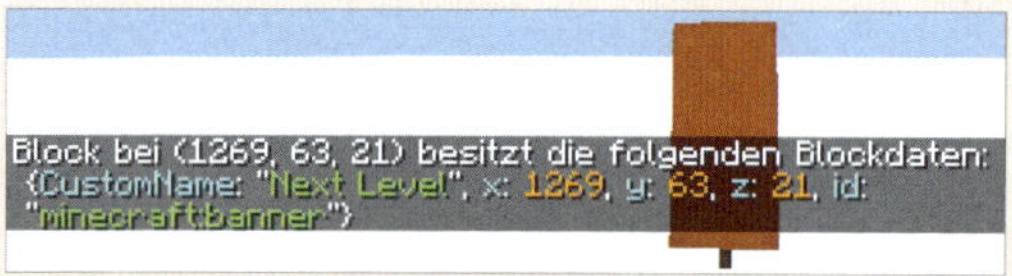

Die Blockdaten eines Banners. Die ID des Blockobjektes lautet bemerkenswerterweise »banner« und nicht »orange_banner«. Das liegt daran, dass Blockobjekte ihre eigenen IDs haben. Zwar gibt es 16 Banner mit 16 Block-IDs, aber alle haben dieselbe Blockobjekt-ID »banner«.

So vergleichst du den Namen des Banners:

1. `/execute store success score #banner rechner run data get block 1269 63 21 {CustomName: "Next Level"}` sucht im Gesamtverbund des Banners nach `CustomName: "Next Level"`. Den Erfolg oder Misserfolg dieser Suche speichert der Befehl im Anzeigetafel-Zähler `#banner`.
2. `/execute if score #banner rechner matches 0 run say Die Texte sind gleich`

   `/execute if score #banner rechner matches 1 run say Die Texte sind verschieden`

   Mit diesen beiden Befehlen prüfst du den Erfolg. Wiederhole Schritt 1 mit dem Text `"Next Löffel"`, und prüfe den Erfolg erneut.

Das Beispiel ruft im zweiten Schritt in beiden Fällen nur einen einzigen Befehl (`say`) auf. Falls du an diesen Stellen mehrere Befehle ausführen möchtest, schreibst du zwei Funktionen, z. B. *texte_gleich.mcfunction* und *texte_ungleich.mcfunction*, die du aufrufst.

Durch das Aufrufen von Funktionen in Funktionen kann eine verschachtelte Befehlskette entstehen, die aber letztlich immer einem eindeutigen Pfad folgt: Nach der Rückkehr aus einer Unterfunktion wird in der Hauptfunktion der direkt nächste Befehl ausgeführt.

Beispiel:

```
### Hauptfunktion
say Eins
function nl:unter1
say Zwei
say Drei
```

```
### Unterfunktion1
say Unterfunktion Eins
function nl:unter2
say Unterfunktion Zwei
say Unterfunktion Drei
```

```
### Unterfunktion2
say Unter-Unterfunktion Eins
say Unter-Unterfunktion Zwei
say Unter-Unterfunktion Drei
```

```
[Sumpfhytte] Eins
[Sumpfhytte] Unterfunktion Eins
[Sumpfhytte] Unter-Unterfunktion Eins
[Sumpfhytte] Unter-Unterfunktion Zwei
[Sumpfhytte] Unter-Unterfunktion Drei
[Sumpfhytte] Unterfunktion Zwei
[Sumpfhytte] Unterfunktion Drei
[Sumpfhytte] Zwei
[Sumpfhytte] Drei
```

Die Funktion »nl:haupt« ruft »nl:unter1« auf und diese »nl:unter2«. Die Befehle werden einer nach dem anderen ausgeführt, auch nach der Rückkehr aus einer Unterfunktion.

Du kannst den normalen Ablauf einer Befehlskette aber auch unterbrechen:

```
/return (<Zahl>|fail)
```

Dieser Befehl beendet sofort die aktuelle Funktion und kehrt zum Aufrufer zurück. Außerdem liefert der Befehl als Ergebnis des Funktionsaufrufes die `<Zahl>` zurück, die du mit `/execute store result` z. B. in einem Anzeigetafel-Zähler oder in einem Datenspeicher speichern und danach abfragen kannst. Beendest du die Funktion mit `/return fail`, kannst du das mit `/execute store success` als Misserfolg erkennen, falls du das an dieser Stelle brauchst.

Beispiel: Der Einsatz von `/return` vereinfacht die ODER-Verknüpfung von mehreren Bedingungen, weil die Befehlskette sofort zum Aufrufer zurückkehrt, sobald eine der Bedingungen erfüllt ist:

```
/execute if score #anzahl rechner matches 20 run return 1
/execute if biome ~ ~ ~ #minecraft:is_ocean run return 2
/execute if predicate nl:monsterzeit run return 3
```

Mit dem folgenden Befehl kannst du auf sehr einfache Weise erkennen, ob eine aufgerufene Funktion durchgelaufen oder mit `/return` abgebrochen wurde:

```
/execute (if|unless) function <Funktion> run <Befehl>
```

Mit `if` prüfst du, ob die aufgerufene `<Funktion>` mit einem `/return`-Wert größer null abgebrochen wurde. Falls ja, wird der `<Befehl>` ausgeführt. Das kann ebenfalls ein `/return` sein, um auch diese Funktion abzubrechen. Mit `unless` erkennst du den `/return`-Wert null.

```
/return run <Befehl>
```

Mit dieser Variante führst du beim Abbruch einer Funktion den `<Befehl>` aus, der eine Zahl als Ergebnis liefern muss, die zum Rückgabewert des `/return` wird. Möchtest du mehrere Befehle ausführen, rufst du eine Funktion auf.

Tipps zum Programmieren von Funktionen

1. Gib deinen Funktionen, Zählern und Datenspeicher-Eigenschaften sprechende **Namen**, die du auch später noch **verstehst**, wenn du dein Programm einmal verändern oder erweitern möchtest.
2. Schreibe **Kommentare** (mit # am Anfang) in dein Programm. Kommentare lassen sich schneller überfliegen als Befehle, um eine bestimmte Stelle in deinem Programm zu finden.
3. **Teste** jeden Befehl erst in der Chatzeile, und kopiere ihn dann in die Funktion. Das vermeidet Flüchtigkeitsfehler.
4. Schalte in den Einstellungen des Minecraft-Launchers das **Ausgabeprotokoll** ein. Wenn eine Funktion nicht das tut, was sie soll, findest du dort Fehlermeldungen. Klickst du am oberen Rand die Infos weg, wird die Ausgabe übersichtlicher.
5. Um den Ablauf deines Programms verfolgen zu können, baust du **Testausgaben** mit `/say` ein, die du später wieder entfernst oder auskommentierst.

SO BRINGST DU DEN ZUFALL INS SPIEL

Karten mischen, Würfeln, Roulette – bei vielen Spielen bringt der Zufall Abwechslung und Spannung ins Geschehen. Das kannst du auch in deiner Abenteuerwelt haben: Welche von mehreren Türen soll sich auf Knopfdruck öffnen? Welchen Gegenstand soll ein Spieler bekommen? Soll ein Monster eine Waffe tragen oder nicht? Immer wieder ist der Zufall gefragt.

Mit dem *Prädikat* ⓘ `random_chance` bringst du eine zufällige Wahrscheinlichkeit ins Spiel.

Beispiel:

1. Schreibe ein Prädikat *data\nl\predicate\zufall20.json*:

```
{
  "condition": "minecraft:random_chance",
  "chance": 0.20
}
```

2. Benutzt du das Prädikat mit `/execute if predicate nl:zufall20 run <Befehl>`, wird `<Befehl>` nur mit 20 % Wahrscheinlichkeit ausgeführt.

Flexibler bist du mit Zufallszahlen, die du selbst auswertest. Du bekommst sie mit diesem Befehl:

```
/random (value|roll) <Wertebereich> [<FolgenID>]
```

Damit erzeugst du eine ganzzahlige Zufallszahl im angegebenen `<Wertebereich>`. Das kann ein ganzzahliger Bereich sein, wobei `=5..` größer/gleich 5 bedeutet, `=..10` kleiner/gleich 10 und `=5..10` größer/gleich 5 und kleiner/gleich 10.

Wählst du dabei das Argument `value`, wird das Ergebnis nur an den Aufrufer des Befehls gemeldet. Das benutzt du, wenn du das Ergebnis in einem Anzeigetafel-Zähler speichern möchtest. Mit dem Argument `roll` wird das Ergebnis allen Spielern in der Welt gemeldet.

Beispiel: In deiner Abenteuerwelt gibt es einen Zufallsraum. Jedes Mal, wenn ein Spieler die Eisentür per Knopf öffnet, erzeugst du mit dem Befehl `/execute store result score #zufall rechner run random value 1..7` eine Zufallszahl zwischen 1 und 7, die du im Anzeigetafel-Zähler `#zufall` für das Ziel `rechner` speicherst. Hinter den Kulissen hast du sieben verschiedene Räume vorbereitet. Beim Öffnen der Tür fragst du das Zufallsergebnis ab und kopierst einen der sieben Räume mit dem `/clone`-Befehl hinter die Tür.

```
/random reset <FolgenID> [<Startwert>] [<mitWeltStartwert>]
[<mitZufallsfolgeID>]
```

Wenn du mehrmals hintereinander eine Zufallszahl erzeugst, ist das eine *Zufallsfolge*. Manchmal möchtest du dieselbe Folge wiederholen. Dazu musst du ihr einen Namen geben, die `<FolgenID>`. Denk dir einen passenden Namen als ID aus, am besten in deinem *Namensraum* ❶. Unter diesem Namen speichert das Spiel (in der NBT-Datei *random_squences.dat* im Unterordner *data* des Weltordners) eine zufällige und meist sehr lange Zahl, die für die Generierung deiner Zufallsfolge verwendet wird. Du kannst zusätzlich einen `<Startwert>` angeben und bestimmen, ob der Welt-Startwert und die Zufallsfolge-ID damit vermischt werden sollen (Standard) oder nicht.

Die `<FolgenID>` gibst du dann beim Erzeugen der einzelnen Zufallszahlen immer mit an. Möchtest du irgendwann die Zufallsfolge wiederholen, setzt du sie mit `/random reset <FolgenID>` auf den Anfang zurück.

Der Zufall entscheidet, welche Teile der Brücke einstürzen sollen.
Zum Testen sind sie hier rot markiert, später ist keine Markierung sichtbar.

Beispiel: Ein Spieler soll in deiner Abenteuerwelt über eine Brücke laufen, aus der zufällig Teile herausbrechen. Fällt der Spieler in den Abgrund, wird die Brücke wieder komplett, und der Spieler muss von vorne beginnen. Dann sollen die Teile wieder an *denselben Zufallspositionen* herausbrechen, damit der Spieler eine Chance hat, sich die Positionen zu merken. Aber der nächste Spieler soll eine andere Zufallsfolge bekommen.

1. `/random reset nl:bruecke 100` setzt die Zufallsfolge mit dem Namen `nl:bruecke` unter Verwendung des Startwertes `100` auf den Anfang.
2. `/random value 1..2 nl:bruecke` erzeugt eine Zufallszahl zwischen 1 und 2, die von weiteren Befehlen für das Löschen von vier Blöcken auf der linken oder rechten Seite der Brücke benutzt wird. Jede Wiederholung des Befehls erzeugt eine neue zufällige Zahl zwischen 1 und 2 (also links oder rechts).
3. `/random reset nl:bruecke` setzt die Zufallsfolge wieder auf den Anfang zurück. Danach erzeugt Schritt 2 die Zufallszahlen in exakt derselben Reihenfolge wie vorher.
4. `/random reset nl:bruecke 200` setzt die Zufallsfolge unter Verwendung eines *anderen* Startwertes auf den Anfang. Dadurch entsteht eine neue Zufallsfolge unter diesem Namen.

Damit du den Startwert mit jedem neuen Spieler hochzählen kannst, speicherst du ihn als Zähler in der *Anzeigetafel* ⓘ. Nach jedem Hochzählen kopierst du ihn in einen *Verbund* ⓘ in deinem *Datenspeicher* ⓘ und übergibst den Verbund mit `/function with storage` an ein *Makro* ⓘ, das ihn in den `/random reset`-Befehl einsetzt.

WIEDERHOLUNG, WIEDERHOLUNG

Der letzte Programmier-Baustein in diesem Kapitel ist die *Wiederholung* von Befehlen.

- Eine **Schleife** (englisch *loop*) wird so oft wiederholt, bis eine Abbruchbedingung erreicht ist.

  Mit Befehlsblöcken baust du eine Schleife wie eine Verzweigung (siehe den Abschnitt »Bauen und Programmieren einer Verzweigung«). In Funktionen benutzt du die sogenannte **Rekursion**: Die Schleifenfunktion ruft sich am

Ende selbst auf, was eine immer tiefere Verschachtelung ergibt. Befehle, die nach diesem Aufruf folgen, werden bei jeder Rückkehr aus der Verschachtelung ausgeführt, daher ist die Rekursion meist der letzte Befehl in einer Funktion.

- Eine **Endlosschleife** entsteht, wenn die Abbruchbedingung fehlt oder nie erfüllt wird. Minecraft bricht eine Befehlskette (also auch Endlosschleifen) nach 65.536 ausgeführten Befehlen ab (hinterlegt in der Spielregel `maxCommandChainLength`).
- Etwas anderes ist die **Dauerschleife**, die absichtlich ständig laufen soll. Eine Dauerschleife kann eine bestimmte Situation ständig aufrechterhalten oder eine Prüfung ständig durchführen. Wie das funktioniert, erfährst du im nächsten Abschnitt.

Beispiel für eine Schleife, die den Inhalt einer Truhe ausgibt. Sie bricht ab, wenn alle belegten Slots geprüft sind. Das Programm besteht aus vier Funktionen, wobei die zweite in Rekursion aufgerufen wird.

Lege dazu in deinem Datenpaket einen Unterordner *data\nl\function\items* an, und schreibe dort die vier Funktionen *start.mcfunction*, *schleife.mcfunction*, *hole_slot.mcfunction* und *zeige_slot.mcfunction*:

```
### Items einer Truhe: Startfunktion
# Prüfung, ob man auf einer Truhe steht
execute unless block ~ ~ ~ chest run return run say Du stehst auf keiner Truhe
# Anzahl der belegten Slots (Items[...]) nach #anzahl kopieren
execute store result score #anzahl rechner run data get block ~ ~ ~ Items
# Prüfung, ob Truhe leer (#anzahl = 0)
execute if score #anzahl rechner matches 0 run return run say Die Truhe ist leer
# Überschrift ausgeben
say Inhalt der Truhe:
# Schleifenindex #i auf 0 setzen
scoreboard players set #i rechner 0
# Schleife starten
function nl:items/schleife
```

```
### Items einer Truhe: Schleife über alle belegten Slots
# Abbruch, wenn #i = #anzahl erreicht
execute if score #i rechner = #anzahl rechner run return run say Ende
# Zähler #i zu makro.i kopieren
execute store result storage nl:test makro.i int 1 run scoreboard players get #i rechner
# Makro mit makro{} starten: hole Items[makro.i] nach makro.Slot, makro.id und makro.Count
function nl:items/hole_slot with storage nl:test makro
# Item-ID kürzen: von makro.id "minecraft:" entfernen und als makro.idkurz speichern
data modify storage nl:test makro.idkurz set string storage nl:test makro.id 10
# Makro mit makro{} starten: zeige makro.Count und makro.idkurz
function nl:items/zeige_slot with storage nl:test makro
# Schleifenindex #i um 1 erhöhen
scoreboard players add #i rechner 1
# Rekursion mit nächstem Schhleifenindex
function nl:items/schleife
```

```
### Items einer Truhe: Hole Daten eines Slots
# Items[makro.i] => makro.Slot, makro.id, makro.Count
$data modify storage nl:test makro merge from block ~ ~ ~ Items[$(i)]
```

```
### Items einer Truhe: Zeige Inhalt eines Slots
$say $(Count) x $(idkurz)
```

Stelle dich dann auf eine Truhe, und gib diesen Befehl ein:

`/function nl:items/start`

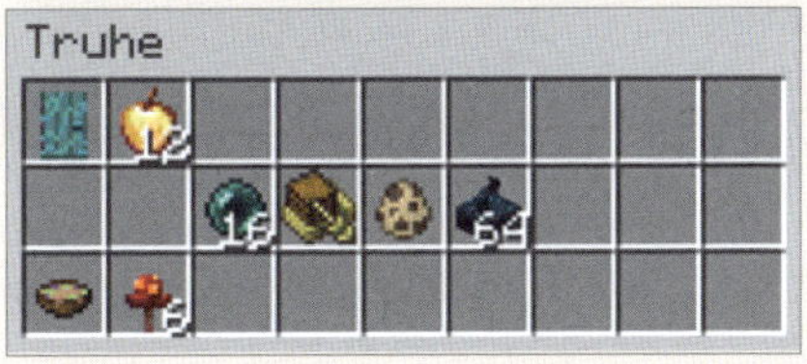

Ausgabe des Truheninhalts mit einer programmierten Schleife

Dauerschleifen laufen und laufen und laufen

Eine *Dauerschleife* baust du mit dem *Wiederhol-Befehlsblock* aus dem Operator-Inventar. Wenn du eine ganze Befehlskette dauerhaft ausführen möchtest, setzt du Ketten-Befehlsblöcke dahinter oder du rufst eine Funktion auf.

Dauerschleifen solltest du in den *ewigen Chunks* ⓘ installieren, damit sie immer laufen. Allerdings können zu viele dauerhaft ausgeführte Befehle das Spiel belasten, denn sie werden jeden Tick (20-mal pro Sekunde) wiederholt. Daher solltest du Wiederhol-Befehlsblöcke auf **Benötigt Redstone** stellen und nur aktivieren, solange du die Dauerschleife brauchst.

Beispiel: Stelle einen Wiederhol-Befehlsblock auf, und gib folgenden Befehl ein: `/setblock ~ ~1 ~ gold_block`. Solange du den Wiederhol-Befehlsblock aktivierst, kannst du den Goldblock auf dem Befehlsblock nicht entfernen, weil er ständig neu gesetzt wird. Änderst du dann noch mit deinem Datenpaket die Beutetabelle des Goldblocks (*data\minecraft\loot_table\blocks\gold_block.json*) auf `"rolls": 0.0`, dann droppt der Block nichts, wenn er im Survival-Modus abgebaut wird.

Anderes **Beispiel**: Eine Dauerprüfung erkennt, ob ein Spieler Kupferbarren in einen Ofen gelegt hat. Dazu brauchst du einen Wiederhol- und einen Ketten-Befehlsblock. Auf den Wiederhol-Befehlsblock stellst du einen Ofen.

```
/data remove block ~ ~1 ~ Items[{id: "minecraft:copper_ingot"}]
say Kupfer!
```

Der erste Befehl löscht ständig Kupferbarren aus dem Ofen, der darüber steht. Der zweite Befehl ist bedingt. Er wird nur aufgerufen, wenn der erste Befehl erfolgreich war, d. h., wenn tatsächlich Kupferbarren gelöscht wurden.

Eine Dauerprüfung

Probiere auch Folgendes aus: Tausche im ersten Befehl das `remove` durch `get`. Dann ruft der zweite Befehl solange »Kupfer!«, bis du die Barren wieder aus dem Ofen nimmst.

Möchtest du bestimmte Funktionen mit jedem Tick ausführen, geht das auch ohne Wiederhol-Befehlsblock mit einer speziellen *Funktionsgruppe* ⓘ im Minecraft-Namensraum. Eine andere Funktionsgruppe führt bestimmte Funktionen nur beim Laden des Datenpakets aus:

- *data\minecraft\tags\function\tick.json*: Alle Funktionen, die du in diese *json*-Datei einträgst, werden mit jedem Tick einmal ausgeführt.

- *data\minecraft\tags\function\load.json*: Alle Funktionen, die du in diese *json*-Datei einträgst, werden beim Laden des Datenpakets (also auch beim Starten der Welt) einmal ausgeführt.

Beispiel: Einige Befehle, die du in deiner Abenteuerwelt einbaust, werden ihre Bedingungen mit festen Zahlen oder Texten vergleichen, sogenannten *Konstanten*. Möchtest du die Konstanten doch einmal ändern, z. B. weil du die Gebäude in deiner Welt erweitert hast, wäre es umständlich, sie in allen Befehlsblöcken und Funktionen suchen zu müssen. Stattdessen kannst du eine *Konfigurationsdatei* verwenden:

1. Schreibe eine Funktion, z. B. mit dem Namen *data\nl\function\config.json*. Darin belegst du Datenspeicher-Eigenschaften mit allen konstanten Werten, die du in deinen Befehlen brauchst, z. B. `/data merge storage nl:const {anzahl_raeume: 7, name_labor: "Agentur Schleimig & Fies"}`
2. Die Funktion `nl:config` trägst du in *data\minecraft\tags\function\load.json* ein, damit sie beim Betreten der Welt geladen wird.
3. In deinen Befehlen verwendest du statt konstanter Zahlen oder Texte die Eigenschaften aus dem Datenspeicher `nl:const`. Mit der Datei *config.json* hast du dann eine zentrale Stelle, in der du sämtliche Konstanten deiner Welt ändern kannst, falls nötig.

Mit Warteschleifen die Ausführung verzögern

Eine *Warteschleife* baust du normalerweise mit Redstone, z. B. indem du entsprechend viele *Redstone-Verstärker* hintereinandersetzt. Bei maximaler Verzögerung hält der Verstärker das Eingangssignal acht Game-Ticks oder 0,4 Sekunden lang auf. Zehn Redstone-Verstärker mit maximaler Verzögerung ergeben somit eine Warteschleife von 4 Sekunden.

Eine Alternative ist eine *Befehlsblocklore*, die du im Operator-Inventar findest. Lässt du sie dauerhaft im Kreis laufen, wird der eingetragene Befehl jedes Mal ausgeführt, wenn sie über eine aktive *Aktivierungsschiene* fährt. Befehlsblockloren sind auch anderweitig vielseitig einsetzbar. Sie können nur einen einzigen Befehl enthalten, aber das reicht schon, um eine Funktion aufzurufen.

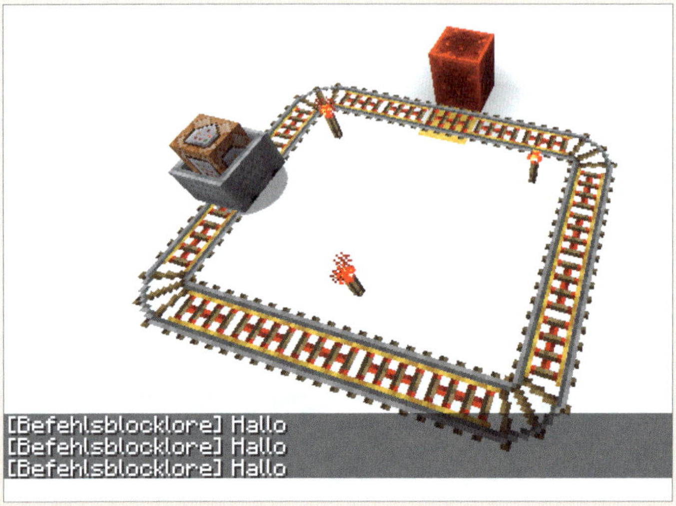

Eine Befehlsblocklore fährt im Kreis. Die Aktivierungsschiene neben dem Redstone-Block löst den Befehl »/say Hallo« regelmäßig aus, solange die Lore fährt.

Eine elegante Möglichkeit für Warteschleifen ist dieser Befehl:

```
/schedule function <Funktion> <Wartezeit> [append|replace]
/schedule clear <Funktion>
```

Der Befehl trägt für die `<Funktion>` eine `<Wartezeit>` in Ticks (oder in Sekunden mit `s` oder in Spieltagen mit `d`) ein, dann wird sie automatisch gestartet. Rufst du den Befehl vor Ablauf der Wartezeit erneut auf, ersetzt du damit die bisherige Wartezeit (`replace` ist Standard), oder du fügst eine neue hinzu (`append`). Mit `clear` löschst du alle eingetragenen Wartezeiten für diese Funktion.

Beispiel: Die Spieler in deiner Abenteuerwelt betreten einen Raum mit einem Monster, das den Ausgang versperrt. Sie haben 15 Sekunden Zeit, das Monster zu besiegen, dann verschließt ein Eisengitter den Ausgang, und sie müssen einen anderen Weg finden. Direkt beim Betreten des Raumes rufst du schon die Funktion zum Platzieren des Eisengitters (mit `/fill` oder `/clone`) auf und trägst eine Wartezeit von 15 Sekunden ein.

Gratulation, du hast das 8. Experten-Level erreicht

Mit diesem Kapitel bist du tief in die Welt der Befehle eingetaucht. Am Anfang hast du **Befehlsblöcke** aufgestellt und **Befehlsketten** gebaut. Gleich danach hast du schon **Funktionen** und **Makros** programmiert, **Bedingungen** abgefragt und miteinander verknüpft und schließlich **Prädikate** als Bedingung genutzt.

Du kannst mit der **Anzeigetafel** rechnen und Zahlen vergleichen und mit dem **Datenspeicher** Zahlen und Texte speichern, um sie später zu nutzen.

Du weißt, wie du den **Zufall** gezielt einsetzt und wie du den Ablauf deiner Programme mit **Verzweigungen**, **Wiederholungen** und **Warteschleifen** steuerst. So kannst du dich auch an komplexere Befehlsfolgen heranwagen.

Damit bist du der Commander deiner Abenteuerwelt. Du baust Kulissen und setzt Befehlsblöcke ein, die Aktionen und Abläufe starten. Damit beginnt deine Abenteuerwelt, lebendig und spannend zu werden.

Noch lebendiger wird sie mit Geräuschen, Partikeln, Kreaturen und anderen beweglichen Objekten. Im nächsten Kapitel erfährst du alles darüber.

BESSER ALS FRANKENSTEIN – DIE WELT MIT LEBEN FÜLLEN

Victor Frankenstein wollte einst künstliches Leben erschaffen, so steht es in dem berühmten Roman. Mit dem /summon-Befehl wäre das viel einfacher gewesen. Drei Zombies mit Waffen? Kein Problem. Oder Zombies, die auf Pferden reiten? Voilà, da sind sie. Aber es geht noch mehr: Enderdrachen, Ghasts, Wither, Wärter, Verwüster, Wüstenzombies, wimmelnde Silberfischchen – und vorneweg die vier apokalyptischen Reiter. So kommt Schwung in die Bude. Der /time-Befehl sorgt für die richtige Stimmung, die untergehende Sonne färbt die Wüstenberge blutrot.
Jetzt fehlen nur noch Blitze. Schnell ein paar Markerobjekte mit Etiketten platziert und einen Taktgeber gebaut, der im Sekundentakt mit dem /execute at-Befehl bei jedem Marker einen krachenden Blitz einschlagen lässt. So macht man das, Herr Frankenstein!

OBJEKTE – DATEN SPAZIEREN DURCH DIE GEGEND

Minecraft hat viele Spielelemente, aber zwei sind besonders bekannt: der Grasblock und der Creeper. Sie gehören zu Minecraft wie der Deckel zum Topf und stehen stellvertretend für die beiden großen Gruppen der *Blöcke* und der *Objekte* (*Entities*).

Grasblock und Creeper-Gesicht stehen für die beiden wichtigsten Spielelemente von Minecraft, die Blöcke und die Objekte.

Während die Blöcke fest im Koordinatengitter sitzen und der Landschaft eine Struktur geben, können sich die Objekte frei durch die Welt bewegen und bringen Leben ins Spiel. Zu den Objekten gehören die Tiere und die Monster, die Spieler (inklusive deiner eigenen Spielfigur), die Fahrzeuge, die fliegenden Geschosse und die gedroppten Gegenstände, die sich auf dem Boden auf und ab bewegen, Treppen herunterrutschen oder von Wasser fortgespült werden. Es gibt sogar einige wenige unbewegliche Objekte wie Rahmen und Gemälde.

Wie du aus dem ersten Kapitel vielleicht noch weißt, erkennst du Objekte an ihrer *Hitbox*, die du mit F3 + B ein- und ausschaltest. Ein weiteres Merkmal ist der *Befehl*, mit dem du sie erzeugst. Für Blöcke benutzt du den `/setblock`-Befehl, Objekte werden mit `/summon` erzeugt oder beschworen:

```
/summon <Objekt> [<XYZ>] [<NBT-Daten>]
```

Mit der Tab-Vervollständigung siehst du eine Auswahl aller Objekte. Ohne Angabe der <XYZ>-Koordinaten erscheint das Objekt an deiner aktuellen Position. Allerdings hat das Spiel dabei ein Wörtchen mitzureden: Monster erscheinen nur, wenn die Schwierigkeit nicht auf »Friedlich« steht. Um sie in Ruhe betrachten zu können, erzeugst du Monster mit den NBT-Daten `{NoAI: true}` und Geschosse mit `{NoGravity: true}`.

Tiere und Monster mit Standardeigenschaften kannst du auch mit einem der zahlreichen *Spawn-Eier* aus dem Kreativ-Inventar erzeugen. Klickst du mit der rechten Maustaste mit einem Spawn-Ei auf einen *Spawner* (gibt es ebenfalls im Kreativ-Inventar), produziert er diese Kreatur, sofern die Spawn-Bedingungen stimmen (viele Tiere benötigen z. B. Grasboden).

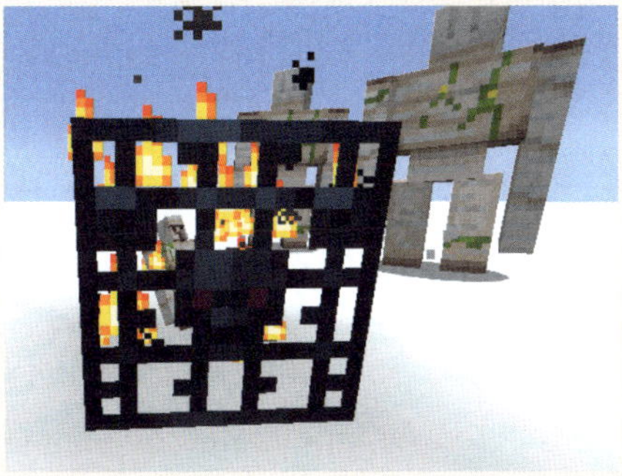

Links ein Eisengolem-Spawner, rechts Riese, Illusionist und Killer-Kaninchen

Es gibt auch einige Kreaturen, die nicht im Spiel vorkommen und die du nur über den Befehl bekommen kannst:

- `/summon giant` erzeugt einen *Riesen* mit Zombietextur, der aber nur bewegungslos herumsteht.
- `/summon illusioner` erzeugt einen *Illusionisten*, einen bösen Dorfbewohner, der dich mit seinem Bogen und zwei Verzauberungen angreift: Blindheit für 20 Sekunden und vier Doppelgänger seiner selbst, die dich ablenken, während er unsichtbar wird und weiter mit dem Bogen schießt.
- `/summon rabbit ~ ~ ~ {RabbitType: 99}` erzeugt ein bösartiges, weißes *Killer-Kaninchen*, das beim Angriff vier Herzen Schaden zufügt (eine Anspielung auf den Film »Die Ritter der Kokosnuß«).

Die Objektdaten

Bei den Blöcken hat dich vielleicht noch überrascht, dass einige von ihnen *Blockdaten* enthalten können, bei den Objekten ist das eine Selbstverständlichkeit. Jedes Objekt enthält Objektdaten zur Bestimmung seiner Eigenschaften. Du siehst sie mit dem `/data`-Befehl, den du schon von den Blockdaten und dem *Datenspeicher* her kennst:

```
/data get entity <Objekt> [<NBT-Pfad>] [Multiplikation]
```

Am einfachsten bekommst du die Objektdaten deiner eigenen Spielerfigur: Gib dazu den Befehl mit deinem Spielernamen als `<Objekt>` ein. Du siehst eine Vielzahl von NBT-Daten, die im Minecraft-Wiki erklärt werden.

- Englisch: *https://minecraft.wiki/Data_component_format#List_of_components*
- Deutsch: *https://de.minecraft.wiki/Spielerdaten*

Auch die anderen Befehle aus dem vorherigen Kapitel zum Ändern und Auswerten von Daten funktionieren für Objekte: `/data merge entity`, `/data modify entity`, `/data remove entity`, `/function <Name> with entity`, `/execute (if|unless) data entity` und `/execute store (result|success) entity`.

Spielerdaten haben die Besonderheit, dass du sie mit dem `/data`-Befehl nur lesen, aber *nicht ändern* kannst. Doch allein das Lesen reicht schon, um eine Vielzahl von Entscheidungen in deiner Abenteuerwelt zu treffen.

Im Gegensatz zu den Blöcken, die fest an ihre Koordinaten gebunden sind, hast du bei Objekten das Problem, dass sie sich bewegen, ihre Koordinaten ändern sich ständig. Wie kommst du an die Daten, wenn sie dauernd woanders sind?

Eine Möglichkeit besteht über die *UUID* (*Universally Unique Identifier*), eine sehr lange, hexadezimale und in der jeweiligen Minecraft-Welt eindeutige Identifikationsnummer, die jedes Objekt einzigartig macht. Dazu schaust du das Objekt mit dem Fadenkreuz an, beginnst mit dem Befehl `/data get entity`, benutzt bei `<Objekt>` die Tab-Vervollständigung und wählst die angezeigte UUID aus (die anderen Auswahlmöglichkeiten werden im nächsten Abschnitt erklärt).

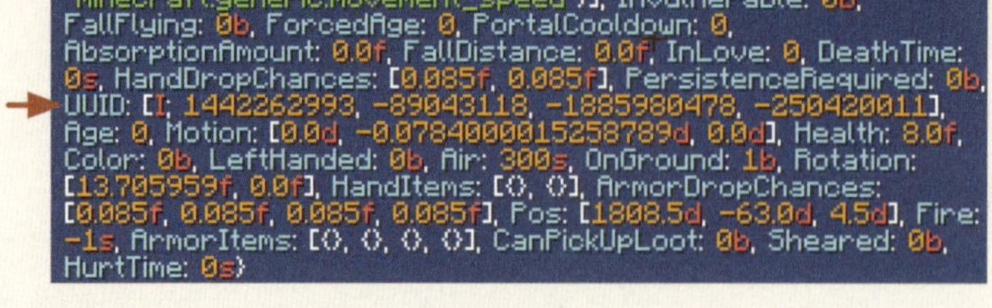

Der Befehl »/data« mit UUID und die Objektdaten eines Schafes. Intern wird die UUID als ein Array aus vier Integer-Zahlen gespeichert.

So zahlreich wie die Objekte, so zahlreich sind auch ihre Eigenschaften. Die Erklärungen dazu findest du im Minecraft-Wiki in den einzelnen Objektartikeln oder gesammelt im Objektdatenartikel.

- Englisch: *https://minecraft.wiki/Entity_format#Entity_format*
- Deutsch: *https://de.minecraft.wiki/Objektdaten#Datenstruktur*

Wenn du im Minecraft-Wiki nachschaust, wirst du sehen, dass die große Gruppe der Objekte in verschiedene Untergruppen aufgeteilt ist, die jeweils spezielle Eigenschaften haben.

3 Entity Format
- 3.1 Mobs
- 3.2 Projectiles
- 3.3 Items and XP Orbs
- 3.4 Vehicles
- 3.5 Dynamic tiles
- 3.6 Other

Die hier aufgeführten Objekte kann man in folgende Gruppen einteilen:

- Fahrzeuge
- Schwerkraftabhängige Blöcke
- Drops
- Geschosse
- Stationäre Objekte

Die umfangreichen Daten für die speziellen Objekte "Spieler" und "Kreaturen" sind in eigenen Artikeln aufgeführt (Spielerdaten und Kreaturdaten).

Die Einteilung der Objekte im englischen und im deutschen Minecraft-Wiki

Schaust du dir im Minecraft-Wiki die Daten für ein bestimmtes Objekt (z. B. das Schaf) an, siehst du die speziellen Eigenschaften, die allein das Schaf hat. Weitere Eigenschaften, die das Schaf *auch* hat, findest du durch Anklicken der Kategorien, zu denen das Schaf gehört:

- **Paarungsfähige Kreaturen** (englisch *mobs that can breed*): Sie haben z. B. alle die Eigenschaft `Age`, das Alter.
- **Kreaturen** (englisch *mobs*): Das sind alle Tiere und Monster. Sie haben z. B. die Eigenschaft `leash`, falls sie angeleint sind.

Schaf hat die Objekt-ID „sheep"
- Allgemeine Objekteigenschaften
- Allgemeine Weseneigenschaften
- Allgemeine Kreatureigenschaften
- Allgemeine Paarungseigenschaften
- B **Color:** Die Farb-ID für die Farbe des Schafs. Wertebereich: 0 bis 15.
- B **Sheared:** 1 oder 0 (true/false) – true, wenn das Schaf geschoren wurde (also keine Wolle mehr besitzt).

Die fast 50 Objektdaten des Schafes im deutschen Minecraft-Wiki

- **Wesen**: Das sind neben den Kreaturen auch die Spieler. Sie haben z. B. alle die Eigenschaft `Health`, die Lebenspunkte.
- **Objekte** (englisch *entities*): Sie haben z. B. alle die Eigenschaft `UUID`.

Welches Schwein soll's denn sein? Selektoren und Zielfilter

Beim Testen und Ausprobieren ist die Eingabe der UUID durch Anschauen des jeweiligen Objekts kein Problem, aber wenn deine Befehle in Befehlsblöcken oder Funktionen stecken, geht das nicht. Dann benutzt du in den Befehlen als `<Objekt>` anstelle der UUID einen *Selektor*:

- `@e` (*entities*): Dieser Selektor trifft sämtliche Objekte in den geladenen Chunks, also Spieler, Kreaturen und sonstige Objekte. Beispiel: `/say alle Objekte: @e`

  »@e« trifft alle Objekte: Spieler, Monster, Tiere, Fahrzeuge, feste Objekte und gedroppte Gegenstände, wie in diesem Fall einen Block Grundgestein.

  Die geladenen Chunks sind die Chunks innerhalb deiner Sichtweite plus die *ewigen Chunks* ⓘ plus eventuelle `/forceload`-Chunks ⓘ.
- `@a` (*all*): Ein Befehl mit diesem Selektor trifft alle anwesenden Spieler in der Welt.
- `@r` (*random*): Das trifft einen zufälligen Spieler in der Welt.
- `@p` (*player*): Dieser Selektor trifft nur einen bestimmten Spieler, und zwar den, der der *Befehlsquelle* am nächsten ist. Die Befehlsquelle ist in vielen Fällen ein versteckter Befehlsblock, den jemand z. B. über eine Druckplatte aktiviert. Dann ist der Spieler, der den Befehl auslöst, gleichzeitig auch der Befehlsquelle am nächsten. `@p` ist aber nicht immer der auslösende Spieler. Wenn er den Befehlsblock z. B. über eine lange Redstone-Leitung aktiviert, kann ein anderer Spieler näher an der Befehlsquelle (dem Befehlsblock) sein.
- `@n` (*nearest*): Während `@p` nur auf Spieler reagiert, liefert `@n` ganz allgemein das nächste Objekt. Wozu das gut ist, erfährst du gleich, wenn es um den Zielfilter `limit` geht.
- `@s` (*self*): Dieser Selektor steht für das Objekt selbst. Beispiel: `/say ich bin @s`

Verwendest du einen mehrdeutigen Selektor (`@a`, `@e`), wird der Befehl nacheinander für alle gefundenen Ziele ausgeführt. Das ist meist zu viel und nicht gewünscht. Um das einzugrenzen, verbindest du den Selektor mit einem oder mehreren *Zielfiltern*, die in eckigen Klammern mit Kommas direkt hinter dem Selektor stehen. Ein wichtiger Zielfilter ist der folgende:

`[distance=<Bereich>]` grenzt die Entfernung auf den angegebenen `<Bereich>` ein. Das kann eine exakte Zahl sein (`=7.5` Blöcke) oder ein Bereich, wobei `=7.5..` größer/gleich 7,5 Blöcke bedeutet, `=..10` kleiner/gleich 10 Blöcke und `=7.5..10` größer/gleich 7,5 und kleiner/gleich 10 Blöcke.

Beispiel: Baue in deiner Testwelt mehrere kleine Gatter und stelle mit Spawn-Eiern verschiedene Tiere und Monster hinein. Teste dann mit `/say @e[distance=1..20]` und anderen `distance`-Bereichen, welche Objekte der Zielfilter trifft.

Der Selektor »@e« mit dem Zielfilter »distance=1..20« trifft hier vier Objekte. Das fünfte wärst du selbst, das ist aber durch die Wahl des Entfernungsbereichs ausgeschlossen.

Den `distance`-Zielfilter solltest du grundsätzlich benutzen, sonst wirken deine Befehle auf sämtliche geladenen Objekte in der Welt, auch wenn du sie gar nicht siehst. Es gibt aber noch weitere, nützliche Zielfilter:

- `type`: Dieser Filter findet nur Objekte einer bestimmten Art. Beispiel: `/say @e[type=sheep]` findet nur Schafe.

  Möchtest du das Gegenteil, benutzt du ein zusätzliches Ausrufezeichen: `/say @e[type=!sheep]` findet alle Objekte außer Schafen.

  Leider funktioniert die Tab-Vervollständigung bei den Objektnamen nicht. Tipp: Hole dir mit Pick-Block (mittlere Maustaste) auf das Objekt das zugehörige Spawn-Ei oder Objekt ins Inventar und schaue es dir im Inventar mit den erweiterten Schnellinfos (F3 + H) an, um den Objektnamen zu sehen. Das passt meistens.

- `name`: Dieser Filter findet alle Objekte, die diesen Namen tragen (auf dem Amboss oder per Namensschild oder per Befehl vergeben). Auch hier ist das Gegenteil mit `=!` möglich.
- `limit`: Versuchst du mit `/data get entity @e` und dem `distance`-Filter die Daten eines bestimmten Objekts zu lesen, bekommst du eine Fehlermeldung, auch wenn es in dem Bereich nur ein einziges Objekt gibt:

  In diesem Fall könntest du den Filter mit `limit=1` um die Anzahl erweitern. Einfacher ist jedoch die Verwendung von `@n`, weil das immer nur ein einziges Objekt auswählt:

  ```
  /data get entity @e[distance=5..6, limit=1]
  /data get entity @n[distance=5..6]
  ```
- `sort`: Mit diesem Filter sortierst du die im `distance`-Bereich gefundenen Objekte und bekommst in Kombination mit `limit=1` das nächststehende (`sort=nearest`), das am weitesten entfernte (`sort=furthest`) oder ein zufälliges Objekt (`sort=random`). Beispiel:

  ```
  /data get entity @e[distance=1..20, sort=random, limit=1]
  ```
- `dx`, `dy`, `dz`: Während du mit `distance` einen kugelförmigen Bereich bestimmst, legst du mit `dx`, `dy`, `dz` Länge, Höhe und Breite eines quaderförmigen Bereichs fest.
- `x`, `y`, `z`: Allein bewirken diese Filter nichts, aber in Kombination mit `distance` oder `dx`, `dy`, `dz` bestimmen sie den Ausgangspunkt der Berechnung. Ohne `x`, `y`, `z` ist der Ausgangspunkt die Position der Befehlsquelle.

Im Minecraft-Wiki findet du genauere Beschreibungen und weitere Zielfilter.

- Englisch: *https://minecraft.wiki/Target_selectors#Target_selector_arguments*
- Deutsch: *https://de.minecraft.wiki/Befehl#Filter*

Alles ist relativ – wo ist die Befehlsquelle?

Gibst du einen Befehl in der Chatzeile ein, ist klar, dass sich die *Befehlsquelle* an der Position deiner Füße befindet. Steckt der Befehl in einem Befehlsblock oder in einer Befehlsblocklore, ist deren Position die Befehlsquelle.

Die Position der Befehlsquelle spielt immer dann eine Rolle, wenn du relative Koordinaten benutzt, z. B. `/setblock ~ ~2 ~ prismarine`. Interessant wird die Sache, wenn du die *Position* der Befehlsquelle änderst:

```
/execute at <Objekte> run <Befehl>
```

Beispiel:

`/execute at @e[type=villager, distance=..20] run summon lightning_bolt ~ ~ ~` ruft den `/summon`-Befehl *an der Position* jedes einzelnen Dorfbewohners im Umkreis von 20 Blöcken auf. Dadurch schlägt bei jedem von ihnen ein Blitz ein und macht ihn zur Hexe.

Neben der relativen Position gibt es noch eine weitere relative Angabe, nämlich den Selektor `@s`, mit dem du bisher vielleicht nicht viel anzufangen wusstest. `@s` ist das Objekt, das den Befehl ausführt, also du selbst, wenn du z. B. `/say ich bin @s` in die Chatzeile eingibst (in einem Befehlsblock oder in einer Funktion funktioniert dieser Befehl nicht, denn das sind keine Objekte).

Verwendest du jedoch folgenden Befehl, lässt du *andere Objekte* Befehle ausführen, die auf diese selbst (`@s`) wirken:

```
/execute as <Objekte> run <Befehl>
```

Beispiel:

`/execute as @e[type=sheep, distance=..20] run say Ich bin @s` lässt jedes Schaf im Umkreis von 20 Blöcken sagen: »Ich bin Schaf.«

Mit all diesen Möglichkeiten werden deine Programme langsam komplexer. Durch `/execute at` bist du unabhängig von der Position des Befehlsblocks und kannst einen `distance`-Zielfilter auch von einer anderen Position aus anwenden.

Beispiel: Auf einer Wiese laufen Schafe und Schweine herum.

`/execute at @e[type=sheep, distance=..50, sort=furthest, limit=1] at @n[type=pig, distance=..20] setblock ~ ~ ~ yellow_carpet` findet zuerst von der Befehlsquelle aus das am weitesten entfernte Schaf im Umkreis von 50 Blöcken und findet *von dort aus* (`at`) das nächste (`@n`) Schwein im Umkreis von 20 Blöcken und platziert *dort* (`at`) einen gelben Teppich darunter.

Im Minecraft-Wiki stehen noch weitere Möglichkeiten, Objekte mit dem `/execute`-Befehl zu verändern.

- Englisch: *https://minecraft.wiki/Commands/execute#Modifier_subcommands*
- Deutsch: *https://de.minecraft.wiki/Befehl/execute#Befehls-Argumente*

Objekte und Positionen markieren

Die Zielfilter aus dem vorherigen Abschnitt sind eine gute Methode, um eine bestimmte Gruppe von Objekten mit einem Befehl anzusprechen. Allerdings gibt es dabei zwei Probleme:

1. Es ist keine ODER-Verknüpfung möglich. Möchtest du z. B. alle Objekte finden, die Schwein ODER Schaf sind, wird der Befehl `/say @e[type=pig, type=sheep, distance=..10]` nicht akzeptiert, weil du einen Zielfilter in einem Befehl immer nur *einmal* verwenden darfst.
2. Lange Zielfilter wie `@e[type=skeleton_horse, distance=1..25, sort=furthest, limit=1]` machen dein Programm unübersichtlich, wenn du sie in verschiedenen Befehlen immer wieder benutzen musst.

All das und mehr löst du durch die Vergabe von *Etiketten*:

```
/tag <Objekte> add <Wort>
```

```
/tag <Objekte> remove <Wort>
```

```
/tag <Objekte> list
```

Ein Etikett ist einfach nur ein `<Wort>`, das du mit `add` an die `<Objekte>` hängst, um sie zu markieren, oder mit `remove` von ihnen entfernst. Mit `list` siehst du alle Etiketten, die an den ausgewählten Objekten hängen. Um Objekte mit einem bestimmten Etikett zu finden, benutzt du den Zielfilter `tag`.

Damit kannst du am Anfang eines Programms mit langen Zielfiltern die Objekte mit einem Etikett markieren und danach in allen weiteren Befehlen mit einem kurzen `@e[tag=<Wort>]` finden. Zum Schluss entfernst du das Etikett wieder, wenn du es nicht mehr brauchst.

Als Besonderheit darfst du den `tag`-Filter auch mehrfach in einem Zielfilter angeben, was einer UND-Verknüpfung entspricht. Das Objekt muss dann alle Etiketten haben, um vom Filter gefunden zu werden.

Beispiel für eine UND-Verknüpfung:

1. `/tag @e[distance=..5] add nah` markiert alle Objekte im Umkreis von 5 Blöcken mit dem Wort »nah«.
2. `/tag @e[type=sheep, distance=..10] add x` markiert alle Schafe im Umkreis von 10 Blöcken mit einem »x«.
3. `/say @e[tag=nah, tag=x]` findet alle nahen Schafe.

Beispiel für eine ODER-Verknüpfung:

1. `/tag @e[type=pig, distance=..10] add y` markiert alle Schweine im Umkreis von 10 Blöcken mit einem »y«.
2. `/tag @e[type=sheep, distance=..10] add y` markiert auch alle Schafe im Umkreis von 10 Blöcken mit einem »y«.
3. `/say @e[tag=y]` findet alle Schweine oder Schafe, die mit »y« markiert sind.

Schafe und Schweine mit Etiketten

Mit Etiketten kannst du bestimmte Objekte markieren, um sie mit späteren Befehlen bequem anzusprechen. Aber wie merkst du dir bestimmte *Positionen* in der Welt? Praktisch wäre ein unsichtbares, unbewegliches Objekt, das du dort aufstellst und mit einem Etikett versiehst. Genau das gibt es, dieses Objekt heißt *Marker*. Du erzeugst es mit dem Befehl `/summon marker [<XYZ>]`

`[<NBT-Daten>]`. Damit du die Position des Markers in weiteren Befehlen verwenden kannst, gibst du ihm schon gleich bei seiner Erzeugung ein eindeutiges Etikett als NBT-Eigenschaft.

Beispiel: Stelle dich auf eine Wiese mit Schweinen und Schafen.

1. `/summon marker ~ ~ ~ {Tags: [hier]}` erzeugt an deiner Position einen Marker mit dem Etikett »hier«.
2. Fliege dann hoch über die Wiese und gib den nächsten Befehl ein.
3. `/execute at @e[tag=hier] at @e[distance=..20, type=!marker] run setblock ~ ~2 ~ red_wool` findet zuerst das Objekt mit dem Etikett »hier«, findet von dort aus alle Objekte im Umkreis von 20 Blöcken, die keine Marker sind, und platziert 2 Blöcke über deren jeweiliger Position eine rote Wolle.

Um den Marker oder jedes andere Objekt wieder verschwinden zu lassen, benutzt du den `/kill`-Befehl:

```
/kill <Objekte>
```

Das lässt die angegebenen Objekte sterben, d. h., sie droppen ihre üblichen Gegenstände oder ihr Inventar. Möchtest du das nicht, gibt es zwei einstellbare Spielregeln:

- `/gamerule doMobLoot false` verhindert, dass Kreaturen (Tiere, Monster) etwas droppen.
- `/gamerule doEntityDrops false` verhindert, dass sonstige Objekte (z. B. Rahmen, Rüstungsständer) etwas droppen.

Alternativ zu diesen Spielregeln kannst du gedroppte Gegenstände auch selbst entfernen, denn das sind Objekte: `/kill @e[type=item]`

Mit diesen Befehlen bringst du Leben in die Bude

In diesem Abschnitt lernst du einige Befehle kennen, die Objekte in Bewegung versetzen:

```
/ride <Objekt1> mount <Objekt2>
```

```
/ride <Objekt> dismount
```

Der erste Befehl lässt <Objekt1> auf <Objekt2> reiten bzw. in ein Fahrzeug setzen, der zweite Befehl lässt es absitzen bzw. aussteigen.

Beispiel: Die Bremer Stadtmusikanten

1. /summon donkey erzeugt einen Esel.
2. /summon wolf erzeugt einen Wolf. Mit dem Befehl /ride @n[type=wolf] mount @n[type=donkey] lässt du den Wolf auf dem Esel reiten.
3. /summon cat ~ ~ ~ {variant: „black“} erzeugt eine schwarz-weiße Katze. Mit dem Befehl /ride @n[type=cat] mount @n[type=wolf] lässt du die Katze auf dem Wolf reiten.
4. /summon chicken erzeugt ein Huhn. Mit dem Befehl /ride @n[type=chicken] mount @n[type=cat] lässt du das Huhn auf der Katze reiten.

```
/effect give <Objekte> <Statuseffekt> [<Sekunden>|infinite]
[<Verstärkung>] [<partikelfrei>]
```

```
/effect clear <Objekte>
```

Dieser Befehl gibt einem Spieler, Monster oder Tier einen <Statuseffekt>. Mit der Tab-Vervollständigung siehst du eine Auswahl aller Statuseffekte. Anstatt <Sekunden> anzugeben, kannst du den Effekt mit infinite auch dauerhaft vergeben. Ohne Zeitangabe dauert der Effekt 30 Sekunden. Die <Verstärkung> zählt ab null, d. h., 0 ist Stärke I, 1 ist Stärke II etc. Hier kannst du auch kräftig übertreiben, wobei die meisten Effekte ein Maximum von 127 haben und dann unwirksam oder gegenteilig werden. Gibst du bei <partikelfrei> ein true ein, schweben keine Effektpartikel um das Objekt, wodurch man nicht mehr erkennen kann, dass es diesen Statuseffekt hat.

Mit clear entfernst du sämtliche Effekte von den angegebenen Objekten.

Beispiele:

- Wenn du den Hunger in deiner Abenteuerwelt ausschalten möchtest, geht das ganz einfach mit dem Schwierigkeitsgrad »Friedlich«. Allerdings können dann auch keine Monster erscheinen. Möchtest du Monster einsetzen, und die Spieler sollen trotzdem keinen Hunger bekommen, gibst du ihnen mit `/effect give @a saturation infinite 0 true` endlose Sättigung ohne Partikel. Allerdings musst du das nach jedem `/effect clear` wiederholen und darfst ihnen keine Milch geben. Oder du schreibst eine Funktion mit diesem Befehl, die du in *tick.json* ⓘ einsetzt, damit sie jeden Tick wiederholt wird.
- `/effect give @s night_vision 300 0 true` gibt dir für 5 Minuten den Statuseffekt *Nachtsicht* ohne störende Partikel.
- `/effect give @e[type=sheep, distance=..10] glowing` gibt allen Schafen in 10 Blöcken Entfernung den Statuseffekt *Leuchten* für 30 Sekunden.

Leuchtende Schafe findest du schnell wieder, falls sie sich verlaufen haben.

```
/spreadplayers <XZ> <Objektabstand> <Entfernung> [under <Y>]
<Teams beachten> <Objekte>
```

Dieser Befehl war ursprünglich dafür gedacht, die Teilnehmer in Minispielen zufällig in einem Bereich zu verteilen. Aber weil der Befehl mit beliebigen Objekten funktioniert, kannst du damit auch Monster, Tiere, Rüstungsständer etc. zufällig verteilen.

`<XZ>` ist das Zentrum des Bereichs, und `<Entfernung>` gibt die Ausdehnung des Bereichs in alle vier Richtungen an (der Bereich ist quadratisch). Der Befehl verteilt die Objekte an zufälligen Positionen auf der Weltoberfläche. Durch optionale Angabe von `<Y>` kannst du die Höhe begrenzen, damit die Objekte

z. B. nicht auf einem Dach landen. Bei `<Teams beachten>` gibst du normalerweise `false` ein (Teams werden im nächsten Kapitel vorgestellt).

Beispiel:

`/spreadplayers ~ ~ 3 5 false @e[type=sheep, distance=..20]` verteilt um dich herum mit einem Mindestabstand von 3 Blöcken untereinander in einem Bereich von 5 Blöcken in alle vier Richtungen die Schafe im Umkreis von 20 Blöcken. Locke sie mehrfach mit Weizen an und verteile sie dann wieder mit diesem Befehl.

```
/tp (<XYZ>|<Zielobjekt>)
```

```
/tp <Objekte> (<XYZ>|<Zielobjekt>)
```

In der einfachsten Version (der erste Befehl) teleportiert dieser Befehl dich selbst an die Position `<XYZ>` oder zum `<Zielobjekt>`. Diesen Befehl benutzt du z. B. zusammen mit dem `/locate`-Befehl, der dir die Koordinaten eines Bioms oder eines Bauwerks nennt und beim Anklicken den passenden `/tp`-Befehl in die Chatzeile schreibt. Landest du dann am Ziel mitten in einem Berg, teleportierst du dich mit `/tp ~ ~50 ~` z. B. 50 Blöcke höher.

Mit `/execute as` kannst du aber auch andere Objekte auf diese Weise teleportieren. Oder du gibst mit der zweiten Version des Befehls das oder die zu teleportierenden Objekte im Befehl an. Das gibt dir die Möglichkeit, die Spieler in deiner Abenteuerwelt mit `/tp` an einen anderen Ort zu bringen, den sie zu Fuß nicht erreichen können. Abenteuerwelten sind Kulissen, die nicht zusammenhängen müssen. Um dir das Bauen zu erleichtern, kannst du z. B. die Kellergewölbe eines Schlosses auch 500 Blöcke entfernt von dem eigentlichen Schloss aufbauen und die Spieler beim Betreten einer Druckplatte hin und her teleportieren.

Sollen die Spieler oder Objekte am Ziel in eine bestimmte Richtung schauen, ist auch das möglich:

```
/tp <Objekte> <XYZ> (<Richtung>|facing <XYZ>|facing entity
<Objekt>)
```

Diese Variante dreht die Objekte am Ziel in eine `<Richtung>`, die aus zwei Kommazahlen besteht: *Drehwinkel* und *Kopfneigung*. Stelle dich dazu selbst ans Ziel, schaue in die gewünschte Richtung und lies die beiden Zahlen mit [F3] ab.

Deinen Drehwinkel und deine Kopfneigung siehst du mit [F3].

Alternativ zur Angabe einer <Richtung> kannst du mit facing <XYZ> auch Koordinaten oder mit facing entity <Objekt> ein Objekt angeben, auf das der Blick bei der Ankunft am Ziel gerichtet sein soll.

Beispiel: /execute as @e[type=sheep, distance=..10] at @s run tp @s ~ ~ ~ facing entity @p führt für jedes Schaf im Umkreis von 10 Blöcken an der Position des Schafes eine Teleportation aus, und zwar das Schaf selbst an seine eigene Position *mit Drehung* zum nächsten Spieler. Kurz gesagt drehen sich die Schafe alle zu dir um.

Einmal hin, einmal her, rundherum, das ist nicht schwer

Wenn du Objekte per Befehl einen Block nach *vorne* bewegen möchtest, wäre die Angabe der Entfernung in *Himmelsrichtung* (mit ~) umständlich, denn du müsstest vier Möglichkeiten programmieren (Norden, Süden, Westen, Osten).

Stattdessen gibst du die Entfernung in *Blickrichtung* des Objekts an. Dazu stellst du der Entfernung ein ^ (Caret) voran. Das Caret-Zeichen wird beim Eintippen üblicherweise erst sichtbar, wenn du eine weitere Taste drückst, z. B. eine Zahl oder ein Leerzeichen.

Drei Zahlen mit Caret bedeuten »nach links«, »nach oben« und »nach vorne«, ausgehend von der aktuellen Blickrichtung (!) des Objekts. Beispiel: ^ ^ ^7 bedeutet »7 Blöcke in Blickrichtung nach vorne«, egal, welche Himmelsrichtung das ist. Die meisten Kreaturen blicken nach vorne, Spieler können aber auch nach unten oder oben blicken. Dann ist »in Blickrichtung nach vorne« entsprechend nach unten oder nach oben.

Beispiel: /execute as @e[type=sheep, distance=..10] at @s run tp ^ ^ ^1 führt für jedes Schaf im Umkreis von 10 Blöcken an der Position des Schafes eine Teleportation aus, und zwar einen Block nach vorne. Führst du diesen Befehl direkt nach dem vorherigen Beispiel aus, laufen alle Schafe einen Block auf dich zu.

Umfangreiches **Beispiel**:

Das folgende Beispiel enthält vieles, was du in diesem und dem vorherigen Kapitel kennengelernt hast. Du baust ein Tiergatter, um das eine Befehlsblocklore fährt, die die Tiere über Befehle in verschiedene Bewegungen versetzt, d. h., sie teleportieren, schweben und reiten. Wenn sie beim Herunterfallen sterben, entstehen neue Tiere.

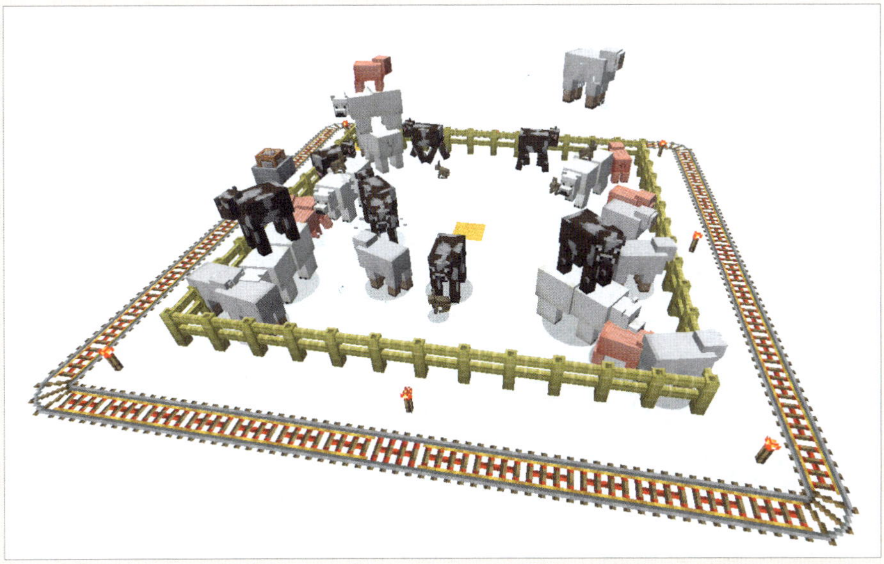

Die Tiere im Gatter bewegen sich »interessant«, solange die Lore fährt.

1. Setze an der Nordwestecke einer größeren ebenen Fläche einen gelben Wollblock in den Boden, stelle dich in die Mitte des Wollblocks und erzeuge mit `/summon marker ~ ~ ~ {Tags: [nw-ecke]}` einen Marker mit dem Etikett »nw-ecke«.
2. Setze einen Zaunpfosten auf den gelben Wollblock, und baue von dort aus nach Osten und Süden ein quadratisches Gatter mit genau 13 Zäunen auf jeder Seite (insgesamt 48).
3. Setze im Zentrum des Gatters einen gelben Wollblock in den Boden, stelle dich in die Mitte des Wollblocks und erzeuge mit `/summon marker ~ ~ ~ {Tags: [zentrum]}` einen Marker mit dem Etikett »zentrum«.
4. Spawne im Gatter mit Spawn-Eiern sieben Schafe, sieben Schweine und sieben Kühe.

5. Baue einen Ring aus Antriebsschienen außen um das Gatter herum und aktiviere sie durch Redstone-Fackeln in den vier Ecken.
6. Ersetze auf jeder der vier Seiten des Gatters die mittlere Antriebsschiene durch eine Aktivierungsschiene, die du ebenfalls durch eine Redstone-Fackel aktivierst.
7. Lege in deinem Datenpaket einen Unterordner *data\nl\function\tanzen* an und schreibe dort die drei Funktionen *start.mcfunction*, *eisbaer.mcfunction* und *aufraeumen.mcfunction*.

```
### Tanzen: Ein zufälliges Objekt soll schweben, springen oder reiten.
# Speichert eine Zufallszahl zwischen 1 und 6 in der Anzeigetafel.
execute store result score #zufall rechner run random value 1..6
# Markiert ein zufälliges Objekt im Bereich des Gatters (nw-ecke + dx,dz),
#   das sich auf dem Boden befindet (dy) und kein Marker ist, mit einem "x"
execute at @e[tag=nw-ecke] \
        run tag @e[dx=12,dy=0,dz=12,type=!marker,sort=random,limit=1] add x
# Holt das x-Objekt weg vom Zaun, damit es nicht auf den Zaun fallen kann
execute at @e[tag=zentrum] run spreadplayers ~ ~ 0.0 5.0 false @e[tag=x]
# Bei 1 oder 2 soll das x-Objekt 7 Sekunden lang schweben
execute if score #zufall rechner matches 1..2 \
        as @e[tag=x] \
        run effect give @s levitation 7
# Bei 3, 4 oder 5 soll das x-Objekt 10 Blöcke hoch springen
execute if score #zufall rechner matches 3..5 \
        as @e[tag=x] \
        at @e[tag=x] \
        run tp @s ~ ~10 ~
# Bei 6 soll das x-Objekt auf einem Eisbären reiten
execute if score #zufall rechner matches 6 run function nl:tanzen/eisbaer
# Entfernt die x-Markierung wieder
tag @e[tag=x] remove x
# Wenn ein Tier beim Herunterfallen stirbt, droppt es mindestens einen Gegenstand.
# Sobald im Bereich des Gatters ein Gegenstand herumliegt, soll aufgeräumt werden.
# Die Funktion soll nur einmal aufgerufen werden, daher das limit.
execute at @e[tag=nw-ecke] \
        as @e[dx=12,dy=1,dz=12,type=item,limit=1] \
        run function nl:tanzen/aufraeumen
```

```
### Tanzen: Das x-Objekt soll auf einem Eisbären reiten
# An der Position des x-Objektes erscheint ein neuer Eisbar. Er bekommt
#   das Etikett "baer" und nur wenig Leben, damit er beim Fallen stirbt.
execute at @e[tag=x] run summon polar_bear ~ ~ ~ {Tags:["baer"], Health:1.0f}
# Das x-Objekt soll auf dem baer-Objekt reiten
ride @e[tag=x,limit=1] mount @e[tag=baer,limit=1]
# Entfernt die baer-Markierung wieder
tag @e[tag=baer] remove baer
```

```
### Tanzen: aufräumen
# Löscht alle im Gatter herumliegenden Gegenstände
execute at @e[tag=nw-ecke] run kill @e[dx=12,dy=1,dz=12,type=item]
# Speichert eine Zufallszahl zwischen 1 und 4 in der Anzeigetafel
execute store result score #zufall rechner run random value 1..4
# Erzeugt ein neues Tier im Zentrum mit dem Etikett "neu"
execute if score #zufall rechner matches 1 at @e[tag=zentrum] run summon sheep ~ ~ ~ {Tags:["neu"]}
execute if score #zufall rechner matches 2 at @e[tag=zentrum] run summon pig ~ ~ ~ {Tags:["neu"]}
execute if score #zufall rechner matches 3 at @e[tag=zentrum] run summon cow ~ ~ ~ {Tags:["neu"]}
execute if score #zufall rechner matches 4 at @e[tag=zentrum] run summon rabbit ~ ~ ~ {Tags:["neu"]}
# Holt das neu-Objekt weg vom Zentrum
execute at @e[tag=zentrum] run spreadplayers ~ ~ 0.0 5.0 false @e[tag=neu]
# Entfernt die neu-Markierung wieder
tag @e[tag=neu] remove neu
```

8. Lade dein Datenpaket und schau ins *Game-Log* ❶, ob alles fehlerfrei ist.
9. Starte die Befehlsblocklore und schau, was passiert.

Multidimensionale Welten und »/execute in«

Minecraft-Welten haben üblicherweise drei Dimensionen, die du über Portale erreichst: die Oberwelt, den Nether und das Ende. Was du vielleicht nicht wusstest: Mit einem Datenpaket kannst du *weitere Dimensionen* mit eigenen Welteinstellungen hinzufügen. Beispielsweise könntest du in der normalen Oberwelt ein Schloss bauen und dort den Schwierigkeitsgrad auf »Friedlich« stellen (kein Hunger, keine Monster). Aber den Keller baust du in einer anderen Oberweltdimension mit dem Schwierigkeitsgrad »Schwer«.

Der Wechsel in eine eigene Dimension ist nur mit dem Befehl `/execute in <Dimension> run tp <XYZ>` möglich. Je nach Aussehen der anderen Dimension startest du den Wechsel über eine Druckplatte, einen Knopf oder über ein von dir gebautes Portal, bei dessen Benutzung du den Befehl ausführst. Informationen zum Gestalten deiner eigenen Dimensionen mit *json*-Dateien findest du im Minecraft-Wiki.

- Englisch: *https://minecraft.wiki/Dimension_definition*
- Deutsch: *https://de.minecraft.wiki/Dimensionsdefinition*

Beispiel:

1. Erstelle ein neues Datenpaket und lege dort den Ordner *data\nl\dimension* an (hier im Namensraum »nl«).
2. In diesem Ordner schreibst du eine Datei *traumland.json*. Der Dateiname ist der Name deiner Dimension. Die Datei sieht so aus:

```
{
  "type":"minecraft:the_end",
  "generator": {
    "type":"minecraft:flat",
    "settings": {
      "layers": [
        { "height":1,
          "block":"minecraft:sculk"
        }
      ],
      "biome":"minecraft:basalt_deltas"
    }
  }
}
```

   Du kannst die Datei auch mit dem *Onlinedatenpaketgenerator* (*https://misode.github.io/dimension*) erzeugen.

3. Bereite das Erstellen einer neuen Welt vor, ziehe unter **Mehr ▪ Datenpakete** deinen Datenpaketordner in das Datenpaketmenü, wähle es aus und generiere die Welt.
4. Du landest in der Oberwelt. Mit folgendem Befehl kommst du in das Traumland: `/execute in nl:traumland run tp 0 2 0`

Eine eigene Dimension – seltsam und unwirklich

Zeitlupe und Zeitraffer

Wenn sich viele Objekte gleichzeitig bewegen oder wenn du größere Redstone-Schaltungen baust, und die Dinge funktionieren nicht so, wie sie sollen, wünschst du dir manchmal, du könntest den unaufhaltsamen *Game-Tick* ⓘ von Minecraft stoppen. Genau das ist mit dem Befehl `/tick` möglich.

Dieser Befehl dient vor allem der Fehlersuche. Du hältst den Game-Tick für alles außer deinen eigenen Bewegungen an oder lässt ihn schrittweise weiterlaufen, um genau beobachten zu können, was passiert. Du kannst den Befehl aber auch für ganz besondere Effekte in deiner Abenteuerwelt benutzen: Durch die Zeitlupe bewegen sich Gegner langsamer, durch den Zeitraffer schneller. Der Befehl hat verschiedene Optionen, die hier vorgestellt werden.

```
/tick rate <Ticks pro Sekunde>
```

Der Befehl reduziert oder erhöht die Tickrate, der Standard ist 20, Mindestwert ist 1. Bei Werten unter 20 läuft das gesamte Spiel in Zeitlupe ab, bei Werten über 20 bewegen sich Objekte deutlich schneller. Deine eigenen Bewegungen werden nicht vom Spiel, sondern durch deine Tastatureingaben gesteuert. In der Zeitlupe nimmt das Spiel deine Eingaben seltener an, dadurch wirst du langsamer. Dieser Effekt eignet sich z. B. für eine Szene auf dem Mond: Mit `/tick rate 10` springst du in Zeitlupe über die Mondoberfläche.

Im Zeitraffer ändert sich an deiner Geschwindigkeit nichts, aber die vom Spiel gesteuerten Objekte bewegen sich schneller.

`/tick query`

Dieser Befehl zeigt die aktuelle Tickrate an und nimmt gleichzeitig eine Messung vor.

Beispiel:

1. Erstelle eine neue Flachlandwelt, erzeuge mit einem Spawn-Ei etwa zehn Dorfbewohner und schalte die Anzeige der Tickrate mit [F3] + [2] ein.
2. Mit dem Befehl `/execute at @e[type=villager] run summon villager` lässt du bei jedem Dorfbewohner einen neuen Dorfbewohner entstehen, was die Anzahl verdoppelt. Gib den Befehl mehrfach ein, die immer größere Menge an Objekten zwingt das Spiel nach kurzer Zeit in die Knie. Du siehst das an der Anzeige der Tickrate und mit dem Befehl `/tick query`.
3. Mit `/tag @e[type=villager] add <Buchstabe>` siehst du die aktuelle Anzahl der Dorfbewohner, indem du jedem ein Etikett gibst. Mit `/kill @e[type=!player]` entfernst du die Dorfbewohner wieder.

Sind zu viele Objekte in der Welt, schafft das Spiel seine 20 Ticks nicht mehr in 50 Millisekunden, sondern braucht hier durchschnittlich 124,3 Millisekunden.

`/tick freeze`

`/tick step [<Anzahl>|stop]`

`/tick unfreeze`

Diese drei Befehle erlauben das schrittweise Voranschreiten der internen Uhr. Der erste Befehl friert den Tick komplett ein, nur du selbst kannst dich noch bewegen. Der zweite Befehl lässt genau einen oder `<Anzahl>` Ticks bzw. Sekunden (mit einem `s` hinter der Zahl) weiterlaufen. Durch mehrfache Wiederholung dieses Befehls lässt du den Game-Tick schrittweise ablaufen. Hast du eine größere Anzahl eingegeben, unterbrichst du den Ablauf mit `/tick step stop`, der Tick friert dann wieder ein. Der dritte Befehl beendet das Einfrieren, der Tick läuft ungehindert weiter.

```
/tick sprint [<Anzahl>|stop]
```

Dieser Befehl lässt das Spiel in erhöhter Tickrate für eine `<Anzahl>` Ticks oder Sekunden (mit einem `s` hinter der Zahl) ablaufen. Mit `stop` kannst du das vorzeitig unterbrechen.

Auch dieser Befehl ist eigentlich für die Fehlersuche gedacht. Du kannst damit langwierige Abläufe »vorspulen«, bis sie den Punkt erreicht haben, den du untersuchen möchtest. Der Zeitraffer lässt sich aber auch prima in einer Abenteuerwelt kurzzeitig einsetzen.

Änderungen der Tickrate werden nicht gespeichert. Verlässt du das Spiel und betrittst es wieder, ist die Tickrate wieder beim Standard 20.

Umfangreiches **Beispiel**:

Das folgende Beispiel enthält vieles, was du in diesem und dem vorherigen Kapitel kennengelernt hast. Du schreibst ein Programm, das einen Rüstungsständer als Roboter über eine Wiese laufen lässt. Der Roboter hinterlässt eine Spur aus weißer Wolle und dreht sich nach links, wenn vor ihm ein Block auftaucht.

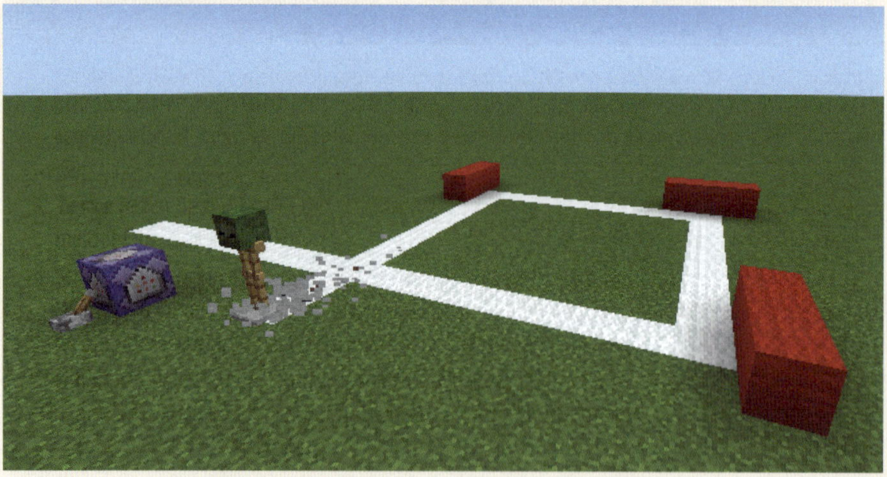

Der Roboter zieht eine weiße Spur und dreht sich vor einem Block automatisch nach links.

Du steuerst den Roboter mit den Zifferntasten. Der Trick dabei: Die Ziffern [1] bis [9] ändern den aktuellen Slot deiner Schnellzugriffsleiste, was in deinen NBT-Daten abgelegt wird. Das Programm liest deine NBT-Eigenschaft `SelectedItemSlot` und weiß dadurch, welche Taste du gedrückt hast, z. B. ist `SelectedItemSlot: 0` die Taste [1]. So kannst du maximal neun Kommandos erkennen.

Der Roboter reagiert auf folgende Kommandos: [1] [2] = links drehen, [1] [3] = rechts drehen, [8] = Start, [9] = Stopp.

Und so geht's:

1. Platziere auf einer größeren ebenen Fläche einen Rüstungsständer und setze ihm z. B. einen Zombiekopf auf.
2. Gib ihm mit dem Befehl `/tag @e[type=armor_stand, distance=..3] add robot` das Etikett »robot«.
3. Lege in deinem Datenpaket einen Unterordner *data\nl\function\robot* an und schreibe dort die vier Funktionen *befehl.mcfunction*, *aktion.mcfunction*, *drehen.mcfunction* und *bewegen.mcfunction*:

```
### Roboter-Hauptfunktion: Befehl erkennen und ausführen
# Speichere die aktuelle Slotnummer von @p im Zähler #befehl
execute store result score #befehl rechner \
        run data get entity @p SelectedItemSlot
# Addiere + 1, damit es mit den Tasten übereinstimmt (1 bis 9)
scoreboard players add #befehl rechner 1
# Reagiere auf einen Befehl, aber nur, wenn er neu ist (Wechsel der Slotnummer)
execute unless score #befehl rechner = #befehl_alt rechner \
        run function nl:robot/aktion
# Bewege den Roboter mit jedem Tick, aber nur, wenn im Speicher "bewegung" steht
execute if data storage nl:test bewegung \
        run function nl:robot/bewegen
```

```
### Roboter-Aktion auslösen: Drehen, Start und Stopp
# Speichere den aktuellen Befehl für den Vergleich in der Hauptfunktion
scoreboard players operation #befehl_alt rechner = #befehl rechner
# Für die Drehung muss man zwei Tasten drücken: 1, 2 oder 1, 3. Die 1 ist
# kein Befehl und wird nirgends abgefragt. Sie sorgt nur für den  Wechsel
# der Slotnummer: 2, 2, 2, 2 wäre kein Wechsel, 1, 2, 1, 2 ist ein Wechsel.
# Taste 2 oder 3: Mache eine Drehung
execute if score #befehl rechner matches 2..3 \
        run function nl:robot/drehen
# Taste 8 (Start): Trage "bewegung" in den Speicher ein ...
execute if score #befehl rechner matches 8 \
        run data merge storage nl:test {bewegung:"Roboter"}
# ... und schalte das Droppen von Blöcken aus, weil der Roboter ständig
# die Wolle unter sich mit "destroy" zerstört und nichts droppen soll
execute if score #befehl rechner matches 8 \
        run gamerule doTileDrops false
# Taste 9 (Stopp): Lösche "bewegung" im Speicher
execute if score #befehl rechner matches 9 \
        run data remove storage nl:test bewegung
```

```
### Roboter-Drehung
# Speichere die aktuelle Blickrichtung des Roboters im Zähler #richtung
execute store result score #richtung rechner \
        run data get entity @e[tag=robot,limit=1] Rotation[0]
# Taste 2 (links): Subtrahiere 90 Grad
execute if score #befehl rechner matches 2 \
        run scoreboard players remove #richtung rechner 90
# Taste 3 (rechts): Addiere 90 Grad
execute if score #befehl rechner matches 3 \
        run scoreboard players add #richtung rechner 90
# Gib dem Roboter die neue Richtung
execute store result entity @e[tag=robot,limit=1] Rotation[0] float 1 \
        run scoreboard players get #richtung rechner
```

```
### Roboter-Bewegung
# Teleportiere den Roboter um 0.1 Blöcke in Blickrichtung (Caret)
execute at @e[tag=robot] as @e[tag=robot] \
        run tp @s ^ ^ ^0.1
# Hinterlasse eine Wollspur mit Partikeln (destroy)
execute at @e[tag=robot] \
        run setblock ~ ~-1 ~ white_wool destroy
# Wenn vor dem Roboter ein Block steht, gib den Drehbefehl 2 ...
execute at @e[tag=robot] \
        unless block ^ ^ ^0.5 air \
        run scoreboard players set #befehl rechner 2
# ... und drehe den Roboter
execute at @e[tag=robot] \
        unless block ^ ^ ^0.5 air \
        run function nl:robot/drehen
```

4. Lade dein Datenpaket und schau ins *Game-Log* ℹ, ob alles fehlerfrei ist.
5. Stelle einen Wiederhol-Befehlsblock mit dem Befehl `/function nl:robot/befehl` auf und aktiviere ihn mit einem Hebel.
6. Schalte mit `/gamerule commandBlockOutput false` die Ausgabe des Befehlsblocks aus und starte den Roboter mit [8] (Stopp mit [9]). Die Geschwindigkeit regulierst du z. B. über `/tick rate 10` oder `/tick rate 40`. Viel Spaß!

Wenn du die Funktionen in diesem Programm studierst, kommen dir bestimmt Ideen für Erweiterungen. Du könntest z. B. aus dem Roboter einen Rasenmäher machen, der nur bei Zäunen dreht (*Blockgruppe* ℹ #fences) und Grasbüschel auf seinem Weg entfernt. Der Roboter könnte sogar 1 Block nach oben steigen, wenn er erkennt, dass darüber 2 Blöcke Luft sind.

Rüstungsständer verbiegen

Rüstungsständer haben sehr interessante Objekteigenschaften, die du mit dem `/data`-Befehl nutzen kannst. In Wirklichkeit ist der Rüstungsständer nämlich eine Gliederpuppe, die du in eine beliebige Position verbiegen kannst.

Mit gefärbter Lederrüstung, einem aufgesetzten Spielerkopf und ohne Bodenplatte sieht er von Weitem aus wie ein Spieler.

Beispiel:

1. Stelle einen Rüstungsständer auf und gib ihm mit dem Befehl `/tag @e[type=armor_stand, distance=..3] add r` das Etikett »r«. Dann probierst du die folgenden Befehle an ihm aus.
2. `/data merge entity @n[tag=r] {NoBasePlate: true}` macht die Bodenplatte unsichtbar.
3. `/data merge entity @n[tag=r] {ShowArms: true}` macht die Arme sichtbar.

4. `/data merge entity @n[tag=r] {Small: true}` verkleinert den Rüstungsständer, falls du eine kleine Figur darstellen möchtest.
5. `/data merge entity @n[tag=r] {Pose: {Head: [0f, 45f, 0f]}}` dreht den Kopf um 45° nach rechts. Auf diese Art kannst du die Körperteile `Head`, `Body`, `LeftArm`, `RightArm`, `LeftLeg` und `RightLeg` verändern. Die drei Zahlen bedeuten dabei jeweils Vorwärtsneigung, Drehung und Seitwärtsneigung.
6. Probiere andere Zahlen und andere Körperteile aus, um dich damit vertraut zu machen. Dabei wirst du eine kleine Einschränkung bemerken: Du kannst den Rüstungsständer nicht flach hinlegen, weil sich die Drehpunkte der Arme und Beine beim Verändern des `Body` nicht mitbewegen.
7. `/data merge entity @n[tag=r] {Rotation: [<Drehung>, 0f]}` ändert die Drehung des gesamten Rüstungsständers zwischen `-180f` und `180f`.
8. `/data merge entity @n[tag=r] {NoGravity: true}` lässt den Rüstungsständer, der normalerweise der Schwerkraft folgt, in der Luft stehen. Mit `/execute as @e[tag=r] at @s run tp ~ ~0.5 ~` kannst du ihn danach z. B. einen halben Block nach oben heben.

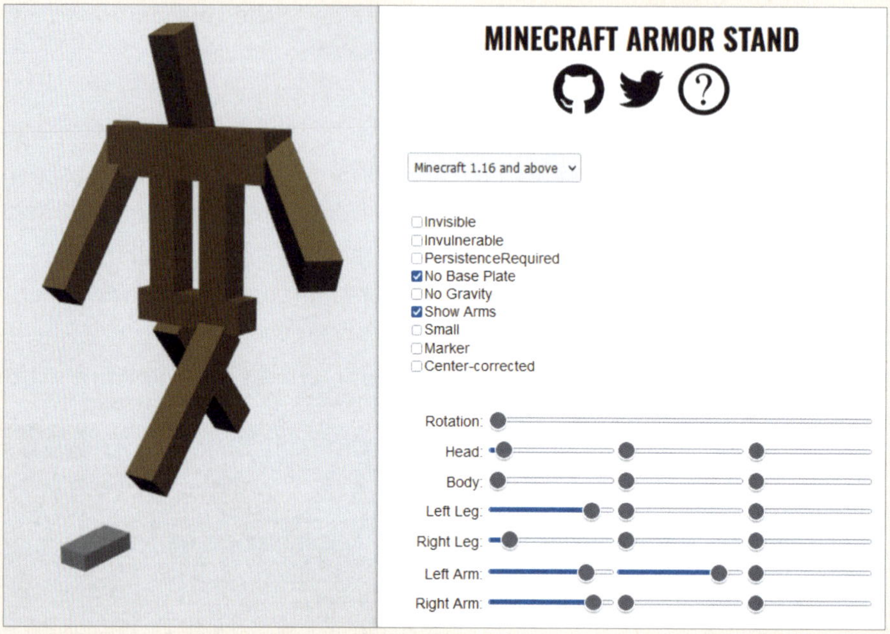

Im Internet findest du einen praktischen Onlinekonfigurator für den Rüstungsständer von haselkern (»https://haselkern.com/Minecraft-ArmorStand/«). Den generierten Befehl kopierst du in einen Befehlsblock.

Du kannst einen Rüstungsständer auch unsichtbar machen, während die Gegenstände, die er trägt, weiterhin sichtbar bleiben. Damit kannst du durch Verändern des Arms einen Gegenstand frei in der Luft schweben lassen. Besser für diesen Zweck geeignet ist jedoch der *Gegenstandsdarsteller* ℹ, der im nächsten Kapitel vorgestellt wird, weil du damit auch die Größe des Gegenstandes ändern kannst (vergrößern, verkleinern).

Alle Eigenschaften des Rüstungsständers sind im Minecraft-Wiki beschrieben.

- Englisch: *https://minecraft.wiki/Armor_Stand#Entity_data*
- Deutsch: *https://de.minecraft.wiki/Rüstungsständer#NBT-Daten*

Weitere Befehle für Objekte und speziell für Spieler

Du hast es sicher schon gemerkt: Es gibt sehr viele Objekte, und sie haben sehr viele Eigenschaften, die du verändern kannst – nicht zuletzt, weil auch die Spieler zu den beweglichen Objekten gehören. In diesem Abschnitt lernst du weitere Befehle zum Ändern von Objekten im Schnelldurchlauf kennen.

```
/damage <Objekt> <Schaden> [<Schadensart>] [at <XYZ>]
```

```
/damage <Objekt> <Schaden> <Schadensart> [by <Verursacher1>]
[from <Verursacher2>]
```

Minecraft-Welten können gefährlich sein, alle Kreaturen können sich verletzen und dabei auch sterben. Das ist Teil des Spiels und erhöht die Spannung. Mit dem `/damage`-Befehl kannst du in deiner Abenteuerwelt die Gefahr gezielt einsetzen und einem `<Objekt>` einen bestimmten `<Schaden>` zufügen. Das ist nicht gleichbedeutend mit dem Abzug von Lebenspunkten, denn das Objekt könnte z. B. durch eine Rüstung geschützt sein, die einen Teil des Schadens aufnimmt. Durch Angabe einer `<Schadensart>` erhältst du mit der Tab-Vervollständigung eine reiche Auswahl, etwa Explosion, Fallen, Ertrinken etc. Selbst ein `<Schaden>` von 0 sorgt bei Spielern schon für einen gehörigen Schreck.

Oder du gibst einem Rudel friedlicher Wölfe einen leichten Schaden und lässt sie den Spieler als `<Verursacher1>` angreifen. Gibst du als `<Verursacher1>` ein Geschoss an, nennst du den Schützen als `<Verursacher2>`.

Beispiel: Stelle unter dem Boden einer Kammer einige Lagerfeuer auf, deren Rauch durch den Boden dringt. In einem bestimmten Umkreis gibst du dann allen Spielern mit dem Befehl `/damage @a[distance=..7] 0.1` in einem dauerhaft aktivierten Wiederhol-Befehlsblock Schaden, obwohl der Rauch normalerweise harmlos wäre.

Hast du Ideen für eigene Schadensarten, die besser zu deiner Abenteuerwelt passen, ist auch das möglich. Schreibe dazu eine *json*-Datei und speichere sie in deinem Datenpaket im Ordner *data\<Namensraum>\damage_type*.

```
{
  "exhaustion": 0.1,
  "message_id": "cactus",
  "scaling": "when_caused_by_living_non_player"
}
```

Beispiel für die Damage-Datei »data\minecraft\damage_type\cactus.json« im Standarddatenpaket

Der Onlinedatenpaketgenerator (*https://misode.github.io/damage-type*) unterstützt dich beim Schreiben der *json*-Datei. Details zu den Eigenschaften stehen im Minecraft-Wiki.

- Englisch: *https://minecraft.wiki/Damage_type*
- Deutsch: *https://de.minecraft.wiki/Schadensarten*

```
/spawnpoint [<Spieler>] [<XYZ>] [<Drehwinkel>]
```

Ist ein Spieler gestorben (z. B. durch den /damage-Befehl), erscheint er wieder an seinem Spawn-Punkt. Normalerweise ist das der *Welt-Spawn-Punkt* ⓘ, aber jeder Spieler kann auch seinen eigenen Spawn-Punkt haben, z. B. wenn er ein Bett oder einen Seelenanker benutzt – oder wenn du ihm mit dem /spawnpoint-Befehl einen Spawn-Punkt gibst. Ohne <Spieler>-Angabe gibst du dir selbst deine aktuelle Position als Spawn-Punkt. Durch Angabe eines <Drehwinkels> zwischen –180 und 180 legst du die Blickrichtung nach dem Spawnen fest.

Beispiel: In deiner Abenteuerwelt baust du einen Parcours mit mehreren Checkpoints, die durch goldene Wägeplatten gekennzeichnet sind. Betritt ein Spieler eine Wägeplatte, erhält er durch den Befehl /spawnpoint @p ~ ~ ~ seine aktuelle Position als Spawn-Punkt. Stürzt er danach ab und stirbt, erscheint er wieder auf der Wägeplatte.

gebaut von Tripl37 auf Unlimitedworld.de

Ein Parcours in einer Großstadtszene mit Checkpoints, die durch goldene Wägeplatten ausgelöst werden

```
/gamemode <Spielmodus> [<Spieler>]
```

Deinen eigenen Spielmodus änderst du zum Testen deiner Abenteuerwelt am schnellsten mit F3 + F4. Du kannst auch den /gamemode-Befehl benutzen, aber der ist vor allem dafür gedacht, den Spielmodus eines anderen Spielers zu ändern. Baust du z. B. ein Minigame in deiner Abenteuerwelt, kannst du Spieler, die das Minigame verloren haben, in den Zuschauermodus versetzen.

```
/spectate <Objekt> [<Spieler>]
```

```
/spectate
```

Wusstest du, dass du im Zuschauermodus nicht nur durch Wände fliegen, sondern die Welt auch mit den Augen anderer Kreaturen sehen kannst? Ursprünglich sollte man damit einen Wettkampf als Zuschauer auch durch die Augen eines Teilnehmenden sehen können. Du musst dazu im Zuschauermodus auf einen anderen Spieler rechtsklicken. Das funktioniert sogar mit Tieren und Monstern. Probierst du das bei einem Creeper, einem Enderman oder einer Spinne aus, hast du eine ganz besondere Sicht.

Mit dem `/spectate`-Befehl kannst du einen Spieler, der sich im Zuschauermodus befindet, gezielt durch die Augen eines ganz bestimmten Objekts sehen lassen.

Der Blick durch einen unsichtbaren Rüstungsständer verrät das Versteck eines verborgenen Knopfes.

Beispiel: In deiner Abenteuerwelt gibt es einen Geheimraum, den die Spieler für das weitere Vorankommen finden müssen und der nur durch einen versteckten Knopf zu öffnen ist. Du stellst einen unsichtbaren Rüstungsständer auf, dem du das Etikett »kamera« gibst, und dessen Kopf du so drehst, dass er, mit etwas Abstand, auf den verborgenen Knopf schaut. Dann stellst du irgendwo einen *Deko-Kopf* mit dem Aussehen eines Monitors auf und direkt davor einen Marker mit dem Etikett »monitor«. Ein Knopf neben dem Monitor löst eine Befehlskette aus, die dem nächsten Spieler mit `/tag @p add spion` das Etikett »spion« gibt, ihn mit `/gamemode spectator @p` in den Zuschauermodus versetzt und mit `/spectate @e[tag=kamera] @p` durch die Augen des Rüstungsständers den geheimen Knopf sehen lässt. Der Spieler kann sich nicht bewegen. Nach 2 Sekunden holst du ihn mit `/execute as @a[tag=spion] run spectate` und `/gamemode adventure @a[tag=spion]` zurück und teleportierst ihn mit `/tp @a[tag=spion] @n[tag=monitor]` wieder zu dem Monitor. Nimm ihm zum Schluss mit `/tag @a[tag=spion] remove spion` das Etikett wieder weg.

»KLIRR, SPRUDEL, QUALM« – SOUNDS UND PARTIKEL BELEBEN DIE WELT

Als Commander deiner Abenteuerwelt sorgst du mit Befehlen in Befehlsblöcken und Funktionen für spannende, lustige oder erstaunliche Situationen: Tore öffnen und schließen sich, Kreaturen erscheinen und verschwinden, Spieler erleiden plötzlich Schaden und erschrecken sich – alles ist möglich. Durch Hinzufügen von Geräuschen (Sounds) und Partikeln gestaltest du deine Szenen noch realistischer.

Geräuschvolle Umwelt

```
/playsound <Geräuschereignis> <Regler> <Spieler> [<XYZ>]
[<Hörweite>] [<Tonhöhe>] [<Mindestlautstärke>]
```

Mit diesem Befehl startest du ein <Geräuschereignis>. Dadurch wird für die ausgewählten <Spieler> ein Geräusch erzeugt, das sie hören, wenn sie den entsprechenden <Regler> in ihren Minecraft-Optionen nicht auf null gestellt haben. Gibt es alternative Geräusche zu diesem Ereignis, wählt das Spiel zufällig eines davon aus. Wenn du das nicht möchtest, sorgst du in deinem Ressourcenpaket in der Datei *sounds.json* dafür, dass es für das betreffende Geräuschereignis nur ein einziges Geräusch gibt.

Die Tab-Vervollständigung zeigt dir alle Geräusche, darunter auch Umgebungsgeräusche (minecraft:ambient...), Musikstücke (minecraft:music...) und Schallplatten (minecraft:music_disc...). Über *sounds.json* kannst du auch eigene Geräusche hinzufügen und abspielen.

Gibst du <XYZ>-Koordinaten an, kommt das Geräusch von dieser Position (ohne Angabe kommt es vom Ort der Befehlsquelle). Standardmäßig ist ein Geräusch in einem Radius von maximal 16 Blöcken, um diese Position zu hören (<Hörweite> = 1), wobei es lauter wird, je näher man der Quelle kommt. Verringerst du die <Hörweite> z. B. auf 0.5, ist es nur in einem Radius von maximal 8 Blöcken zu hören (0,5 × 16) oder bei Werten größer 1 entsprechend weiter. Bei <Tonhöhe> 0.0 wird das Geräusch mit halber Geschwindigkeit abgespielt, es klingt dann langsam und dumpf. Bei <Tonhöhe> 2.0 wird es mit doppelter Geschwindigkeit abgespielt und klingt quietschend hell. Dazwischen sind alle Werte möglich, Standard ist 1. Mit der <Mindestlautstärke> legst du fest, dass das Geräusch immer mindestens in dieser Lautstärke zu hören ist, egal, wie weit die Spieler von der Quelle entfernt sind.

Beispiele:

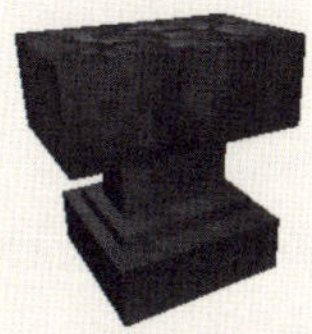

- /playsound minecraft:block.anvil.use block @p spielt dem nächsten Spieler das Geräusch eines Hammers ab, der auf einen Amboss trifft.
- Über einen dauerhaft aktivierten Wiederhol-Befehlsblock löst du 20-mal pro Sekunde den Befehl /playsound minecraft:block.amethyst_block.resonate block @a 2.0 0.5 aus, was ein tiefes Klingeln 32 Blöcke weit hörbar macht.

```
/stopsound <Spieler> [<Regler>] [<Geräuschereignis>]
```

Dieser Befehl beendet für die ausgewählten <Spieler> alle Geräusche oder nur die für einen bestimmten <Regler> (z. B. Musik) oder nur ein bestimmtes <Geräuschereignis>. Neu entstehende Geräusche werden danach aber ganz normal abgespielt. Das ständige Gackern in einem Hühnerstall ist damit also nicht zu beenden. Das machst du mit `/execute as @e[type=chicken, distance=..10] run data merge entity @s {Silent: true}`

Beispiel: Du hast in deiner Abenteuerwelt eine Bar mit einer Jukebox gebaut, bei der die Spieler Minecraft-Musikstücke wählen können. Wenn ein neues Musikstück gewählt wird, musst du erst ein eventuell noch laufendes Musikstück beenden, sonst sind beide gleichzeitig zu hören.

Klein und dekorativ – die Partikel

Für eine Belebung der Umwelt sorgen auch die vielen *Partikel* im Spiel. Wie am Ende des Kapitels »Alles ist Illusion – hinter den Kulissen von Minecraft«, bereits beschrieben, sind Partikel kleine Grafikelemente, die herumfliegen und nach kurzer Zeit verschwinden, z. B. zerbrechende Blöcke, tropfendes Wasser, qualmender Rauch, funkelnder Redstone und wirbelnde Trankeffekte.

Normalerweise sind Partikel an Blöcke und Ereignisse gebunden. Aber für besondere Effekte in deinen Abenteuerwelten kannst du sie überall und jederzeit mit folgendem Befehl erscheinen lassen:

```
/particle <Partikel> [<XYZ>]
```

```
/particle <Partikel> <XYZ> <Ausdehnung> <Geschwindigkeit>
<Anzahl> [force|normal] [<Spieler>]
```

In der einfachen Form lässt du ein einzelnes Partikel an der Position der Befehlsquelle oder an `<XYZ>` erscheinen, wobei nicht alle Partikel überall darstellbar sind, `minecraft:bubble` erscheint z. B. nur unter Wasser.

Beispiel: `/particle minecraft:flame ^ ^1.7 ^2` zeigt eine kleine Flamme 2 Blöcke vor dir in Augenhöhe.

Durch ein brennendes Lagerfeuer werden Rauch- und Funkenpartikel generiert.

Gibst du zusätzlich eine `<Ausdehnung>` (drei Zahlen für die X-, Y- und Z-Richtung) an, erscheinen mehrere Partikel gleichzeitig in einem Bereich, den du durch `<XYZ>` und die `<Ausdehnung>` bestimmst, wobei die Ausdehnung `1 1 1` einem Bereich von etwa 8 × 8 × 8 Blöcken entspricht. Beweglichen Partikeln kannst du auch eine `<Geschwindigkeit>` geben, wobei du Werte kleiner 1 nehmen solltest.

Spieler können Partikel üblicherweise nur 32 Blöcke weit sehen (`normal`). Sollen sie die Partikel 512 Blöcke weit sehen, gibst du das mit `force` an. Ohne weitere Angabe werden die Partikel von allen Spielern gesehen (sofern sie ihre Grafikeinstellungen auf **Partikel**: **Alle** eingestellt haben). Du kannst die Partikel aber auch nur bestimmte `<Spieler>` sehen lassen.

Im Minecraft-Wiki findest du Bilder von allen Partikeln.

- Englisch: *https://minecraft.wiki/Particles_(Java_Edition)*
- Deutsch: *https://de.minecraft.wiki/Partikel*

Beispiel: In deiner Abenteuerwelt baust du eine Kanalisation, in der die Spieler einen Hinweis finden müssen. Das Biom setzt du in dem Bereich mit `/fillbiome` auf Sumpf, damit das Wasser gelbgrün wird. Mit `/damage` verteilst du Schaden an alle Spieler, die ins Wasser fallen (Zielfilter mit `x`, `y`, `z` und `dx`, `dy`, `dz`). In einigen Nischen platzierst du Silberfischchen-Spawner als Rattenersatz. Damit diese nicht in den Wänden verschwinden, stellst du `/gamerule mobGriefing` auf `false`. Schließlich legst du in einem dauerhaft aktivierten Wiederhol-Befehlsblock unter dem Zentrum der Szene mit `/particle sneeze ~ ~2.5 ~ 3 0.2 3 0.0 20` eine grüne Wolke über das Wasser.

Eine Kanalisation mit Silberfischchen und grünen Partikeln

GEGENSTÄNDE – DATEN AUS ERSTER HAND

Ein Gegenstand (*Item*) ist etwas, das du in der Hand halten und in ein Inventar legen kannst, Blöcke gehören also auch dazu. Der bekannteste Minecraft-Gegenstand ist aber die Diamant-Spitzhacke – auch wenn die relativ neue Netherit-Spitzhacke bessere Eigenschaften hat.

Dieser Abschnitt stellt die Befehle für Gegenstände vor.

```
/give <Spieler> <Gegenstand> [<Anzahl>]
```

Der Befehl gibt einen einzelnen <Gegenstand> ins Inventar der ausgewählten <Spieler>. Du kannst auch eine größere <Anzahl> angeben. Das Spiel füllt damit den ersten (und je nach Anzahl weitere) freie Slots im Inventar der Spieler. Mit F3 + H schaltest du erweiterte Schnellinfos ein, wenn du mit der Maus über die Gegenstände in deinem Inventar fährst.

Eigentlich sieht der Befehl einfach aus, aber er steckt voller kreativer Möglichkeiten, was die *Eigenschaften* des Gegenstandes betrifft. Du gibst sie direkt hinter der Gegenstands-ID mit Gleichheitszeichen in eckigen Klammern an. Die Beschreibung der Gegenstandsdaten findest du im Minecraft-Wiki in den einzelnen Artikeln und in einem Sammelartikel.

- Englisch: *https://minecraft.wiki/Data_component_format#List_of_components*
- Deutsch: *https://de.minecraft.wiki/Gegenstandsdaten#Datenstruktur*

Beispiele:

- `/give @s golden_chestplate[trim={material: "redstone", pattern: "wayfinder"}]` gibt dir eine goldene Brustplatte mit rotem Wegfinder-Rüstungsbesatz.
- `/give @s leather_helmet[dyed_color=6591981]` gibt dir einen kornblumenblauen Lederhelm. Die Rot-, Grün- und Blau-Anteile von Farben findest du im Internet (z. B. bei *https://cloford.com/resources/colours/500col.htm*) und multiplizierst sie so: Rot-Anteil × 65.536 + Grün-Anteil × 256 + Blau-Anteil. Beispiel: 100 × 65.536 + 149 × 256 + 237 = 6.591.981 ist Kornblumenblau.

Um die NBT-Daten eines Gegenstandes zu sehen, gibt es keinen eigenen `/data`-Befehl, weil Gegenstände nie allein existieren. Entweder liegen sie in einem *Blockobjekt* (Behälter) oder sie gehören zu einem *Objekt* (Spieler, Monster, gedroppter Gegenstand). Um Gegenstandsdaten zu sehen, schaust du also mit dem `/data`-Befehl in die entsprechenden Block- oder Objektdaten.

```
Block bei (67, 60, -17) besitzt die folgenden Blockdaten:
Items: [{Slot: 0b, id: "minecraft:bow", count: 1, components: {"minecraft:unbreakable": {}}}]
```

```
Bogen besitzt die folgenden Objektdaten:
Item: {id: "minecraft:bow", count: 1, components: {"minecraft:unbreakable": {}}}
```

```
Zombie besitzt die folgenden Objektdaten:
equipment: {mainhand: {id: "minecraft:bow", count: 1, components: {"minecraft:unbreakable": {}}}}
```

Ausschnitt aus NBT-Daten: ein unzerstörbarer Bogen in einer Truhe, als gedroppter Gegenstand auf dem Boden und von einem Zombie getragen

Die Besonderheit der components-Eigenschaft

Jeder Gegenstand hat eine `id` und eine Anzahl `count`, die mindestens 1 sein muss. Weitere Eigenschaften sind in einem `components`-Verbund zusammengefasst. Dazu gibt es eine Besonderheit: Bei Befehlen mit der Gegenstands-ID *außerhalb* der NBT-Daten (z. B. bei `/give`) gibst du die Eigenschaften *ohne* `components` an, bei Befehlen mit der Gegenstands-ID *innerhalb* der NBT-Daten *musst* du `components` angeben.

- `/give @s bow[unbreakable= {}]` (`id` außerhalb NBT, ohne `components`) gibt dir einen unzerstörbaren Bogen. In Minispielen gibt man den Teilnehmern häufig Waffen, die nicht kaputtgehen.
- `/data merge block ~ ~ ~ {Items: [{id: "bow", count: 1, components: {unbreakable: {}}}]}` (`id` innerhalb NBT, mit `components`) legt einen unzerstörbaren Bogen in die Truhe, auf der du stehst.
- `/data merge entity @n[type=zombie, distance=..2] {equipment: {mainhand: {id: "bow", count: 1, components: {unbreakable: {}}}}}` gibt einem Zombie einen unzerstörbaren Bogen.

```
/clear [<Spieler>] [<Gegenstand>] [<Anzahl>]
```

Das Gegenteil von Geben ist Nehmen. Das machst du mit diesem Befehl. Ohne weitere Angaben löschst du damit dein gesamtes Inventar. Durch Angabe von `<Spielern>`, `<Gegenstand>` und `<Anzahl>` grenzt du das Löschen ein.

Beispiel:

`/clear @a[distance=..5] cookie[custom_name="Glückskeks"]` entfernt von allen Spielern im Umkreis von 5 Blöcken Kekse mit dem Namen »Glückskeks«.

Eine Besonderheit ist das Löschen mit der Anzahl `0`. Dieser Befehl ändert nichts, sondern meldet, wie oft der Spieler diesen Gegenstand in seinem Inventar hat. Damit kannst du prima testen, ob ein Spieler einen bestimmten Gegenstand überhaupt hat.

Beispiel:

`/execute store result score #goldschwert rechner run clear @p golden_sword 0` speichert im Anzeigetafel-Zähler `#goldschwert` die Anzahl der Goldschwerter im Inventar des nächsten Spielers.

```
/enchant <Lebewesen> <Verzauberung> [<Stufe>]
```

Dieser Befehl verzaubert den Gegenstand in der Hand eines Spielers oder Monsters mit einer <Verzauberung> (siehe Tab-Vervollständigung, ohne weitere Angabe mit Stufe I). Der Befehl wirkt aber nur, wenn der Gegenstand mit dieser Verzauberung belegt werden kann. Die nachträgliche Änderung einer Stufe oder das Entzaubern sind mit `/enchant` nicht möglich.

Um Gegenstände beliebig zu ändern, gibt es diesen Befehl:

```
/item modify (block <XYZ>|entity <Lebewesen>) <Slot>
<Gegenstandsmodifikator>
```

Damit änderst du den Gegenstand, der im <Slot> eines Behälters (`block`) oder eines Inventars (`entity`) liegt. Die Tab-Vervollständigung zeigt dir passende Slots, z. B. `weapon.mainhand` für die Haupthand.

Die gewünschte Änderung steckt im <Gegenstandsmodifikator>. Das ist eine *json*-Datei im Datenpaketordner *data\<Namensraum>\item_modifier*, die über Funktionen alle Arten von Änderungen festlegt. In der Datei kannst du zu jeder Funktion auch eine Liste von *Prädikaten* ⓘ mit Bedingungen angeben. Dann wird die Funktion nur ausgeführt, wenn die Bedingungen erfüllt sind. Wie bei anderen Datenpaketdateien hilft dir der *Onlinedatenpaketgene-*

rator (*https://misode.github.io/item-modifier*) bei der korrekten Schreibweise. Schau ins Minecraft-Wiki, um passende Funktionen zu finden.

- Englisch: *https://minecraft.wiki/Item_modifier*
- Deutsch: *https://de.minecraft.wiki/Gegenstandsmodifizierer*

Der `/item`-Befehl kann auch Gegenstände in den Inventaren von Spielern ändern, was mit dem `/data`-Befehl nicht möglich ist. Außerdem kann er Gegenstände in jedem Slot verzaubern, was mit dem `/enchant`-Befehl nicht geht.

Beispiel:

1. Erstelle in deinem Datenpaket einen Unterordner *data\nl\item_modifier* und schreibe dort die Datei *robin.json*:

```
[
  {
    "function": "minecraft:set_name",
    "name": "Robin Hood"
  },
  {
    "function": "minecraft:set_lore",
    "lore": ["Öffnet das Tor zum Wald"],
    "mode": "replace_all"
  },
  {
    "function": "minecraft:set_components",
    "components": {"dyed_color": 8439583}
  }
]
```

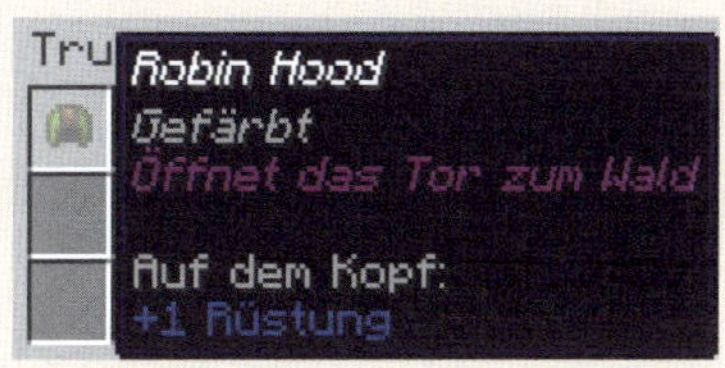

   Dieser Gegenstandsmodifikator enthält drei Funktionen zum Ändern des Namens, des Beschreibungstextes und der Farbe.

2. Nimm eine Lederkappe in die Hand und gib folgenden Befehl ein: `/item modify entity @s weapon.mainhand nl:robin`. Damit änderst du die Eigenschaften der Lederkappe in deiner Hand. So bereitest du Gegenstände vor, um sie anschließend in deiner Abenteuerwelt zu verstecken.
3. An anderer Stelle in deiner Abenteuerwelt könnte es eine Eisentür geben, die sich nur öffnet, wenn der Spieler, der den Knopf drückt, eine Kappe mit diesem Namen auf dem Kopf trägt. Das prüfst du mit:

```
/execute store result score #kappe rechner run clear @p leather_helmet[custom_name="Robin Hood"] 0
```

```
/item replace (block <XYZ>|entity <Lebewesen>) <Slot> with <Gegenstand> [<Anzahl>]
```

```
/item replace (block <XYZ1>|entity <Lebewesen1>)
<Slot1> from (block <XYZ2>|entity <Lebewesen2>) <Slot2>
[<Gegenstandsmodifikator>]
```

Der /item-Befehl kann nicht nur Gegenstände verändern, sondern auch Gegenstände in Behältern oder Inventaren tauschen. Der erste Befehl ersetzt den Gegenstand im <Slot> eines Behälters (block) oder eines Inventars (entity) durch den <Gegenstand> den du angibst – auch mit NBT-Daten, wenn du möchtest.

Der zweite Befehl ersetzt den Gegenstand in <Slot1> durch eine *Kopie* des Gegenstandes in <Slot2> und kann die Kopie dabei auch noch modifizieren.

Beispiele:

- /item replace entity @e[type=husk, distance=..5] armor.head with amethyst_cluster setzt einen Amethysthaufen als Krone auf den Kopf eines Wüstenzombies. Falls er vorher einen Helm trug, wird der ersetzt und ist weg.

  Du kannst alle Blöcke und Gegenstände auf den Kopf eines Spielers oder helmtragenden Monsters setzen. Einige Gegenstände nehmen dabei eine ganz besondere Position ein, Bilder dazu findest du im Minecraft-Wiki (*https://de.minecraft.wiki/Spieler#Kopfslot*).
- /item replace entity @s hotbar.0 from block ~ ~ ~ container.0 ersetzt den ersten Slot deiner Schnellzugriffsleiste durch eine Kopie des Gegenstandes, der im ersten Slot der Truhe liegt, auf der du stehst. So kannst du Gegenstände, die du in deinem Minispiel oder in deiner Abenteuerwelt an die Spieler geben willst, in Truhen hinter den Kulissen legen und per Befehl verteilen.
- /item replace entity @s weapon.mainhand from entity @n[type=zombie, distance=..5] weapon.mainhand ersetzt den Inhalt deiner Haupthand durch eine Kopie der Waffe des Zombies, der sich in 5 Blöcken Umkreis befindet.
- /item replace entity @n[type=zombie, distance=..5] weapon.mainhand with air löscht die Waffe aus der Hand des Zombies (der /clear-Befehl funktioniert nur für Spieler).

Beute machen

Die Befehle `/give` und `/item` eignen sich vor allem für Minispiele, um die Spieler mit genau den Gegenständen auszurüsten, die sie benötigen.

Eine Schatztruhe in einem Waldanwesen

In einer Abenteuerwelt kann es jedoch spannender sein, wenn die Spieler die Gegenstände in Schatztruhen finden oder von Monstern erkämpfen müssen. Dafür sind die *Beutetabellen* gedacht, aus denen das Spiel eine von mehreren Beutevarianten zufällig auswählt, die du in der entsprechenden *json*-Datei festlegst. Genauer beschrieben ist das unter *Beutetabelle ändern* ⓘ.

Im *Standarddatenpaket*-Ordner ⓘ *data\minecraft\loot_table* findest du zahlreiche Beutetabellen. Zusätzlich kannst du eigene Beutetabellen für deine Abenteuerwelt schreiben. Dabei kannst du auch Gegenstandsmodifikatoren, die du im vorherigen Abschnitt kennengelernt hast, auf die Gegenstände in der Beutetabelle anwenden.

Beute wird vom Spiel ausgeschüttet, wenn ein Spieler z. B. eine generierte Truhe öffnet, einen Block abbaut oder eine Kreatur tötet. Du kannst die Beute aus allen Beutetabellen aber auch per Befehl ausschütten:

```
/loot <Ausgabe> loot <Beutetabelle>
/loot <Ausgabe> kill <Lebewesen>
/loot <Ausgabe> mine <XYZ> [<Werkzeug>|mainhand|offhand]
```

Der Befehl ist vielseitig einsetzbar und schüttet eine Beutetabelle auf verschiedene Weise aus. Die `<Ausgabe>` wird gleich erklärt, doch zuvor erfährst du, welche Möglichkeiten du zur *Bestimmung* der Beutetabelle hast:

- Mit der ersten Variante (`loot`) schüttest du die Beute aus einer ganz bestimmten `<Beutetabelle>` aus.
- Mit `kill` schüttest du die Beute eines `<Lebewesens>` aus, das diese beim Tod droppen *würde*. Dabei stirbt das Lebewesen nicht und droppt auch nichts, es geht hier nur um die Beute, die in der zugehörigen Beutetabelle steht. Das Lebewesen bestimmst du über einen Zielfilter. Damit bist du flexibler als mit der `loot`-Variante. Das Inventar des Lebewesens gehört nicht dazu, d. h., wenn du einen Spieler angibst, droppt nichts, weil die Beutetabelle *data\minecraft\loot_table\entities\player.json* keine Beute enthält (es sei denn, du trägst dort eine ein).
- Mit `mine` schüttest du die Beute eines Blocks aus, die er beim Abbauen droppen *würde*. Den Block bestimmst du per `<XYZ>`-Koordinaten (auch relative). Zusätzlich kannst du dem Spiel für die Auswahl der Beute ein bestimmtes `<Werkzeug>` angeben oder das Werkzeug, das die Befehlsquelle gerade in ihrer Haupthand (`mainhand`) oder in ihrer Zweithand (`offhand`) hält. Eine ähnliche Variante gibt es auch fürs Angeln (`fish` statt `mine`).

Beispiel:

Du hast in deiner Abenteuerwelt ein Verlies voller Monster, das die Spieler durchqueren müssen. Sie können die Monster töten, aber du hast mit `/gamerule doMobLoot false` das Droppen von Beute durch Kreaturen abgeschaltet. Überleben die Spieler den Angriff, erreichen sie Druckplatten, die den `/loot`-Befehl auslösen, um die von dir festgelegte zufällige Beute auszugeben.

Weitere Spielregeln zum Thema »Droppen«:

- `/gamerule doEntityDrops false` schaltet das Droppen für alle anderen Objekte ab.
- `/gamerule doTileDrops false` schaltet das Droppen von Blöcken ab.

Dieses Verlies muss durchquert werden. Die Beute gibt es erst bei den Druckplatten.

Nicht nur für die Bestimmung der Beute, auch für die <Ausgabe> hast du mehrere Möglichkeiten:

```
/loot give <Spieler> …
```

```
/loot spawn <XYZ> …
```

```
/loot insert <XYZ> …
```

```
/loot replace block <XYZ> <Slot> [<Anzahl>] …
```

```
/loot replace entity <Lebewesen> <Slot> [<Anzahl>] …
```

Die einfachste Variante gibt die Beute in das Inventar eines oder mehrerer `<Spieler>` (`give`). Alternativ dazu kannst du die Beute effektvoll auf dem Boden an Position `<XYZ>` verteilen (`spawn`), damit die Spieler sie aufsammeln müssen. Mit `insert` legst du die Beute in eine Truhe, die an Position `<XYZ>` steht. Ist das eine Redstone-Truhe, kann sie beim Öffnen den `/loot`-Befehl auslösen, der sie füllt. Schließlich *ersetzt* du mit den beiden `replace`-Varianten den Slot eines Behälters oder eines Lebewesen-Inventars. Die Tab-Vervollständigung hilft dir bei der Auswahl des passenden Slots, z. B. `weapon.mainhand` für die Haupthand, `hotbar.0` für den ersten Slot der Schnellzugriffsleiste, `armor.head` für den Kopf.

Beispiele:

- `/execute at @p run loot spawn ^ ^1 ^2 loot entities/ghast` droppt die Beute eines Ghasts 2 Blöcke vor dem Spieler, der der Befehlsquelle am nächsten ist.
- `/loot insert ~ ~ ~ kill @n[tag=falle]` füllt die Beute der Kreatur, die das Etikett »falle« trägt, in die Truhe unter deinen Füßen.
- `/loot replace entity @e[type=zombie, distance=..5] weapon.mainhand loot nl:waffen` gibt allen Zombies im Umkreis von 5 Blöcken die Beute aus deiner selbst erstellen Beutetabelle *data\nl\loot_table\waffen.json* in die Haupthand.

Abenteuermodus: Blöcke abbauen geht nicht, oder doch?

Du weißt bereits, dass Spieler im Abenteuermodus keine Blöcke abbauen oder platzieren können. Mit bestimmten NBT-Daten geht es aber doch, wie die folgenden Beispiele zeigen:

- `/give@p stone[can_break={blocks:["glass", "glass_pane"]}]` gibt dem nächsten Spieler einen Stein, der durch Linksklicken jedes normale Glas und jede normale Glasscheibe zerstört, die der Spieler erreichen kann. Diese Information ist auch im Inventar zu sehen. Damit die Spieler nicht jedes Glas in deiner Welt zerstören, könntest du diesen speziellen Stein nur in einem bestimmten Raum ins Inventar geben und ihn beim Verlassen wieder wegnehmen.
- `/give @p stick[can_break={blocks: "furnace", state: {facing: "west"}}]` gibt dem nächsten Spieler einen Stock, der durch Linksklicken nur Öfen zerstört, die nach Westen ausgerichtet sind. Wie du siehst, kannst du durch Angabe von Blockzuständen (`state: {…}`) und auch Blockobjektdaten (`nbt: {…}`) den zerstörbaren Block weiter eingrenzen.
- `/give @p ladder[can_place_on={blocks: "yellow_terracotta"}]` gibt dem nächsten Spieler eine Leiter, die er nur auf gelber Keramik platzieren kann. Damit könnten Spieler in deiner Abenteuerwelt neue Wege erreichen. Auch hier ist die zusätzliche Angabe von Blockzuständen und Blockobjektdaten möglich.

Schneller, stärker, gesünder!

Alle Lebewesen (Spieler, Tiere, Monster) haben in ihren NBT-Daten eine Liste mit *Attributen* wie Lebenspunkten, Geschwindigkeit, Angriffsschaden und Standfestigkeit. Jedes Attribut hat einen *Basiswert*, der für alle Lebewesen einer bestimmten Art gleich ist. Das Attribut `movement_speed` bezeichnet z. B. den Basiswert für die Geschwindigkeit des Lebewesens. Mit dem nächsten Befehl kannst du die Basiswerte ändern. Die verschiedenen Attribute sind im Minecraft-Wiki erklärt.

- Englisch: *https://minecraft.wiki/Attribute*
- Deutsch: *https://de.minecraft.wiki/Attribut*

Standardattribute eines Spielers (Ausschnitt aus den NBT-Daten mit »/data get entity @s attributes«)

```
/attribute <Lebewesen> <Attribut> base set <Wert>
```

```
/attribute <Lebewesen> <Attribut> base reset
```

Der erste Befehl ändert den Basiswert des `<Attributs>` bei dem `<Lebewesen>`, der zweite Befehl setzt den Basiswert wieder auf den Standard zurück.

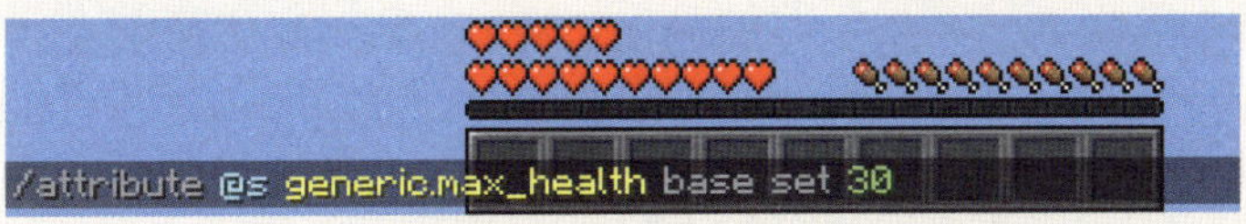

Ein bisschen mehr Gesundheit kann nicht schaden (normal wäre 20).

Üblicherweise sollen sich Attribute nur für eine bestimmte Zeit ändern und dann wieder ihren alten Wert haben. Genau dafür gibt es *Modifikatoren*. Das sind Zahlen, die die Basiswerte eines bestimmten Lebewesens (z. B. Spieler oder Zombie) durch Addition oder Multiplikation individuell verändern. Solange ein Modifikator hinzugefügt ist, wird das Lebewesen z. B. schneller oder langsamer oder stärker oder schwächer als normal. Der Basiswert bleibt dabei unverändert. Ist der Modifikator wieder weg, ist alles wie früher.

Mit dem /attribute-Befehl kannst du Modifikatoren geben, auslesen und wieder wegnehmen:

```
/attribute <Lebewesen> <Attribut> modifier add <ID> <Wert> (add_value|add_multiplied_base|add_multiplied_total)
```

```
/attribute <Lebewesen> <Attribut> modifier remove <ID>
```

Mit dem ersten Befehl gibst du dem <Attribut> des <Lebewesens> einen Modifikator, mit dem zweiten Befehl entfernst du den Modifikator wieder. Der Modifikator muss als eindeutige <ID> einen verständlichen Namen mit *Namensraum* ⓘ haben. Zum Schluss legst du fest, mit welcher Operation er wirken soll:

- add_value wirkt absolut: Ergebnis = Basiswert + <Wert>.
- add_multiplied_base wirkt prozentual: Ergebnis = Basiswert × (1 + <Wert>), z. B. wirkt der Wert 0.5 wie + 50 %.
- add_multiplied_total wirkt ebenfalls prozentual, aber auf den bereits modifizierten Basiswert. Das kommt bei mehreren Modifikatoren zum Tragen, die auf dasselbe Attribut wirken: Ergebnis = modifiziertes Ergebnis × (1 + <Wert>).

Beispiel:

/attribute @s movement_speed modifier add nl:verdopplung 1.00 add_multiplied_base erhöht deine Geschwindigkeit um 100 %.

```
{id: "minecraft:movement_speed", base: 0.1d, modifiers:
[{amount: 1.0d, id: "nl:verdopplung", operation: "add_multiplied_base"}]}
```

```
/attribute <Lebewesen> <Attribut> get [<Multiplikation>]
```

```
/attribute <Lebewesen> <Attribut> base get [<Multiplikation>]
```

```
/attribute <Lebewesen> <Attribut> modifier value get <ID> [<Multiplikation>]
```

Diese Befehle liefern den aktuellen Gesamtwert (get), den Basiswert (base get) oder den Modifikatorwert (modifier value get) des <Attributs> des <Lebewesens>. Du benutzt die Befehle zusammen mit /execute store result, um das Ergebnis für deine Weiterverarbeitung zu speichern. Weil du in Anzeigetafel-Zählern nur Ganzzahlen speichern kannst, hast du die Möglichkeit, das Ergebnis vorher noch zu multiplizieren, z. B. mit 100 oder 1000.

Beispiel:

/execute store result score #max_leben rechner run attribute @s max_health get speichert deine maximale Gesundheit im Anzeigetafel-Zähler #max_leben.

Anstatt die Attribute von Spielern oder Monstern mit dem /attribute-Befehl zu ändern, kannst du das auch über einen modifizierten Gegenstand tun. Dann bekommt das Lebewesen veränderte Attribute, solange es den Gegenstand trägt. Stiefel mit einem Modifikator können dich z. B. schneller oder langsamer machen.

Beispiele:

- Schreibe für dein Datenpaket den Gegenstandsmodifikator *data\nl\item_modifier\extrascharf.json*:

```
{
  "function": "minecraft:set_attributes",
  "modifiers": [
    {
      "id": "nl:extrascharf",
      "attribute": "attack_damage",
      "operation": "add_value",
      "amount": 460,
      "slot": "mainhand"
    }
  ]
}
```

Lade das Datenpaket, nimm eine Prismarinscherbe in die Hand und gib ihr mit dem Befehl /item modify entity @s weapon.mainhand nl:extrascharf 460 Angriffsschaden. Solange du die Prismarinscherbe in der Haupthand hältst, haut sie einen Wither (450 Leben) mit einem einzigen Schlag um.

- Schreibe für dein Datenpaket den Gegenstandsmodifikator *data\nl\item_modifier\vergessen.json*:

```
{
  "function": "minecraft:set_attributes",
  "modifiers": [
    {
      "id": "nl:vergessen",
      "attribute": "follow_range",
      "operation": "add_value",
      "amount": -50,
      "slot": "head"
    }
  ]
}
```

Lade das Datenpaket, nimm einen Lederhelm in die Hand und gib ihm mit dem Befehl `/item modify entity @s weapon.mainhand nl:vergessen` einen Folgedistanzabzug von 50 Blöcken.

Mit dem Befehl `/item replace entity @e[type=husk, distance=..100] armor.head from entity @s weapon.mainhand` kopierst du den veränderten Lederhelm auf den Kopf von allen Wüstenzombies in 100 Blöcken Umkreis. Ihre übliche Folgedistanz beträgt 35 Blöcke. Durch den Abzug von 50 wird ihre Folgedistanz gelöscht (negative Ergebnisse werden zu null), solange sie den Lederhelm tragen. Sie interessieren sich dann überhaupt nicht mehr für Dorfbewohner oder Spieler, auch wenn sie direkt vor ihrer Nase herumlaufen.

Gratulation, du hast das 9. Experten-Level erreicht

Mit den **Objekten** und Gegenständen in diesem Kapitel haben sich deine Möglichkeiten explosionsartig vervielfacht! So wie du beim Bauen zahlreiche Blöcke zu immer neuen Bauwerken zusammensetzt, so kombinierst du jetzt auf spielerische Weise mit Befehlen NBT-Eigenschaften von Objekten, Gegenständen und Blockobjekten zu immer neuen Programmen.

Statt mit Koordinaten sprichst du die herumlaufenden Objekte in deinen Befehlen mit **Selektoren** und **Zielfiltern** an. **Etiketten** und **Markerobjekte** helfen dir, bestimmte Objekte und Positionen mehrfach zu verwenden.

Mithilfe des `/data`-Befehls setzt du Rüstungsständer als **Gliederpuppen** ein und dekorierst damit deine Abenteuerwelt. Dazu kommen **Geräusche** und **Partikel**, die deine Welt lebendiger machen.

Schließlich hast du die **Gegenstände** näher kennengelernt und weißt, wie du ihre Eigenschaften veränderst und sie an Spieler und Monster gibst. Du schreibst **eigene Beutetabellen** zum Verteilen und **Gegenstandsmodifikatoren** zum Ändern von Gegenständen. Du hast sogar gelernt, wie du mit Gegenständen die **Attribute** von Lebewesen beeinflussen kannst.

Als Experte im 9. Level kennst du mittlerweile zahlreiche Möglichkeiten, um kreative Minispiele und Abenteuer zu bauen und zu beleben – einfach nur für dich selbst, weil es Spaß macht, oder für andere Spieler.

Eine Sache fehlt allerdings noch: Falls andere Spieler deine Welt zum ersten Mal betreten, haben sie keine Ahnung, was sie dort machen sollen und wie das geht. Du könntest Schilder aufstellen, aber es gibt bessere Möglichkeiten. Die zeigt das nächste Kapitel, das gleichzeitig auch den krönenden Abschluss auf deinem Weg zum Minecraft-Experten bildet.

Touri-Info

ERKENNTNIS, VERSTÄNDNIS – BESCHREIBE DEINE WELT

Abenteuerwelten stecken voller Möglichkeiten, Minispiele haben Regeln – aber welche? Der erste Weg in einer fremden Welt führt immer zur Touri-Info oder zu einem anderen zentralen Informationsort. Die Spieler brauchen Informationen, um deine Welt zu verstehen.

In Minecraft hast du dafür viele kreative Möglichkeiten: bunte Schrift, anklickbare Meldungen, eingeblendete Texte, Schwebetexte, Gespräche mit Dorfbewohnern und mehr. Das erfährst du alles in diesem Kapitel – und wie du eigene Schatzkarten ins Spiel bringst, Bilder auf unsichtbaren Rahmen aufhängst und scheinbar unmögliche Dekorationen baust.

FETTE BUNTE SCHRIFT

In Minecraft laufen Gespräche schriftlich über den Chat. Da liegt es nahe, dass du Informationstexte einfach mit dem `/say`–Befehl im Chat ausgibst. Doch mit `/say` sprichst du weltweit alle Spieler an. Im Einzelspielermodus ist das okay, aber wenn mehrere Spieler in der Welt sind, möchten sie nur Meldungen sehen, die sie auch wirklich betreffen. Dafür gibt es einen Flüsterbefehl:

```
/tell <Spieler> <Text>
```

Mit diesem Befehl flüstert die Befehlsquelle (z. B. ein umbenannter Befehlsblock) einen `<Text>` an die `<Spieler>`, die du über einen *Selektor* ⓘ und *Zielfilter* ⓘ auswählst.

Zwei umbenannte Befehlsblöcke geben einen Text über »/say« an alle Spieler und über »/tell @p« nur an einen Spieler aus.

Volle Freiheit mit Textkomponenten

Allerdings haben alle Texte das gleiche Aussehen, und »flüstert dir zu« passt auch nicht immer. Schön wären etwas Farbe und Formatierungen, wie fette und kursive Schrift, um Akzente zu setzen und die Texte lesbarer zu machen (solange du nicht übertreibst).

Das ist mit sogenannten *Textkomponenten* möglich. Mit folgendem Befehl schreibst du Textkomponenten an die ausgewählten `<Spieler>` in den Chat:

```
/tellraw <Spieler> <Textkomponenten>
```

Eine Textkomponente ist ein Verbund (mit Mengenklammern) aus Text und zugehöriger Formatierung, z. B. `{text: "Hallo", color: "blue"}`. Hat ein Text keine Formatierung, kannst du den Verbund auch weglassen. Sollen dagegen nur bestimmte Teile eines Textes formatiert werden, setzt du eine Liste (mit eckigen Klammern) von Textkomponenten zusammen.

Beispiele:

- `/tellraw @s "Text ohne Formatierung"`
- `/tellraw @s {text: "Fetter Text”, bold: true}`
- `/tellraw @s ["Hier ist nur ", {text: "ein Teil ", italic: true}, "kursiv"]`

Verwendest du eine Liste, ist darin jeweils die erste Textkomponente der Master für den restlichen Text. Ihre Formatierung gilt für alle folgenden Textkomponenten in der Liste, es sei denn, sie haben ihre eigene Formatierung.

Beispiele:

- `/tellraw @s [{"text": "Hallo ", "color": "yellow"}, {"text": "Minecraft", "color": "green"}, "-Welt"]` schreibt dir (`@s`) ein gelbes »Hallo«, ein grünes »Minecraft« und ein unformatiertes »-Welt« in den Chat. »-Welt« wird gelb angezeigt, weil der Master gelb ist.
- `/tellraw @s ["", {"text": "Hallo ", "italic": true}, {"text": "Minecraft", "bold" :true}, "-Welt"]` schreibt dir ein kursives »Hallo« und ein fettes »Minecraft« in den Chat. Damit »-Welt« unformatiert bleibt, ist noch vor dem »Hallo« ein leerer Textteil (die beiden Anführungszeichen am Anfang) als Master ohne Formatierung eingefügt. Lässt du den leeren Textteil weg, wird das kursive »Hallo« zum Master, wodurch alle weiteren Textteile kursiv werden.

Für die Formatierung `color` reichen normalerweise die 16 Minecraft-Farben `yellow`, `gold`, `red`, `dark_red`, `green`, `dark_green`, `blue`, `dark_blue`, `aqua`, `dark_aqua`, `light_purple`, `dark_purple`, `gray`, `dark_gray`, `white` und `black` aus. Möchtest du weitere Farben verwenden, ist auch das möglich. Du gibst dazu in Anführungszeichen den hexadezimalen RGB-Code an, den du im Internet findest (z. B. bei *https://cloford.com/resources/colours/500col.htm*). Beispiel: `color: "#6495ED"` für Kornblumenblau.

Für einen Zeilenumbruch gibst du `\n` im Text ein, z. B. `/tellraw @s "neue \nZeile"`. Die Verwendung des Tabulatorzeichens zur einheitlichen Einrückung von Textspalten ist dagegen nicht möglich. Mehrere Leerzeichen hintereinander gehen auch nicht, sie werden automatisch zu einem einzigen zusammengefasst. In dem Fall benutzt du das *alternative Leerzeichen* (*nobreak space*), das du mit Alt + 2 + 5 + 5 einfügst (nimm die Ziffern im rechten Zahlenfeld, nicht die oberhalb der Buchstaben).

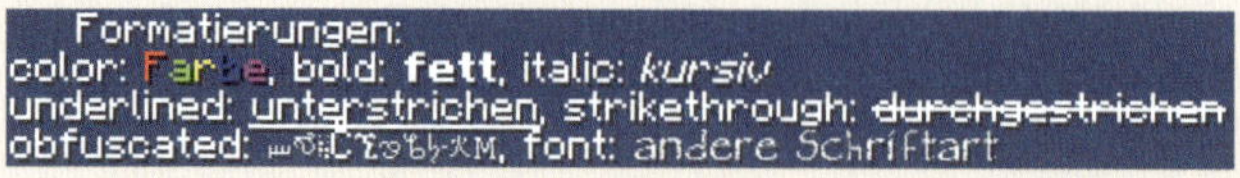

Formatierungen für Textkomponenten. Die erste Zeile ist mit vier alternativen Leerzeichen eingerückt.

Die unlesbare Schrift (`obfuscated`) könntest du z. B. für »magische Worte« oder für Rätsel verwenden. Andere *Schriftarten* ⓘ (`font`) musst du mit einem Ressourcenpaket laden, damit du sie benutzen kannst.

Die Möglichkeiten für Textkomponenten sind sehr umfangreich, die nächsten Abschnitte stellen einige Highlights vor. Die genaue Beschreibung findest du im Minecraft-Wiki.

- Englisch: *https://minecraft.wiki/Text_component_format*
- Deutsch: *https://de.minecraft.wiki/Textkomponenten*

Datenausgabe mit Textkomponenten

Textkomponenten sind hervorragend geeignet, um *Anzeigetafel-Zähler* ⓘ (mit `score`) und *NBT-Daten* ⓘ (mit `nbt`) von Blockobjekten (Behältern etc.), Objekten (Spielern, Tieren, Monstern etc.) und Datenspeichern auszugeben.

Beispiele:

- In einem Minispiel berechnest du mit einem Anzeigetafel-Zähler die Zeitdifferenz zwischen Start und Ziel und gibst den Wert mit Textkomponenten aus:

  ```
  /tellraw @p ["Du hast ", {score:{name:"#zeit",objective:"rechner"}},
  " Sekunden gebraucht"]
  ```

- Um im Chat einen Countdown anzuzeigen, setzt du einen Anzeigetafel-Zähler auf den Startwert, ziehst mit einem Taktgeber (Redstone-Schaltung) im Sekundentakt 1 ab und gibst das Ergebnis mit `/tellraw` aus.
- Nachdem ein Spieler in deiner Abenteuerwelt gestorben ist, landet er am Spawn-Punkt. Dort löst er über eine Druckplatte den Befehl `/tellraw @s ["Du bist gestorben! Deine letzte Position: ", {nbt: "LastDeathLocation.pos", entity: "@s"}]` aus und erhält die Koordinaten, an denen sein gedropptes Inventar liegt.

Die Datenausgabe erleichtert auch die Fehlersuche in deinen Minecraft-Programmen: Baue einfach an den gewünschten Stellen `/tellraw`-Ausgaben mit Zwischenergebnissen ein, die du später wieder löschst oder auskommentierst, wenn alles funktioniert.

```
### tellraw-Test
# Setze den Anzeigetafel-Zähler #anzahl auf 12345
scoreboard players set #anzahl rechner 12345
# Gib den Anzeigetafel-Zähler #anzahl aus
tellraw @s ["Anzahl: ", {score:{name:"#anzahl", objective:"rechner"}}]
# Schreibe drei Obstsorten in den Datenspeicher nl:test
data merge storage nl:test {obst:["Äpfel", "Birnen", "Trauben"]}
# Gib das dritte Obst aus
tellraw @s ["NBT: ", {nbt:"obst[2]", storage:"nl:test"}]
```

Die »/tellraw«-Befehle in dieser Funktion geben einen Anzeigetafel-Zähler und einen Datenspeicherinhalt aus.

In Textkomponenten kannst du auch *Selektoren* und *Zielfilter* verwenden, um die Namen der entsprechenden Objekte auszugeben.

Beispiel:

Am Ende eines Minispiels informierst du mit `/tellraw @a ["Gewinner des Spiels ist ", {selector: "@p", color: "yellow"}, "!"]` alle Spieler (`@a`) über den Namen des Gewinners (`@p`).

Interaktive Textkomponenten

Und das ist noch längst nicht alles, du kannst Textkomponenten auch interaktiv machen! Dann kann man im Chat mit der Maus über einen Textteil fahren, um Zusatzinfos zu sehen (`hover_event`) oder einen Textteil anklicken (`click_event`), um einen Befehl auszulösen oder ins Internet zu verlinken.

Beispiele:

- In deiner Abenteuerwelt geht es um das Lösen von Rätseln. Hat ein Spieler ein Rätsel gelöst, verpasst du ihm ein entsprechendes Etikett, z. B. »Wald«, wenn er das »Rätsel im Wald« gelöst hat. Danach gibst du eine Übersicht aller fehlenden Rätsel aus. Dazu listest du nacheinander jedes einzelne Rätsel auf, aber jeweils verbunden mit einem Zielfilter, der den Text *nur* ausgibt, wenn dem Spieler das zugehörige Etikett *fehlt*. Dadurch sieht der

Spieler nur die Rätsel, die ihm persönlich fehlen. Jeden Text versiehst du außerdem mit einem `hover_event` für eine Zusatzinfo. Im Beispiel fehlen dem Spieler die Etiketten »Grube« und »See«, daher bekommt er nach der Überschrift zwei Texte. Für den »See« könnte der Befehl für die Ausgabe des Textes so aussehen:

```
/tellraw @p[tag=!See] {text: "=> Dunkler See", hover_event:
{action: "show_text", value: "Der  dunkle See liegt hinter dem
Eispalast"}}
```

- In deiner Abenteuerwelt kann man einen freundlichen Enderman treffen, der die Spieler an entfernte Orte teleportiert. Den Enderman erzeugst du bewegungslos (`NoAI`), und er soll nicht despawnen, obwohl er ein Monster ist: `/summon enderman ~ ~ ~ {NoAI: true, PersistenceRequired: true}`. Rechtsklickt der Spieler den Enderman (das prüfst du z. B. über ein *Interaktionsobjekt*), gibst du Textkomponenten aus, die alle Teleportorte anklickbar auflistet. Durch einen Klick auf den Text soll der Spieler teleportiert werden.

Die Textkomponente für den »Hafen« könnte so aussehen:

```
{text: "[Hafen] ", color: "aqua", bold: true, click_event:
{action: "run_command", command: "/tp @n[tag=hafen]"}}
```

Das Anklicken von »Hafen« teleportiert dich zu einem *Markerobjekt* mit dem Etikett »hafen«, das du vorher an der richtigen Stelle platziert hast.

Beim Anklicken einer Textkomponente wird der Befehl (im Beispiel `/tp`) vom Spieler über den Chat direkt ausgeführt, die Befehlsquelle ist der Spieler. Für dich ist das kein Problem, weil du als Operator deiner Welten jeden Befehl benutzen kannst. Aber andere Spieler dürfen zum Schutz deiner Welt fast keine Befehle über den Chat ausführen. Somit funktionieren fast alle direkt anklickbaren Befehle für sie nicht! Abhilfe schafft folgender Befehl:

```
/trigger <Auslöser> [(set|add) <Wert>]
```

Diesen Befehl darf jeder Spieler im Chat ausführen, er ist extra für anklickbare Texte gedacht. Der Befehl erhöht für den auslösenden Spieler dessen *persönlichen Punktestand* in einem speziellen `<Auslöser>`-Ziel in der Anzeigetafel um 1 (Standard). Optional kannst du mit `set` oder `add` auch einen anderen `<Wert>` angeben. Danach fragst du den Punktestand des Spielers mit einer Dauerprüfung (in einem Wiederhol-Befehlsblock) ab und reagierst mit beliebigen Befehlen auf eine Änderung des Punktestandes. Die Befehlsquelle ist dann der Befehlsblock und nicht der Spieler, und im Befehlsblock ist jeder Befehl möglich.

Beispiel:

1. `/scoreboard objectives add enderman trigger`: Damit legst du in der Anzeigetafel einen Auslöser (ein Trigger-Ziel) namens `enderman` an.
2. `/trigger enderman set <Wert>`: Diesen Befehl darf jeder Spieler benutzen, um seinen persönlichen Punktestand für das `enderman`-Ziel zu ändern. Diesen Befehl baust du in deine anklickbaren Textkomponenten aus dem vorherigen Beispiel ein. Das `click_event` für den »Hafen« könnte dann so aussehen:

   `click_event: {action: "run_command", command: "/trigger enderman set 2"}`
3. Mit einer Dauerprüfung in einem Wiederhol-Befehlsblock schaust du ständig auf den `enderman`-Punktestand des nächstgelegenen Spielers (`@p`). Liegt der Wert zwischen 1 und 3, startest du die abgebildete Funktion:

   `/execute if score @p enderman matches 1..3 run function nl:enderman`

```
# Enderman-Teleport zu Schloss, Hafen oder Wald
execute if score @p enderman matches 1 run tp @p @e[tag=schloss,limit=1]
execute if score @p enderman matches 2 run tp @p @e[tag=hafen,limit=1]
execute if score @p enderman matches 3 run tp @p @e[tag=wald,limit=1]
# Auswahl löschen, damit der Teleport nicht dauerhaft stattfindet
scoreboard players set @p enderman 0
```

Je nach angeklickter Textkomponente hat der betreffende Spieler (`@p`) eine Zahl zwischen 1 und 3 als seinen persönlichen Punktestand im `enderman`-Ziel gespeichert. Die Funktion `nl:enderman` führt dann je nach Zahl den passenden Teleport durch. Weil die Funktion nicht von einem Spieler, sondern von einem Befehlsblock aufgerufen wird, funktionieren die `/tp`-Befehle für jeden Spieler.

Zum /trigger-Befehl gibt es noch eine Besonderheit: Damit die Spieler nicht ständig auf die immer noch im Chat sichtbaren Textkomponenten klicken oder den /trigger-Befehl einfach in den Chat schreiben, muss ein Auslöser vor Benutzung des Befehls *freigeschaltet* werden.

Du kannst dieses Punkte-Ziel noch nicht auslösen

Ohne vorherige Freischaltung liefert der Befehl »/trigger« diese Meldung.

Einen Auslöser schaltest du mit diesem Befehl frei:

```
/scoreboard players enable <Spieler> <Auslöser>
```

Damit gibst du dem <Spieler> die Berechtigung, den /trigger-Befehl *einmal* zu benutzen, um seinen eigenen Punktestand für den <Auslöser> zu ändern.

Beispiel:

/scoreboard players enable @p enderman erledigt die Freischaltung des enderman-Auslösers für den Spieler in der Nähe (@p). Diesen Befehl schreibst du zusammen mit dem /tellraw-Befehl in eine Funktion, die von dem Interaktionsobjekt am Enderman aufgerufen wird.

Fazit: Beliebige Befehle in anklickbaren Texten funktionieren nur für dich selbst. Gibt es andere Spieler, benutzt du den /trigger-Befehl und prüfst eine Änderung des Spieler-Punktestandes im Auslöserziel. Im Enderman-Beispiel löst das Anklicken des Interaktionsobjekts eine Funktion aus, die als erstes den /trigger-Befehl für den Spieler freischaltet und ihm dann mit /tellraw die anklickbare Auswahl im Chat zeigt. Klickt der Spieler auf eine Textkomponente (z. B. »Hafen«), erhöht er damit seinen Punktestand. Das erkennt eine Funktion in Dauerprüfung und teleportiert den Spieler. Die Freischaltung für den /trigger-Befehl gilt immer nur für eine einzige Benutzung, d. h., nach dem Teleport kann der Spieler die Auswahl zwar immer noch im Chat anklicken, aber weil die Freischaltung aufgebraucht ist, wird sein Punktestand nicht erhöht und keine weitere Teleportation ausgelöst. Der Spieler muss erst wieder das Interaktionsobjekt anklicken, um eine erneute Freischaltung zu bekommen.

Textkomponenten auf Schildern und in Büchern

Zur Weitergabe von Informationen kannst du auch Schilder und Bücher benutzen. Schilder sind fest installiert. Sie eignen sich gut für kurze Ortsbeschreibungen (»Wirtshaus«, »Schmiede«). Bücher können längere Erklärungen und Anleitungen enthalten. Auf einem Lesepult aufgestellt sind auch sie fest installiert. Du kannst ein Buch aber auch ins Inventar geben. Dann kann man es mit sich herumtragen und immer wieder nachschauen. Allerdings besteht dann auch die Gefahr des Verlusts, der du auf kreative Weise begegnen solltest, z. B. indem die Spieler an bestimmten Orten Ersatz bekommen können.

Ein Schild und ein beschriebenes Buch mit Textkomponenten

Auf große Schilderwände und umfangreiche Bücher solltest du aber verzichten. Die Spieler wollen in Minecraft nicht lesen, sondern die Welt erleben. Deine Welten machen mehr Spaß, wenn du Informationen häppchenweise verteilst und die Spieler deine Welt entdecken lässt.

Normalerweise kannst du keine bunten, formatierten oder anklickbaren Texte auf Schilder oder in Bücher schreiben. Aber wenn du mit einem passenden Befehl Textkomponenten hineinschreibst, geht es!

Beispiele:

- `/data modify block ~ ~ ~ front_text.messages[0] set value [{text: "Hallo ", color: "yellow"}, {text: "Minecraft", color: "green"}]` ändert die erste Zeile auf der Vorderseite des Schildes an deiner Position zu Textkomponenten.

- /give @s written_book[written_book_content={pages: [[{text: "Hallo\n", color: "blue"}, {text: "Minecraft", color: "green"}]], title: "", author: ""}] gibt dir ein beschriebenes Buch. pages ist eine Liste (erste eckige Klammer) von Seiten. Jede einzelne Seite ist eine Liste (zweite eckige Klammer) von Textkomponenten, die in Mengenklammern stehen. In diesem Beispiel gibt es nur eine einzige Seite, die aus zwei Textkomponenten besteht. Die Zeichenfolge \n bewirkt einen Zeilenumbruch nach dem »Hallo«. Achtung: Füllst du per Befehl zu viel Text auf eine Seite, verfällt der Rest, er wird *nicht* auf die nächste Seite geschoben. Außerdem müssen beschriebene Bücher immer die Eigenschaften title und author haben, sonst ist der Befehl ungültig.

Für Textkomponenten gibt es auch praktische *Onlinegeneratoren*, die deine Eingabe in Befehle für /tellraw, Schilder und Bücher umwandeln (*https://minecraft.tools/de/index-text-generator.php, https://www.minecraftjson.com*).

Mit Textkomponenten in einem Buch kannst du auch ein »Befehlsbuch« an die Spieler geben, das eine ganze Liste von Teleportationspunkten oder andere anklickbare Befehle enthält. Allerdings kann ein normaler Spieler auch mit einem Buch nur /trigger-Befehle ausführen. Wenn die Spieler die Befehle jederzeit ausführen können sollen, schaltest du alle Auslöser schon bei der Übergabe des Buches frei und zusätzlich direkt nach einer Befehlsdurchführung, damit der nächste Aufruf sofort danach erfolgen kann.

TITEL, BOSSLEISTE UND SCHWEBESCHRIFT

Der übliche Weg, Spieler über etwas Neues zu informieren, ist eine Meldung, die du mit /tellraw <Spieler> in den Chat schreibst. Sind die Spieler aber in Bewegung, z. B. während eines Minispiels oder beim Fahren mit Loren, wird ein kurzer Text, den du ihnen direkt vor die Nase setzt, mehr Beachtung finden. Dafür gibt es den folgenden Befehl:

```
/title <Spieler> (title|subtitle|actionbar) <Text>
```

Der Befehl blendet den `<Spielern>` einen `<Text>` als *Titel*, *Untertitel* oder in der sogenannten *Aktionsleiste* ein.

Die Standardfarbe ist Weiß (`/title @s title "Hallo"`), aber du kannst den Text auch mit Textkomponenten formatieren (`/title @s title {text: "Hallo", color: "yellow"}`). Der Untertitel wird nur zusammen mit dem Titel sichtbar, du musst also beide Befehle zusammen angeben. Aber natürlich kannst du den Titel dabei auch leer lassen, dann sieht man nur den Untertitel. Die Aktionsleiste ist unabhängig vom Titel und erlaubt etwas längere Texte. Die Texte werden an allen drei Positionen zentriert angezeigt. Bei zu langen Texten schneidet das Spiel Anfang und Ende ab.

Titel, Untertitel und Aktionsleiste

```
/title <Spieler> times <Einblendungsdauer> <Anzeigedauer>
<Ausblendungsdauer>
```

Die Standarddauer für Einblendung, Anzeige und Ausblendung von Titel und Untertitel sind 10, 70 und 20 Game-Ticks. Mit diesem Befehl änderst du die Zeiten für die angegebenen `<Spieler>` ab der nächsten Titeleinblendung. Um Sekunden statt Ticks anzugeben, hängst du ein `s` an die jeweilige Zahl. `d` wären Minecraft-Tage, aber eine so lange Anzeigezeit würde eher stören. Die Aktionsleiste kannst du nicht einstellen.

```
/title <Spieler> (clear|reset)
```

Mit diesem Befehl bestimmst du die Anzeigezeit selbst, indem du eine sehr lange Anzeigezeit einstellst und den Titel erst beim Eintreten einer bestimmten Situation löschst. `clear` löscht sofort Titel und Untertitel für die angegebenen <Spieler>, `reset` macht das auch und legt zusätzlich wieder die Standarddauer fest.

Beispiel:

1. `/title @a times 10 100d 20` ändert die Anzeigedauer für alle Spieler auf 100 Minecraft-Tage.
2. `/title @a subtitle "Nehmt jetzt bitte eure Startposition ein!"` legt den Untertitel für alle Spieler fest, zeigt ihn aber noch nicht an, weil noch kein Titel festgelegt ist.
3. `/title @a title ""` zeigt allen Spielern einen leeren Titel und den vorher festgelegten Untertitel an.
4. `/title @a[tag=start] reset` löscht die Anzeige für alle Spieler, die das Etikett »start« haben, und legt gleichzeitig für ihre zukünftigen Titel wieder die Standarddauer fest.

Fortschritt für alle mit der Bossleiste

Du kennst sie schon von deinen Kämpfen gegen Überfälle, Wither und Enderdrachen: die *Bossleisten*.

Die Standardbossleisten im Spiel

Eine Bossleiste hat eine *Überschrift* und einen *Fortschrittsbalken*. In deiner Abenteuerwelt kannst du eigene Bossleisten einsetzen, um Spielern einen gemeinsamen Fortschritt oder Status am oberen Bildschirmrand anzuzeigen. Bossleisten sind im Gegensatz zu Titeln längere Zeit sichtbar, aber auch sie sollten nicht dauerhaft angezeigt werden, sondern nur in bestimmten Situationen. Sie sind auch nicht für individuelle Spielerinfos gedacht, denn alle Spieler, die eine bestimmte Bossleiste sehen, sehen denselben Inhalt.

Beispiele:

- **Countdown**: Die Spieler müssen in einem Minispiel in 2 Minuten möglichst viele Punkte bekommen. Die ablaufende Restzeit zeigst du allen Teilnehmern in einer Bossleiste an, deren Beschriftung und Fortschrittsbalken du sekündlich änderst.

- **Ereignis**: In einer Abenteuerwelt ist etwas nur für eine bestimmte Zeit erreichbar, z. B. der Händler im Hafen oder die Hexe im Wald. Für alle Spieler ist eine passend beschriftete Bossleiste nur in dieser Zeit zu sehen. Mit dem Fortschrittsbalken kannst du wieder die ablaufende Zeit anzeigen, oder du lässt ihn unverändert, wenn es dir nur um die Anzeige eines ständig sichtbaren Textes für eine gewisse Zeit geht.
- **Status**: Spieler, die einen besonderen, zeitlich begrenzten Status bekommen (z. B. erhöhter Rüstungsschutz, spezielle Zugangsberechtigung), sehen eine passend beschriftete Bossleiste, bis sie den Status wieder verlieren.

Die Beschriftung, Farbe und Einteilung von Bossleisten legst du mit folgenden Befehlen fest:

```
/bossbar add <ID> <Beschriftung>
```

```
/bossbar set <ID> (players …|visible …|name …|color …|style …|max …|value …)
```

Der erste Befehl erzeugt eine neue Bossleiste mit Standardwerten. Als `<ID>` denkst du dir einen Kurznamen aus, am besten mit einem passenden *Namensraum* ⓘ. Die `<Beschriftung>` dürfen auch Textkomponenten sein.

Eine Bossleiste existiert nur für die Spieler, die als `players` eingetragen sind. Zum Testen setzt du dich selbst mit `@s` ein, damit du die Bossleiste siehst. Zusätzlich kannst du die Sichtbarkeit der Bossleiste für alle eingetragenen Spieler ein- und ausschalten (`visible`).

Mit den anderen Argumenten änderst du die Beschriftung der Bossleiste (`name`), die Farbe (`color`, wobei nur sieben Farben zur Auswahl stehen), die Einteilung (`style`) und den Wert für eine komplett volle Bossleiste (`max`). Bei einer Bossleiste, die einen Fortschritt anzeigt, änderst du den Wert (`value`) je nach Situation von null bis zum Maximalwert oder umgekehrt. Soll die Bossleiste nur einen Text, aber keinen Fortschritt anzeigen, setzt du `max` und `value` z. B. auf 1.

Du kannst beliebig viele Bossleisten erzeugen, es sind aber nur maximal vier gleichzeitig sichtbar. Die Beschriftung sollte kurz sein, es gibt nur diese eine Zeile. Den Fortschrittsbalken kannst du nicht ausschalten, er ist immer da.

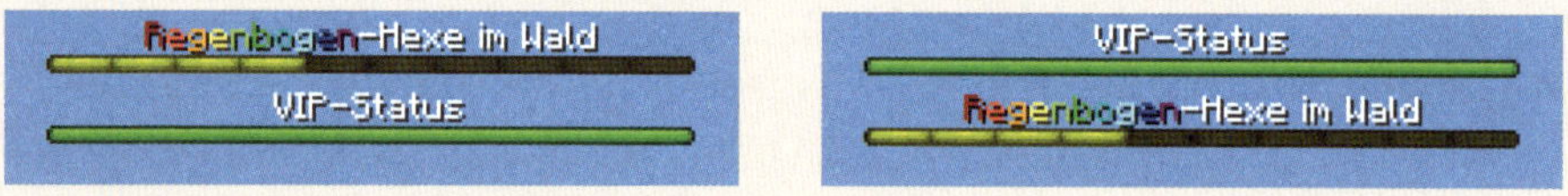

Zwei Bossleisten. Die zuletzt hinzugefügte steht immer unten. Auch durch Aus- und Einschalten der Sichtbarkeit rutscht eine Bossleiste nach unten.

Beispiele:

1. `/bossbar add nl:vip "VIP-Status"` erzeugt eine neue Bossleiste mit der ID `nl:vip` und der weißen Beschriftung »VIP-Status«.
2. `/bossbar set nl:vip players @s` macht die Bossleiste für dich sichtbar.
3. `/bossbar set nl:vip max 1` setzt den Maximalwert auf 1.
4. `/bossbar set nl:vip value 1` füllt den Fortschrittsbalken bis zum Maximalwert. Standardmäßig hat er keine Einteilung (`style` ist `progress`).
5. `/bossbar set nl:vip color green` ändert die Farbe des Fortschrittsbalkens auf Grün.

```
/bossbar get <ID> (visible|players|value|max)
```

Für Berechnungen und Entscheidungen in deinen Minecraft-Programmen fragst du mit diesem Befehl einen Wert der Bossleiste ab und speicherst ihn mit `/execute store result` in einem Anzeigetafel-Zähler oder in einem Datenspeicher. So kannst du per Programm erkennen, ob eine bestimmte Bossleiste ein- oder ausgeschaltet ist, welche Spieler eingetragen sind und wo der Fortschrittsbalken gerade steht.

```
/execute store result bossbar <ID> (value|max) run scoreboard
players get <Zähler> <Ziel>
```

Um den Wert oder Maximalwert des Fortschrittbalkens zu ändern, berechnest du ihn in der Anzeigetafel und überträgst ihn mit diesem Befehl zurück in den Fortschrittbalken.

Beispiel: Eine Bossleiste soll einen Countdown von 10 Sekunden anzeigen. Zur Vorbereitung baust du einen Redstone-Taktgeber, der sofort und danach jede weitere Sekunde einen Befehlsblock aktiviert. Vor dem Redstone-Komparator platzierst du mit `/summon marker ~ ~ ~ {Tags: [clock]}` ein Markerobjekt mit dem Etikett »clock«. An dieser Stelle soll später zur Aktivierung des Taktgebers ein Redstone-Block erscheinen.

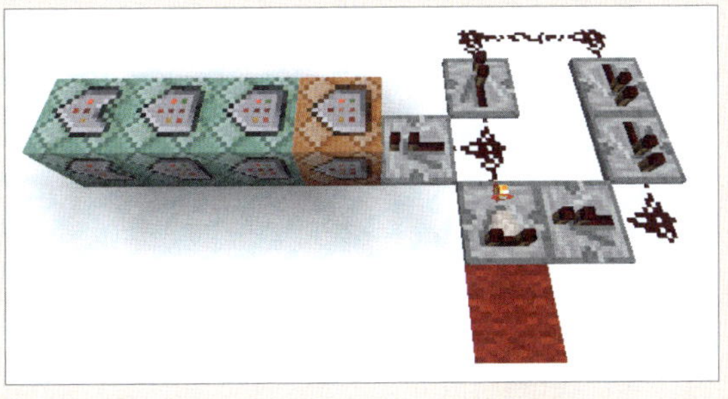

Diese Redstone-Schaltung aktiviert kurz nach dem Start und danach jede Sekunde die Befehlskette, sobald an der rot markierten Stelle ein Redstone-Block erscheint.

1. `/bossbar add nl:countdown "Countdown"` erzeugt eine neue Bossleiste mit der Überschrift »Countdown«.
2. `/bossbar set nl:countdown style notched_10` legt für den Fortschrittsbalken die Zehnereinteilung fest.
3. `/bossbar set nl:countdown max 10` setzt den Maximalwert auf 10.
4. `/bossbar set nl:countdown value 11` setzt den aktuellen Wert auf 11, weil direkt beim Start 1 abgezogen wird.
5. `/scoreboard players set #countdown rechner 11` setzt den Anzeigetafel-Zähler `#countdown` auf 11.

Zum Start des Countdowns löst du diese Befehle aus:

6. `/bossbar set nl:countdown players @a` zeigt die Bossleiste allen Spielern. Sie sehen den maximalen Fortschritt 10 (intern steht er auf 11).

7. `/execute at @e[tag=clock] run setblock ~ ~ ~ redstone_block` setzt einen Redstone-Block an die Position des Markerobjekts. Dadurch wird der Fortschritt sofort von 11 auf 10 reduziert, was die Spieler nicht sehen. Jede weitere Sekunde wird er dann sichtbar heruntergezählt.

Das ist die Befehlskette:

- `/scoreboard players remove #countdown rechner 1`: Der angeschlossene Befehlsblock zieht direkt zum Start und danach jede weitere Sekunde 1 vom Zähler ab.
- `/execute store result bossbar nl:countdown value run scoreboard players get #countdown rechner`: Der erste Ketten-Befehlsblock setzt den Fortschritt der Bossleiste auf den Wert des Zählers.
- `/execute if score #countdown rechner matches 0 at @e[tag=clock] run setblock ~ ~ ~ air`: Der zweite Ketten-Befehlsblock löscht den Redstone-Block an der Position des Markerobjekts, wenn der Zähler den Wert null erreicht hat.
- `/bossbar set nl:countdown players @a[tag=niemand]`: Der bedingte Ketten-Befehlsblock wird nur ausgelöst, wenn der vorherige Befehlsblock erfolgreich war, d. h., wenn der Countdown abgelaufen ist. Dann macht er die Bossleiste nur für Spieler sichtbar, die das Etikett »niemand« haben. Da kein Spieler dieses Etikett hat, sieht keiner mehr die abgelaufene Bossleiste. Zur Wiederholung beginnst du mit Schritt 4.

```
/bossbar list
```

```
/bossbar remove <ID>
```

Der erste Befehl listet alle von dir erzeugten Bossleisten auf, der zweite löscht eine Bossleiste wieder.

Schwebeschriften aller Art

Während du einen Titel oder eine Bossleiste nur für bestimmte Spieler einblendest, gibt es mit dem *Textdarsteller* ein spezielles Objekt, das einen Text für alle Spieler sichtbar frei schwebend in der Luft darstellt. Im Gegensatz zu Schildern hast du mit Textdarstellern freie Wahl bei der Textlänge und der Schriftgröße.

- /summon text_display ~ ~ ~ {text: "<Text>", Tags: [<Etikett>]} erzeugt an deiner Fußposition einen Standardtextdarsteller mit einem <Text> und einem <Etikett>. Für Farbe und andere Formatierungen verwendest du als <Text> eine Liste von Textkomponenten, z. B. /summon text_display ~ ~ ~ {text: [{text: ""Hallo ", color: "green"}, {text: "Minecraft", color: "red"}], Tags: [td]}
- /kill @e[tag=td] löscht alle Textdarsteller mit diesem Etikett.

Ein großer Textdarsteller neben einer Blocksäule, ein kleiner auf einem Deko-Kopf als Monitor

Mithilfe von Befehlen passt du den Textdarsteller deinen Wünschen an.

Beispiele:

- /execute as @e[tag=td] at @s run tp ~ ~1 ~ verschiebt den Text um 1 Block nach oben.
- /data merge entity @n[tag=td] {Rotation: [45f, 0f]} dreht den Text nach Südwesten.
- /data merge entity @n[tag=td] {billboard: vertical} dreht den Text um die vertikale Mittelachse immer zum Betrachter. Das ist für Texte sinnvoll, die von allen Seiten gesehen werden sollen. Mit der Standardeinstellung billboard: fixed ist der Text nur von vorne zu sehen und von hinten unsichtbar.
- /data merge entity @n[tag=td] {background: 0} entfernt den Texthintergrund, was immer dann sinnvoll ist, wenn du den Text direkt vor eine Wand oder ein leeres Schild setzt.

- `/data merge entity @n[tag=td] {transformation: {scale: [2f, 2f, 0f]}}` verdoppelt die Textgröße gleichmäßig in Breite und Höhe (ein Text hat keine Tiefe).

Alle Eigenschaften des Textdarstellers sind im Minecraft-Wiki beschrieben.

- Englisch: *https://minecraft.wiki/Display#Entity_data*
- Deutsch: *https://de.minecraft.wiki/Darsteller#NBT-Daten*

HOLOGRAMME VERZAUBERN DEINE WELT

Neben dem Textdarsteller gibt es in Minecraft noch zwei weitere Darstellerobjekte, den *Blockdarsteller* und den *Gegenstandsdarsteller*. Sie stellen Blöcke und Gegenstände frei schwebend und beliebig gedreht und verzerrt dar. Das kannst du auf unglaublich vielseitige Weise kreativ nutzen.

gebaut von YouTuber Daft Craft

Aus Blockdarstellern zusammengesetzte Hologramme

Darstellerobjekte haben keine Hit- oder Kollisionsbox, d. h., du läufst einfach hindurch, wie durch ein Hologramm. Sollte das stören, mischst du an passenden Stellen echte Blöcke in die Darstellung (auch unsichtbare Barrieren sind möglich), um das Durchlaufen zu verhindern. Manchmal erscheint der Darsteller nicht, obwohl du den Befehl richtig eingegeben hast. Dann hilft ein Verlassen und erneutes Betreten der Welt.

Beispiele:

- `/summon block_display ~ ~ ~ {block_state: {Name: "dropper", Properties: {facing: south}}, Tags: [sp]}` erzeugt einen nach Süden ausgerichteten Spenderdarsteller mit dem Etikett »sp«. Seine Nordwestecke ist genau an deiner Fußposition.
- `/summon block_display ~ ~ ~ {block_state: {Name: "oak_fence"}, Tags: [ez]}` erzeugt einen Eichenholzzaundarsteller mit dem Etikett »ez«. Anschließend dreht `/data merge entity @n[tag=ez] {transformation: {left_rotation: [-0.707f, 0f, 0f, 0.707f]}}` den Darsteller waagerecht nach Norden. Mit `/execute as @e[tag=ez] at @s run tp <XYZ>` verschiebst du ihn an die richtige Position.

Zwei echte Eichenholzzäune und ein waagerechter Blockdarsteller. Die Zaunverbindungen wurden mit dem Debug-Stab ❶ gelöst (Linksklick für die Auswahl der Eigenschaft, Rechtsklick für den Wechsel des Zustandes).

Das Drehen der dreidimensionalen Block- und Gegenstandsdarsteller ist schwieriger als das Drehen von Textdarstellern. Nutze die Transformationsanzeige im Onlinedatenpaketgenerator (*https://misode.github.io/transformation*) zum Ändern der `left_rotation`-Werte, die du dann in deinen `/data merge`-Befehl einträgst.

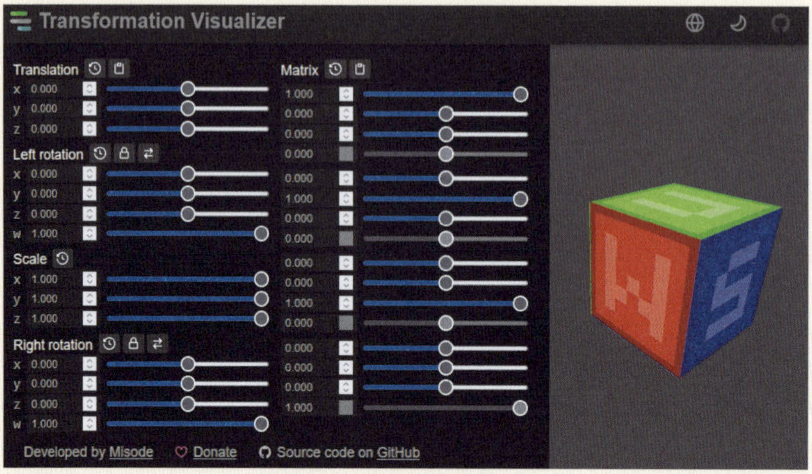

Die Transformationsanzeige im Onlinedatenpaketgenerator

In den meisten Fällen reicht es, wenn du `left_rotation` für die Drehung und `scale` für eine Größenänderung in alle drei Richtungen einstellst. `translation` würde den Darsteller vom Ursprungspunkt verschieben, aber das kannst du auch mit `/execute` machen, wie im zweiten Beispiel oben. `right_rotation` würde den Darsteller nach einer Größenveränderung erneut drehen, was ihn verzerren kann. Das brauchst du normalerweise nicht.

Einzelne Darsteller hast du mit ein paar Befehlen schnell im Griff. Möchtest du aber mehrere Darsteller zu einer größeren Dekoration zusammenpuzzeln, solltest du das kostenlose Onlinetool *Block Display Studio* von Eszes Bálint (*https://eszesbalint.github.io/bdstudio*) benutzen.

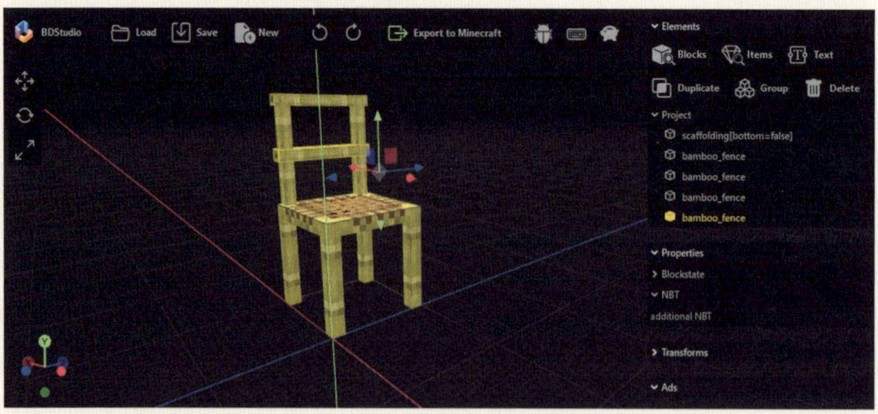

Ein Bambusstuhl aus Blockdarstellern, zusammengesetzt mit BDStudio

Beispiel für einen Bambusstuhl:

1. Gehe auf die Website von Eszes Bálint und starte Try BDStudio. Klicke im Startbildschirm auf **New Projekt**. Wenn du schon mit *Blockbench* ❶ gearbeitet hast, wird dir die Benutzung besonders leichtfallen.
2. Wähle **Elements ▪ Blocks** und suche nach »scaffolding« für das Gerüst. Wähle den Block aus und klicke in den Hintergrund, um die Suche zu schließen.
3. Klicke auf **Elements ▪ Duplicate**, um das aktuelle Element zu verdoppeln. Es erscheint an derselben Position. Wähle **Elements ▪ Blocks** und suche nach »bamboo_fence« für den Bambuszaun. Wähle wieder den Block aus und klicke in den Hintergrund, um die Suche zu schließen. Das zweite Gerüst ist zum Bambuszaun geworden.
4. Klicke links auf das Verschiebe-Werkzeug **Translate**. Klicke dann auf die obere grüne Pfeilspitze und ziehe den Zaunpfahl nach oben. Mit dem Mausrad vergrößerst du die Ansicht, mit der linken Maustaste drehst du sie, mit der rechten verschiebst du sie. Prüfe von allen Seiten, ob der Zaunpfahl genau auf dem Gerüst sitzt.
5. Klicke links auf das Größenwerkzeug **Scale**. Klicke dann auf den rechten blauen Pfeilblock und verschiebe ihn etwa auf die Hälfte nach innen. Dasselbe machst du mit dem hinteren roten Pfeilblock. Der Zaunpfahl wird dadurch in X- und Z-Richtung dünner. Gleichzeitig ändern sich rechts die roten **Scale**-Werte. Dort kannst du auch bei **X** und **Z** die exakten Werte »0.5« eintragen.
6. Klicke wieder links auf das Verschiebe-Werkzeug und verschiebe den Zaunpfahl mit den Pfeilspitzen nach hinten links.
7. Verdopple den dünnen Zaunpfahl durch Klicken auf **Duplicate** und verschiebe das neue Element nach hinten rechts.
8. Verdopple den aktuellen Zaunpfahl und verschiebe das neue Element in die Mitte zwischen die beiden vorhandenen.
9. Klicke links auf das Drehen-Werkzeug **Rotate**. Eine Kugel erscheint. Klicke auf den roten Strich (er wird dann gelb) und ziehe die Maus einen Viertelkreis nach links. Solange du die Maus gedrückt hältst, kannst du sie großzügig bewegen und musst nicht auf dem gelben Strich bleiben.

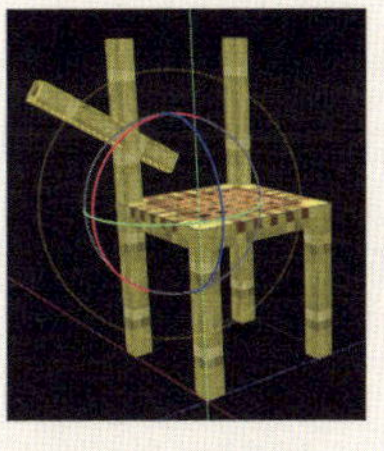

10. Sobald der Zaunpfahl waagerecht ist, verschiebst du ihn ans obere Ende der Lehne.
11. Verdopple den oberen Zaunpfahl und verschiebe das neue Element in die Mitte der Lehne.
12. Wähle den Menüpunkt **Save**, um deine Konstruktion als *bdstudio*-Datei für später zu sichern. Wähle dann den Menüpunkt **Export to Minecraft** und klicke auf **Copy**. Stelle in deiner Welt einen Befehlsblock auf und trage den Befehl mit `Strg` + `V` ein. Aktiviere den Befehlsblock, und der Stuhl erscheint genau am Befehlsblock.
13. Allerdings sieht der Stuhl seltsam schwarz aus, weil die Blockdarsteller mitten in dem undurchsichtigen Befehlsblock stehen. Entferne ihn, und die Texturen erhalten ihre Farbe. Stelle einen Barriereblock an die Stelle des Befehlsblocks, damit das Stuhlhologramm eine Kollision bekommt und du dich daraufstellen kannst.

Links der Stuhl mit und ohne Befehlsblock, rechts ein weiteres Beispiel: Enten aus Kerzen und Knöpfen

Das Konstruieren mit BDStudio macht großen Spaß. Das ist nur eins von vielen Beispielen aus diesem Buch, wie du deine Kreativität mit Minecraft auf völlig neue Weise ausleben kannst.

Die Gegenstandsdarsteller erzeugst und veränderst du genauso wie die Blockdarsteller.

Beispiel:

1. Stelle dich auf einen Block und erzeuge mit `/summon item_display ~ ~ ~ {item: {id: "diamond_sword", count: 1},Tags: [ds]}` einen Diamantschwertdarsteller mit dem Etikett »ds« an deiner Fußposition.

2. `/data merge entity @n[tag=ez] {transformation: {left_rotation: [-0.707f, 0f, 0f, 0.707f]}}` dreht den Darsteller um die Z-Achse (Nord–Süd) schräg nach unten. Die Werte ermittelst du mit der Onlinetransformationsanzeige vom Anfang dieses Abschnitts.
3. `/execute as @e[tag=ds] at @s run tp ~ ~0.3 ~` verschiebt den Darsteller nach oben.

Darsteller sind Objekte, und Objekte können sich bewegen. Mit `/ride` lässt du sie z. B. auf Spielern, Tieren, Monstern und Fahrzeugen reiten. Allerdings drehen sie sich nicht mit ihrem Reittier mit.

Einige Eigenschaften der Darsteller reagieren aber auf eine **Animation**, die aus einer fließenden Veränderung (Interpolation) zwischen aktuellem und neuem Zustand besteht. Dazu änderst du die betreffende Eigenschaft (z. B. `scale`) und gibst eine Startzeit und eine Dauer in Ticks an.

Beispiel eines atmenden Prismarinblocks:

1. Baue einen Redstone-Taktgeber, der abwechselnd jede Sekunde einen von zwei Befehlsblöcken aktiviert.

2. Erzeuge mit `/summon block_display ~ ~ ~ {block_state: {Name: "prismarine"}, Tags: [pr]}` einen Blockdarsteller mit dem Etikett »pr«.
3. Fülle den ersten Befehlsblock mit `/data merge entity @n[tag=pr] {transformation: {scale: [1.1f, 1.1f, 1.1f]}, start_interpolation: 0, interpolation_duration: 20}`. Das ändert die Größe in alle drei Richtungen auf 1,1 und startet sofort die Animation, die 20 Ticks (1 Sekunde) dauern soll.
4. Fülle den zweiten Befehlsblock mit `/data merge entity @n[tag=pr] {transformation: {scale: [1f, 1f, 1f]}, start_interpolation: 0, interpolation_duration: 20}`. Das ändert die Größe zurück auf 1,0 mit denselben Animationsdaten.

FOTOS IM SPIEL MIT KARTENBILDERN

Du kennst die Minecraft-Karten und weißt vielleicht auch, dass du durch Platzieren von vielen bunten Blöcken in der Welt damit Pixel-Arts gestalten kannst.

Eine Minecraft-Karte und eine Pixel-Art-Karte, die durch Platzieren von 16.384 Blöcken im Kartenausschnitt entstanden ist

Du bist hier aber nicht mehr im Survival-Modus, sondern im kreativen Expertenteil des Spiels. Daher erfährst du gleich, wie du ein beliebiges Bild von außen auf eine Minecraft-Karte bringst, die du dann im Spiel aufhängst. Dabei geht es nicht um Wandschmuck, sondern um Dekorationen, die du wie Abziehbilder auf Wänden anbringst, und um Grafiken aus Text und Bild, die du aus mehreren Karten zusammenstellst. Genauso sind auch selbst gezeichnete Schatzkarten oder andere Infos als Bilddatei möglich, die du an die Spieler gibst.

de.textstudio.com/s/graffiti

Graffiti, aus fünf Kartenbildern zusammengesetzt

gebaut von CadoQT auf Unlimitedworld.de

Ein Messestand mit verschiedenen Kartenbildern auf hängenden und liegenden Rahmen, die teilweise unsichtbar gemacht wurden

Für jede Karte, die du in einer Welt aktivierst, erzeugt das Spiel im Unterordner *data* des Weltordners eine *dat*-Datei mit den Kartendaten. Darin stehen unter anderem die Farbwerte für jedes Pixel der Karte. Der Dateiname hat eine fortlaufende Nummer, die bei null beginnt. Die Datei *idcounts.dat* verwaltet die höchste vergebene Nummer.

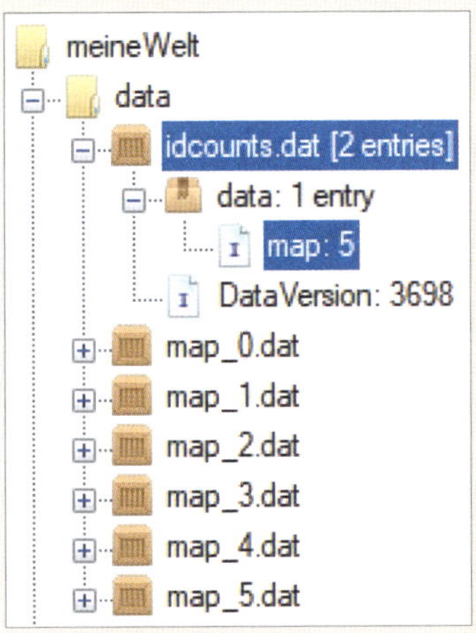

Die Datei »idcounts.dat« und die Kartendateien im NBTExplorer

Im Internet gibt es verschiedene Websites und herunterladbare Programme, die eine Bilddatei in eine Kartendatei umwandeln z. B. *MC Map Item Tool* von djfun (*https://mc-map.djfun.de*). Weil eine Karte nur 128 × 128 Pixel hat, solltest du sehr große Bilddateien mit einem Grafikprogramm etwas verkleinern (z. B. mit dem kostenlosen GIMP, *https://www.gimp.org/downloads*).

Beispiel für ein Bild, das du auf vier Karten verteilst:

1. Gehe auf die Website MC Map Item Tool, klicke auf **Durchsuchen** und wähle eine Bilddatei von deinem Computer aus.
2. Wähle die Anzahl der Karten. Für das Beispiel wählst du zwei horizontal und zwei vertikal. Klicke auf **Select Number**.
3. Im dritten Schritt werden die Bildfarben in Kartenfarben umgerechnet. Da Karten eigentlich nur Minecraft-Blöcke darstellen sollen, haben sie eine begrenzte Farbpalette. Klicke auf **Adjust colors**.
4. Dann wirst du nach der Anzahl der Karten in deiner Welt gefragt. Bevor du diese Frage beantwortest, gehst du in deine Abenteuerwelt, nimmst eine leere Karte und aktivierst sie so oft, wie nötig. In diesem Beispiel also viermal. Fahre dann mit der Maus über die *zuerst* erzeugte Karte, um ihre Nummer zu sehen. Diese Zahl gibst du auf der Website ein und klickst auf **Create file**.

5. Hast du nur eine Karte erzeugt, wird sie direkt zum Download angeboten, bei mehreren Karten bekommst du eine *zip*-Datei. Lade die Datei herunter. Im Beispiel enthält die *zip*-Datei die vier Karten *map_3.dat* bis *map_6.dat*.
6. Verlasse deine Welt, wähle die Welt im Einzelspielermenü aus und klicke auf **Bearbeiten ▪ Weltordner öffnen**. Im neuen Fenster gehst du in den Ordner *data* und überschreibst die Kartendateien *map_3.dat* bis *map_6.dat* mit den Exemplaren aus der *zip*-Datei.
7. Gehe wieder in deine Abenteuerwelt. Die Karten im Inventar zeigen jetzt die vier Bildausschnitte.

Eine Kulisse in einer Abenteuerwelt. Im Fenster hängen vier Karten, die zusammen eine Minecraft-Landschaft zeigen, als ob sich dort eine normale Welt befände.

Links eine Spielerinfo auf dem Server Unlimitedworld.de, die aus sechs Kartenbildern besteht, rechts ein Fluchtwegschild über einer Glastür

Kartenbilder sind besonders wirkungsvoll, wenn du den *Rahmen unsichtbar* machst. Mit dem Befehl `/give @s item_frame[entity_data={id: "item_frame", Invisible: true}]` gibst du dir einen unsichtbaren Rahmen. Ein unsichtbarer Leuchtrahmen (`glow_item_frame`) wäre auch möglich. Bei zusammengesetzten Bildern hat er den Vorteil, dass alle Teilbilder gleich hell erscheinen.

Folge der Keksspur zur freundlichen Hexe.

Ein Kartenbild in einem unsichtbaren Rahmen ist wie ein Aufkleber und ideal für kleine Dekorationen geeignet, etwa für Instrumententafeln, Fluchtwegschilder, Risse oder Richtungspfeile. Hat das Kartenbild einen durchsichtigen Hintergrund, kannst du es an einen Barriereblock hängen, um scheinbar weit entfernte Dinge darzustellen, wie auf dem Titelbild dieses Kapitels (© Nickelodeon für die Bilder, die Krosse Krabbe hat ComputersAreCool aus Blockdarstellern gebaut).

Platzierst du den unsichtbaren Rahmen auf dem Boden und legst einen Gegenstand hinein, sieht es aus, als ob der Gegenstand flach auf dem Boden läge. Auch das ist als Dekoration oder als Wegweiser gut geeignet.

AKTION – REAKTION

Du weißt, wie du in deiner Welt mit Befehlen Blöcke bewegst und Objekte veränderst, aber das hat alles noch einen ziemlichen Kulissencharakter, weil man zum Starten der Befehle auf eine Druckplatte treten oder einen Knopf drücken muss. Viel besser wäre es, wenn du verschiedene Aktionen von Spielern direkt erkennen und mit Befehlen darauf reagieren könntest. Wie das geht, erfährst du in diesem Abschnitt.

Wer macht was? Die Dauerprüfung

Um eine bestimmte Bedingung ständig zu prüfen, musst du sie mit einem *Wiederhol-Befehlsblock* dauerhaft ausführen. Für wenige Prüfungen mit kurzen Befehlsketten ist das kein Problem, aber wenn du viele Dauerprüfungen mit langen Befehlsketten einsetzt, kann die Tickrate sinken, und dein Spiel wird spürbar langsamer.

Um dieses Problem zu umgehen, hältst du die Befehlsketten möglichst kurz und verlagerst den Rest in Funktionen. Bei sehr vielen Dauerprüfungen kannst du sie in Bereiche aufteilen. Dazu lässt du nur wenige, zentrale Wiederhol-Befehlsblöcke dauerhaft laufen, die ständig prüfen, ob sich in bestimmten Bereichen deiner Abenteuerwelt ein Spieler aufhält. Nur wenn das der Fall ist, aktivieren sie über einen gezielt platzierten Redstone-Block weitere Wiederhol-Befehlsblöcke, die nur für diesen Bereich gelten. Sobald kein Spieler mehr in dem Bereich ist, nehmen sie den Redstone-Block wieder weg.

Eine Dauerprüfung kann alle möglichen Bedingungen abfragen. Mit *Zielfiltern* und *Etiketten* erkennst und markierst du die betreffenden Spieler.

Beispiel: Mit einer Dauerprüfung kannst du beliebige *Texteingaben* von Spielern erkennen. Der Text kann die Lösung für ein Rätsel sein, die Antwort auf eine Entscheidungsfrage, die den weiteren Spielverlauf beeinflusst, oder einer von mehreren Befehlen, die du den Spielern zur Verfügung stellst. So funktioniert es:

1. Ein Spieler öffnet ein *Buch mit Feder*, schreibt etwas hinein und klickt auf **Fertig**.
2. Eine Dauerprüfung erkennt das Buch mit dem Text in der Hand des Spielers und ruft eine Funktion auf, die den Text auswertet.

```
Inventory: [{Slot: 0b, id: "minecraft:writable_book",
        Count: 1b, tag: {pages: ["Minecraft"]}}]
```

So sieht ein beschriebenes Buch mit dem Text »Minecraft« im Spielerinventar aus.

`/execute as @a if data entity @s SelectedItem.tag.pages run function nl:buch`: Der Wiederhol-Befehlsblock prüft für jeden Spieler in der Welt (`@a`), ob er selbst (`@s`) in seiner Hand (`SelectedItem`) einen Gegenstand mit der Eigenschaft `pages` hat. Ein leeres Buch und jeder andere

Gegenstand hat diese Eigenschaft nicht. Wenn ja, wird die Funktion `nl:buch` aufgerufen.

Die Dauerprüfung besteht nur aus einem einzigen `/execute`-Befehl. Alle anderen Befehle sind in die Funktion ausgelagert, wodurch die Befehlskette der Dauerprüfung besonders kurz bleibt. Die Funktion *data\nl\function\buch.mcfunction* sieht so aus:

```
### Buch-Prüfung
# Speichere den Inhalt der ersten Buchseite in der Eigenschaft "buch" im Datenspeicher nl:test
data modify storage nl:test buch set from entity @s SelectedItem.tag.pages[0]
# Schreibe dem Spieler eine Nachricht mit dem Inhalt der Seite
tellraw @s [{"text":"Du hast "}, \
           {"nbt":"buch", "storage":"nl:test"}, \
           {"text":" geschrieben"}]
# Wenn die Buchseite den richtigen Inhalt hat, gib eine Meldung aus
execute if data storage nl:test {buch:"Minecraft"} run tellraw @s "Das war richtig!"
# Beim falschen Inhalt gib auch eine Meldung aus
execute unless data storage nl:test {buch:"Minecraft"} run tellraw @s "Das war falsch!"
# Ersetze das Buch durch ein leeres Buch
item replace entity @s weapon.mainhand with writable_book
```

Bei einem richtigen Textinhalt kannst du natürlich statt `/tellraw @s "Das war richtig!"` auch eine Funktion aufrufen, die passende Befehle enthält.

Aktionen erkennen mit der Automatik der Anzeigetafel

Die *Anzeigetafel* ⓘ kennst du aus dem Kapitel »Der Befehl im Block – Dinge geschehen von alleine« als einzige Möglichkeit, um in Minecraft mit Zahlen zu rechnen. Schau dort in den Abschnitt »Rechnen und Vergleichen mit der Anzeigetafel« falls du ihn noch nicht gelesen hast.

Die eigentliche Aufgabe der Anzeigetafel ist aber die automatische Zählung von *Spieler-Punkteständen*. Was genau gezählt werden soll, legst du mit einem *Ziel* (*objective*) fest. Sobald ein Ziel existiert, zählt die Anzeigetafel automatisch für alle anwesenden Spieler (*players*) die Punkte in diesem Ziel.

```
/scoreboard objectives add <Name> <Kriterium> [<Anzeigename>]
```

Mit diesem Befehl legst du ein neues Ziel mit einem `<Namen>` an, den du in den Anzeigetafelbefehlen benutzt. Für das `<Kriterium>` hast du mehrere hundert Möglichkeiten, die Tab-Vervollständigung zeigt dir eine nicht enden wollende Liste. Die Anzeigetafel kann nämlich die Minecraft-*Statistiken* für jeden einzelnen Block, jeden Gegenstand und jede Kreatur auswerten.

Du findest die Statistiken, die das Spiel für jede Welt getrennt zählt, über das Spielmenü (Esc). Das Bild zeigt die Zählkategorien für Blöcke und Gegenstände: abgebaut, verbraucht, hergestellt, benutzt, aufgesammelt und fallen gelassen.

Das Kriterium `minecraft.mined:minecraft.acacia_log` zählt z. B. die Anzahl der abgebauten Akazienholzstämme. An diesem Beispiel siehst du, dass die meisten Kriterien aus einer Zählkategorie (`mined:`) und einer ID (`acacia_log`) zusammengesetzt sind. Betrachtest du nur die Kategorien, wird die Sache deutlich übersichtlicher:

- `mined:<ID>` (abgebaut), `broken:<ID>` (verbraucht), `crafted:<ID>` (hergestellt), `used:<ID>` (benutzt), `picked_up:<ID>` (aufgesammelt) und `dropped:<ID>` (fallen gelassen) zählen Statistiken für Blöcke und Gegenstände.
- `killed:<ID>` (erlegt) und `killed_by:<ID>` (getötet von) zählen Statistiken für Kreaturen und andere Objekte.
- `custom:<ID>` zählt allgemeine Statistiken, wie »Ambosse benutzt« (`interact_with_anvil`) oder »Kuchenstücke gegessen« (`eat_cake_slice`).

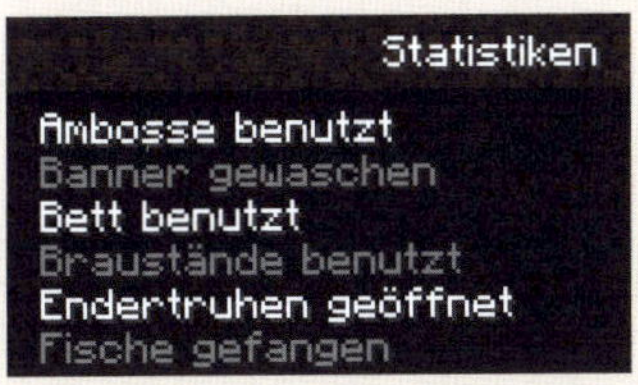

Von »Ambosse benutzt« bis »Überfälle besiegt« gibt es zahlreiche allgemeine Statistiken.

- `air` (Atemluft), `armor` (Rüstungsschutz), `food` (Hungerleiste), `health` (Lebenspunkte), `level` (Erfahrungsstufe) und `xp` (Erfahrungspunkte) haben keine Kategorie. Sie zählen die Anzeigedaten eines Spielers.

Rüstungsschutz, Atemluft, Lebenspunkte, Hungerleiste, Erfahrungsstufe und Erfahrungspunkte

- deathCount (eigene Tode), playerKillCount (erlegte Mitspieler), totalKillCount (erlegte Mitspieler und Kreaturen), teamkill.<Farbe> und killedByTeam.<Farbe> sind Statistiken für Kampfspiele. Teams legst du mit der Anzeigetafel fest (siehe Abschnitt »Teamplay mit der Anzeigetafel«).

Der große Nutzen der Anzeigetafel liegt darin, dass sie jede Veränderung in den Statistiken automatisch erkennt und zählt, wenn du das entsprechende Ziel festlegst. Dann musst du nur noch prüfen, ob sich die Punkte eines Spielers in diesem Ziel geändert haben, und schon weißt du, ob er z. B. gerade einen Amboss benutzt, einen Kuchen gegessen oder einen Diamanten vom Boden aufgehoben hat oder von einer Biene getötet wurde.

Gut zu wissen: Die Anzeigetafel schaut zwar auf die Statistiken, zählt ihre Punkte aber unabhängig davon. Wenn du einen Anzeigetafel-Punktestand auf null setzt, wird die Statistik dadurch nicht verändert.

```
/execute (as|at) @a[scores={<Ziel>=<Wertebereich>, …}] run
<Befehl>
```

Mit dem Zielfilter scores wertest du einen Punktestand aus. Der Zielfilter trifft nur Spieler, deren Punktestand für das <Ziel> im <Wertebereich> liegt. Du kannst durch Kommas getrennt weitere Ziele im Format <Ziel>=<Wertebereich> hinzufügen. Dann trifft der Zielfilter die Spieler, für die alle Punktestände gleichzeitig zutreffen. Der <Wertebereich> kann eine Ganzzahl sein (=5) oder ein ganzzahliger Bereich, wobei =5.. größer/gleich 5 bedeutet, =..10 kleiner/gleich 10 und =5..10 größer/gleich 5 und kleiner/gleich 10.

```
/execute (if|unless) score <Spieler|Zähler> <Ziel> matches
<Wertebereich> run <Befehl>
```

```
/execute (if|unless) score <Spieler1|Zähler1> <Ziel1>
(<|<=|=|>=|>) <Spieler2|Zähler2> <Ziel2> run <Befehl>
```

Die beiden */execute-Vergleiche* ⓘ wurden bereits bei der Anzeigetafel erklärt. Sie vergleichen einen Punktestand von <Spieler> oder <Zähler> mit einem <Wertebereich> oder mit einem zweiten Spieler oder Zähler.

Beispiel: Gespräch mit einem Dorfbewohner. Mit jedem Rechtsklick auf den Dorfbewohner wird ein neuer Text angezeigt. Nach dem letzten Text beginnt es wieder von vorne. Den Rechtsklick erkennst du mithilfe der Anzeigetafel. Vorbereitung:

1. `/summon villager ~ ~ ~ {CustomName: "Bewohner", NoAI: true, VillagerData: {type: "swamp"}, Tags: [d001]}` erzeugt einen berufslosen Sumpfdorfbewohner mit dem Etikett »d001«, der beim Rechtsklicken kein Handelsfenster zeigt, sondern den Kopf schüttelt.
2. `/scoreboard objectives add dklick minecraft.custom:minecraft.talked_to_villager` erzeugt das Ziel »dklick«, das für jeden Spieler automatisch die Anzahl der Rechtsklicks auf einen Dorfbewohner zählt. Anfangs ist der Punktestand null.
3. `/scoreboard objectives add d001text dummy` erzeugt das Ziel »d001text«, das die Texte für den Dorfbewohner »d001« zählen soll. Der Punktestand wird nicht automatisch gezählt (`dummy`) und ist ebenfalls anfangs noch null. `dummy`-Punktestände änderst du per Befehl. Damit ist die Vorbereitung abgeschlossen.

`/execute at @e[tag=d001] as @a[distance=..3, scores={dklick=1}] run function nl:dorfbewohner/d001text`: Der Wiederhol-Befehlsblock prüft an der Position von »d001« (also bei dem Dorfbewohner), ob in einem Umkreis von bis zu 3 Blöcken ein Spieler im Ziel »dklick« (Rechtsklicken eines Dorfbewohners) den Punktestand 1 erreicht hat. Falls ja, wird im Datenpaketunterordner *data\nl\function\dorfbewohner* die Funktion *d001text.mcfunction* aufgerufen:

```
### Gespräch mit Dorfbewohner d001
# Erhöhe den Textzähler für den Spieler
scoreboard players add @s d001text 1
# Zeige dem Spieler je nach Zählerstand einen anderen Text
execute if score @s d001text matches 1 \
        run tellraw @s "[Bewohner] Du suchst einen goldenen Apfel?"
execute if score @s d001text matches 2 \
        run tellraw @s "[Bewohner] So etwas habe ich nicht."
execute if score @s d001text matches 3 \
        run tellraw @s "[Bewohner] Versuche es mal bei dem Priester auf dem Berg."
# Lösche den Textzähler für den Spieler nach dem letzten Text
execute if score @s d001text matches 3 \
        run scoreboard players set @s d001text 0
# Setze die Klickerkennung für den Spieler zurück
scoreboard players set @s dklick 0
```

Jeder Funktionsaufruf zeigt einen Text und setzt den Klick-Punktestand zurück auf null. Dadurch bleibt die Dauerprüfung im Wiederhol-Befehlsblock so lange im Leerlauf, bis der Spieler den Dorfbewohner erneut anklickt, was seinen Klick-Punktestand automatisch auf 1 erhöht. Dann wird der nächste Text angezeigt, bis der Textzähler wieder auf den Anfang gesetzt wird.

Das `as`-Argument in der Dauerprüfung setzt die Befehlsquelle auf einen Spieler, sodass die Befehle in der Funktion mit `@s` genau für diesen Spieler ausgeführt werden.

Gespräch mit einem Sumpfdorfbewohner

Aktionen erkennen mit dem Fortschrittssystem

Neben der automatischen Überwachung von Statistiken durch die Anzeigetafel gibt es noch eine andere Möglichkeit, die Aktionen eines Spielers zu erkennen. Das Spiel überwacht nämlich automatisch für jeden Spieler zahlreiche Aktionen und gibt eine Meldung aus, wenn der Spieler einen bestimmten Fortschritt erreicht hat. Die Fortschrittsprüfungen kannst du nutzen, um auf bestimme Spieleraktionen mit Befehlen zu reagieren. Dazu legst du mit einem *Datenpaket* ⓘ einen eigenen Fortschritt an, der dem Spieler nicht angezeigt wird, weil er nur dem Erkennen einer Aktion dienen soll.

Zur Vorbereitung schaust du dir zuerst an, wie eine *Fortschrittsdatei* aussieht. Die Fortschrittsdateien des Spiels findest du im Standarddatenpaketordner *data\minecraft\advancement*. Jeder Fortschritt hat seine eigene *json*-Datei.

Das sind die Haupteigenschaften in diesen Dateien:

- `parent`: Ein Fortschritt, der als Voraussetzung erfüllt sein muss. Für deine Zwecke lässt du den weg.
- `display`: Informationen zur Anzeige. Die lässt du auch weg.
- `requirements`: Die Liste der Kriterien, die erfüllt sein müssen.

- `criteria`: Das Kriterium ist die zentrale Stelle, die du ausnutzt. Ein Kriterium hat einen Auslöser (`trigger`), der vom Spiel automatisch geprüft wird. Optional kannst du auch Bedingungen (`conditions`) hinzufügen.
- `rewards`: Diese Eigenschaft bestimmt, was beim Erreichen des Fortschritts passieren soll. Du rufst an der Stelle eine Funktion (`function`) auf.

Alle Eigenschaften sind im Minecraft-Wiki genau erklärt.

- Englisch: *https://minecraft.wiki/Advancement_definition#File_format*
- Deutsch: *https://de.minecraft.wiki/Fortschrittsdefinition#Datenstruktur*

Der Vorteil des Fortschrittssystems ist das automatische Erkennen von Spieleraktionen. Es gibt über 50 verschiedene Auslöser, die du benutzen kannst, ohne dafür eine Dauerprüfung mit Wiederhol-Befehlsblock aufstellen zu müssen. Die meisten Auslöser werden in deiner Abenteuerwelt kaum vorkommen, aber einige sind sehr nützlich.

Beispiel: In deiner Abenteuerwelt gibt es im Wald einen flachen Brunnen. Sobald ein Spieler hineinsteigt, erhält er eine Nachricht.

Ein geheimnisvoller Brunnen

Schreibe dazu die Fortschrittsdatei *data\minecraft\advancement\brunnen.json*. Du kannst auch den Onlinedatenpaketgenerator benutzen (*https://misode.github.io/advancement*).

Der Fortschritt verwendet den Auslöser `minecraft:location`. Dieser Auslöser wird vom Spiel einmal pro Sekunde überwacht. Für die Eingrenzung des Bereichs schaust du mit F3 die Koordinaten an und achtest besonders auf die Nachkommastellen. Würde z. B. ein Moosteppich auf dem Boden liegen, bräuchte Y auch einen `min`/`max`-Angabe.

```
{
  "criteria": {
    "im_brunnen": {
      "trigger": "minecraft:location",
      "conditions": {
        "player": {
          "location": {
            "position": {
              "x": {
                "min": 2675,
                "max": 2677
              },
              "y": 63,
              "z": {
                "min": 46,
                "max": 48
              }
            },
            "dimension": "minecraft:overworld"
          }
        }
      }
    }
  },
  "requirements": [
    [
      "im_brunnen"
    ]
  ],
  "rewards": {
    "function": "nl:brunnen"
  }
}
```

In der Funktion `nl:brunnen` könntest du dann z. B. den Text ausgeben, dass der Spieler im Brunnen gerade eine verlorene Halskette gefunden hat und sich nun entscheiden kann, ob er sie zum Händler bringen oder die Person suchen möchte, die sie verloren hat.

Hat ein Spieler einen Fortschritt einmal erreicht, kann er ihn nicht noch einmal bekommen, es sei denn, du nimmst den Fortschritt wieder weg.

```
/advancement revoke <Spieler> only <Fortschritt>
```

Mit diesem Befehl nimmst du dem `<Spieler>` genau den einen `<Fortschritt>` wieder weg, z. B. `/advancement revoke @s only nl:brunnen`

Achte darauf, dass du einen Fortschritt erst wegnimmst, wenn die Prüfungsbedingung nicht mehr erfüllt ist. Im Beispiel also erst, wenn der Spieler nicht mehr im Brunnen steht, sonst würde er den Fortschritt sofort wieder bekommen. Du könntest ihn aber auch z. B. aus dem Brunnen herausteleportieren.

Aktionen erkennen mit dem genialen Interaktionsobjekt

Nachdem du in den vorherigen Abschnitten die Erkennung von Spieleraktionen durch Dauerprüfungen, durch die Anzeigetafel und durch das Fortschrittssystem kennengelernt hast, erfährst du hier etwas über das *Interaktionsobjekt*. Das ist ein unsichtbares Objekt, dessen Hitbox du selbst festlegst. Durch eine Dauerprüfung oder über einen Fortschritt erkennst du damit einen Links- oder Rechtsklick des Spielers an beliebiger Stelle in der Welt. Das gibt dir unzählige Möglichkeiten, die Spieler auf etwas klicken zu lassen, worauf du mit Befehlen reagierst, nach dem Motto »Aktion – Reaktion«.

Beispiele:

- In deiner Abenteuerwelt gibt es ein verschlossenes Bauwerk. Ein großes Fenster umgibst du mit einem Interaktionsobjekt. Bei Linksklick lässt du das Glas zerspringen (`/setblock air` mit `destroy`).
- In deiner Abenteuerwelt liegt ein Deko-Kopf als Krone, umgeben von einem Interaktionsobjekt. Ein Rechtsklick »hebt den Kopf auf«: Mit Befehlen entfernst du den Kopf in der Welt und gibst ihn ins Inventar des Spielers.

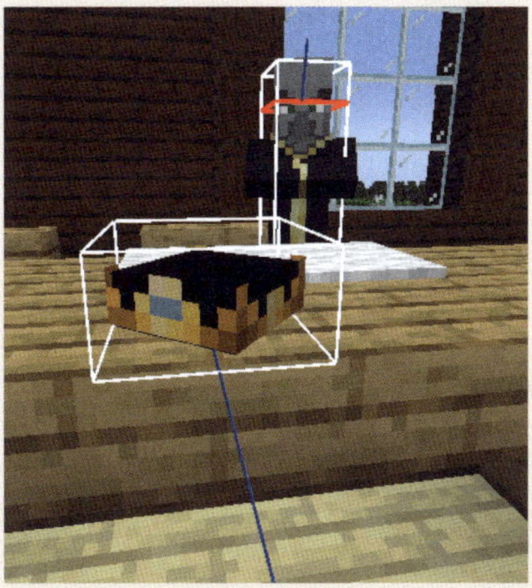

Eine begehrenswerte Krone als Deko-Kopf auf einem unsichtbaren, abgesenkten Rüstungsständer. Die Hitbox des Interaktionsobjekts machst du mit F3 + B sichtbar.

So gehst du mit einem Interaktionsobjekt um:

1. `/summon interaction ~ ~ ~ {Tags: [krone]}` erzeugt an deiner Fußposition ein würfelförmiges Interaktionsobjekt mit der Standardgröße eines Blocks und dem Etikett »krone«.

2. `/data merge entity @n[tag=krone] {height: 0.5}` halbiert die Höhe des Objekts. Die Breite `width` ist auch änderbar, wobei die Grundfläche immer quadratisch bleibt.
3. Schreibe eine Fortschrittsdatei, z. B. *data\minecraft\advancement\krone.json*:

```
{
  "criteria": {
    "krone_getroffen": {
      "trigger": "minecraft:player_interacted_with_entity",
      "conditions": {
        "entity": {
          "nbt": "{Tags:[krone]}"
        }
      }
    }
  },
  "requirements": [
    [
      "krone_getroffen"
    ]
  ],
  "rewards": {
    "function": "nl:krone"
  }
}
```

Der Auslöser `player_interacted_with_entity` erkennt einen Rechtsklick (`player_hurt_entity` wäre die Linksklickerkennung). Zur Identifikation des Interaktionsobjekts gibst du in den `conditions` das Etikett unter `nbt` an. Durch die Fortschrittsdatei wird bei einem Rechtsklick auf das Interaktionsobjekt die Funktion `nl:krone` aufgerufen. In der Funktion ist dann `@s` der Spieler, der den Fortschritt erhalten hat.

```
/execute as <Interaktionsobjekt> on target run <Befehl>
```

Rufst du diesen Befehl auf, lässt das Interaktionsobjekt den letzten rechtsklickenden Spieler (`on target`) einen `<Befehl>` ausführen. Beispiel: `/execute as @e[tag=krone] on target run say Der Rechtsklick kam von @s`

```
/execute as <Interaktionsobjekt> on attacker run <Befehl>
```

Dieser Befehl macht dasselbe für den letzten links klickenden Spieler.

DIE ANZEIGETAFEL KANN TATSÄCHLICH AUCH ETWAS ANZEIGEN

Du hast in verschiedenen Kapiteln schon einiges über die Anzeigetafel erfahren. Du weißt, wie du sie zum Rechnen und zum automatischen Erkennen von Spieleraktionen nutzt, beides läuft im Hintergrund ab. Die ursprüngliche Funktion der Anzeigetafel ist jedoch die Darstellung von Spielerpunkten in Minispielen. Wie das funktioniert, erfährst du in diesem Abschnitt.

```
/scoreboard objectives setdisplay (list|belowname|sidebar)
[<Ziel>]
```

Die drei Positionen zur Anzeige von Punkteständen sind die Spielerliste, die du mit der [Tab]-Taste siehst (`list`), der Spieler selbst (`belowname`) und die Seitenleiste am rechten Rand (`sidebar`). Um die Punkte an einer dieser drei Positionen nicht mehr anzuzeigen, lässt du im Befehl das `<Ziel>` weg.

Die Seitenleiste ist die einzige Position, an der du neben Spielernamen auch Zähler anzeigen kannst. Ein *Zähler* ist ein nicht existierender Spielername, den du für Berechnungen verwendest, z. B. »Summe« oder »gesamt« für eine berechnete Zahl. Als Zählername kannst du jedes Wort verwenden, aber um einen Konflikt mit echten Spielernamen zu vermeiden, enthalten Zählernamen oft ein Sonderzeichen, z. B. einen Doppelpunkt.

Besonderheit: Zählernamen, die mit »#« beginnen, dienen nur internen Berechnungen und sind in der Seitenleiste *nicht* zu sehen.

Anzeigetafel-Anzeigen: »list« (oben, immer alphabetisch), »belowname« und »sidebar« (rechts, immer nach Punkten sortiert)

Für die Seitenleiste gibt es einige Formatierungsmöglichkeiten:

```
/scoreboard objectives modify <Ziel> displayname <Anzeigename>
```

```
/scoreboard players display name <Spieler|Zähler> <Ziel>
[<Anzeigename>]
```

Die beiden Befehle ändern den Anzeigenamen des `<Ziels>` (Überschrift in der Seitenleiste) oder den Anzeigenamen eines bestimmten `<Spielers>` oder `<Zählers>`, wobei Textkomponenten zur Formatierung möglich sind. Um die Änderung wieder zu löschen, lässt du beim zweiten Befehl den `<Anzeigenamen>` weg, dann ist wieder der normale Spieler- oder Zählername zu sehen.

```
/scoreboard objectives modify <Ziel> numberformat
[<Formatierung>]
```

```
/scoreboard players display numberformat <Spieler|Zähler> <Ziel>
[<Formatierung>]
```

Diese Befehle ändern die Formatierung der Punkte – entweder für alle Zeilen eines `<Ziels>` oder nur für einen bestimmten `<Spieler>` oder `<Zähler>`. Um die Änderung wieder zu löschen, lässt du die `<Formatierung>` weg. Folgende Formatierungen sind möglich:

- `styled <Formatierung>` stellt die Punkte im angegebenen Textkomponentenformat dar, z. B. `{color: "yellow", italic: true}`
- `fixed <Textkomponente>` zeigt statt Punkten einen festen Text an, z. B. `{text: "Hallo", color: "aqua"}`
- `blank` zeigt gar keine Punkte, sondern nur den Spieler- oder Zählernamen (bzw. den Anzeigenamen) an.

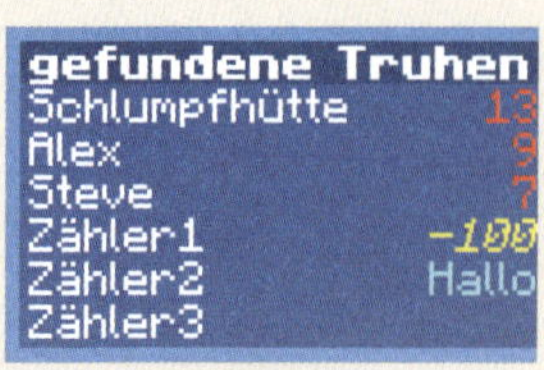

Eine formatierte Seitenleiste: Das Ziel (Überschrift) hat einen fett formatierten Anzeigenamen, der Spielername »Sumpfhytte« hat einen geänderten Anzeigenamen, Zähler1 hat formatierte Punkte (»styled«), Zähler2 hat einen Text statt Punkten (»fixed«), Zähler3 hat gar keine Punkte (»blank«).

Mit diesen Möglichkeiten ist die Anzeigetafel sehr flexibel. Du kannst ganz nach deinen Wünschen Spielernamen, Punkte und beliebige Texte mischen und am rechten Bildschirmrand anzeigen. Das holt die Anzeigetafel aus der Minispielecke und macht sie auch für andere Zwecke einsetzbar.

Stellst du z. B. als Formatierung für das Ziel `blank` ein, wird die Anzeigetafel zu einer Textbox, mit der du Informationen ganz ohne Punkte zeigst. Auch ohne sichtbare Punkte werden die Namen weiterhin anhand ihrer Punktezahl in absteigender Reihenfolge einsortiert (bei gleicher Punktzahl alphabetisch nach ihrem echten Namen). Maximal sind 15 Zeilen mit erstaunlich langen Texten pro Zeile möglich. Dazu erzeugst du ein `dummy`-Ziel, setzt das `numberformat` für das Ziel auf `blank` und belegst 15 Zähler mit den Punkten 15 (oben) bis 1 (unten). Das sind deine Zeilen. Durch Änderung der Anzeigenamen dieser Zähler schreibst du zeilenweise Text in die Seitenleiste.

Die Seitenleiste mit Überschrift und einer langen Zeile als Infobox, ganz ohne Punkte

```
/scoreboard objectives modify <Ziel> displayautoupdate
(true|false)
```

Setzt du die Einstellung `displayautoupdate` auf `true`, aktualisiert das Spiel die Anzeigenamen von Ziel, Spielern und Zählern bei jeder Punkteänderung. Das gibt dir noch mehr Flexibilität: Über ein *Makro* ⓘ kannst du in einen Anzeigenamen oder in einen `fixed`-Punktestand beliebige Daten aus dem Spiel einsetzen, z. B. auch zwei oder mehr Punktestände in derselben Zeile.

Teamplay mit der Anzeigetafel

Minispiele sind in Minecraft sehr beliebt. Es macht Spaß, sie zu spielen, es macht aber auch Spaß, sich welche auszudenken und sie zu bauen und zu programmieren.

Sobald mehrere Spieler gleichzeitig ein Minispiel spielen, geht es um den Wettstreit, wer die meisten Punkte erringen kann. Dabei kann jeder gegen jeden antreten, oder es gibt verschiedene *Gruppen*, die gegeneinander spielen. Für Gruppen gibt es den `/team`-Befehl.

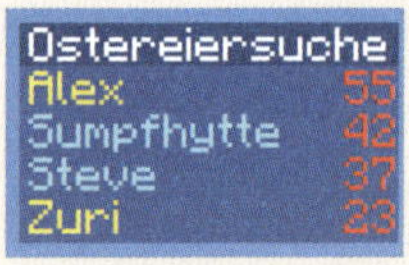

Für das Ziel »Ostereiersuche« gibt es hier vier Spieler in zwei Teams mit den Teamfarben Gelb und Hellblau.

```
/team add <Team> [<Anzeigename>]
```

Damit erzeugst du ein neues <Team> mit diesem Namen. Optional kannst du für Meldungen im Chat einen anderen <Anzeigenamen> angeben, der mithilfe von Textkomponenten auch formatiert sein kann.

```
/team modify <Team> <Eigenschaft> <Wert>
```

Mit diesem Befehl stellst du die Eigenschaften des Teams ein. Möglich sind: Änderung des Anzeigenamens (displayName), Spielernamenfarbe der Teammitglieder (color), ob Teammitglieder sich gegenseitig Schaden zufügen können (friendlyFire), ob man unsichtbare Teammitglieder sehen darf (seeFriendlyInvisibles), ob und wie Spielernamen angezeigt werden (nametagVisibility), ob und wie Todesmeldungen angezeigt werden (deathMessageVisibility), ob und wie man sich gegenseitig schubsen darf (collisionRule), einheitlicher Textzusatz für alle Teammitglieder vor dem Spielernamen (prefix) oder hinter dem Spielernamen (suffix).

```
/team join <Team> [<Spieler>]
```

Damit nimmst du dich selbst in das <Team> auf oder du gibst einen oder mehrere <Spieler> an. Ein Spieler kann immer nur in einem einzigen Team sein, daher verlässt er automatisch sein altes, wenn du ihm ein neues zuweist.

```
/team list [<Team>]
```

Ohne weitere Angaben zeigt dieser Befehl alle Teams mit ihren Anzeigenamen. Gibst du ein <Team> an, zeigt das alle Spieler in diesem Team:

```
/team leave <Spieler>
```

Durch diesen Befehl verlassen die genannten `<Spieler>` ihr Team.

```
/team empty <Team>
```

Damit entfernst du alle Spieler aus dem `<Team>`.

```
/team remove <Team>
```

Dieser Befehl löscht das Team.

Sobald du Teams mit Spielern hast, kannst du ihnen *unterschiedliche Informationen* in der Seitenleiste der Anzeigetafel anzeigen. Dazu brauchst du unterschiedliche Ziele, die genau das zählen und anzeigen, was die jeweiligen Teams sehen sollen. Dann stellst du die Seitenleiste mit `/scoreboard objectives setdisplay sidebar.team.<Farbe> <Ziel>` auf die jeweilige Teamfarbe ein.

Ein weiterer Vorteil von Teams ist ein spezieller Zielfilter:

- `@a[team=<Team>]` findet alle Spieler eines `<Teams>`.
- `@a[team=!<Team>]` ist das Gegenteil, er findet alle Spieler, die *nicht* in dem `<Team>` sind.
- `@a[team=]` findet alle Spieler, die in *keinem* Team sind.
- `@a[team=!]` ist das Gegenteil und findet alle Spieler, die in irgendeinem Team sind.

Beispiel: Mithilfe der Zielfilter kannst du Teampunkte ganz leicht summieren.

1. `/scoreboard players set blausumme ostern 0` setzt den Zähler `blausumme` im Ziel `ostern` auf null.
2. `/execute as @a[team=Blau] run scoreboard players operation blausumme ostern += @s ostern` lässt jeden Spieler aus Team `Blau` seine Punkte im Ziel `ostern` auf den Zähler `blausumme` im Ziel `ostern` addieren.

Der Befehl `/spreadplayers` ⓘ, der Spieler in einem Bereich zufällig verteilt, hat das Argument `<Teams beachten>`. Hast du Teams angelegt und mit Spielern gefüllt, teleportiert dieser Befehl bei `true` alle Spieler eines Teams an dieselbe Position. Bei `false` werden Teams nicht beachtet und alle Spieler werden an verschiedene Positionen teleportiert.

```
/tm <Text>
```

Dieser Befehl ist für die Kommunikation innerhalb eines Teams gedacht. Jedes Teammitglied kann diesen Befehl benutzen, um im Chat einen `<Text>` an die anderen Teammitglieder zu schicken. Nur Mitglieder des eigenen Teams sehen diesen Text.

WOHIN FÜHRT DIE REISE?

Im Survival-Spiel gibt es zahlreiche Möglichkeiten, von denen ein neuer Spieler noch nie etwas gehört hat: Craften, Ackerbau, Viehzucht, Verzaubern, Nether, das Ende und noch vieles mehr. Um neue Spieler auf all das ohne Handbuch aufmerksam zu machen, gibt es in Minecraft den *Fortschrittsbaum*. Über die Taste [L] oder über den entsprechenden Menüpunkt im Spielmenü ([Esc]) siehst du, was du bisher erreicht hast und wie es danach weitergehen kann.

Die Fortschritte in der Kategorie »Minecraft«

Eine Abenteuerwelt sieht jedoch ganz anders aus als eine Survival-Welt und funktioniert auch anders. Um neuen Spielern den großartigen Inhalt deiner Abenteuerwelt bekannt zu machen, ersetzt du den Minecraft-Fortschrittsbaum durch einen eigenen. Für jeden wichtigen Ort, den die Spieler aufsuchen können, und für jede wichtige Aktion, die sie durchführen können, vergibst du einen Fortschritt. Die Fortschritte verbindest du zu einem Fortschrittsbaum, den die Spieler nach und nach aufdecken.

Auch wenn du mit deiner Abenteuerwelt eine Geschichte erzählst, ist ein Fortschrittsbaum als Leitfaden prima geeignet. Für jede erreichte Station in der Geschichte erhalten die Spieler einen Fortschritt, z. B. »Ankunft im Hafen«, »Zwischenfall auf dem Marktplatz«, »Gerücht im Wirtshaus«, »Der zwielichtige Händler«, »Auf zum Schloss« etc.

Zum Testen der Fortschritte gibt es diesen Befehl:

```
/advancement (grant|revoke) <Spieler> only <Fortschritt>
[<Kriterium>]
```

Mit `grant` gibst du dir (`@s`) einen bestimmten (`only`) `<Fortschritt>`, optional auch nur eines von mehreren `<Kriterien>` für diesen Fortschritt. Mit `revoke` nimmst du den Fortschritt oder das Kriterium wieder weg.

Der eigene Fortschrittsbaum

So baust du einen Fortschrittsbaum:

1. **Minecraft-Fortschritte blockieren**: Wenn du einen eigenen Fortschrittsbaum zusammenstellst, würden die Minecraft-Fortschritte stören. Um sie nicht mehr zu sehen, blockierst du sie in der Datei *pack.mcmeta* deines Datenpakets über die Eigenschaften `filter` und `block`. Die Blockierung gilt für alle Datenpakete, die unter deinem Datenpaket liegen, in diesem Fall also für das Standarddatenpaket. Um sämtliche Minecraft-Fortschritte zu blockieren, benutzt du einen sogenannten *regulären Ausdruck* (*Regular*

```
{
  "pack": {
    "pack_format": 80,
    "description": "Next Level Test"
  },
  "filter": {
    "block": [
      {
        "path": "minecraft:advancement/.*"
      }
    ]
  }
}
```

Expression, kurz *Regex*). Der reguläre Ausdruck `.*` bedeutet »beliebige Zeichenfolge«.

Falls du in der Welt schon Fortschritte bekommen hast, nimmst du sie mit dem Befehl `/advancement revoke @s everything` weg. Schau danach mit der Taste [L] in den Fortschrittsbaum, er ist leer.

2. **Eigenen Fortschritt erzeugen**: Wie du eine eigene *Fortschrittsdatei* ⓘ in dein Datenpaket einfügst, erfährst du über den Index dieses Buches. Dort findest du auch die Adressen für das englische und deutsche Minecraft-Wiki mit den Erklärungen aller Eigenschaften.

   In der hier abgebildeten Beispieldatei bedeutet der Auslöser `impossible`, dass das Spiel diesen Fortschritt nicht automatisch prüft und du ihn mit dem `/advancement`-Befehl vergeben musst. Mit der `display`-Eigenschaft legst du fest, wie der Fortschritt dargestellt wird. Für das Icon (`icon`) musst du einen existierenden Block oder Gegenstand angeben. Dazu gibt es einen großartigen Trick: Weil du in deiner Abenteuerwelt selbst bestimmst, welche Gegenstände die Spieler bekommen können und welche nicht, kannst du die Texturen von nicht vorkommenden Gegenständen mit einem Ressourcenpaket in schicke neue Icons für deinen Fortschrittsbaum ändern. Im Beispiel wurde die Textur der Holzschaufel `wooden_shovel` in eine Stadt geändert.

```
{
  "criteria": {
    "stadt": {
      "trigger": "minecraft:impossible"
    }
  },
  "display": {
    "background": "nl:textures/bretter.png",
    "description": {
      "text": "Ankunft in der Stadt"
    },
    "icon": {
      "id": "minecraft:wooden_shovel"
    },
    "title": {
      "text": "Ankunft in der Stadt"
    }
  },
  "requirements": [
    [
      "stadt"
    ]
  ]
}
```

Links die Fortschrittsdatei »data\nl\advancement\stadt.json«. Rechts der Hinweis beim Erreichen des Fortschritts, darunter ein Teil des Fortschrittsbaumes (Icons von »www.freepik.com«)

3. **Fortschritte verbinden**: Der erste Fortschritt einer Kategorie hat keine `parent`-Eigenschaft. Dieser Fortschritt legt den Hintergrund (`background`) der Kategorie über eine Bilddatei fest. Allerdings wird sie vom Spiel verkleinert und vielfach neben- und untereinander angezeigt. Ein einzelnes Bild als Hintergrund ist daher nicht möglich. Im Beispiel enthält die Datei *bretter.png* die Holzbrettertextur.

   Um aus mehreren Fortschritten einen Baum zu erzeugen, gibst du im nächsten Fortschritt den Vorgänger als `parent` an. Schau in die Fortschrittsdateien im Standarddatenpaketordner *data\advancement*, wie Minecraft das für seinen Fortschrittsbaum macht.

4. **Aufgaben und Ziele**: Nebenaufgaben oder besonders schweren Fortschritten gibst du den Rahmen (`frame`) `challenge`. Dem Ziel (oder mehreren Zielen) in einer Kategorie gibst du den Rahmen `goal`. Diese beiden Fortschrittsarten werden vom Spiel besonders verkündet.

5. **Weitere Kategorien**: Minecraft hat in seinem Fortschrittsbaum die Kategorien »Minecraft«, »Abenteuer«, »Landwirtschaft«, »Nether« und »Das Ende«. Hast du eine große Abenteuerwelt oder eine längere Geschichte, kannst du deinen Fortschrittsbaum ebenfalls in Kategorien aufteilen, z. B. »Die Stadt«, »Das Schloss«, »Der Wald« und »Die Insel«. Jede Kategorie beginnt mit einem Fortschritt ohne `parent`-Eigenschaft, dessen Icon und Titel gleichzeitig für die ganze Kategorie stehen. Sobald ein Spieler in mindestens zwei Kategorien einen Fortschritt erreicht hat, erscheinen die Kategorien in der Anzeige zur Auswahl.

```
/advancement (grant|revoke) <Spieler>
(only|everything|until|from|through) <Fortschritt>
```

Mit diesem Befehl gibst (`grant`) oder entfernst (`revoke`) du Spielern einen einzigen Fortschritt (`only`), sämtliche Fortschritte aller Kategorien (`everything`), alle Fortschritte einer Kategorie (`through`) oder nur die Fortschritte einer Kategorie ab (`from`) oder bis zu (`until`) einem bestimmten Fortschritt.

Mit dem Zielfilter `@a[advancements={<Fortschritt>=(true|false), …}]` findest du alle Spieler, die bestimmte Fortschritte haben oder nicht haben, z. B. `/say @a[advancements={nl:geschichte/stadt=true}]`

Erfahrung vergeben

Im Survival-Spiel gibt es zahlreiche Möglichkeiten, Erfahrungspunkte zu sammeln, die zu immer höheren Erfahrungsstufen führen. Wenn es diese Möglichkeiten (z. B. Monster erlegen, Ofen benutzen, Erze abbauen) in deiner Abenteuerwelt nicht gibt, was besonders bei Minispielen oft der Fall ist, kannst du die Erfahrungspunkte und -stufen für eigene Zwecke nutzen und per Befehl vergeben.

```
/xp (set|add) <Spieler> <Menge> [points|levels]
```

```
/xp query <Spieler> (points|levels)
```

Damit setzt (set) oder addierst (add) du die Erfahrungspunkte (points) oder Erfahrungsstufen (level) der <Spieler>. Ohne Angabe sind es Punkte. Bei add sind auch negative Werte möglich.

Mit query fragst du die Punkte oder Stufen ab und kannst sie mit /execute store result speichern und weiterverarbeiten.

Mit dem Befehl »/xp« veränderst du die Anzeige der Erfahrungspunkte und -stufen.

Mit dem Zielfilter @a[level=<Wertebereich>] findest du alle Spieler, deren Erfahrungsstufe im <Wertebereich> liegt. Das kann eine Ganzzahl sein (=5) oder ein ganzzahliger Bereich, wobei =5.. größer/gleich 5 bedeutet, =..10 kleiner/gleich 10 und =5..10 größer/gleich 5 und kleiner/gleich 10.

Abenteuerliche Gegenstände selbst erfinden

Mit einer Abenteuerwelt erzählst du kleine oder große Geschichten, z. B. eine Schatzsuche, ein Minispiel, ein Rätsellabyrinth oder einen Krimi. Damit die Spieler außer Herumlaufen auch etwas tun können, kannst du ihnen verschiedene Gegenstände geben. Schön wäre es, wenn diese Gegenstände genau zu deiner Geschichte passen würden, z. B. Ausrüstungen für ein Minispiel, Schätze für ein Abenteuer oder Beweisstücke für einen Krimi.

Echte neue Gegenstände könntest du nur mit Mods ins Spiel bringen, aber es gibt einen Trick: Weil sich die Spieler in einer Abenteuerwelt nur in einem begrenzten Bereich bewegen und keine Blöcke abbauen können, bestimmst du selbst, welche Gegenstände sie in deiner Welt bekommen können. Das gibt dir die Freiheit, mit einem *Ressourcenpaket* ℹ die Texturen und Namen von existierenden Minecraft-Gegenständen nach Belieben zu ändern. Weizenkörner sehen dann z. B. aus, wie eine Giftflasche und heißen auch so.

Beachte: Die Gegenstände behalten ihre bisherigen Eigenschaften! Sie sehen nur anders aus und haben einen Namen, der zu deiner Geschichte passt.

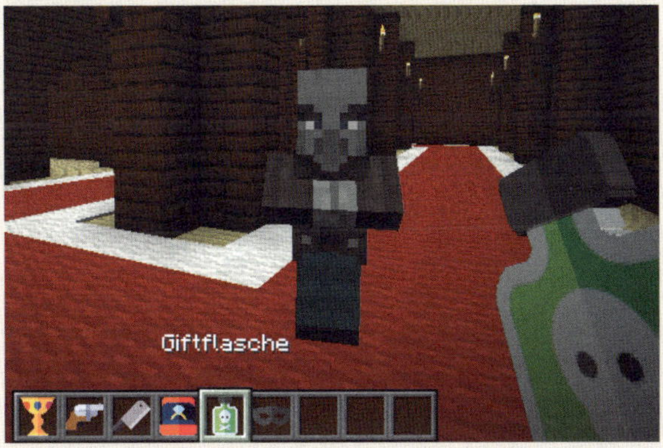

Gegenstände mit veränderten Texturen und Namen für eine Krimi-Abenteuerwelt (Icons von »www.freepik.com«)

Mit dem `/item`-Befehl fügst du einem veränderten Gegenstand einen Beschreibungstext hinzu, der den Spielern weitere Informationen gibt.

Beispiel: In deiner Abenteuerwelt geht es um einen Krimi. Die Giftflasche ist ein Beweisstück, das die Spieler finden können.

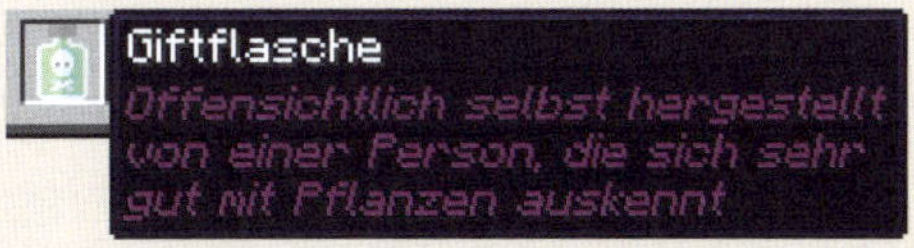

`/item modify entity @s weapon.mainhand nl:giftflasche` ändert den Gegenstand in deiner Hand mit dem Gegenstandsmodifizierer `nl:giftflasche`. In der zugehörigen *json*-Datei änderst du den Beschreibungstext mit der Funktion `set_lore`.

Auch neue Geräusche und passende Hintergrundmusik (z. B. Jahrmarkt- oder Gruselstimmung) kannst du mit einem Ressourcenpaket hinzufügen. Beachte dabei aber Copyrights und Lizenzen, falls du Musik aus dem Internet benutzt.

Möchtest du deine Abenteuerwelt anderen Spielern zeigen oder an sie weitergeben, hast du mit einem normalen Ressourcenpaket ein Problem: Es reicht nicht, wenn du selbst auf deinem Computer das Ressourcenpaket hast, jeder andere Spieler, der die Welt betritt, muss es auch auf seinem Computer installiert haben. Zwar könntest du das Paket an die Spieler geben, damit sie es bei sich installieren und aktivieren, aber das wäre nicht nur umständlich, sondern das Paket würde dann auch für alle Welten dieser Spieler gelten, bis sie es wieder deaktivieren.

Die Lösung heißt in diesem Fall *Weltressourcenpaket*. Im Gegensatz zu einem normalen Ressourcenpaket ist ein Weltressourcenpaket mit einer ganz bestimmten Welt fest verbunden und gilt nur für diese eine Welt (wie ein Datenpaket).

So erstellst du ein Weltressourcenpaket:

1. Stelle ein Ressourcenpaket speziell für deine Abenteuerwelt zusammen. Gehe in den Paketordner, in dem die Datei *pack.mcmeta* steht, markiere den Inhalt des Ordners mit [Strg] + [A] und komprimiere alles zu einer *zip*-Datei. Wichtig: Der Ordner selbst darf nicht in der *zip*-Datei enthalten sein, nur der Inhalt des Ordners. Die fertige *zip*-Datei musst du *resources.zip* nennen (vorne nur mit einem »s«). Schau nach dem Komprimieren in die *zip*-Datei. Wenn sie mit dem Ordner *assets* und der Datei *pack.mcmeta* beginnt, hast du es richtig gemacht.
2. Gehe in die Liste der Einzelspielerwelten, wähle bei deiner Welt den Menüpunkt **Bearbeiten** und klicke auf **Weltordner öffnen**. Ein neues Fenster zeigt den Weltordner. Dort hinein kommt die Datei *resources.zip*.
3. Wenn du diese Welt jetzt betrittst, gehört das Ressourcenpaket automatisch mit dazu und wird geladen. Schau über [Esc] ▪ **Optionen** ▪ **Ressourcenpakete** in das Menü, dann siehst du es als »Weltspezifische Ressourcen«, die du im Gegensatz zu einem normalen Ressourcenpaket nicht über das Menü entfernen kannst.

Eigene Rezepte erfinden

Um den Spielern einen bestimmten Gegenstand zu geben, hast du viele Möglichkeiten. Du kannst ihn z. B. in eine Truhe legen, in die *Beutetabelle* ⓘ eines Tieres oder Monsters eintragen oder über einen Befehl vergeben.

Du kannst die Spieler einen Gegenstand aber auch *craften* lassen, denn das ist im Abenteuermodus weiterhin möglich – sofern du die passenden Gegenstände zur Verfügung stellst. Ein neues Crafting-Rezept bringst du mit einem Datenpaket ins Spiel. Schau dazu im Index dieses Buches unter *Datenpaketrezepte* ⓘ nach.

Beispiel: In deiner Abenteuerwelt gibt es eine Eisentür. Drücken die Spieler auf den Knopf, erhalten sie den Hinweis: »Die Tür ist verschlossen. Vielleicht kannst du einen Dietrich schnitzen?«

Jetzt müssen die Spieler passende Gegenstände auftreiben. In der Nähe finden sie einen Stock und eine Schere. In den Beschreibungstexten dieser Gegenstände gibst du Hinweise auf die Verwendung. Bei der Schere z. B. »Extrascharf, damit könnte man sogar einen Stock bearbeiten«.

Die Spieler müssen Stock und Schere zu einem Dietrich craften. Mit nur zwei Gegenständen ist das Rezept so klein, dass man dazu keine Werkbank braucht, das lässt sich im Spielerinventar herstellen. Weil die Lohenrute in deiner Welt nicht vorkommt, veränderst du diesen Gegenstand zu einem *Dietrich*. Dazu machst du Folgendes:

1. Erweitere das *Weltressourcenpaket* ⓘ für diese Welt oder lege ein neues an. Es muss zwei Ressourcen enthalten:
   - *assets\minecraft\textures\item\blaze_rod.png* ist die neue Dietrichtextur für die Lohenrute.
   - *assets\minecraft\lang\de_de.json* enthält den neuen Namen für die Lohenrute: `"item.minecraft.blaze_rod": "Dietrich"`
2. Wenn ein Spieler einen Gegenstand das erste Mal bekommt, erhält er vom Spiel einen *Rezeptfortschritt*, der rechts oben angezeigt wird. Da man in einer Abenteuerwelt mit den Minecraft-Rezepten nichts anfangen kann, blockierst du die Minecraft-Rezeptfortschritte über dein Datenpaket. Sie stehen im Standarddatenpaketorder *data\advancement\recipes*. Hast du bereits die Minecraft-Fortschritte vollständig blockiert, wie im Abschnitt »Der eigene Fortschrittsbaum« ⓘ beschrieben, kommen auch keine Rezeptfortschritte mehr. Möchtest du die Minecraft-Fortschritte behalten und nur die Minecraft-Rezeptfortschritte blockieren, gibst du an der beschriebenen Stelle als Pfad an:

   ```
   "path": "minecraft:advancement/recipes/.*"
   ```

Falls du in der Welt schon Rezepte bekommen hast, nimmst du sie dir mit dem Befehl `/recipe take @s *` weg. Schau danach über eine Werkbank in dein Rezeptbuch, es ist leer.

3. Für dein Datenpaket schreibst du die Rezeptdatei *data\nl\recipe\dietrich.json* und die Rezeptfortschrittsdatei *data\nl\advancement\recipes\dietrich.json*.

```json
{
  "type": "minecraft:crafting_shapeless",
  "ingredients": [
    "minecraft:stick",
    "minecraft:shears"
  ],
  "result": {
    "id": "minecraft:blaze_rod"
  },
  "show_notification": true
}
```

```json
{
  "criteria": {
    "stock_bekommen": {
      "trigger": "minecraft:inventory_changed",
      "conditions": {
        "items": [
          {
            "items": [
              "minecraft:stick"
            ]
          }
        ]
      }
    },
    "schere_bekommen": {
      "trigger": "minecraft:inventory_changed",
      "conditions": {
        "items": [
          {
            "items": [
              "minecraft:shears"
            ]
          }
        ]
      }
    }
  },
  "requirements": [
    [
      "stock_bekommen",
      "schere_bekommen"
    ]
  ],
  "rewards": {
    "recipes": [
      "nl:dietrich"
    ]
  }
}
```

Links die Rezeptdatei, rechts die Rezeptfortschrittsdatei

Die Rezeptdatei legt fest, dass die beiden Gegenstände `stick` und `shears` beliebig angeordnet werden dürfen (`crafting_shapeless`). Das Ergebnis ist eine Lohenrute (`blaze_rod`), und es soll ein Rezeptfortschritt erscheinen (`show_notification`). Die Rezeptfortschrittsdatei überwacht für `stick` und `shears` eine Veränderung des Inventars (`inventory_changed`) und zeigt dann den Fortschritt für das Dietrichrezept.

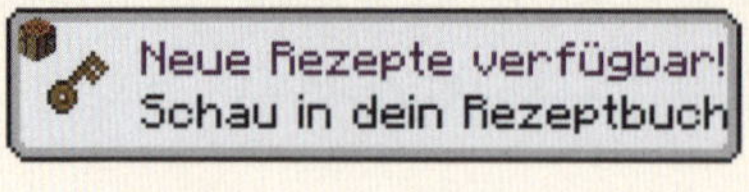

Rezeptfortschritt

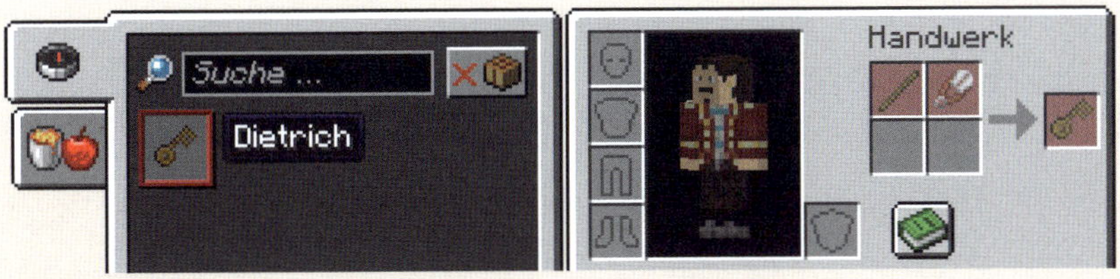

Rezeptbuch für den Dietrich, nachdem der erste Gegenstand gefunden wurde. Das Rezept bleibt rot, bis auch der zweite Gegenstand im Inventar liegt.

```
/recipe (give|take) <Spieler> (<Rezept>|*)
```

Wenn du die Spieler nicht über einen Rezeptfortschritt, sondern auf andere Art auf ein neues Rezept aufmerksam machen möchtest, lässt du die Rezeptfortschrittsdatei weg und schaltest die Benutzung des Rezepts per Befehl frei. Mit dem `/recipe`-Befehl gibst (`give`) oder nimmst (`take`) du ein <Rezept> oder sämtliche existierende Rezepte (`*`).

Gratulation zum Minecraft-Experten!

In diesem Kapitel hast du viele Möglichkeiten kennengelernt, um in einer Minecraft-Welt Informationen weiterzugeben: **Textkomponenten**, Chatmeldungen, Schilder, Bücher, **Titeleinblendungen**, **Bossleisten**, schwebende **Textdarsteller**, die Seitenleiste der **Anzeigetafel** und Beschreibungstexte von **Gegenständen**.

Du kannst jetzt beliebige Bilder, auch Grafiken und Texte, in Form von **Kartenbildern** anzeigen und mit **Block- und Gegenstandsdarstellern** unglaubliche Dekorationen in deine Welt zaubern.

Die Aktionen der Spieler prüfst du mit **Dauerprüfungen**, mit der automatischen **Statistikabfrage** der Anzeigetafel, mit der automatischen **Fortschrittsüberwachung** und mit dem **Interaktionsobjekt**, das Links- und Rechtsklick überall erkennt, wo du es einsetzt.

Zum Schluss hast du deinen eigenen **Fortschrittsbaum** angelegt, **Erfahrungsstufen** per Befehl vergeben und schließlich sogar eigene **Rezepte** erfunden.

Das ist wahre Meisterschaft! Deine Expertenausbildung ist nun abgeschlossen, zumindest was die Java Edition betrifft. In der Bedrock Edition sind die technischen Dinge anders gelöst, daher gibt es extra dafür ein eigenes Kapitel, das im Anschluss folgt.

BAY
NESSIE I

BEDROCK – WAS GEHT?

Du betrittst eine neue Abenteuerwelt! Jetzt bist du gespannt, was es in den »Geschichten am Meer« zu erleben gibt. Gleich zu Beginn überrascht dich ein Hund mit anklickbarer Sprechblase. Dann landest du auf einer Insel: Möwen fliegen um den Leuchtturm, ein Schiff schwankt im Wasser und Angelwürmer winden sich am Strand. Am Steg sitzt ein Pelikan und am Horizont wabern kugelige Wolken. So etwas hast du noch nie gesehen. Ist das wirklich alles mit Minecraft möglich? Ja, und zwar mit der Bedrock Edition!

DIE BEDROCK EDITION

Die Bedrock Edition erkennst du ganz einfach im Hauptmenü am **Marketplace**, dem Minecraft-Shop. In der Java Edition gibt es das nicht.

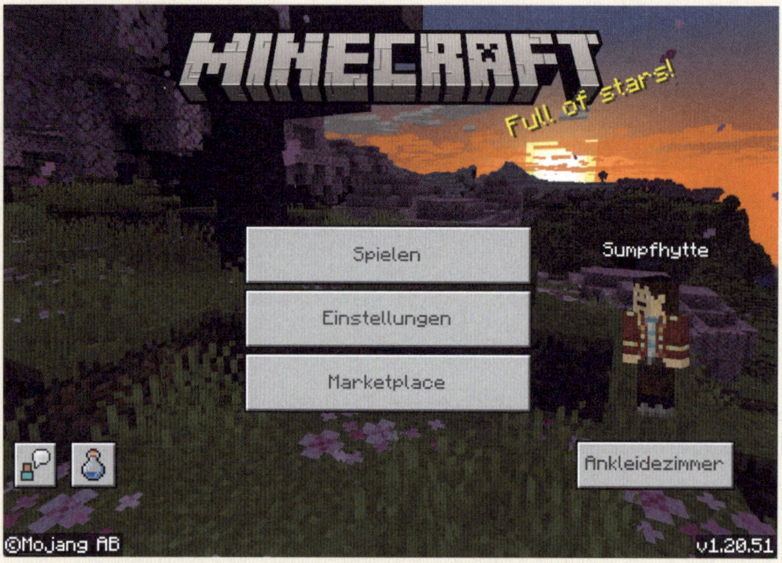

Das Hauptmenü der Bedrock Edition

Während das Spiel selbst in beiden Editionen fast gleich ist, gibt es große Unterschiede, wenn es um das Verändern des Spiels geht:

- Die **Java Edition** ist bis in die Programmierung hinein vielfältig modifizierbar (siehe alle vorherigen Kapitel). Sie war zuerst da, und ihre Spieler-Community stellt im Internet Tausende Zusätze aller Art kostenlos zur Verfügung.
- Die **Bedrock Edition** entstand später. Das Programm selbst ist nicht modifizierbar und hat einen integrierten Shop für Spielzusätze. Im Internet ist die Anzahl der von Spielern erstellten Zusätze deutlich geringer.

Trotzdem ist mit der Bedrock Edition eine Menge möglich. Das erfährst du alles in diesem Kapitel. Und wenn du weißt, wie du suchen musst, findest du im Marketplace sogar kostenlose Angebote. Das geht so:

1. Klicke im Hauptmenü auf **Marketplace**.
2. Klicke oben rechts auf das Lupen-Icon und dann auf das Filter-Icon.

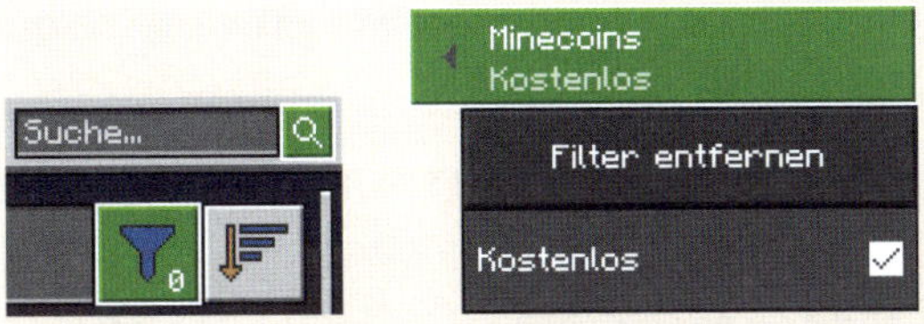

Links Lupe und Filter im Marketplace, rechts der Filter »Kostenlos«

3. Wähle den Filter **Minecoins** und setze ein Häkchen bei **Kostenlos**. Klicke dann auf die Filterschaltfläche. Der Filter zeigt nun eine 1. Klicke auf diesen Filter, und du bekommst fast 200 Angebote.

So kaufst du ein kostenloses Angebot aus dem Marketplace:

1. Klicke auf das Angebot.
2. Klicke oben rechts auf den Preis **Kostenlos** (die beiden Icons darunter sind zum Teilen und Liken des Angebots).
3. Wie es weitergeht, hängt vom Pakettyp ab. Schau dazu in die nächsten Abschnitte, da ist es für jeden Pakettyp erklärt.

SHADER

Ein *Shader* sorgt für eine deutliche Verbesserung der Grafik. Die Landschaft wird durch eine realistische Beleuchtung mit Schatten (daher der Name) und Spiegelungen auf dem Wasser kräftig aufgemotzt. Die Bedrock Edition nennt das *farbenfrohe Grafik*. Der Shader ist automatisch eingeschaltet, allerdings nur, wenn deine Hardware das unterstützt.

Der Shader heißt in der Bedrock Edition »Farbenfrohe Grafik«.

Unter **Einstellungen • Grafik • Grafikmodus** kannst du den Shader ausschalten, z. B. wenn dein Computer dafür zu langsam ist. Allerdings ist das nur außerhalb der Welten möglich, nicht während des Spiels. Tipp: Am Hintergrundbild von Minecraft erkennst du sofort, ob der Shader gerade aktiviert ist, du siehst dann realistische Schatten.

Ein Ausschnitt des Minecraft-Hintergrundbildes, links mit Shader, rechts ohne

Es ist sogar noch mehr möglich: Das Maximum an realistischer Grafik holst du mit dem Grafikmodus *Raytraced* (*RTX*) heraus, der allerdings nur von bestimmten Grafikkarten unterstützt wird. Dabei wird ständig der Verlauf aller Lichtstrahlen im Bild berechnet, was viel Rechenpower beansprucht, aber beeindruckende Ergebnisse liefert. Schau dazu auf die Informationsseite von Minecraft zum Thema »Raytracing« (*https://www.minecraft.net/de-de/updates/ray-tracing*).

Während der normale Shader jede beliebige Welt verbessert, funktioniert das Raytracing nur mit speziell angepassten Texturen. Im Marketplace gibt es dafür einige Beispielwelten. Gib im Marketplace-Suchfeld »rtx« ein und filtere nach **Minecoins • Kostenlos**. Du kannst diese Welten aber nur herunterladen, wenn dein Computer die dafür nötige Grafikkarte hat.

RTX-Welten benötigen eine Grafikkarte. Hast du die passende Hardware nicht, erscheint ein anklickbares »i« auf dem »Kostenlos«-Button.

CHARAKTERE UND SKIN-PAKETE

Das Aussehen deiner Spielfigur änderst du über den Hauptmenüpunkt **Ankleidezimmer**. Im Ankleidezimmer gibt es links ein Menü, das du mit einem Klick auf die drei Striche ausklappst.

Das Menü und die Anzeige der Charaktere im »Ankleidezimmer«

Das sind die Menüpunkte im Ankleidezimmer:

- **Meine Charaktere**: Hier fügst du eine neue Spielfigur hinzu und wählst eine aus.
- **Charaktereditor**: Ein *Charakter* ist in der Bedrock Edition die Zusammensetzung deiner Spielfigur aus vorgefertigten Körperteilen und Kleidungsstücken. Im Gegensatz zur Java Edition kannst du damit auch die äußere Form verändern, z.B. eine Punkerfrisur oder ein dünnes Metallbein anlegen. Das Erstellen von eigener Kleidung oder eigenen Formen ist aber nicht möglich, daher gibt es auch keine Angebote von Spielern im Internet. Das Spiel bietet für jedes Körperteil zahlreiche vorgefertigte Varianten an, die meisten kosten Geld, aber einige sind auch kostenlos.
- **Klassische Skins**: Hierbei ist die äußere Form *nicht* änderbar. Ein Skin ist eine Bilddatei, die wie ein Anzug über die komplette Spielfigur gezogen wird, genauso wie in der Java Edition. Daher kannst du auch sämtliche kostenlosen Skins der Java Edition aus dem Internet benutzen und mit einem Onlinetool oder einem Grafikprogramm auch eigene Skins erstellen. Schau dazu in den Index dieses Buches unter *Skin* ⓘ. Hast du eine Skin-Datei auf

deinem Computer, klickst du unter dem Menüpunkt **Klassische Skins** auf **Skins im Besitz • Neuen Skin wählen**, um sie zu importieren und anzulegen.

- **Emotes**: Das sind Gefühlsausdrücke, die du im Spiel über die Taste B + Zahl ausführst. Du kannst viele Emotes haben, aber im Spiel nur vier davon benutzen. Standardmäßig hast du die Emotes »Folge mir«, »Da drüben«, »Klatschen« und »Winken«. Weitere Emotes erhältst du als Belohnung für schwer zu erreichende Erfolge. Über den Menüpunkt **Emotes** wählst du aus, welche vier Emotes du im Spiel benutzen möchtest.
- **Umhänge**: Ein Umhang ist ein zusätzliches Kleidungsstück, das manchmal in einem Skin-Paket enthalten ist.

Im Marketplace findest du keine einzelnen Skins, sondern *Skin-Pakete*. Da du immer nur einen Skin gleichzeitig tragen kannst, ist ein Skin-Paket wie ein Kleiderschrank, aus dem du den Skin deiner Wahl aussuchst.

Hast du ein Skin-Paket erworben (im Marketplace gibt es über 50 kostenlose, schau an den Anfang des Kapitels, wie du sie findest), erscheint es im **Ankleidezimmer** zur Auswahl. Ein erworbenes Skin-Paket kannst du nicht wieder löschen, auch wenn du keinen Skin davon benutzt.

Ein kostenloses Skin-Paket im Marketplace

Skins im Multiplayer-Spiel

Hast du im **Ankleidezimmer** einen Charakter aus Körperteilen zusammengestellt oder einen klassischen Skin aus dem Marketplace angezogen, sehen dich deine Mitspieler mit diesem Aussehen. Trägst du jedoch einen Skin aus dem Internet, sehen die anderen diesen Skin nur, wenn sie in *ihren* **Einstellungen** unter **Profil** die Option **Nur vertrauenswürdige Skins erlauben** *aus*geschaltet haben. Manche Server ignorieren dein Aussehen sicherheitshalber komplett und verpassen dir bei jedem Beitritt einen zufälligen Skin aus ihrer eigenen Sammlung.

TEXTURENPAKETE UND RESSOURCENPAKETE

Ein *Ressourcenpaket* ist für das Aussehen der Welt zuständig. Oft enthält es nur neue Texturen für Blöcke, Gegenstände, Kreaturen und manchmal auch das Spielmenü und wird dann *Texturenpaket* genannt. Umfangreiche Ressourcenpakete bieten aber auch neue Geräusche und Hintergrundmusik.

Während der Marketplace bei den kostenlosen Skin-Paketen noch eine reiche Auswahl bietet, sieht es bei den kostenlosen Ressourcenpaketen dürftig aus. Dir werden nur die Standardtexturen und die Texturen vor Version 1.14 angeboten. Dafür wirst du im Internet fündig, es ist ganz einfach:

1. Die Website *Minecraft Resource Packs* (*https://resourcepack.net/res/bedrock*) hat auch Bedrock-Ressourcenpakete. Oder suche im Internet unter dem Stichwort »mcpe resource pack«. MCPE steht für *Minecraft Pocket Edition*, den alten Namen der Bedrock Edition, die aber längst nicht mehr nur auf dem Handy, sondern auch auf dem PC und auf Konsolen gespielt werden kann.
2. Achte beim Herunterladen darauf, dass du wirklich eine Version für die Bedrock Edition nimmst. Die Datei muss auf *.mcpack* enden.
3. Es gibt keinen Menüpunkt für den Import, aber den brauchst du auch nicht. Ein doppelter Klick auf die heruntergeladene *mcpack*-Datei reicht schon, um sie in die Bedrock Edition zu importieren.
4. Nach dem Import findest du die Ressourcen an zwei Orten, wo du sie durch Anklicken aktivieren kannst:
   - Aktivierst du sie unter **Einstellungen • Globale Ressourcen**, ändern sie das Aussehen der Menüpunkte der Bedrock Edition und gelten für alle Welten.
   - Aktivierst du sie unter **Spielen • Welten •** (Stift-Icon) neben der Welt **• Ressourcenpakete**, ändern sie nur das Aussehen dieser einen Welt. Zusätzlich kannst du über ein Häkchen das Annehmen der Ressourcen für andere Spieler fordern, die deiner Welt beitreten, damit sie das zur Welt passende Spielerlebnis haben (*Weltressourcenpaket*).
5. Über dieselben Menüpunkte deaktivierst du die Ressourcen auch wieder. Das Paket steht dann unter **Meine Pakete** weiterhin zur Auswahl und kann wieder aktiviert werden. Möchtest du das Paket ganz aus der Auswahl ent-

fernen, musst du es aus dem *com.mojang*-Ordner *resource_packs* löschen (siehe Kasten).

Das Paket »Retro NES« aus dem Internet für die Bedrock Edition

Der Ordner »com.mojang«

Die Bedrock Edition speichert ihre Daten in folgendem Ordner:

- **Windows**: Öffne das **Ausführen**-Fenster mit [Windows] + [R] und gib ein: *%localappdata%\Packages\Microsoft.MinecraftUWP_8wekyb3d8bbwe\LocalState\games\com.mojang*
- **Android** und **Amazon Fire OS**: *storage/emulated/0/Android/data/com.mojang.minecraftpe/files/games/com.mojang*
- **Android**: *Minecraft/games/com.mojang*
- **iOS** und **iPadOS**: *On My iPhone/Minecraft/games/com.mojang*

Im *com.mojang*-Ordner findest du deine Welten und deine installierten Pakete.

VERHALTENSPAKETE, MODS UND ADD-ONS

Während ein Ressourcenpaket nur das Aussehen des Spiels ändert, greift ein *Verhaltenspaket* (englisch *Behavior Pack*) in das Verhalten des Spiels ein. Es erweitert Minecraft um neue Blöcke, neue Kreaturen und neue Spielfunktionen.

Solche Veränderungen des Spiels werden *Modifikation* oder kurz *Mod* genannt. Allerdings gibt es einen entscheidenden Unterschied zu den Mods der Java Edition: Die Bedrock Edition ist in einer Programmiersprache geschrieben (C++), bei der man keinen eigenen Programmcode hinzufügen kann. Als Ersatz hat der Spielhersteller die Möglichkeit geschaffen, Änderungen als *Add-on* (deutsch »Zusatz«) mit dem vorhandenen Spiel zu verbinden. Hauptbestandteil eines Add-ons ist ein Verhaltenspaket. Wenn ein neues Spielelement auch Texturen und Geräusche braucht, gehört noch ein Ressourcenpaket zum Add-on dazu.

In den Einstellungen einer Welt sind Add-ons zu sehen.

Add-ons finden

Der Marketplace hat keine Kategorie »Add-ons«, aber im Internet wirst du fündig.

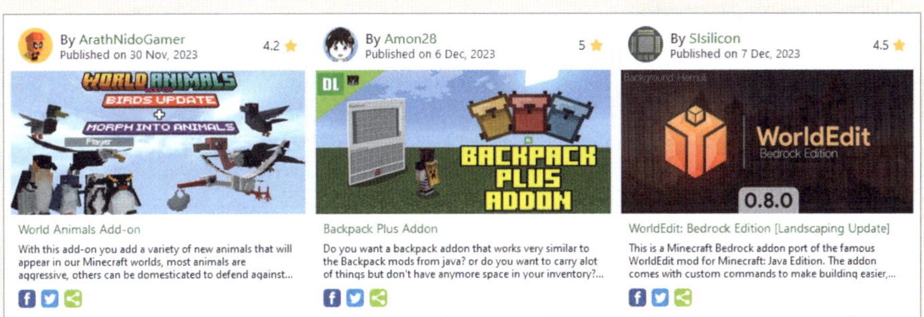

Bedrock-Mods (Add-ons) auf »mcpedl.com«

Such im Internet nach »mcpe addon«. Sei beim Download wie immer aufmerksam und vorsichtig und beachte die *Downloadtipps* ⓘ.

Für Add-ons gibt es drei Dateitypen:

- *mcpack*-Datei: Dieses Add-on kannst du einer Welt nachträglich hinzufügen.
- *mcworld*-Datei: Dieses Add-on ist in eine vorgebaute Welt integriert.
- *mcaddon*-Datei: Dieses Add-on ist ein komprimiertes Archiv, das eine oder mehrere *mcpack*-Dateien und *mcworld*-Dateien enthalten kann.

Die Installation von Add-ons ist nach dem Herunterladen sehr einfach: Ein doppelter Klick auf die Datei reicht schon. Sofern die Bedrock Edition auf deinem Computer installiert ist, importiert sie die Datei automatisch. Je nach Dateityp findest du das Ergebnis dann an diesen Stellen:

- *mcpack*-Dateien erscheinen nach dem Import unter den Ressourcenpaketen oder Verhaltenspaketen, die du einer Welt hinzufügen kannst – für neue Welten über **Spielen ▪ Neu erstellen ▪ Neue Welt erstellen**, für existierende Welten über das Stift-Icon. Klicke auf die Pakete, schau in **Meine Pakete** und klicke das gewünschte Paket an, um es zu aktivieren. Über diese Menüpunkte deaktivierst du ein Paket auch wieder. Möchtest du das Paket ganz aus der Auswahl entfernen, musst du es aus dem *com.mojang*-Ordner *resource_packs* oder *behavior_packs* löschen (siehe Kasten zum *com.mojang*-Ordner).
- *mcworld*-Dateien erscheinen nach dem Import unter **Spielen ▪ Welten**. Ob die Welt Add-ons enthält, siehst du, wenn du das Stift-Icon anklickst. Um die Welt wieder zu löschen, scrollst du nach einem Klick auf das Stift-Icon rechts ganz nach unten zum Menüpunkt **Welt löschen**.

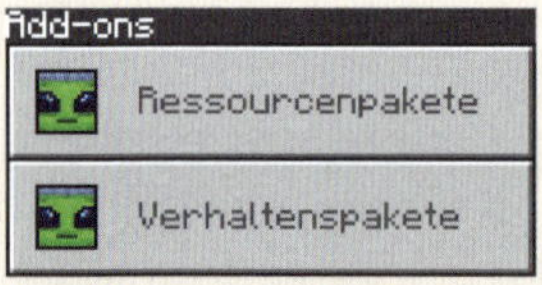

Oben: Die Welt »AlienInvasion.mcworld« enthält Add-ons. Rechts: Das Add-on bringt Aliens in eine vorgebaute Welt.

SEEDS

Jede neue Welt wird zufällig generiert, aber du kannst den Zufall wiederholen, wenn du den Seed der Welt kennst (in der Java Edition »Startwert« genannt). Den Seed gibst du in der Bedrock Edition unter **Spielen ▪ Neu erstellen ▪ Neue Welt erstellen ▪ Fortgeschritten ▪ Welt-Seed** ein. Daneben findest du einen Menüpunkt **Vorlagen**, der dich zu einer *Seed-Sammlung* führt.

Die integrierte Seed-Sammlung der Bedrock Edition

Erstellst du eine zweite Welt mit demselben Seed, sieht sie genauso aus wie die erste (natürlich nur die ursprüngliche Welt ohne deine Veränderungen). Das funktioniert auch zwischen der Bedrock und der Java Edition (mit kleinen Unterschieden). Daher kannst du Seed-Sammlungen aus dem Internet für beide Editionen benutzen. Schau dazu in den Index dieses Buches unter *Seed-Sammlung* ⓘ.

VERSCHIEDENE WELTTYPEN

Die besten vorgebauten Welten für die Bedrock Edition findest du im Marketplace, weil sie von Profis gebaut wurden. Benutzt du den Filter, wie am Anfang dieses Kapitels beschrieben, sind etwa 130 davon kostenlos. Du hast im Suchfilter sogar mehrere Möglichkeiten:

- **Survival-Spawn**: ein Schloss, eine Burg, eine Villa oder ein anderes Bauwerk als Hauptsitz einer Survival-Welt, die sich beim weiteren Erkunden normal vergrößert
- **Abenteuerkarte**: Bauwerke, die zum Erkunden, Entdecken und Erleben von Abenteuern einladen

- **Minigame**: gebaute Spiele aller Art

Weitere Welten gibt es in der Marketplace-Kategorie **Texturen und mehr**. Diese sogenannten *Mash-ups* sind Abenteuerkarten, die Minecraft mit einem besonderen Thema vermischen (daher der Name), z. B. ägyptische Mythologie, Tiefsee, Halloween oder Lizenzprodukte von Spielzeug und Filmen. In diesen Welten steckt immer auch ein spezielles Ressourcenpaket, ein Verhaltenspaket und ein zum Thema passendes Skin-Paket. Mash-ups sind nicht kostenlos.

Das kostenlose Minigame »Lumen« ist eine Stadtsimulation.

Die Welt »Datenschutz-Wunderkind« bringt dir den Datenschutz näher.

Holst du dir eine Welt im **Marketplace**, findest du sie anschließend im linken Marketplace-Menü unter **Mein Inhalt**. Um die Welt spielen zu können, musst du sie dort erst herunterladen. Nach dem Download erscheinen Welten vom Typ »Abenteuerkarte« und »Minigame« unter **Spielen** in der Sammlung deiner Welten. »Survival-Spawns« landen jedoch woanders. Du siehst sie als Weltvorlage, wenn du unter **Spielen** auf **Neu erstellen** klickst. Du musst erst eine neue Welt mit dieser Weltvorlage erstellen, um den Survival-Spawn sehen zu können.

Um eine Welt wieder zu löschen, klickst du im Menü **Spielen ▪ Welten** auf das Stift-Icon neben der Welt und scrollst rechts ganz nach unten zum Menüpunkt **Welt löschen**. Deine Marketplace-Käufe (auch kostenlose) bleiben aber unter dem Menüpunkt **Mein Inhalt** erhalten. Du kannst die Welten dann bei Bedarf erneut herunterladen.

Welten im Internet finden

Suchst du im Internet nach »mcpe maps«, findest du verschiedene Minecraft-Plattformen mit Welten für die Bedrock Edition, die von Spielern gebaut wurden. Dort gibt es ähnliche Kategorien wie im Marketplace, oft noch weiter unterteilt.

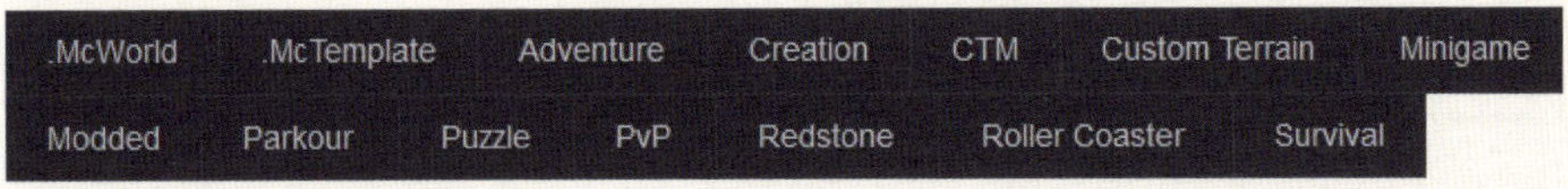

Welt-Kategorien auf »mcpedl.com«

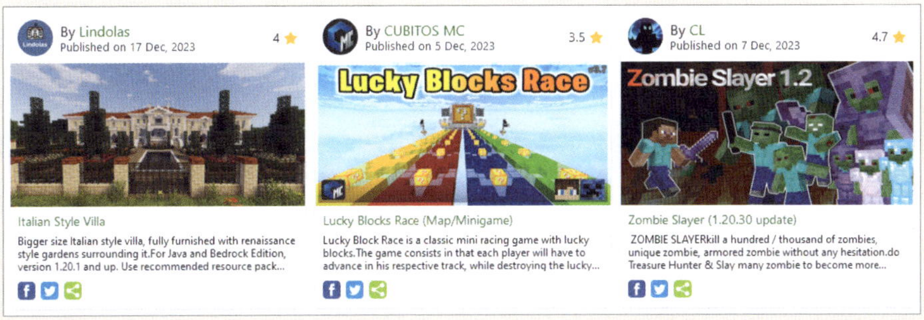

Bedrock-Welten auf »mcpedl.com«

Die Installation geschieht nach dem Herunterladen durch doppelten Klick auf die Datei. Das löst den automatischen Import durch die Bedrock Edition aus. Es gibt zwei Dateitypen:

- *mcworld*-Datei: Abenteuerwelten und Minispiele findest du dann unter **Spielen** in der Sammlung deiner Welten.

- *mctemplate*-Datei: Diese Vorlagen für eine Survival-Welt siehst du, wenn du unter **Spielen** auf **Neu erstellen** klickst.

Welten tauschen

Möchtest du eine deiner Welten an Freunde weitergeben, klickst du im Menü **Spielen • Welten** auf das Stift-Icon neben der Welt und scrollst rechts ganz nach unten zum Menüpunkt **Welt exportieren**. Dann kannst du eine *mcworld*-Datei speichern und weitergeben.

Der Import ist mit einem doppelten Klick auf die Datei erledigt. Alternativ dazu kannst du auch einen Menüpunkt nutzen: im **Spielen**-Menü das Pfeil-Icon neben dem Menüpunkt **Neu erstellen**.

Über dieses Icon importierst du andere Bedrock-Welten.

Der Austausch von Welten zwischen der **Java Edition** und der **Bedrock Edition** ist vom Spielhersteller nicht vorgesehen. Zwar kannst du den Startwert oder Seed benutzen, um dieselbe Welt in der jeweils anderen Edition neu zu erstellen, aber für bereits bebaute Welten bringt das nichts.

Dafür gibt es im Internet einige Tools. Suche nach »minecraft bedrock java converter« oder gehe z. B. auf die *Chunker*-Website (*https://chunker.app*). Die deutsche Anleitung dazu gibt es auf der Microsoft-Website (*https://learn.microsoft.com/de-de/minecraft/creator/documents/chunkeroverview*), wo auch der erweiterte Modus erklärt wird, um überflüssige Chunks aus einer begrenzten Abenteuerwelt oder einem Minispiel zu entfernen.

Die Java Edition wird oft zum Bauen von Abenteuerwelten benutzt, weil es dafür viele Tools und Hilfsprogramme gibt, wie z. B. *WorldPainter*. Die fertige Welt wird dann mit Chunker von Java zu Bedrock konvertiert.

Zur Konvertierung musst du die Welt hochladen, was einige Minuten – bei größeren Welten auch länger – dauern kann. Eine hundertprozentige Konvertierung ist allerdings nicht möglich. Objekte und Spielerinventare können noch nicht konvertiert werden.

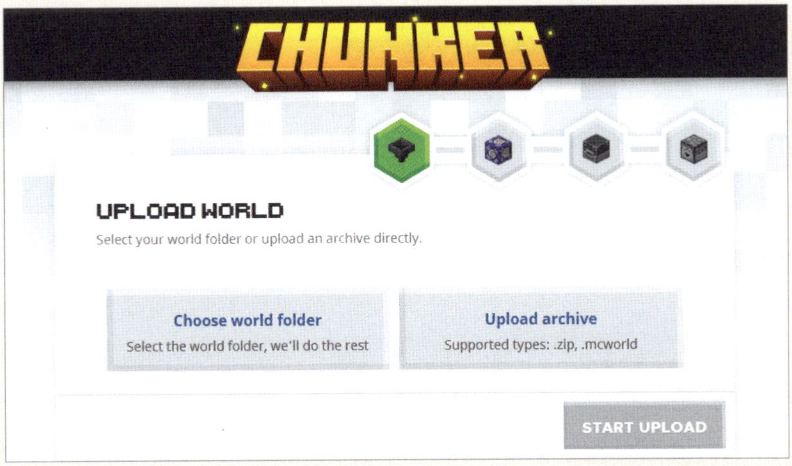

Mit Chunker konvertierst du Welten der Bedrock Edition zu Welten der Java Edition und umgekehrt.

Spezialwelten generieren

Beim Bau von Abenteuerwelten und besonders Minispielen würde eine generierte Landschaft meistens stören. Eine flache Welt ist dafür besser geeignet. Die erzeugst du über **Spielen** ▪ **Neu erstellen** ▪ **Neue Welt erstellen** ▪ **Fortgeschritten** mit der Einstellung **Flache Welt**.

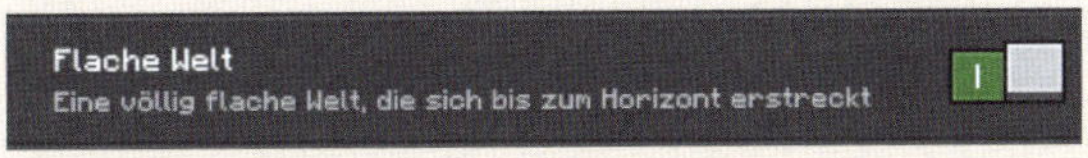

Mit dieser Einstellung erzeugst du eine flache Welt.

Einstellungen für das Spielen in neuen Survival-Welten, z. B. die dauerhafte Anzeige von Koordinaten, findest du ebenfalls unter dem Menüpunkt **Fortgeschritten**. Weitere Einstellungen dieser Art sind unter dem Menüpunkt **Cheats** gesammelt, z. B. dass du nach dem Tod dein Inventar behältst. Um diese zu nutzen, musst du in der Liste zuerst ganz oben die Cheats (deutsch »Mogeleien«) aktivieren.

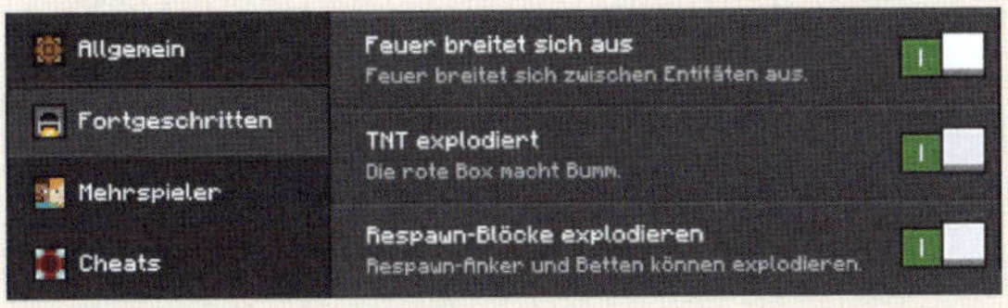

Die Spielregeln unter »Fortgeschritten«

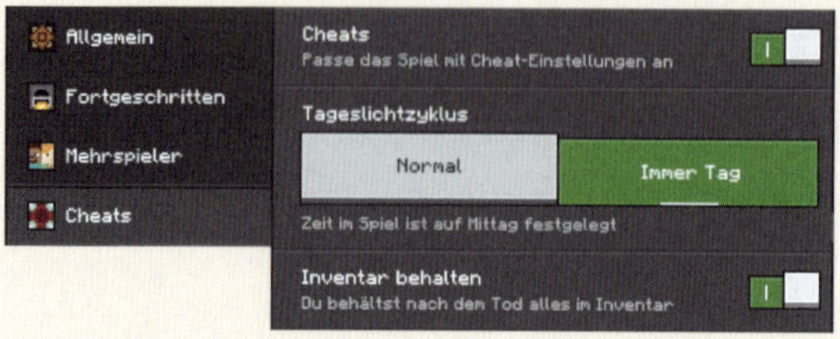

Die Spielregeln unter »Cheats«

WELTKARTE

Wenn du eine Übersichtskarte der bisher erforschten Teile einer Welt haben möchtest, nimmst du das Programm *uNmINeD* von Balázs Farkas (*https://unmined.net*). Es generiert aus den gespeicherten Chunks eine schöne Weltkarte. Allerdings reicht es zum Speichern der Chunks nicht aus, einfach über den gewünschten Bereich zu fliegen, du musst in jedem Chunk einen Block verändern. Das erledigt für dich das Add-on *World Generator* von bsavage81. So generierst du damit eine Weltkarte:

1. Lade den World Generator von der Original-Website herunter (*https://github.com/bsavage81/bedrock-world-generator*). Klicke doppelt auf die *mcaddon*-Datei, um sie automatisch zu importieren.
2. Aktiviere das Add-on, wie unter *Bedrock Edition Add-on* ❶ beschrieben.

3. Gehe in deine Welt, öffne die Chatzeile mit T und gib z.B. den Befehl `/function start500` ein, um die Chunks für einen 500 × 500 Blöcke großen Bereich um deinen Startpunkt herum zu generieren. Das Add-on teleportiert dich schrittweise durch das ganze Gebiet, setzt einen Block in der Luft und entfernt ihn wieder, was einige Minuten dauert. Bei größeren Bereichen dauert es entsprechend länger. Möglich sind mindestens 250 Blöcke, in 250er-Schritten bis 2.500, und ab 3.000 in 1.000er-Schritten maximal 10.000 Blöcke.

4. Lade uNmINeD von der Original-Website herunter (*https://unmined.net*). Extrahiere die *zip*-Datei und starte *unmined.exe*.
5. Klicke auf den kleinen Pfeil bei **Bedrock Edition saves**, dann auf den Pfeil bei deiner Welt und dort doppelt auf **Overworld**. Die Karte wird erzeugt.
6. Klicke in dem Programm auf alle Icons und Menüpunkte, um dich damit vertraut zu machen.

Der Weltkartengenerator uNmINeD

KREATIVMODUS UND BEFEHLE

Das Kreativ-Inventar hat eine Suchzeile, die du über die Lupe erreichst. Hast du dort etwas eingegeben und möchtest du danach einen neuen Suchtext eingeben, löschst du die vorherige Eingabe mit dem kleinen »x« am Ende der Eingabezeile, oder du benutzt `Strg` + `A`, um den ganze Text intern zu markieren und durch einen neuen Suchtext zu ersetzen.

Blöcke aus dem Operator-Inventar der Java Edition bekommst du in der Bedrock Edition nur über den `/give`-Befehl:

- `/give @s command_block`: Befehlsblock
- `/give @s structure_block`: Konstruktionsblock
- `/give @s structure_void`: Konstruktionsleere

- `/give @s jigsaw`: Verbundblock
- `/give @s light_block`: heller Block (Java Edition: Lichtblock)
- `/give @s barrier`: Barriere

Debug-Stab und Spielerkopf gibt es in der Bedrock Edition nicht (und damit auch keine Deko-Köpfe).

Das Kreativ-Inventar

Unterschiede in der Übersetzung wirst du nicht nur beim hellen Block/Lichtblock feststellen. Während die Java Edition für jedes Land von der jeweiligen Community übersetzt wird, übernimmt das bei der Bedrock Edition eine von Microsoft beauftragte Firma.

Befehle

Mit der Taste [T] oder der [↵] öffnest du die Chatzeile, die auch der Eingabe von Befehlen dient. Drückst du erneut die [↵] oder den Tastatur-Button ganz links neben der Chatzeile, erscheint der grüne Cursor in der Chatzeile. Der zweite Button dient der Eingabe von vier Grundbefehlen ohne Tastatur. Über den dritten Button änderst du die Chateinstellungen. Während der Eingabe hilft die [⇆]-Taste bei der Vervollständigung des Befehls. Um die gesamte Eingabe zu ersetzen, markierst du sie intern mit [Strg] + [A] und schreibst anschließend eine neue Eingabe. Auch möglich: Benutze [Strg] + [←], um das letzte Wort zu löschen. Bist du fertig, schickst du den Befehl mit der Eingabetaste oder mit dem Button rechts neben der Chatzeile ab.

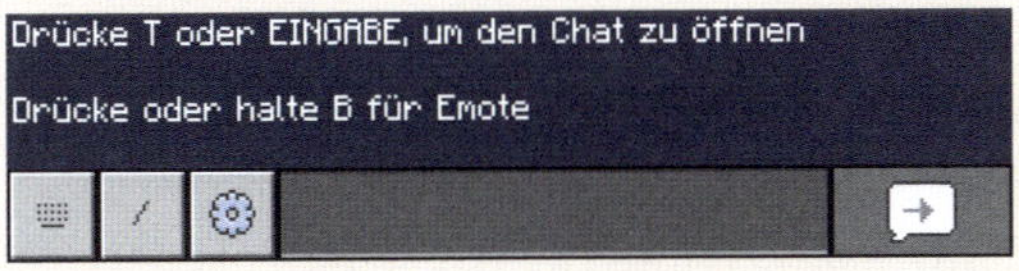

Die Befehlseingabe

Die Bedrock Edition hat wie die Java Edition etwa 60 Befehle. Etwa 40 Befehle gelten für beide Minecraft-Editionen, 20 weitere nur für die jeweilige. Eine Liste aller Befehle findest du in der Referenz, die auf dieses Kapitel folgt.

EXPERIMENTE

Im Laufe der Entwicklung sind einige Funktionen in die Bedrock Edition gekommen, die noch nicht ganz fertiggestellt, aber schon benutzbar sind. Diese sogenannten *Experimente* kannst du beim Erstellen einer neuen Welt aktivieren.

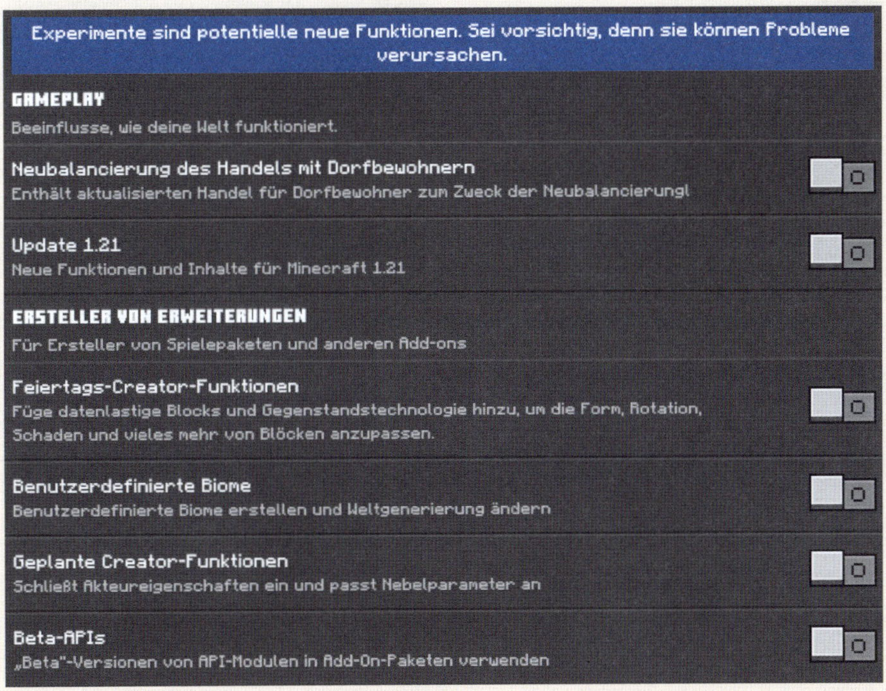

Die Experimente sind zeitlich sortiert, die neuesten stehen unten. Weitere Erklärungen dazu findest du im Minecraft-Wiki (»https://minecraft.wiki/Experiments#Bedrock_Edition«).

Erstellst du eine Welt mit aktiviertem Experiment, kannst du zwar auch nachträglich noch sehen, welches Experiment du aktiviert hast, aber du kannst es nicht wieder ausschalten.

EDUCATION EDITION

Die *Education Edition* ist eine Variante der Bedrock Edition, die für den Unterricht in Schulen, Vereinen und Feriencamps auf der ganzen Welt eingesetzt wird (*https://education.minecraft.net/de-de/discover/what-is-minecraft*). Jahresabos zwischen etwa 5 und 11 € pro Nutzer können von Bildungsorganisationen gekauft werden (*https://education.minecraft.net/de-de/licensing*).

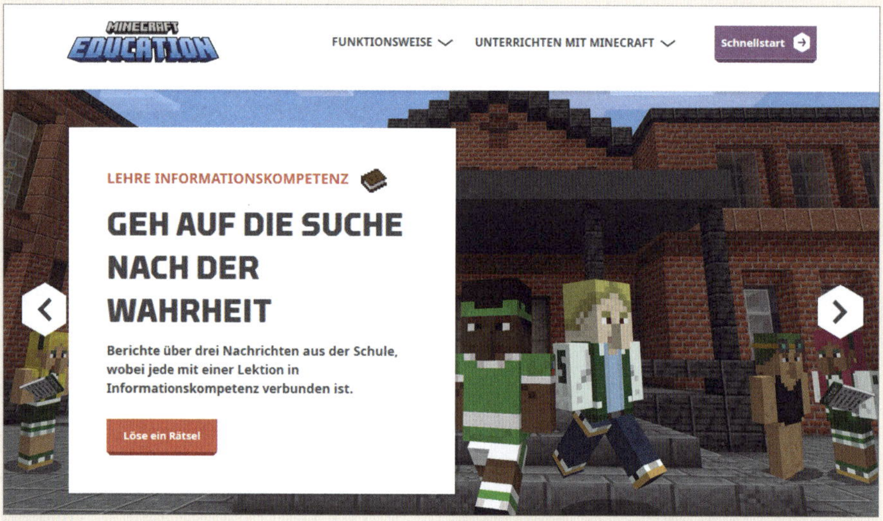

Eine Beispielunterrichtsstunde auf der Website der Education Edition

Einen kleinen Ausschnitt der Education Edition kannst du auch in deiner normalen Bedrock Edition freischalten: die Chemie-Funktionen! Rufe dazu die Welteinstellungen auf, scrolle zu den **Cheats** und aktiviere **Education Edition**. Um die neuen Funktionen zu verstehen und nutzen zu können, lädst du eine 13-seitige *pdf*-Broschüre von der Website herunter (*https://education.minecraft.net/de-de/trainings/chemistry-lab-journal*).

Zum Ausprobieren eignet sich am besten eine flache Welt mit dem Schwierigkeitsgrad »friedlich« und den Einstellungen »ohne Kreaturen-Spawn«, »immer Tag« und »kein Wetterzyklus«.

Ein Chemie-Labor mit Elementkonstruktor, Verbindungserzeuger, Labortisch und Stoffreduzierer. Erzeuge Wasserstoff und Kohlenstoff, verbinde es zu Latex und crafte daraus mit Helium, Leine und Farbstoffen Ballons.

BETA UND PREVIEW

Im Minecraft-Launcher findest du unter **Minecraft for Windows** den Reiter **Änderungsliste** mit Informationen zu den neuesten Bedrock-Versionen. Informationen zu Vorabversionen (*Beta* oder *Preview*) werden hier jedoch nicht gezeigt. Dafür gibt es eine eigene Website (*https://feedback.minecraft.net/hc/en-us*). Klicke dort auf **Knowledge Base** und dann auf **Beta and Preview Information and Changelogs**.

Um die neueste Vorabversion zu spielen, benötigst du die App *Minecraft Preview*. Auf der Minecraft-Website (*https://www.minecraft.net/de-de/article/testing-new-minecraft-features*) ist die Installation für verschiedene Plattformen erklärt. Für Windows geht die Installation so:

1. Klicke im Minecraft-Launcher unter **Minecraft for Windows** auf **Installation** und dort bei **Installation von Minecraft Preview for Windows** auf **Installieren**.
2. Nach der Installation steht die Preview im Launcher zur Verfügung. Zur Auswahl klickst du links neben dem Menüpunkt **Spielen** auf den kleinen Pfeil.

Die Bedrock-Preview zum Spielen der neuesten Vorabversion

Mit der Bedrock-Preview spielst du die neueste Vorabversion. Zusätzlich hast du nur in der Preview die Möglichkeit, einige Zeit nach Erscheinen einer regulären Minecraft-Version die ersten Funktionen der *nächsten* Minecraft-Version als Experiment freizuschalten und vorab zu spielen.

Zusätzliche Experimente, die nur in der Preview erscheinen

ALTE BEDROCK-VERSIONEN

Während du alte Spielversionen der Java Edition einfach über den Minecraft-Launcher installieren kannst, z. B. weil eine bestimmte Mod oder ein bestimmter Server nur damit funktionieren, ist das für die Bedrock Edition nicht möglich. Abhilfe schafft der *Bedrock Launcher* von Carjem:

1. Lade die Setup-Datei für den Bedrock Launcher von der offiziellen Website herunter (*https://bedrocklauncher.github.io*).
2. Starte die Datei *BedrockLauncherSetup.exe* und lege einen Ordner für die Installation fest (z. B *C:\Programme*). Dort wird der Unterordner *BedrockLauncher* erstellt.
3. Erzeuge eine Verknüpfung für *StartBedrockLauncher.exe* und starte den Launcher. Du siehst eine Sprachauswahl, aber Deutsch ist noch nicht dabei. Bestätige den Arbeitsordner (normalerweise *.minecraft_bedrock*).

4. Als Nächstes legst du ein Profil für deine persönliche Auswahl von Bedrock-Installationen an. Später kannst du dir weitere Profile für andere Auswahlen anlegen.
5. Bevor es die Bedrock-Preview für das Spielen von Vorabversionen gab, existierte bis 2021 das *Beta-Programm*, das nur mit einem Microsoft-Insider-Account nutzbar war. Wenn du an den alten Beta-Vorabversionen nicht interessiert bist, gehst du weiter zum nächsten Punkt.
6. Starte das Backup für deine bisherige Bedrock-Installation. Nur so kann sie zum Schluss in den Launcher integriert werden.

Der Bedrock-Launcher funktioniert wie der Minecraft-Launcher, aber er ermöglicht auch alte Installationen für die Bedrock Edition.

Startest du zum ersten Mal das »Latest Release«, wird es neu heruntergeladen, was einen Moment dauert. Die Installation ist frisch, d. h. ohne deine Welten und bisherigen Einstellungen. Hast du ein Backup deiner bisherigen Bedrock-Installation angelegt, erscheint es als **Recovery Data**. Dort findest du deine bisherigen Welten und Einstellungen.

WERDE EIN KREATIVER CREATOR

In diesem Kapitel hast du verschiedene Zusätze kennengelernt, um deine Bedrock Edition kräftig aufzumotzen. Nun ist es an der Zeit, solche Zusätze selbst herzustellen. Sobald du ein Skin-, Ressourcen- oder Verhaltenspaket oder ein Add-on schreibst, bist du schon ein *Creator*. Von den ersten Schritten bis zu tiefer gehenden Anleitungen unterstützt dich dabei die *Creator-Website* des Spielherstellers (*https://learn.microsoft.com/de-de/minecraft/creator*). Dort findest du viele Tutorials und Schritt-für-Schritt-Anleitungen, oft sogar auf Deutsch.

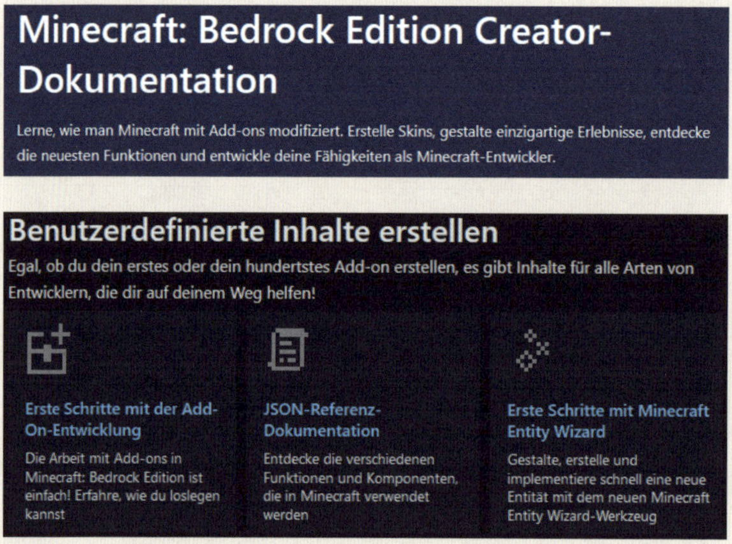

Die Minecraft-Website für Creators

Deine Werke kannst du zwar nicht über den Marketplace anbieten – das ist nur für eingetragene Firmen und nach einer Qualitätskontrolle durch Microsoft möglich –, aber im Internet gibt es für die Veröffentlichung von Minecraft-Bedrock-Inhalten einige Plattformen, die du in diesem Kapitel bereits kennengelernt hast. Letztlich haben auch die professionellen Creators, die ihre Inhalte über den Marketplace anbieten, einmal klein angefangen und sich selbst beigebracht, wie das alles funktioniert.

Für die Entwicklung von kleinen und großen Inhalten werden dir einige spannende Werkzeuge kostenlos zur Verfügung gestellt:

- **Blockbench** ⓘ ist ein 3D-Modellierungsprogramm für Minecraft, das in diesem Buch bereits ausführlich vorgestellt wurde. Damit modellierst du neue Blöcke, Gegenstände und Kreaturen, um sie in einem Bedrock-Add-on zu verwenden.
- **Block Wizard**, **Item Wizard** und **Entity Wizard** sind Plugins für Blockbench zum Erstellen neuer Blöcke, Gegenstände, Kreaturen und sonstiger Objekte für die Bedrock Edition.

  Zur Installation klickst du in Blockbench auf den Menüpunkt **Datei ▪ Plugins**, ohne das Untermenü zu öffnen. Es erscheint der integrierte Plugin-Store. Gib im Suchfeld »wizard« ein. Wie die drei Plugins funktionieren, ist auf der Creator-Website beschrieben. Gib dort im Suchfeld »block wizard« ein.

- Der **Bedrock Editor** (*https://github.com/Mojang/minecraft-editor*) ist eine spezielle Einstellung in der Bedrock Edition, um Abenteuerwelten zu erstellen. Er ist noch in der Entwicklung und daher nur für die Bedrock Preview und nur für Windows zugänglich. Der Bedrock Editor hat Funktionen zum Verändern ganzer Blockbereiche und zum Testen. Eine Anleitung findest du auf der Creator-Website. Gib dort im Suchfeld »bedrock editor« ein.

  So startest du den Bedrock Editor:

  – Installiere die Bedrock Preview, wie im vorherigen Abschnitt beschrieben.
  – Rechtsklicke auf den Desktop-Hintergrund deines Windows-Computers und wähle **Neu ▪ Verknüpfung**.
  – Gib als **Speicherort** ein: `minecraft-preview:?Editor=true`. Damit erstellst du eine Verknüpfung auf dem Desktop für den Bedrock Editor.

Das Hauptmenü im Bedrock Editor beginnt gleich mit dem Anlegen eines neuen Projekts, was dem Erstellen einer Welt entspricht. Die allgemeinen Einstellungen erreichst du über das Zahnrad oben rechts.

Hund mit Fischschwanz, Pelikan und schwankendes Boot: bewegliche Objekte in der Abenteuerwelt »Geschichten am Meer« vom Entwicklerstudio »Gamemode One«

So sehen Dialoge mit Nichtspielerfiguren (NPCs) in der Bedrock Edition aus.

Die größte Spielwiese in der Bedrock Edition ist die Erstellung von Add-ons. Auf der Creator-Website gibt es dazu eine ausführliche deutsche Einführung (*https://learn.microsoft.com/de-de/minecraft/creator/documents/gettingstarted*).

Außerdem gibt es ein englisches Wiki, das auf die technischen Themen der Bedrock Edition spezialisiert ist. Auch dort gibt es eine Einführung in die Add-on-Entwicklung (*https://wiki.bedrock.dev/guide/introduction.html*) und viele weitergehende Informationen.

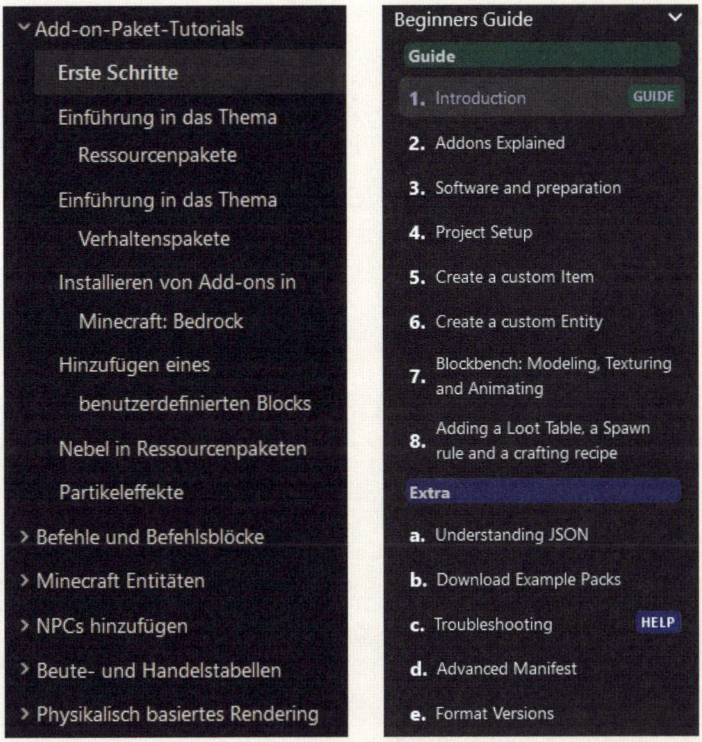

Die Inhalte der Creator-Website und des Bedrock-Wikis zum Thema Add-on

Gratulation, du bist jetzt Bedrock-Experte!

Die Bedrock Edition eröffnet dir völlig neue Perspektiven zum kreativen Austoben. Mit Charakteren und Add-ons veränderst du das Spiel anders als mit der Java Edition.

Schau dir an, was andere Spieler mit der Bedrock Edition bereits angestellt haben, und beginne, selbst zu experimentieren und eigene Inhalte und Abenteuerwelten zu erschaffen. Als Creator wirst du mit Werkzeugen und Anleitungen auf der Creator-Website hilfreich unterstützt.

Viel Spaß dabei und Happy Crafting!

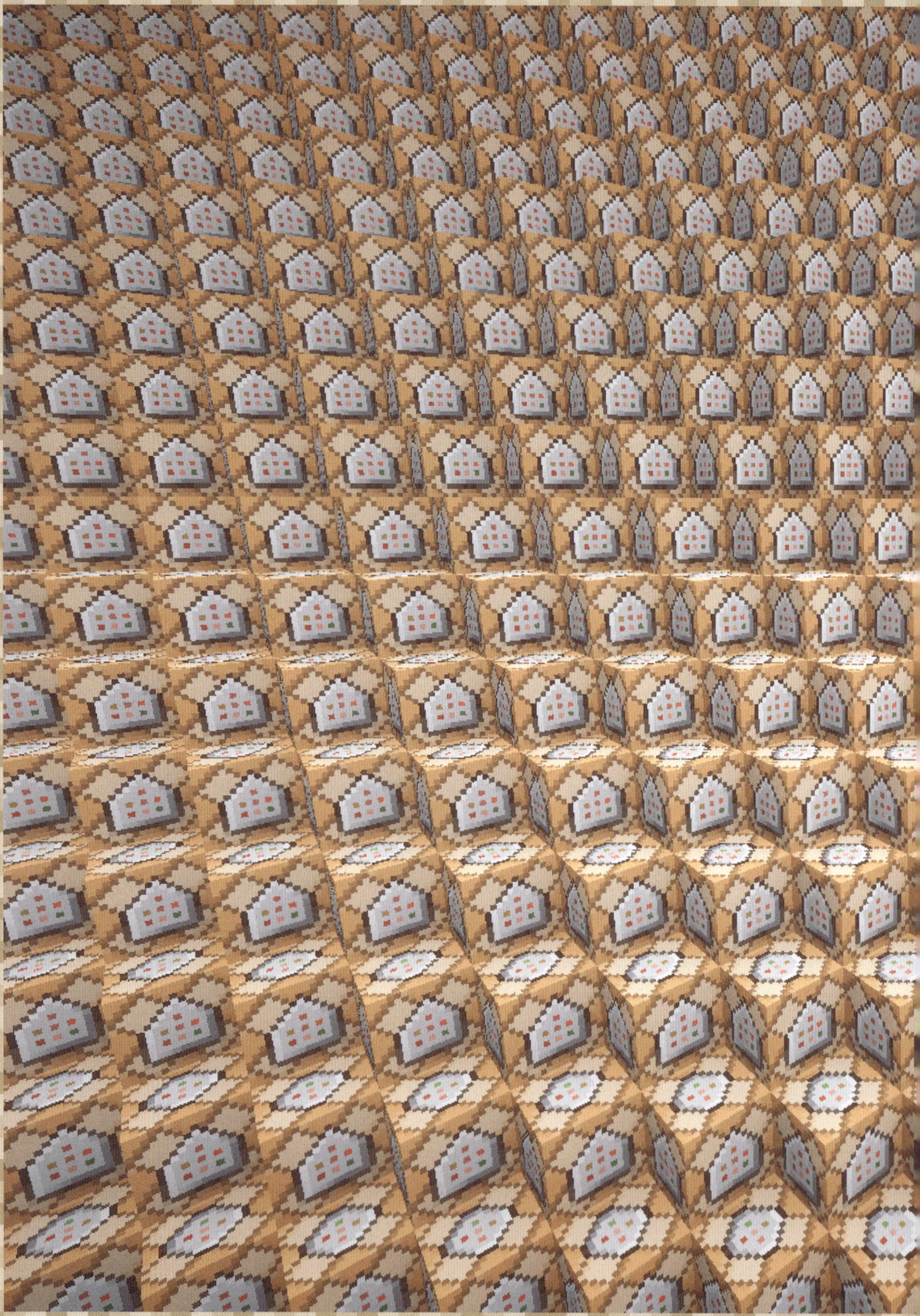

REFERENZ – ALLE MINECRAFT-BEFEHLE

Mit Minecraft-Befehlen erhältst du Informationen über das Spiel oder veränderst es. Dieses Kapitel zeigt dir alle Einzelspielerbefehle der Java Edition und der Bedrock Edition. Für eine bessere Übersicht sind sie nach Anwendungsfällen gruppiert.

Üblicherweise gibst du einen Befehl in der Chatzeile ein. Um einen Befehl vom normalen Chattext zu unterscheiden, beginnt er immer mit einem Schrägstrich »/«. Eine Einführung zur Benutzung von Minecraft-Befehlen findest du am Anfang des Kapitels »›Tu es‹ – mit Befehlen bauen«. Dort sind der Aufbau von Befehlen, die Befehlssyntax und die Tab-Vervollständigung erklärt.

BEFEHLE IN DER JAVA EDITION

Die folgenden Tabellen zeigen alle Einzelspielerbefehle der Java Edition. Über den Index am Ende des Buches findest du zu jedem Befehl die passende Seite in diesem Buch mit einer genaueren Erläuterung und Beispielen.

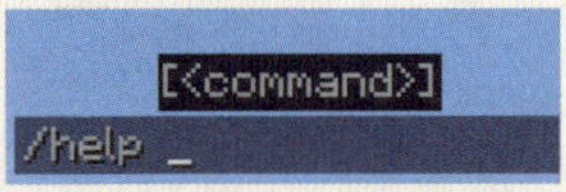

Die Chatzeile der Java Edition zeigt Hinweise bei der Eingabe von Befehlen.

Befehle zum Verändern der Welt

Eine Minecraft-*Welt* besteht aus Daten, die im jeweiligen Weltordner gespeichert sind. Standardmäßig gibt es eine Oberwelt, einen Nether und ein Ende. Weitere Dimensionen kannst du mit einem Datenpaket hinzufügen.

Befehl	Funktion
`/seed`	Zeigt den Startwert.
`/gamerule`	Zeigt oder ändert eine Spielregel.
`/difficulty`	Zeigt oder ändert die Schwierigkeit.
`/defaultgamemode`	Legt den Standardspielmodus fest.
`/setworldspawn`	Setzt den Welt-Spawn-Punkt.
`/worldborder`	Ändert die Weltbarriere.
`/time`	Ändert die Zeit und passt den Sonnenstand an.
`/weather`	Ändert das Wetter.
`/fillbiome`	Ändert das Biom in einem Bereich.
`/locate`	Findet ein Biom oder ein generiertes Bauwerk.
`/place`	Platziert ein Landschaftsmerkmal, ein Bauwerk oder eine Konstruktion.
`/forceload`	Hält einen Chunk dauerhaft geladen.
`/tick`	Ändert die Tickrate.
`/datapack`	Verwaltet die Datenpakete.
`/reload`	Lädt die Datenpakete neu.

Befehle zum Verändern von Blöcken

Blöcke sind die Bausteine, aus denen eine Minecraft-Welt zusammengesetzt ist. An einer bestimmten XYZ-Position des Blockgitters kann immer nur ein einziger Block sein. Manche Blöcke (z. B. Behälter) haben Zusatzdaten, die *Blockobjekt* genannt werden.

Befehl	Funktion
`/setblock`	Setzt einen Block.
`/fill`	Füllt einen Bereich mit Blöcken.
`/clone`	Kopiert einen Blockbereich.
`/data`	Zeigt und ändert Blockobjektdaten.

Befehle zum Verändern von Objekten

Ein *Objekt* ist ein dreidimensionales Spielelement in der Welt, das nicht an das Blockgitter gebunden ist. Die meisten Objekte bewegen sich. Dazu gehören Spieler, Tiere, Monster, Fahrzeuge, Geschosse und weitere Objekte. Blöcke und Gegenstände werden zu kleinen Objekten, sobald sie auf dem Boden liegen. Auch fallende Blöcke werden kurzzeitig zu Objekten.

Befehl	Funktion
`/summon`	Erzeugt ein Objekt (außer Spieler).
`/kill`	Entfernt Objekte.
`/damage`	Schädigt ein Objekt.
`/effect`	Gibt und entfernt Statuseffekte von Objekten.
`/ride`	Lässt ein Objekt auf einem anderen reiten.
`/tp` oder `/teleport`	Teleportiert Objekte.
`/spreadplayers`	Verteilt Objekte in einem Umkreis.
`/data`	Zeigt Objektdaten und ändert sie (außer bei Spielern).
`/attribute`	Ändert die Attribute von Lebewesen.
`/enchant`	Verzaubert den Gegenstand in der Hand von Lebewesen.
`/tag`	Gibt und entfernt Etiketten von Objekten.

Befehle nur für Spieler:

Befehl	**Funktion**
`/gamemode`	Ändert den Spielmodus eines Spielers.
`/spectate`	Lässt einen Spieler durch die Augen eines Objekts schauen.
`/spawnpoint`	Setzt den Spawn-Punkt eines Spielers.
`/playsound`	Lässt Spieler Geräusche hören.
`/stopsound`	Beendet Geräusche für Spieler.
`/particle`	Zeigt Spielern Partikel.
`/give`	Gibt Spielern einen Gegenstand.
`/clear`	Nimmt Spielern einen Gegenstand weg.

Befehle zum Verändern von Gegenständen

Ein *Gegenstand* ist etwas, das in einem Inventar liegt, z. B. Rüstung, Waffen, Werkzeuge, Nahrung und Werkstoffe. Auch Blöcke werden zu Gegenständen, sobald sie in einem Inventar liegen.

Befehl	**Funktion**
`/give`	Gibt Spielern Gegenstände.
`/clear`	Nimmt Spielern Gegenstände.
`/enchant`	Verzaubert einen Gegenstand.
`/loot`	Schüttet die Beute aus einer Beutetabelle aus.
`/item`	Ändert Gegenstände.

Befehle zur Kommunikation

In Minecraft geschieht die Kommunikation schriftlich und meistens über den Chat. Daneben gibt es noch weitere Möglichkeiten zur Anzeige von Text.

Befehl	**Funktion**
`/say`	Schreibt einen Text an alle Spieler in den Chat.
`/me`	Schreibt einen Text über sich selbst an alle Spieler in den Chat.
`/tell` oder `/msg` oder `/w`	Schreibt einen Text an einen bestimmten Spieler in den Chat.
`/tellraw`	Schreibt einen formatierten Text in den Chat.
`/title`	Blendet einen Text als Titel, Untertitel oder in der Aktionsleiste ein.

`/bossbar`	Zeigt eine Bossleiste an.
`/scoreboard`	Berechnet Punktestände und zeigt sie an.
`/trigger`	Erhöht den eigenen Punktestand in der Anzeigetafel.
`/team`	Verwaltet Spielergruppen.
`/tm` oder `/teammsg`	Schreibt einen Text an Teammitglieder in den Chat.
`/advancement`	Gibt oder nimmt Spielern Fortschritte.
`/recipe`	Gibt oder nimmt Spielern Rezepte.
`/xp` oder `/experience`	Gibt Spielern Erfahrungspunkte oder -stufen.

Hilfsbefehle

Befehl	Funktion
`/help`	Zeigt die Syntax eines Befehls.
`/function`	Führt eine Befehlskette aus.
`/return`	Bricht eine Funktion ab.
`/schedule`	Verzögert die Ausführung einer Funktion.
`/debug`	Erzeugt eine Analysedatei für eine Funktion.
`/execute`	Führt einen Befehl unter bestimmten Umständen aus.
`/random`	Erzeugt eine Zufallszahl.
`/jfr`	Erzeugt Diagnosedateien für Mod-Entwickler.

BEFEHLE IN DER BEDROCK EDITION

Die folgenden Tabellen zeigen dir alle Einzelspielerbefehle der Bedrock Edition, jeweils mit einem Beispiel. Hinweise zur Eingabe von Bedrock-Befehlen findest du im Kapitel »Bedrock – was geht?« im Abschnitt »Kreativmodus und Befehle«.

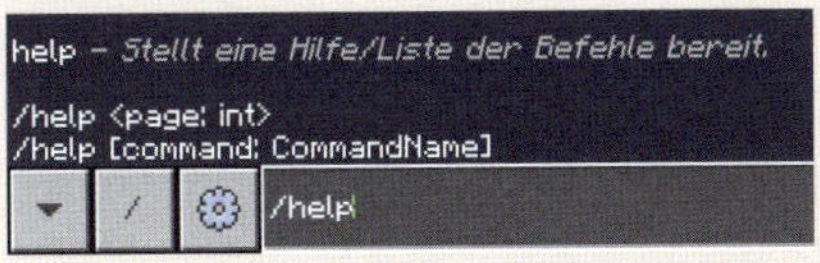

Die Eingabe von Befehlen in der Bedrock Edition

Befehle zum Verändern der Welt

Befehl	Funktion
/seed	Zeigt den Startwert.
/gamerule	Zeigt oder ändert eine Spielregel, z. B.: /gamerule falldamage false
/alwaysday oder /daylock	Legt fest, ob die Zeit dauerhaft auf Mittag stehen soll, z. B.: /alwaysday true
/toggledownfall	Ändert das Wetter.
/difficulty	Zeigt oder ändert die Schwierigkeit, z. B.: /difficulty peaceful
/setworldspawn	Setzt den Welt-Spawn-Punkt.
/time	Ändert die Zeit und passt den Sonnenstand an, z. B.: /time set noon
/weather	Ändert das Wetter, z. B.: /weather thunder
/locate	Findet ein Biom oder ein generiertes Bauwerk, z. B.: /locate structure mansion
/structure	Speichert oder lädt einen Blockbereich ohne Konstruktionsblock, z. B.: /structure save haus01 ~ ~ ~ ~7 ~12 ~9
/tickingarea	Hält einen Bereich dauerhaft geladen, z. B.: /tickingarea add ~ ~ ~ ~20 ~3 ~15 farm01

Befehle zum Verändern von Blöcken

Befehl	Funktion
/setblock	Setzt einen Block, z. B.: /setblock ~ ~ ~ furnace ["cardinal_direction"="north"]
/fill	Füllt einen Bereich mit Blöcken, z. B.: /fill ~ ~ ~ ~5 ~5 ~5 stone
/clone	Kopiert einen Blockbereich, z. B.: /clone ~ ~ ~ ~5 ~5 ~5 ~ ~10 ~

Befehle zum Verändern von Objekten

Befehl	Funktion
/summon	Erzeugt ein Objekt (außer Spieler), z. B.: `/summon sheep "Mäh"`
/kill	Entfernt Objekte, z. B.: `/kill @e[r=5,type=sheep]`
/damage	Schädigt ein Objekt, z. B.: `/damage @e[type=zombie,r=5] 1`
/effect	Gibt und entfernt Statuseffekte von Objekten, z. B.: `/effect @e[type=zombie,r=5] levitation`
/ride	Lässt ein Objekt auf einem anderen reiten, z. B.: `/ride @e[type=boat,r=5] summon_rider skeleton`
/event	Lässt ein Lebewesen ein Ereignis ausführen, z. B.: `/event entity @e[type=panda] panda_playful` Welches Ereignis für welches Lebewesen möglich ist, steht im Minecraft-Wiki (*https://minecraft.wiki/Spawn_event*).
/mobevent	Legt fest, welches Kreaturenereignis auftreten kann, z. B.: `/mobevent minecraft:wandering_trader_event false`
/playanimation	Lässt ein Lebewesen eine Animation ausführen, z. B.: `/playanimation @s animation.player.riding.legs default 0 query.is_moving` Welche Animationen für welche Lebewesen möglich sind, steht im Minecraft-Wiki (*https://minecraft.wiki/Animation_names*).
/enchant	Verzaubert den Gegenstand in der Hand von Lebewesen, z. B.: `/enchant @s sharpness`
/replaceitem	Ersetzt den Gegenstand in einem Lebewesen-Inventar, z. B.: `/replaceitem entity @e[type=skeleton] slot.weapon.mainhand 0 stone_sword`
/tag	Gibt und entfernt Etiketten von Objekten, z. B.: `/tag @e[type=armor_stand,r=2] add ruessi`
/tp oder /teleport	Teleportiert Objekte, z. B.: `/tp @e[type=boat,r=20] 0 100 0`
/spreadplayers	Verteilt Objekte in einem Umkreis, z. B.: `/spreadplayers ~ ~ 1 2 @e[type=item]`

Befehle nur für Spieler:

Befehl	Funktion
`/gamemode`	Ändert den Spielmodus eines Spielers, z. B.: `/gamemode spectator`
`/spawnpoint`	Setzt den Spawn-Punkt eines Spielers.
`/clearspawnpoint`	Entfernt den Spawn-Punkt eines Spielers. Für ihn gilt dann wieder der Welt-Spawn-Punkt.
`/playsound`	Lässt Spieler Geräusche hören, z. B.: `/playsound ambient.weather.thunder` Eine Liste der Bedrock-Geräuschereignisse findest du im Minecraft-Wiki (*https://minecraft.wiki/Sounds.json#Bedrock_Edition_values*) und im Bedrock-Wiki (*https://wiki.bedrock.dev/documentation/sound-definitions.html*).
`/stopsound`	Beendet Geräusche für Spieler, z. B.: `/stopsound @s`
`/music`	Lässt Spieler Minecraft-Musik hören, sofern sie in ihren Audioeinstellungen Musik aktiviert haben, z. B.: `/music play record.pigstep` Die Musikstücke stehen in der Liste der Geräuschereignisse (siehe `/playsound`) und beginnen mit `music.` oder `record.`.
`/particle`	Zeigt Spielern Partikel, z. B.: `/particle minecraft:campfire_smoke_particle ~ ~1 ~3` Eine Liste der Bedrock-Partikel findest du im Minecraft-Wiki (*https://minecraft.wiki/Particles_(Bedrock_Edition)*) und im Bedrock-Wiki (*https://wiki.bedrock.dev/particles/vanilla-particles.html*).

`/fog`	Ändert die Nebeleinstellung für Spieler, z. B.:
	`/fog @s push minecraft:fog_hell nl-test`
	`/fog @s remove nl-test`
	Eine Liste der Nebeleinstellungen findest du im Minecraft-Wiki (*https://minecraft.wiki/Fog#Vanilla_fog_settings*) und im Bedrock-Wiki (*https://wiki.bedrock.dev/documentation/fog-ids.html*).

`/camera`	Ändert die Perspektive von Spielersichtfenstern oder blendet einen Filter ein, z. B.: `/camera @s fade color 255 255 0`

/camerashake	Bewegt Spielersichtfenster, z. B.: /camerashake add @s 0.5 5
/give	Gibt Spielern einen Gegenstand, z. B.: /give @s diamond
/clear	Nimmt Spielern einen Gegenstand weg, z. B.: /clear @s diamond

Befehle zum Verändern von Gegenständen

Befehl	Funktion
/give	Gibt Spielern einen Gegenstand, z. B.: /give @s diamond
/clear	Nimmt Spielern einen Gegenstand weg, z. B.: /clear @s diamond
/enchant	Verzaubert einen Gegenstand, z. B.: /enchant @s sharpness
/loot	Schüttet die Beute von Blöcken oder Kreaturen aus, z. B.: /loot spawn ~ ~ ~5 kill @e[type=cow]
/replaceitem	Ersetzt den Gegenstand in einem Inventar, z. B.: /replaceitem block ~ ~ ~ slot.container 0 stone_sword

Befehle zur Kommunikation

Befehl	Funktion
/say	Schreibt einen Text an alle Spieler in den Chat, z. B.: /say Hallo Minecraft
/me	Schreibt einen Text über sich selbst an alle Spieler in den Chat, z. B.: /me freut sich
/tell oder /msg oder /w	Schreibt einen Text an einen bestimmten Spieler in den Chat, z. B.: /tell @p Das Abenteuer beginnt!

`/tellraw`	Schreibt einen formatierten Text in den Chat, z. B.: `/tellraw @p {"rawtext":[{"text":"Ich bin §egelb"}]}` Die Formatierungscodes mit §-Zeichen stehen im Minecraft-Wiki (*https://de.minecraft.wiki/Formatierungscodes*).
`/title`	Blendet einen Text als Titel, Untertitel oder in der Aktionsleiste ein, z. B.: `/title @s title Hallo Minecraft`
`/titleraw`	Wie `/title`, aber mit JSON-Text, z. B.: `/titleraw @s title {"rawtext":[{"text":"Hallo §eMinecraft"}]}`
`/dialogue`	Öffnet die Sprechblase eines NPC (Nicht-Spieler-Figur) ohne Rechtsklick auf den NPC: ■ `/summon npc` erzeugt einen NPC. ■ Rechtsklick auf NPC im Kreativmodus öffnet die Einstellungen. ■ Rechtsklick auf NPC im Überlebens- oder Abenteuermodus zeigt den Dialog. Alternative: Anzeige des Dialogs per Befehl, z. B.: `/dialogue open @e[type=npc] @p`

`/scoreboard`	Berechnet Punktestände und zeigt sie an, z. B.:
	`/scoreboard objectives add rechner dummy`
	`/scoreboard players set #anzahl rechner 5`
	`/scoreboard players add anzahl rechner 2`
	`/scoreboard players list anzahl`
	Die Bedrock Edition zählt keine Statistiken, es sind nur `dummy`-Ziele möglich, deren Punktestände per Befehl verändert werden.

`/recipe`	Gibt oder nimmt Spielern Rezepte, z. B.: `/recipe give @s *`
`/xp`	Ändert Erfahrungspunkte oder -stufen von Spielern, z. B.: `/xp 5L @s`

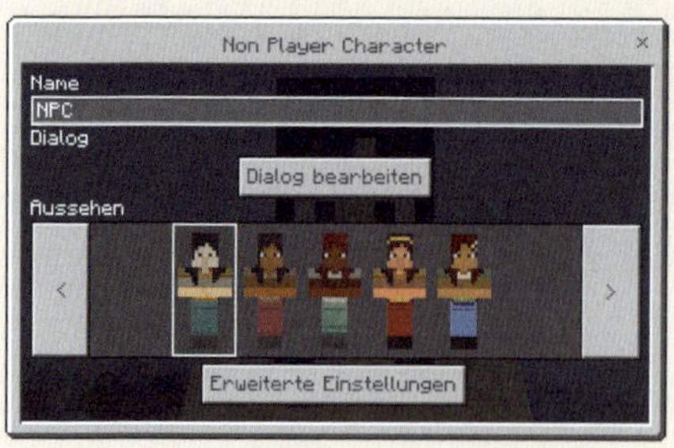

Links Einstellungen für den NPC-Dialog, rechts ein Dialogfenster

Hilfsbefehle

Befehl	Funktion
`/help` oder `/?`	Zeigt die Syntax eines Befehls, z. B.: `/help help`
`/function`	Führt eine Befehlskette aus, die in einem Verhaltenspaket definiert ist, z. B.: `/function aquarium/spawn/piranja`
`/schedule`	Führt eine Funktion aus, sobald das angegebene Gebiet geladen wird, z. B.: `/schedule on_area_loaded add circle ~ ~ ~ 5 aquarium/spawn/piranja`
`/reload`	Lädt die Funktions- und Skriptdateien aus allen Verhaltenspaketen neu.
`/execute`	Führt einen Befehl unter bestimmten Umständen aus, z. B.: `/execute if entity @e[type=npc] run say NPC ist da`
`/testfor`	Nennt gefundene Objekte, z. B.: `/testfor @e[type=pig,r=10]`
`/testforblock`	Prüft, ob ein bestimmter Block vorhanden ist, z. B.: `/testforblock ~ ~-1 ~ sand`
`/testforblocks`	Vergleicht zwei Blockbereiche, z. B.: `/testforblocks ~ ~ ~ ~2 ~2 ~2 ~10 ~ ~`
`/gametest`	Testet vorher festgelegte Testfälle in einer Abenteuerwelt, z. B.: `/gametest runthis` Eine Anleitung dazu findest du auf der Creator-Website (*https://learn.microsoft.com/de-de/minecraft/creator*). Gib dazu im Suchfeld »gametest« ein.

Index

A

B

C

D

E

R

S

T

Energie!